Hermes
Hand
Lexikon

ETB

Opernhäuser

in Deutschland, Österreich und der Schweiz

Hermes
Hand
Lexikon

Geschichte · Ereignisse · Interpreten

Von Dieter Zöchling

ECON Taschenbuch Verlag

Hermes Handlexikon

1. Auflage 1983

Herstellung: Franz Richarz, Dorothea Grandjean
Bildredaktion: Angelica Pöppel, Janna Rösch
Umschlagdesign: Ludwig Kaiser
Satz: R. Oldenbourg, München
Reproduktion: Repro Ludwig, Zell am See
Druck und Bindung: Landshuter Druckhaus Ltd., Landshut
Printed in Germany
ISBN 3-612-10023-8

Die Reihe »Hermes Handlexikon« wurde
von Bodo Harenberg begründet

Inhalt

Vorwort

Der Wandel, den die Oper als Kunstwerk und als Institution im Verlaufe der letzten Jahrzehnte erfahren hat, ist beinahe ebenso mannigfaltig wie ihre jahrhundertealte Geschichte. Allen Skeptikern zum Trotz hat sie sich soweit wie möglich dem Zeitgeist anzupassen versucht, ohne dabei ihre traditionelle Eigenheit zu verlieren. Stimmen, die noch vor wenigen Jahren zu behaupten wagten, Oper sei indiskutabel, veraltet, ja längst überholt, sind allmählich in ihre Schranken verwiesen worden oder ganz verstummt. Von indiskutabel kann heute keine Rede mehr sein; im Gegenteil, man diskutiert und zwar intensiver als je zuvor. Ein neues Opernzeitalter hat begonnen. Die sogenannte Opernrenaissance, die nach dem Zweiten Weltkrieg eingesetzt hat, ist bis heute ungebrochen, neue Ausdrucksformen und Inszenierungsstile sind und werden auch weiterhin gefunden. Die Bereitschaft, ein Risiko einzugehen, um Außergewöhnliches auf der Opernbühne zu erreichen, ist – insbesondere bei Regisseuren – erstaunlich groß, das Ergebnis solcher Experimente nicht immer akzeptabel, zumindest aber aufsehenerregend, und auch davon lebt die Oper unserer Tage. Sie braucht frischen Wind, um weite Kreise ziehen und neue Interessenten gewinnen zu können.

Verfolgt man in aller Kürze den Weg, den die Kunstgattung Oper seit ihrer Entstehung genommen hat, so sind drei Entwicklungsstufen von entscheidender Bedeutung. In ihren Anfängen um 1600 war die Oper oder das »Dramma per musica«, wie die früheste Bezeichnung lautete, zunächst ein Schauspiel mit Gesang, bei dem die szenische Darstellung dominierte. Später, im 18. Jahrhundert, als der sogenannte Belcantostil aufkam, richtete sich das Augenmerk dagegen fast ausschließlich auf den kunstvollen, brillanten Gesang, die Darstellung wurde vorübergehend zweitrangig. Seit dem 19. Jahrhundert (Wagner) hat man nun erfolgreich um eine Verschmelzung dieser beiden Komponenten gerungen. Gesang und Darstellung sind längst gleichwertige Komponenten der künstlerischen Gestaltung geworden, und Sänger ohne schauspielerisches Talent nahezu undenkbar, denn Publikum und Regisseure fordern gleichermaßen den perfekten Sängerdarsteller.

Erfolg oder Mißerfolg auf der Opernbühne hängen indes nicht allein von den Leistungen vor den

Kulissen ab, sondern – was sich der Laie meist nur schwer vorzustellen vermag – von dem bis ins kleinste Detail ausgefeilten Mechanismus des gesamten Opernbetriebes. Dieser Mechanismus wiederum ist nur dann funktionsfähig, wenn alle Bereiche, seien es die der Technik, der Verwaltung, der Dramaturgie oder der Kunst präzise zusammenwirken. Die Hauptverantwortung hierfür trägt der Intendant bzw. Operndirektor, zu dessen zahlreichen Aufgaben u. a. auch die künstlerische und finanzielle Disposition, die Gestaltung des Spielplans, das Engagement der Sänger, Dirigenten, des Chor- und Ballettdirektors und der Regisseure gehören, und der somit in entscheidender Weise für den Stil eines Hauses verantwortlich zeichnet. *»Im Theater geht es ähnlich zu wie in der Politik«*, äußerte Giulio Gatti-Casazza, einst berühmter Direktor der Metropolitan Opera in New York: *»Jeder hält sich für berufen, seine eigene Meinung zu haben und sie auszusprechen. Aber wenn es auch nicht schwer ist, die Vorzüge einer Aufführung und ihrer Darstellung zu erkennen, so ist es doch äußerst schwierig, Rechenschaft für eine Organisation zu geben, die so komplex, vielgeartet und differenziert in ihren Elementen ist wie eine Operngesellschaft«.*

In dem vorliegenden Handlexikon finden sich – erstmals in dieser Form – aufschlußreiche Informationen über Entstehung, Wiederaufbau, Architektur und Geschichte der einzelnen Opernhäuser des deutschsprachigen Raumes sowie Angaben über deren Bühnenausmaße, über Größe und Beschaffenheit des jeweiligen Zuschauerraumes, über Ensemble- und Orchesterstärke und über wichtige »Ereignisse und Gestalten«, so daß jedem Opernfreund die Möglichkeit gegeben ist, sein Wissen zu erweitern und den Werdegang berühmter Interpreten zu verfolgen.

Die lexikalische Einteilung dieses Buches erfolgte nach dem Alphabet der Orte. Eine zusätzliche Untergliederung der Beiträge zu den einzelnen Theatern (»Allgemeine Informationen«, »Das Theater«, »Die Intendanten«, »Ereignisse und Gestalten«) ermöglicht dem Leser ein schnelles Auffinden der entsprechenden Teilaspekte.

Im Rahmen der »Allgemeinen Informationen« treten Bezeichnungen wie Ensemble-, Repertoire- bzw. Stagionetheater auf – Begriffe, die jeder kennen sollte, der über Oper spricht. Das reine Ensembletheater, wie es früher üblich war, ist heute weitgehend aus dem Theaterleben verschwunden. Die Ursache dafür dürfte in erster Linie in der Perfektion von Schallplatte, Rundfunk und Fernsehen zu suchen sein, durch die das Publikum so verwöhnt ist, daß es im Laufe der Zeit die Maßstäbe für die Realität zum Teil verloren hat und auf der Bühne Spitzenleistungen, wie sie nur die weltbesten Künstler vollbringen können, erwartet.

Stargastspiele ausländischer Sänger sind inzwischen so selbstverständlich geworden, daß sie zumindest in Berlin, Hamburg, München und Wien schon gleichsam zum Bühnenalltag gehören. Klangvolle Namen wie Montserrat Caballé, Mirella Freni, Placido Domingo, Luciano Pavarotti, Piero Cappuccilli u.a. sind Kassenmagneten, die von vornherein ein ausverkauftes Haus garantieren.

Um der Gefahr zu entgehen, das Publikum an solch erstklassige Bühnen zu verlieren, haben inzwischen einige Opernhäuser mittlerer Größenordnung sogenannte »Besondere Opernabende« eingeführt, bei denen Weltstars die Titelpartien verkörpern oder bedeutende Dirigenten am Pult stehen.

Auch zahlreiche Künstler – ob Sänger, Dirigenten oder Regisseure – die fest an einer Bühne engagiert sind, gastieren zusätzlich in anderen Städten, so daß es durchaus keine Seltenheit ist, wenn beispielsweise in der Deutschen Oper am Rhein ein Sänger vom Niedersächsischen Staatstheater Hannover oder in Hannover ein Gast aus Bremen, Karlsruhe, Nürnberg oder Hamburg zu hören ist. Diese Tatsache bringt – so bedauerlich es in gewisser Weise sein mag, daß der einstige Ensemblegeist kaum noch eine Überlebenschance hat – für den Opernbesucher zweifellos Vorteile mit sich, da er jetzt die Möglichkeit hat, künstlerische Leistungen miteinander zu vergleichen, neue Eindrücke zu gewinnen und aufgrund der unterschiedlichen Darstellungen ein bereits mehrmals gesehenes Werk immer wieder auf eine andere Weise erleben zu können. Der Reiz eines Opernbesuches wird sich unter diesen Voraussetzungen mit Sicherheit noch erhöhen.

Einen Nachteil gegenüber der Ensemble-Oper früherer Jahre hat die Verbreitung allgemeinen Gastierens jedoch unweigerlich mit sich gebracht: Den Mangel an Zeit für intensive Probenarbeit. Während mit einem stets zur Verfügung stehenden Ensemble jede Neuinszenierung wochen- oder sogar monatelang geprobt werden kann, bleiben für Gastsolisten meist nur wenige Minuten unmittelbar vor Beginn der Aufführung, um in aller Kürze die wichtigsten Regieanweisungen entgegenzunehmen und sich mit dem Abenddirigenten und den Partnern zu verständigen, ein Zustand, der für alle Beteiligten nervenaufreibend und dem reibungslosen Ablauf des Bühnengeschehens nicht unbedingt zuträglich ist.

Dem italienischen Vorbild folgend, sind einige Opernhäuser deshalb inzwischen dazu übergegangen, eine Art Stagionebetrieb einzuführen. »Stagione« heißt Saison bzw. Spielzeit. Ein sogenanntes Stagionetheater bringt – im Gegensatz zu den üblichen Repertoiretheatern – nicht täglich eine andere Oper, sondern möglichst in gleichbleibender Besetzung jeweils nur ein bestimmtes Werk an mehreren aufeinanderfolgenden Abenden. Dies hat den Vorteil, daß sich die an einer Produktion beteiligten Sänger – einschließlich der Gastsolisten – künstlerisch besser aufeinander einstellen und mit den Bühnengegebenheiten und den Details der Inszenierung besser vertraut machen können, was zweifellos der Aufführung zugute kommt.

Die Anzahl der in das Repertoire unserer Opernhäuser aufgenommenen Werke ist bei allem Abwechslungsreichtum doch relativ gering, wenn man bedenkt, daß insgesamt mehr als 30000 Opern geschrieben worden sind. Nur in ganz wenigen Spielplänen kann man z. B. noch heute die Namen einst so beliebter Opernkomponisten wie Gluck, Händel, Lortzing, Marschner und Meyerbeer entdecken. Kein Wunder, daß es die zeitgenössischen Komponisten erst recht schwer haben, Beifall zu erringen und sich nur selten eine ihrer Opern länger als ein oder zwei Jahre behaupten kann. Der Publikumsgeschmack ist letzten Endes mitentscheidend für Gedeih und Verderb einer Komposition, denn ohne den entsprechenden Zuspruch – d.h. ohne die Nachfrage seitens der Theaterbesucher – fehlt die Rentabilität, und selbst der wohlwollendste Intendant wird ein solches Werk rigoros absetzen.

Ob man nun das Repertoire oder die Besetzungspläne der Theater betrachtet, eines läßt sich nicht übersehen: Opernkunst ist die internationalste Kunst, die es gibt, daran kann keinerlei Zweifel bestehen, und es ist erfreulich, daß heute jeder, der sich für das Musiktheater interessiert, Gelegenheit hat, alles Wesentliche darüber zu erfahren, gleichgültig, wieviel Vorbildung er in dieser Hinsicht besitzt. Es gilt nicht mehr: Oper für Auserwählte, sondern es gilt: Oper für alle!

Möge dieses Handlexikon dazu beitragen, den Opernfreunden ein noch umfangreicheres Wissen zu vermitteln und zugleich all diejenigen, die sich erstmals mit dieser Materie befassen, als neue Freunde der Oper zu gewinnen.

Lexikalischer Teil

Stadttheater Aachen

Stadttheater
Theaterplatz
5100 Aachen

Allgemeine Informationen: Der Spielplan des Aachener Stadttheaters bringt neben einem umfangreichen Sprechtheaterprogramm auch eine Reihe vorwiegend klassischer und romantischer Opern, klassischer Operetten und Musicals. Die Spielzeit beginnt bzw. endet Mitte August (einschließlich eines 42tägigen Tarifurlaubs). Das große Haus hat einen Fassungsraum von 895 Plätzen. Das Orchester besteht aus 66 Musikern; dem Ballett gehören vier Solotänzer sowie eine zehnköpfige Damengruppe mit Soloverpflichtung an. Der Chor setzt sich aus je 14 Damen und Herren zusammen.

Das Theater: Das alte Haus wurde in den Jahren 1822–1825 von Baurat Johann Peter Cremer zunächst als Logentheater errichtet, und Karl Friedrich Schinkel, der Cremers Arbeit auf höhere An-

Eine der ersten Ansichten des 1825 eröffneten »Neuen Schauspielhauses«, nach Plänen von Johann Peter Cremer erbaut. Den klassizistischen Portikus entwarf Karl Friedrich Schinkel.

ordnung hin zu überprüfen hatte, fügte dem Bauwerk einen klassizistischen Portikus hinzu. Am 18.5.1825 konnte das »Neue Schauspielhaus« mit Louis Spohrs Oper *Jessonda* eröffnet werden. Am 14.7.1943 fiel das mehrfach umgebaute Theater dem Bombenkrieg zum Opfer, wurde 1950/51 unter Wahrung der alten Bausubstanz durch Philipp Kerz wieder aufgebaut und am 27.12.1951 mit Wagners *Meistersingern von Nürnberg* unter der musikalischen Leitung von Karl Elmendorff in einer Inszenierung von Heinrich K. Strohm eröffnet. Das Bühnenportal ist 10m breit und 4,50 bis 6m hoch; die Bühnenraumbreite beträgt 20m, die Tiefe 12m. Der Orchesterraum hat eine Breite von 13m, eine Tiefe von 5,50m und bietet Platz für 62 Musiker.

Die Intendanten (seit 1921):

Francesco Sioli	(1921–1924)
	(1933/34)
Otto Maurenbrecher	(1924–1927)
Heinrich K. Strohm	(1927–1933)
Edgar Gross	(1934–1939)
Otto Kirchner	(1939–1943)
Paul Mundorf	(1950–1968)
Peter Maßmann	(1968–1981)
Manfred Mützel (Gen.-Int.)	(seit 1981)

Ereignisse und Gestalten: Das erste Aachener Theater wurde 1748–1751 durch Johann Joseph Couven errichtet. Es verfügte über 550 Plätze und wurde zunächst von der Stadt an reisende Truppen vermietet. 1785 führte beispielsweise der namhafte Impresario Johann Böhm dort Mozarts *Entführung aus den Serail* auf, 1794 brachte seine Witwe am gleichen Ort die *Zauberflöte* heraus. Bald erwies sich das Theater jedoch als zu klein, und so kam es zum Bau des bereits erwähnten »Neuen Schauspielhauses«. Eines der bedeutsamsten Ereignisse im neuen Theater war die (wenngleich gekürzte) Aufführung von Beethovens *Neunter Symphonie,* die im Rahmen eines Niederrheinischen Musikfestes erstmals außerhalb Wiens stattfand. Die beiden ersten Intendanten Derossi und Ringelhardt leiteten neben dem Aachener Haus auch die Theater in Düsseldorf und Köln. 1818–1826 waren Albert Lortzing und seine Ehefrau als Sänger und Schauspieler in Aachen engagiert. Von 1825 bis 1919 wechselte die Leitung des Theaters mehr als dreißigmal. Unter den zahlreichen Intendanten ist der Berliner Komiker E. Th. L'Arronge (1852–1855) hervorzuheben.

Während des 19. Jh.s zeigte sich, daß das Publikum mehr dem Musik- als dem Sprechtheater zugetan war. Dieser Tatsache wurde durch die Aufführung zahlreicher Opern von Weber und Rossini Rechnung getragen. Mit Beethovens *Fidelio* (1828 aufgeführt) gastierte das Theater sogar in Paris, wobei Wilhelmine Schroeder-Devrient die Leonore sang. 1848 wurde mit *Nabucco* erstmals eine Verdi-Oper in Aachen aufgeführt. 1854 ließ L'Arronge Wagners *Tannhäuser*, 1855 den *Lohengrin* in Szene setzen. Um die Mitte des 19. Jh.s entfaltete das Theater überdies eine rege Gastspieltätigkeit in Frankreich, Belgien und Holland. 1893 wurde der junge Leo Blech für fünf Jahre als Kapellmeister an das Theater verpflichtet. 1894 begann in Aachen die Karriere des später weltbekannten Wagnertenors Karl Burrian. 1898 gelangte erstmals *Tristan und Isolde* in Aachen zur Aufführung; Burrian sang den Tristan, Leo Blech dirigierte. 1881 übernahm Alfred Ritz, der eine Konkurrenzbühne, das »Thaliatheater«, leitete, auch die Leitung des späteren Stadttheaters, dem er jedoch so wenig Beachtung schenkte, daß es immer mehr verfiel und bald den Betrieb einstellen mußte.

In dem leerstehenden Haus führte vom 14.–18. 2. 1883 Angelo Neumann mit seinem reisenden »Wagner-Theater« den gesamten *Ring des Nibelungen* auf. In den Jahren 1900/01 wurde das verwahrloste Haus renoviert, wobei der Architekt Heinrich Seeling durch seine Umbauten das Originalkonzept Cremers völlig veränderte und aus dem Logentheater ein Rangtheater machte. Der Portikus von Schinkel wurde durch zwei aufgesetzte Türme entstellt. Im Jahre 1918 dirigierte Fritz Busch im Rahmen eines Gastspiels der Schweriner Hofoper Strauss' *Salome* und Beethovens *Fidelio*. 1920 übernahm die Stadt Aachen das Theater endgültig in ei-

Das Stadttheater Aachen heute. Nach der Zerstörung im Krieg (1943) wurde das Haus unter Verwendung alter Bausubstanz wiederaufgebaut und konnte 1951 eröffnet werden.

gene Regie; kommissarischer Leiter wurde der Tenor Anton Ludwig. Er führte im ersten Jahr 18 Opern, darunter fast alle Werke Wagners, auf, und am Ostersonntag 1921 konnte sogar *Parsifal* in Aachen gespielt werden.

Der erste städtische Intendant Francesco Sioli (1921–1924) erregte als moderner Regisseur Aufsehen; seine Inszenierung des *Freischütz* wurde zum Skandal. Die zwanziger Jahre brachten die Debüts vieler Sänger, die später berühmt geworden sind. 1922 hörte man in Aachen Willy Domgraf-Fassbaender, von 1921–1928 war Tiana Lemnitz, von 1925–1927 Margarethe Teschemacher dort engagiert. 1928–1930 sang die hochdramatische Sopranistin Martha Fuchs noch als Altistin in Aachen. 1928 debütierte der bedeutende Wagnertenor Ludwig Suthaus als Stolzing in den *Meistersingern von Nürnberg*. Auch in der Folge begannen viele der künftigen internationalen Künstler ihre Karriere in Aachen, wie z.B. Martha Rohs (1932), Hugo Meyer-Welfing (1935), Carl Kronenberg (1929–1931), Irmgard Seefried (1940) und Elisabeth Grümmer (1941). 1924/25 war Karl Elmendorff musikalischer Leiter des Opernbetriebes und brachte in dieser Zeit 22 Opern heraus. Am 30.5.1929 dirigierte Richard Strauss seinen *Rosenkavalier* in Aachen, und am 21.2.1930 wurde Alban Bergs *Wozzeck* in Anwesenheit des Komponisten erstmals dort aufgeführt; dieses Ereignis war dem späteren Hamburger und Wiener Intendanten Heinrich K. Strohm zu verdanken. 1931 dirigierte Fritz Busch Verdis *Othello* und Leo Blech Bizets *Carmen*.

Im Frühjahr 1934 wurde unter der Intendanz von Edgar Gross Herbert von Karajan als erster Opernkapellmeister engagiert, der nacheinander mit *Fidelio,* der *Walküre, Tannhäuser* und dem *Rosenkavalier* Aufsehen erregte. Bald übernahm er auch Symphoniekonzerte und dirigierte bis August 1942 neben den anderen Werken Wagners den gesamten *Ring des Nibelungen* und *Parsifal,* dazu fast alle großen Opern von Mozart bis Richard Strauss. Das Niveau des Orchesters wurde durch ihn wesentlich verbessert; auch setzte er die Anstellung weiterer guter Kapellmeister wie Gustav König und Berthold Lehmann durch. Wilhelm Schüchter leitete in jener Zeit die Operette, deren Hauptrollen von Karajans erster Ehefrau Elmy Holgerloef gesungen wurden. Karajan inszenierte in Aachen auch erstmals selbst die *Meistersinger von Nürnberg* und den *Rosenkavalier*.

Die Zerstörung des Theaters im Jahre 1943 beendete vorerst das kulturelle Leben der Stadt. Musik-

Blick in den Zuschauerraum. Das Stadttheater Aachen bietet 895 Besuchern Platz.

theater gab es wieder ab 1947 in der Aula der Technischen Hochschule. Zuvor hatte man nur konzertante Opern in der Talbot-Halle, einer ehemaligen Sporthalle, aufführen können. 1950 wurde Paul Mundorf, der frühere Leiter des Hamburger Thalia-Theaters, zum Intendanten bestellt, was einen raschen Aufschwung des Theaters zur Folge hatte. Noch in seinem ersten Amtsjahr begann man mit dem Wiederaufbau des Hauses, wobei man die entstellenden Veränderungen Seelings entfernte. Während der langen Ära Mundorf wurde der junge Wolfgang Sawallisch zum Generalmusikdirektor ernannt, der im Verlaufe seiner Amtszeit mit *Othello, Don Giovanni, Rosenkavalier, Don Carlos* und *Tristan und Isolde* besondere Erfolge erzielte, ausgezeichnete Sänger engagierte und in dem berühmten Wilhelm Pitz einen hochqualifizierten Chorleiter zur Seite hatte. Zu den Debütanten der Nachkriegszeit im Aachener Theater gehörten u. a. Erwin Wohlfahrt (1955), Jutta Meyfahrt (1956), Ticho Parly (1959–1961), Rudolf Lustig (1954–1967) und Kurt Moll (1963–1965).

Von 1962–1974 war Wolfgang Trommer Generalmusikdirektor in Aachen. Im Jahre 1968 wurde Peter Maßmann Intendant und sorgte dafür, daß erstmals das moderne Musiktheater intensiver gepflegt wurde und Werke von Alban Berg, Paul Hindemith, Hans Werner Henze und Ernst Křenek zur Aufführung gelangten. 1966 begann eine regelmäßige Bespielung des Theaters von Rheydt. Damit entstand eine intensive Zusammenarbeit zweier Bühnen, wie sie zuvor im 19. Jh. üblich gewesen war.

Die musikalische Verantwortung des Aachener Theaters liegt z. Zt. in den Händen des Karajan-

Unten: *Carl Orffs Märchenoper* Die Kluge, *die Geschichte vom König und der klugen Frau (hier eine Illustration von Caspar Neher), wurde in Aachen für die Spielzeit 1982/83 neu inszeniert.*

Oben rechts: *Szenenbild aus einer Aufführung von Maurice Ravels musikalischer Komödie* Die spanische Stunde *aus der Spielzeit 1982/83.*

Oben: *Gabriel Chmura, seit 1973 Generalmusikdirektor in Aachen.*

Preisträgers Gabriel Chmura, der auch die städtischen Symphoniekonzerte leitet. Für die Spielzeit 1982/83 sind zu erwähnen: Neuinszenierungen von Mozarts *Hochzeit des Figaro,* Ravels *L'Heure espagnole* und Orffs *Die Kluge,* Puccinis *La Bohème,* Offenbachs *Hoffmanns Erzählungen,* Verdis *Falstaff* sowie das Musical *Der Mann von La Mancha* als Aachener Erstaufführung.

Städtische Bühnen
Kasernstraße 4–6
8900 Augsburg

Stadttheater Augsburg
(Städtische Bühnen)

Allgemeine Informationen: Das musikalische Repertoire des Augsburger Stadttheaters bringt an rund 200 Spieltagen im Stammhaus und etwa 25 weiteren auf der Freilichtbühne am Roten Tor alljährlich Neuinszenierungen von fünf Opern, einer Operette, einem Musical und einem Ballettabend. Die Saison dauert von Ende September bis Anfang Juni; anschließend wird vier Wochen lang die Freilichtbühne am Roten Tor bespielt.

Das Stadttheater faßt 994 Zuschauer, für die Freilichtbühne stehen dagegen 2117 Plätze zur Verfügung. Das Orchester setzt sich aus 70 Musikern, das Ballett aus zwei Solotänzerinnen, drei Solotänzern, neun Damen und fünf Herren zusammen. Dem Chor gehören je 16 Damen und Herren an.

Das Theater: Das Stadttheater wurde 1877 durch die Architektengemeinschaft Ferdinand Fellner (1847–1916) und Hermann Helmer (1849–1919) als

Vorderansicht des Stadttheaters Augsburg, 1877 von Ferdinand Fellner und Hermann Helmer, zwei vielbeschäftigten Theaterarchitekten des 19. Jh.s, erbaut.

Rangtheater im Stil der »Neorenaissance« erbaut und mit Beethovens *Fidelio* (sowie Lessings *Minna von Barnhelm*) eröffnet. Nach kriegsbedingter Zerstörung im Jahre 1944 wurde es von 1954–1956 wieder aufgebaut und am 10. 11. 1956 mit einem Festakt (Prolog von Schiller, Ouvertüre zur *Zauberflöte* und erster Satz aus Mozarts *Jupiter*-Symphonie) sowie einer Neuinszenierung von Mozarts Oper *Die Hochzeit des Figaro* durch Hans Meissner und unter der musikalischen Leitung von Anton Mooser wiedereröffnet.

Der Bühnenraum des Stadttheaters hat eine Breite von 24,50 m und eine Tiefe von 16 m; die Portalhöhe kann zwischen 8,50 m und 2,50 m, die Portalbreite zwischen 13,25 m und 9 m verändert werden. Der Orchesterraum bietet Platz für 75 Musiker.

Neues
Stadttheater in Augsburg.
Montag den 26. November 1877.
Eröffnungs-Vorstellung,
unter Direktion von Moritz Krüger.
Jubel-Ouvertüre,
Prolog,
Herrn Ernst Possart.
Fidelio.
Leonore: Fräulein Amalie Wülfinghoff

Oben: *Theaterzettel zu Beethovens* Fidelio, *mit dem das Stadttheater 1877 eröffnet wurde.*

Links: *Eine Aufführung von Bizets* Carmen *vom Juli 1983 auf der Freilichtbühne am Roten Tor – alljährlich im Sommer eine Attraktion für Tausende von Besuchern.*

Die Intendanten:

Moritz Krüger	(1877–1880)
August Grosse	(1880–1882)
	(1883–1886)
Louis Ucko	(1882/83)
Franz Deutschinger	(1886/87)
Ludwig Ubrig	(1887–1896)
Karl Schröder	(1896–1903)
Carl Häusler	(1903–1928)
Karl Lustig-Prean	(1928–1931)
Erich Pabst	(1931–1936)
Leon Geer	(1936–1938)
Willy Becker	(1938–1945)
	(1949–1953)
Hans Meissner	(1953–1958)
Karl Bauer	(1958–1968)
Peter Ebert	(1968–1973)
Rudolf Stromberg	(1973–1981)
Helge Thoma	(seit 1981)

Ereignisse und Gestalten: Nach der festlichen Eröffnung des neuen Stadttheaters ging Direktor Moritz Krüger, der bereits das alte Theater am Lauterlech geleitet hatte, mit viel Elan daran, Augsburgs Theaterleben auf eine solide Grundlage zu stellen. Er erweiterte den Spielplan durch zahlreiche Novitäten, baute das Ensemble aus und engagierte prominente Gäste. 1878 kam auf seine Veranlassung die erste Augsburger Aufführung der *Meistersinger von Nürnberg* zustande.

Doch Krüger resignierte nicht nur angesichts finanzieller Schwierigkeiten (das Theater war ein privatrechtliches Unternehmen und wurde nach dem Pachtsystem betrieben), sondern auch in Anbetracht mangelnden Bürgersinns. Denn als die Stadt sich 1880 zu einer »ausnahmsweisen« Erhöhung der Subvention durchgerungen hatte, erhob sich aus der Bürgerschaft lauthals Protest – die Zusage wurde rückgängig gemacht.

Auch Krügers Nachfolgern war kein besseres Los beschieden; die finanziellen Probleme und die Interesselosigkeit des Publikums nahmen eher zu, die Direktoren wechselten immer häufiger. Trotzdem erlebte Augsburg in jener Zeit eine Reihe respektabler Aufführungen, so auf dem Gebiet des Musiktheaters 1883 erstmals Bizets *Carmen* und Millöckers *Bettelstudent*. Eine grundlegende Besserung der Theatersituation begann sich jedoch erst unter der Leitung von Carl Häusler abzuzeichnen. Der in künstlerischen wie geschäftlichen Dingen gleichermaßen erfahrene Mann verstand es, zum erstenmal einen Gewinn zu erzielen. Auch gelang es ihm, das Interesse eines breiten Publikums zu wecken. Neben den Hauptwerken Wagners, Mozarts, Verdis und der Romantiker tauchten im Spielplan alle wichtigen Neuerscheinungen jener Jahre auf, u.a. Wolf-Ferraris *Die neugierigen Frauen,* Puccinis *Madame Butterfly* und *Tosca,* Strauss' *Salome* und *Rosenkavalier.* Unter Carl Häusler (dem kurz vor seiner Pensionierung als erstem der offizielle Titel Intendant verliehen wurde) war das Musiktheater so dominierend, daß man sich nach dem Ersten Weltkrieg (das Theater war 1919 endgültig in städtische Regie übernommen worden) unter dem Zwang zu finanziellen Einschränkungen entschloß, das Schauspielensemble ganz aufzulösen und sich beim Sprechtheater auf Gastspiele zu beschränken. Erst 1929 wurde wieder ein eigenes Ensemble engagiert.

Aus dem vielfältigen Programm der Zwischenkriegszeit, das Werke von Mozart, Händel und Strauss, von Janáček, Schreker, Pfitzner und Křenek vereinte, sind einige Theaterereignisse besonders hervorzuheben: Im November 1928 dirigierte Siegfried Wagner seine Oper *Der Bärenhäuter* selbst, einen Monat später fand in Anwesenheit des Komponisten die Erstaufführung von Kienzls Oper *Der Kuhreigen* statt. Im Januar 1929 erlebte Augsburg als Geburtsstadt Brechts die Aufführung der *Dreigroschenoper.* Im März wurde erstmals Mussorgskys Boris Godunow vorgestellt. Im Bereich der Operette sei die Uraufführung von Edmund Eyslers *Das Amulett der Pompadour* erwähnt. Auch in der Zeit des Dritten Reiches gelang es den Augsburger Intendanten, einen abwechslungsreichen Spielplan mit zahlreichen Erstaufführungen zu bieten, bis im Februar 1944 ein Bombenangriff das Theaterleben der Stadt für viele Jahre lahmlegte.

Innenansicht des Stadttheaters Augsburg. Der Zuschauerraum faßt 994 Besucher.

Erst 1952 beschloß der Stadtrat den Wiederaufbau des Theaters, 1954 war Baubeginn, zwei Jahre später die Eröffnung mit Mozarts *Hochzeit des Figaro*. Neben der Pflege des traditionellen Opernrepertoires waren die Nachkriegsintendanten, ebenso wie ihre Vorgänger aus den zwanziger und dreißiger Jahren, bemüht, die Werke zeitgenössischer Komponisten durchzusetzen. Dazu zählten Honeggers *Johanna auf dem Scheiterhaufen* (1959), Poulencs *Gespräche der Karmeliterinnen* (1960), Bergs *Wozzeck* (1963/64) und ein Jahr später Egks *Verlobung in San Domingo*. 1969 wurde in Anwesenheit des Komponisten erstmals Einems *Der Prozeß* (nach Kafka) aufgeführt. 1972 fanden im Rahmen des anläßlich der Olympischen Spiele veranstalteten Weltkongresses der »Jeunesses Musicales« innerhalb von acht Tagen gleich zwei Uraufführungen statt: Die erste war am 15.8.1972 Rafael Kubeliks Tizian-Oper *Cornelia Faroli* unter der Leitung des Komponisten, in der Inszenierung von Wilm ten Haaf und in den Bühnenbildern von Hans-Ulrich Schmückle; die zweite war am 23.8.1972 Joachim Ludwigs Oper *Rashomon*, inszeniert von Steffen Tiggeler, musikalisch geleitet von Reinhard Peters. In der folgenden Saison erlebte Augsburg als erste europäische Stadt die Aufführung von Carlisle Floyds Oper *Von Mäusen und Menschen*, und auch die folgenden Spielzeiten warteten sowohl im Bereich der Oper als auch des Schauspiels mit einer Reihe von Premieren und Neuinszenierungen auf. Namhafte Dirigenten wie Heinz Wallberg, Istvan Kertesz, Hans Wallat und Wolfgang Sawallisch begannen in Augsburg ihre Laufbahn, und auch bekannte Gesangssolisten wie Marion Lippert, Hans Hopf, Benno Kusche und Max Pröbstl sind aus

Szenenbild zu Rafael Kubeliks Oper Cornelia Faroli *(nach einem Text von Dalibor C. Faltis). Das Werk wurde anläßlich der XX. Olympischen Spiele 1972 am Stadttheater Augsburg uraufgeführt, die Inszenierung besorgte Wilm ten Haaf.*

dem Augsburger Stadttheater hervorgegangen. Daß in letzter Zeit die Sopranistin Norma Sharp, die 1972 in der Oper *Cornelia Faroli* noch eine kleine Rolle zu singen hatte, auf großen Bühnen Karriere gemacht hat, zeigt, daß Augsburg nach wie vor eine Pflegestätte junger Talente ist.

Stadttheater Basel

Stadttheater
Elisabethenstr. 16
CH-4051 Basel

Allgemeine Informationen: Das Repertoire des Baseler Stadttheaters setzt sich aus den Sparten Oper/Operette–Ballett–Schauspiel zusammen. Die Saison dauert von Anfang August bis Ende Juni. Das für Musiktheater primär vorgesehene Große Haus hat 1000 Plätze. Die vereinigten Orchester (Basler Sinfonie-Orchester und Radio-Sinfonie-Orchester Basel) bestehen aus insgesamt 164 Musikern. Das Ballett wird durch eine 20köpfige Damen- und eine 12köpfige Herrengruppe gebildet. Chor: 21 Damen, 24 Herren.

Das Theater: Das neue Stadttheater wurde in den Jahren 1968–1975 durch die Architektengruppe Felix Schwarz, Rolf Gutmann, Frank Gloor, Hans Schüpbach (Basel/Zürich) in moderner Bauweise als Arenatheater errichtet und in der Zeit vom 3.5. bis 5.10.1975 mit einem »Theatermarkt« eröffnet.

Die Hauptbühne hat eine Fläche von 350 m^2; ihre größte Breite beträgt 17,50 m, die größte Tiefe 20 m. Das veränderliche Bühnenportal ist 9–15 m breit und bis zu 8,80 m hoch.

Die Intendanten (seit 1909):

Leo Melitz	(1909–1919)
Ernst Lert	(1919/1920)
Otto Henning	(1921–1925)
Oskar Wälterlin	(1925–1932)
	(1942–1944)
Egon Neudegg	(1932–1942)
	(1944–1949)
Gottfried Becker	(1949/1950)
Friedrich Schramm	(1950–1952)
	(1962–1968)
Albert Wiesner	(1953/1954)
Hermann Wedekind	(1954–1960)
Adolf Zogg	(1960–1962)
Werner Düggelin	(1968–1975)
Hans Hollmann	(1975–1978)
Horst Statkus	(seit 1978)

Oben links: *Nächtliche Impression des Stadttheaters Basel. Der moderne Bau wurde 1975 nach achtjähriger Bauzeit eröffnet.*

Oben rechts: *Das 1875 eingeweihte Theater am Steineberg, von J. J. Stehlin-Burckhardt erbaut. 1904 fiel das Haus einem Brand zum Opfer.*

Ereignisse und Gestalten: Die ersten Musiktheateraufführungen gab es in Basel im »Theater auf dem Blömlein«, das am 4.10.1834, der damaligen Zeitstimmung und schweizerischer Festtradition entsprechend, mit einem allegorischen Festspiel und dem Schauspiel *Die Krone von Cypern* von Eduard von Schenk eröffnet wurde.

Das Theater, das über kein eigenes Ensemble verfügte, wurde als Gastspielbetrieb geführt und aus diesem Grund meist an deutsche Unternehmer verpachtet.

Nach einer Vorstellung von Bellinis Oper *Romeo und Julia* am 7.4.1873 wurde dieses Theater geschlossen, abgerissen und durch einen Schulbau ersetzt. 1875 eröffnete man das neue »Theater am Steinenberg« mit Mozarts *Don Giovanni,* 1892 übernahm die »Kommission der Gesellschaft des

Das Rheingold *von Richard Wagner. Szenenbild aus der Inszenierung von Hans Hollmann (1977), seit 1968 Regisseur und Direktor am Baseler Stadttheater. (V.l.n.r.: Alban Evans, Manfred Jung, Karl Jerolitsch, Martin Egel).*

Stadttheaters« das Haus in eigener Regie, gründete ein festes Ensemble und ernannte ab sofort den Direktor. Im Oktober 1904 fiel das Theater einem Brand zum Opfer. Nach längeren Debatten über Finanzierung und Standortwahl wurde das dritte Baseler Theater an der Stelle des vorigen Hauses errichtet und am 20.9.1909 mit Richard Wagners *Tannhäuser* eröffnet. Schon nach kurzer Zeit stellten sich jedoch einige Unzulänglichkeiten heraus – in dem Haus gab es zu viele schlechte Plätze, und außerdem war es für Stücke intimerer Art kaum geeignet. Schon 1931 wurden Änderungen geplant, jedoch nicht durchgeführt. Erst 1963 schrieb das Baudepartement einen öffentlichen Wettbewerb für einen völligen Neubau aus, den die genannte Architektengruppe unter 47 Teilnehmern gewann. Finanzielle Engpässe verhinderten die für den Frühsommer 1973 vorgesehene Fertigstellung des Theaters. Auch im Herbst des folgenden Jahres war das Projekt noch immer nicht abgeschlossen, doch führte man im Dezember 1974 in dem unvollendeten Bau Karl Kraus' *Die letzten Tage der Menschheit* in einer Inszenierung des künftigen Intendanten Hans Hollmann auf. Die Eröffnung Anfang Oktober 1975 mit einem dreitägigen »Theatermarkt«, bestehend aus 35 Veranstaltungen, sollte einer besonders großen Zahl von Kunstbegeisterten die Möglichkeit geben, an der Einweihung des neuen Theaters teilzunehmen. Das alte Stadttheater wurde am 6.8. 1975 gesprengt; an seiner Stelle befindet sich jetzt der »Fasnachtsbrunnen« von Jean Tinguely.

Orpheus und Eurydike, *Ballett nach Christoph Willibald Gluck. Eine Inszenierung am Stadttheater Basel.*

Schon 1978 ist Horst Statkus Direktor der Basler Theater. In diesen letzten fünf Jahren wurden entscheidende Akzente sowohl in der Neustrukturierung des Ensembles als auch in der Repertoiregestaltung gesetzt.

Neben der Vollendung des *Ring des Nibelungen* – (noch von Hans Hollmann begonnen) – der somit nach nahezu siebzig Jahren in Basel zur Gänze aufgeführt werden konnte, lag ein weiterer Akzent auf dem Gebiet der französischen Oper, die, nicht nur in Basel, lange Zeit vernachlässigt worden war.

Junge Sänger wurden verpflichtet, die in der Zwischenzeit bereits an vielen großen Opernhäusern zu hören sind, und ein homogenes und flexibles Ensemble wurde aufgebaut.

Ganz entscheidend für die Basler Opernarbeit aber ist die Bemühung auf dem Gebiet der Opernregie. Neben Martin Markun ist vor allem Jean-Claude Auvray zu nennen, mit dessen vielkommentierter »Rigoletto«-Inszenierung das Theater in Paris gastierte. Auch Herbert Wernicke gehört zu den immer wieder beschäftigten Regisseuren.

Oben links: *Richard Wagner. Porträt von Franz von Lenbach, entstanden 1871.*

Oben rechts: *Cosima Wagner. Ölkreidezeichnung von Franz von Lenbach aus dem Jahre 1870.*

Das Bayreuther Festspielhaus nach der Vollendung des Baus im Jahre 1873. Kolorierter Holzstich nach einem Gemälde von Louis Sauter.

Bühnenbild-Entwurf von Max Brückner zum dritten Aufzug von Wagners Tannhäuser *für die Bayreuther Festspiele 1891.*

Festspielhaus Bayreuth

Festspielhaus
Festspielhügel 1–2
8580 Bayreuth

Allgemeine Informationen: Die Bayreuther Festspiele sind ausschließlich den Bühnenwerken Richard Wagners – mit Ausnahme der Jugendwerke *Die Feen, Das Liebesverbot* und des dort bisher nie gespielten *Rienzi* – gewidmet. Daneben wurde fünfmal (1933, 1951, 1953, 1954 und 1963) Beethovens *Neunte Symphonie* im Rahmen der Festspiele aufgeführt. Während der Festspielzeit, die von der zweiten Julihälfte bis Ende August reicht, finden derzeit rund 30 Aufführungen statt.

Bei Festspielchor, Orchester und – soweit erforderlich – Ballett *(Tannhäuser)* handelt es sich nicht um ständige Institutionen; vielmehr werden die Mitglieder alljährlich aus bedeutenden europäischen Ensembles zusammengestellt.

Das Theater: Das auf dem sog. Grünen Hügel unterhalb der Bürgerreuth im einfachen Backstein-Stil errichtete Festspielhaus (Architekt: Otto Brückwald) stellt sich innen als amphitheatralisch ansteigende Arena dar, in der 1925 Personen Platz finden. Das Orchester verbirgt sich unter einem Schalldeckel, der ursprünglich Wagners Bestreben entsprang, die optische Verbindung von Auditorium und Bühne nicht durch den Orchestergraben zu unterbrechen. Nebeneffekt war ein veränderter – im Sinne Wagners »mystischer« – Klang des Orchesters. Eingeweiht wurde das Festspielhaus nach vierjähriger Bauzeit am 13. 8. 1876, in Anwesenheit Kaiser Wilhelms I., mit *Rheingold.*

Das Bühnenportal hat eine Breite von 13 m und eine Höhe von 11,80 m. Die größte Breite des Bühnenraumes beträgt 27 m, die Tiefe der Hauptbühne 22 m, die der bespielbaren Hinterbühne 13 m. Zwischen Hauptportal und Abschluß der Hinterbühne ist eine Distanz von 100 m. Der Schnürboden liegt 26 m über dem Bühnenniveau, der tiefste Punkt der Versenkung 10,40 m darunter. Die Neigung des Bühnenbodens beträgt 2,5 cm auf einen Meter.

Die Intendanz: Seit 1951, dem Jahr der ersten Festspiele nach dem Krieg, lag die Leitung bei den Wagner-Enkeln Wieland und Wolfgang. Seit 1966, Wielands Tod, ist Wolfgang Wagner alleiniger Festspielleiter.

Ereignisse und Gestalten: Wagners Idee einer eigenen Festspielstätte war untrennbar mit der Entstehung der Tetralogie *Der Ring des Nibelungen* ver-

Die Brüder Wieland und Wolfgang Wagner, Enkel Richard Wagners, prägten nach dem Zweiten Weltkrieg den neuen Inszenierungsstil in Bayreuth, von dem in den 50er und 60er Jahren wesentliche Impulse auf das internationale Musiktheater ausgingen.

Frontansicht des Festspielhauses auf dem »Grünen Hügel« in Bayreuth.

Siegfried. *Bühnenbild aus Wieland Wagners legendärer Ring-Inszenierung aus dem Jahre 1952.*

bunden. In zunehmendem Maße wurde sich Wagner nämlich bewußt, daß allein die Dimensionen des Werkes im normalen Opernbetrieb Probleme mit sich bringen mußten. Schon 1850, noch im Schweizer Exil, äußerte er in einem Brief an den Maler Ernst Kietz derartige Gedanken, die er 1851 in seiner berühmten »Mitteilung an meine Freunde« schon konkretisierte und von einem eigens dazu bestimmten Fest sprach. 1864 veröffentlichte Wagner den – zehn Jahre zuvor privat gedruckten – Text des *Ring*-Zyklus mit einer beigefügten genauen Schilderung seines Festspielgedankens: die Aufführungen müßten in einer kleinen Stadt in einem eher provisorischen, keineswegs prunkvollen, sondern nur zweckmäßig gebauten Theater nach intensiven Proben gemäß einem klaren stilistischen Konzept stattfinden. Auch der einem Amphitheater gleichende Zuschauerraum und das verdeckte Orchester werden in dieser Niederschrift Wagners schon erwähnt. Was Wagner noch fehlte, waren die wirtschaftlichen Mittel zur Realisierung dieses Konzepts; eine von ihm schon damals erträumte Stiftung sollte erst mehr als 100 Jahre später (1973) Wirklichkeit werden.

1864 befreite König Ludwig II. von Bayern Wagner aus seiner üblen wirtschaftlichen Lage, indem er ihn nach München holte. Der Plan, dem Meister dort durch Gottfried Semper ein Festspieltheater bauen zu lassen, kam indes nicht zustande, weil Wagner wegen privater Affären die Stadt verlassen mußte. Im April 1871 kam Wagner nach Bayreuth, besichtigte dort zunächst das Markgräfliche Opernhaus, von dem er 1870 gelesen hatte, fand es jedoch für seine Pläne ungeeignet. Die Honoratioren der Stadt, die er für seine Festspielidee gewinnen

Unten links: *Das Markgräfliche Opernhaus zu Bayreuth. Die Innenausstattung des prachtvollen Rokokotheaters gefiel Richard Wagner, erschien ihm aber für seine Zwecke als nicht geeignet. Er entschloß sich, ein eigenes Festspielhaus zu errichten.*

Unten rechts: *König Ludwig II. von Bayern, begeisterter Gönner Richard Wagners. Durch reichliche finanzielle Unterstützung und einen hohen Kredit rettete er 1874 die vom Scheitern bedrohten Festspielpläne Wagners.*

konnte, überließen ihm unentgeltlich einen Bauplatz für sein Festspielhaus. Am 22.5.1872 wurde der Grundstein gelegt und danach im Markgräflichen Opernhaus unter Wagners Leitung Beethovens *Neunte Symphonie* aufgeführt. Am 2.8.1873 fand das Richtfest statt. Für die Finanzierung des Gesamtvorhabens kam zum großen Teil Wagners Gönner und Verehrer Ludwig II. auf.

Am 3.6. 1876 begannen die Proben für die Eröffnung der ersten Festspiele mit Musikern und Sängern aus Deutschland und Österreich. Die Bühnenbilder entwarf Josef Hoffmann aus Wien, die Kostüme stammten von Carl Emil Doepler, die Dekorationsmaler waren Gotthold und Max Brückner. Neun Wochen später, am 13.6.1876, wurde das Festspielhaus mit *Rheingold* in Gegenwart des deutschen Kaisers Wilhelm I. eröffnet. Bis zum 30.8.1876 fanden drei Aufführungen der Tetralogie statt, sämtlich dirigiert von Hans Richter. *Siegfried* und *Götterdämmerung* erlebten im Rahmen dieses ersten *Ring*-Zyklus ihre Uraufführung.

Die nächsten Festspiele, die wegen finanzieller Schwierigkeiten erst 1882 stattfinden konnten, boten am 26.7.1882 die Uraufführung des *Parsifal,* der in diesem Jahr sechzehn, 1883 (dem Todesjahr Wagners) zwölf und 1884 zehn Vorstellungen, alter-

Hermann Levi, Hans Richter und Felix Mottl (v. l. n. r.), die Bayreuth-Dirigenten der ersten Stunde. Alle drei arbeiteten mit Wagner eng zusammen und blieben Bayreuth über Jahrzehnte verbunden.

nierend von Franz Fischer und Hermann Levi dirigiert, erlebte.

Nach Wagners Tod übernahm seine Witwe Cosima (1837–1930) die Leitung der Festspiele. 1886 wurden *Tristan und Isolde* unter der Leitung von Felix Mottl, 1888 die *Meistersinger von Nürnberg* unter Hans Richter aufgeführt. 1889 standen bereits alle drei Werke *(Parsifal, Tristan, Meistersinger)* auf dem Programm. 1891 erschien Tannhäuser unter der Leitung von Mottl, der 1894 auch erstmals den *Lohengrin* dirigierte. In diesem Jahr war Richard Strauss der musikalische Leiter des *Tannhäuser*. 1896 gab es fünf *Ring*-Zyklen, die von Mottl, Richter und Siegfried Wagner geleitet wurden und bei denen es sich um die erste Bayreuther Neuinszenierung seit der Uraufführung handelte.

Als weitere Novität im Festspielprogramm erschien 1901 der *Fliegende Holländer,* und damit hatte Cosima in das Festspielrepertoire alle Werke integriert, die bis heute in Bayreuth aufgeführt werden. 1908 trat Siegfried Wagner offiziell an die Spitze der Festspiele, ohne daß seine Mutter Cosima ihren Einfluß auf den Spielbetrieb verminderte. In seine bis 1930 dauernde Ägide fallen Neuinszenierungen der *Meistersinger* (1911), des *Fliegenden Holländer* (1914), des *Tristan* (1927) und des *Tannhäuser* (1930). Neben ihm selbst traten als Dirigenten Karl Muck, Hans Richter (zuletzt 1912), Michael Balling, Fritz Busch (nur 1924 *Meistersinger*), Karl Elmendorff (ab 1927), Franz von Hoesslin und Arturo Toscanini (1930) auf.

Nach Cosimas und Siegfried Wagners Tod (beide starben 1930) ging die Leitung Bayreuths auf Siegfrieds Witwe Winifred (1897–1980) über. Sie brachte als neuen Dirigenten und Regisseur Heinz

Arturo Toscanini (links) *und Wilhelm Furtwängler* (rechts, *links neben ihm Heinz Tietjen, von 1933–1944 künstlerischer Leiter der Bayreuther Festspiele*), *zwei der größten Wagner-Interpreten unseres Jahrhunderts. Mit beiden Dirigenten ist die Geschichte der Festspiele eng verbunden, wenngleich eine nähere Zusammenarbeit zwischen ihnen aus persönlichen und politischen Gründen scheiterte.*

Birgit Nilsson. Seit 1953 war sie, eine der bedeutendsten Wagner-Sopranistinnen unserer Zeit, regelmäßig in Bayreuth zu Gast.

Tietjen nach Bayreuth; 1931 dirigierte Toscanini den *Parsifal* und *Tannhäuser*; 1933 und 1934 leitete Richard Strauss den *Parsifal*. 1936 erschien erstmals Wilhelm Furtwängler am Pult des Festspielhauses, wo er in seinem ersten Jahr *Ring, Parsifal* und *Lohengrin* dirigierte und zuletzt drei Monate vor seinem Tod im Jahre 1954 auftrat. Weitere Dirigentenpersönlichkeiten dieser Jahre waren Victor de Sabata, der 1939 den *Tristan* leitete, und Hermann Abendroth, der in den Kriegsjahren 1943/1944 die *Meistersinger* einstudierte. Für die künstlerische Ausstattung und das Bühnenbild war in jenen Jahren vielfach Emil Preetorius verantwortlich, der es verstand, der Stilentwicklung neue Impulse zu geben.

Da Winifred Wagner sich nur allzu gut mit den Machthabern des Dritten Reiches arrangiert hatte und die Festspiele somit propagandistisch ausnutzen ließ, konnten nach dem Zweiten Weltkrieg erst 1951 wieder Festspiele stattfinden, deren Leitung nun bei den Söhnen Wieland (1917–1966) und Wolfgang (geb. 1919) lag. Während sich Wolfgang Wagner zunächst organisatorischen Aufgaben widmete, entwickelte Wieland Wagner als Regisseur ein völlig neues künstlerisches Konzept, das vor allem nach Abstraktion und Vereinfachung strebte. Hervorzuheben sind seine Inszenierungen des *Ring* (1951 und 1965), des *Parsifal* (1951), des *Tristan* (1952 und 1962), des *Tannhäuser* (1954 und 1961) – hier wurde Grace Bumbry als »Schwarze Venus« berühmt –, ferner der umstrittenen *Meistersinger* von 1956 und auch 1963 sowie des *Lohengrin* (1958). Die großen Dirigenten der Ära Wieland Wagner waren Hans Knappertsbusch, der mit Ausnahme des Jahres 1953 bis 1964 alljährlich den *Parsifal*, aber auch den *Ring* und die *Meistersinger* leitete; ferner Herbert von Karajan, der 1951 – alternierend mit Knappertsbusch – den *Ring* und die *Meistersinger* dirigierte und 1952 *Tristan und Isolde* mit Ramon Vinay, Martha Mödl, Hans Hotter und Ludwig Weber herausbrachte, in der Folge jedoch mit Wieland Wagner und seinen gestalterischen Ideen nicht übereinstimmte und seither nicht mehr in Bayreuth auftrat. Weitere Dirigentenpersönlichkeiten der Ära Wieland Wagner sind Clemens Krauss, der 1953, ein Jahr vor seinem plötzlichen Tod, in Bayreuth *Parsifal* und *Ring* leitete, dann Joseph Keilberth, Eugen Jochum, Wolfgang Sawallisch, André Cluytens, Erich Leinsdorf, Lovro von Matacic, Rudolf Kempe, Lorin Maazel und Karl Böhm, dessen *Tristan* mit Wolfgang Windgassen und Birgit Nilsson als Sternstunde des europäischen Musiktheaters in Erinnerung bleibt.

Oben links: Das Rheingold. *Bild aus der zweiten Szene (»freie Gegend auf Bergeshöhen«) in Wolfgang Wagners Ring-Inszenierung zu den Festspielen 1970.*

Oben rechts: *Wolfgang Windgassen als Lohengrin bei den Bayreuther Festspielen 1954.*

Nach Wieland Wagners unerwartetem Tod im Oktober 1966 übernahm sein Bruder Wolfgang, der zuvor bereits neben jenem als Regisseur tätig gewesen war und *Lohengrin* (1953), den *Fliegenden Holländer* (1955), *Tristan* (1957) und den *Ring* (1960) inszeniert hatte, die alleinige künstlerische Leitung. Schon 1961 war mit einer großzügigen Modernisierung des Festspielhauses begonnen worden. In jahrelanger Arbeit hatte man das hölzerne Fachwerk durch ein Skelett aus Beton ersetzt, ohne aber an der Backsteinausstattung etwas zu ändern. Nun folgte ein Umbau der Garderoben, der Probenräume, der Büros, aber auch des Foyers. Das Bühnenhaus wurde um 4 m verbreitert, die Bühnentechnik weitgehend modernisiert. Dem Hauptgebäude wurden verschiedene Bauten angegliedert.

Am 2.5.1973 trat die Richard-Wagner-Stiftung Bayreuth in Kraft und beendete die Phase der rein privatrechtlich betriebenen Festspiele. Ihre Träger sind die Bundesrepublik Deutschland, der Freistaat Bayern, die Stadt Bayreuth, die Gesellschaft der Freunde Bayreuths, die Bayerische Landesstiftung, die Oberfrankenstiftung, der Bezirk Oberfranken und die Mitglieder der Familie Wagner. Ihr Anliegen ist es, gemäß dem letzten Willen Siegfried und Winifred Wagners den künstlerischen Nachlaß Richard Wagners der Allgemeinheit für immer zu erhalten, das Festspielhaus seiner ursprünglichen Bestimmung entsprechend zu führen und die Wagnerforschung zu unterstützen.

Wolfgang Wagner ist der erste Leiter der Festspiele, der viele andere Regisseure engagierte. So inszenierten August Everding 1969 und Harry Kupfer 1978 den *Fliegenden Holländer,* Everding überdies 1974 *Tristan und Isolde,* Götz Friedrich *Tann-*

häuser (1972) und *Lohengrin* (1979), Patrice Chereau 1976 den vieldiskutierten und in der Folge modifizierten *Ring des Nibelungen* und Jean-Pierre Ponnelle 1981 *Tristan und Isolde*. In diesem Jahr setzte Wolfgang Wagner selbst die *Meistersinger von Nürnberg* in Szene, wobei Hermann Prey als Beckmesser und Bernd Weikl als Sachs debütierten.

Die großen Sängerpersönlichkeiten der Nachkriegsfestspiele waren und sind Hans Hotter, Theo Adam und Thomas Stewart im heldischen Baßbaritonfach, Astrid Varnay, Martha Mödl, Birgit Nilsson, Catarina Ligendza und Gwyneth Jones als hochdramatische Soprane sowie Max Lorenz (bis 1952), Wolfgang Windgassen, Jess Thomas und René Kollo als Heldentenöre. Die führenden Dirigenten der Ära Wolfgang Wagner sind neben Karl Böhm (bis 1971) vor allem Horst Stein, Carlos Kleiber (1974–1976 *Tristan*) und Pierre Boulez, der 1966 mit *Parsifal* debütierte und 1976 mit Chereau den *Ring* erarbeitete. In jüngster Zeit haben Colin Davis (*Tannhäuser* 1977/1978), Woldemar Nelsson (*Lohengrin*, 1980) und Daniel Barenboim (*Tristan*, 1981) in Bayreuth debütiert. Der Festspielsommer 1983 sieht Georg Solti als Dirigenten des von Peter Hall neu inszenierten *Ring des Nibelungen*.

Oben links: *René Kollo, einer der großen Wagner-Tenöre unserer Zeit, dessen Name eng mit den Bayreuther Festspielen verbunden ist.*

Oben rechts: *Zum 100. Jubiläum der Uraufführung des* Parsifal *inszenierte Götz Friedrich das Werk in einer aufsehenerregenden Interpretation für die Festspiele 1982.*

Mitte: *Daniel Barenboim, der 1981 mit* Tristan *sein vielbeachtetes Debut als Wagner-Dirigent in Bayreuth gab.*

Deutsche Oper Berlin

Deutsche Oper
Richard-Wagner-Straße 10
1000 Berlin

Allgemeine Informationen: Der mit Stagioneblökken durchsetzte Repertoirespielplan der Deutschen Oper wird neben den gängigen Werken, die auf allen großen Musikbühnen zu finden sind, derzeit auch durch eine gewisse Betonung der teils experimentellen Avantgarde geprägt. Die von Mitte August bis Anfang Juli dauernde Spielzeit umfaßt 320 Spieltage, die sich auf ca. 260 Opern- und 60 Ballettabende verteilen.

Der Zuschauerraum bietet 1885 Personen Platz. Dem Orchester gehören 137 Musiker an, zum Chor zählen 54 Damen und 52 Herren. Das Ballett setzt sich aus sechs Solotänzerinnen und zehn -tänzern sowie aus einer 25köpfigen Damen- und einer 15köpfigen Herrengruppe zusammen.

Das Theater: In den Jahren 1956–1961 baute der Architekt Fritz Bornemann auf dem Grundstück des ehemaligen Deutschen Opernhauses Charlottenburg, und unter teilweiser Verwendung der alten Grundmauern, die heutige Deutsche Oper. Der außen mit großflächigen Beton- bzw. Glasfronten

Das alte, 1912 erbaute Haus der Städtischen Oper in Berlin-Charlottenburg. Die Reste dieses im Zweiten Weltkrieg zerstörten Baus wurden in die neue Oper integriert.

Figurine zu Wolfgang Amadeus Mozarts Don Giovanni, *mit dem der Neubau der Deutschen Oper 1961 eröffnet wurde.*

konzipierte Bau präsentiert sich im holzgetäfelten Zuschauerraum als amphitheatralische Anlage mit Rängen und seitlichen Logenboxen. Die Eröffnung fand am 24.9.1961 mit Mozarts *Don Giovanni* statt. Dirigent war Ferenc Fricsay, Regie führte Carl Ebert; die Sänger: Dietrich Fischer-Dieskau, Walter Berry, Elisabeth Grümmer, Pilar Lorengar, Erika Köth, Donald Grobe und Josef Greindl.

Das Bühnenportal weist eine Breite von 14,50 m und eine Höhe von 8 m auf. Der Bühnenraum ist 28 m breit, 19 m tief und 27,50 m hoch.

Die Intendanten:

Michael Bohnen	(1945–1948)
Heinz Tietjen	(1948–1954)
Carl Ebert	(1954–1961)
Gustav Rudolf Sellner	(1961–1972)
Egon Seefehlner	(1972–1976)
Siegfried Palm	(1976–1981)
Götz Friedrich	(seit 1981)

Ereignisse und Gestalten: Das musikdramatische Zentrum Berlins war bis zum Beginn des 20. Jh.s die Staatsoper Unter den Linden gewesen, die heute zur DDR gehört. Daneben hatte es, außer der Komischen Oper (1905) und der Kroll-Oper (1927) seit 1912 das Deutsche Opernhaus Charlottenburg gegeben, das 1943 bei Bombenangriffen zerstört wurde. Deshalb mußte man nach Kriegsende ein Ausweichquartier suchen. Am 15.6.1945 nahm die Städtische Oper, wie das alte Charlottenburger Haus bereits 1925–1934 hieß, im Theater des Westens mit einer Aufführung des *Fidelio* den Spielbetrieb wieder auf. Intendant dieser ersten Zeit war der berühmte Bassist Michael Bohnen. 1948 kam dann mit Heinz Tietjen ein erfahrener Theaterpraktiker, der auch Dirigent und Regisseur war, als Intendant. Wesentliches Ereignis seiner Amtszeit war die Uraufführung von Boris Blachers *Preußisches Märchen* am 23.9.1952. Die Hauptdirigenten der ersten Jahre waren Arthur Rother und Richard Kraus.

Tietjens Nachfolger wurde 1954 Carl Ebert, der schon 1931–1933 die alte Städtische Oper geleitet hatte. In seiner Ära kamen hervorragende Mozart- und Verdi-Inszenierungen auf die Bühne, bei denen er versuchte, die Sänger auch zu guten Schauspielleistungen zu erziehen und das Musikalische mit dem Dramatischen harmonisch zu verbinden. Das zeitgenössische Musiktheater kam mit Hans Werner Henzes *König Hirsch* zu Wort, dessen fünf Stunden dauernde Uraufführung allerdings einen größeren Theaterskandal auslöste (23.9.1956). Am

Bühnenbild-Entwurf von Jean-Pierre Ponnelle zu Hans Werner Henzes Oper König Hirsch *(»Il Re Cervo«), die 1956 in Berlin uraufgeführt wurde.*

4.10.1959 wurde Schönbergs *Moses und Aron* erstmals in Deutschland szenisch aufgeführt. Die Regie lag in den Händen von Gustav Rudolf Sellner, der später Intendant im neuen Haus an der Bismarckstraße werden sollte.

Am 24.9.1961 wurde die neue Deutsche Oper Berlin mit einer Aufführung des *Don Giovanni* unter der Leitung von Ferenc Fricsay in der Inszenierung von Carl Ebert eröffnet. Sellners engste Mitarbeiter waren neben Fricsay der Chorleiter Walter Hagen-Groll, Egon Seefehlner, der ihm 1972 in der Intendanz folgte, die Dirigenten Hollreiser, Böhm und Jochum sowie die Bühnenbildner Sanjust, Reinking und Raffaelli. Von Anfang an dabei waren die Sänger James King, Donald Grobe, Thomas Stewart, William Dooley, Barry McDaniel, Annabelle Bernard, Evelyn Lear und Pilar Loren-

Außenansicht der Deutschen Oper Berlin. Das neue Haus wurde 1956–1961 nach Plänen von Fritz Bornemann über den Ruinen der alten Städtischen Oper Charlottenburg erbaut.

Zwei Dirigenten, die der Deutschen Oper besonders eng verbunden waren: Ferenc Fricsay (oben links) *und Heinrich Hollreiser* (oben Mitte). *Beide dirigierten 1961 Eröffnungsvorstellungen im neuen Haus: Fricsay Mozarts* Don Giovanni, *Hollreiser die Erstaufführung von Giselher Klebes* Alkmene. – *Wie viele andere Stars der Opernwelt begann auch die Sopranistin Evelyn Lear* (oben rechts) *ihre internationale Karriere in Berlin.*

gar – viele von ihnen entdeckte Seefehlner –, bevor sie internationale Anerkennung gefunden hatten.

Binnen kurzem war ein funktionierender Opernbetrieb auf die Beine gestellt, so daß schon nach zwei Jahren (1963) ein erfolgreiches Gastspiel in Japan durchgeführt werden konnte. Aus der ersten Spielzeit im neuen Haus sind noch Giselher Klebes *Alkmene* in Sellners Regie (25.9.1961) und Wieland Wagners eigenwillige *Aida*-Inszenierung unter Karl Böhm (29.9.1961) hervorzuheben. Auf dem Gebiet des Balletts zeichnete sich die auch in Ostberlin tätige Tatjana Gsovsky aus, wobei besonders auf Blachers *Hamlet* (11.3.1962) und Prokofieffs *Romeo und Julia* (22.3.1962) hinzuweisen ist.

Die Saison 1962/63 brachte eine Reihe zeitgenössischer Werke, darunter Henzes *Elegie für junge Liebende* (23.9.1962), Blachers *Rosamunde Floris* (9.1.1963), Einems *Danton* (9.2.1963) und Milhauds *Orestie des Aischylos* (24.4.1963). Im Herbst 1963 dirigierte Mario Rossi Verdis *Macbeth*, am 8.2.1964 Karl Böhm die *Frau ohne Schatten* und am 18.5.1964 leitete Eugen Jochum eine Neuinszenierung des *Tannhäuser*.

Den Reigen der Premieren in der Spielzeit 1964/65 eröffnete eine von Böhm dirigierte, von Sellner inszenierte *Zauberflöte* (2.10.1964). Am 22.10.1964 dirigierte Herbert von Karajan den von ihm selbst in Szene gesetzten *Troubadour*. Das bedeutendste Werk der Moderne war am 7.4.1965 Henzes *Junger Lord* unter Christoph von Dohnanyi (Regie: Sellner; Bühnenbilder: Sanjust). Am 5.10.1965 dirigierte der neue Generalmusikdirektor Lorin Maazel eine Neuinszenierung von *La Traviata*, die auf Schallplatte festgehalten wurde. Eine interessante Wiederentdeckung galt Meyerbeers *Prophet* in Bohumil Herlischkas Inszenierung mit James McCracken in der Titelrolle (6.4.1966).

In der Spielzeit 1966/67 begann Lorin Maazel mit der in der folgenden Saison fortgesetzten Einstudierung des *Ring des Nibelungen,* Regie führte Sellner, die Bühnenbilder gestaltete Fritz Wotruba. 1967 brachte Sellner mit Maazel noch Verdis *Othello* auf die Bühne (7.12.); am 17.2.1968 inszenierte er mit Karl Böhm *Lulu*. Am 29.9.1968 dirigierte Lorin Maazel Dallapiccolas *Odysseus,* am Neujahrstag 1969 präsentierte das Team Vaclav Kaslik/Josef Svoboda *Hoffmanns Erzählungen* unter Heinrich Hollreiser, während Lorin Maazel in dieser Spielzeit noch *Simone Boccanegra* (5.2.1969) und *Tosca* (13.4.1969) dirigierte. Erwähnenswert ist ferner das *Schwanensee*-Ballett in einer Choreographie von Kenneth MacMillan (14.5.1969).

Während die Spielzeit 1969/70 deutlich den Schwerpunkt auf die Moderne (Blacher, Britten, Nono) legte, erschien zu Beginn der nächsten Saison, am 24.9.1970, ein von Josef Krips dirigierter *Rosenkavalier,* der szenisch von dem Team Sellner/Sanjust betreut wurde. Mit Aufführungen von *Boris Godunow* und *Manon Lescaut* bewies Lorin Maazel einmal mehr seine Vielseitigkeit. Im Verlauf seiner fünfjährigen Berliner Tätigkeit studierte er 17 Pre-

Schwanensee *von Peter Iljitsch Tschaikowski. In der Choreographie von Kenneth MacMillan wurde das Ballett 1969 in Berlin aufgeführt.*

Egon Seefehlner, 1972–1976 Intendant der Deutschen Oper Berlin.

Götz Friedrich, international renommierter Regisseur, seit 1981 als Nachfolger von Siegfried Palm Intendant der Deutschen Oper.

mieren ein, die drei letzten schon unter Egon Seefehlner.

Der neue Intendant, der zu Beginn der Spielzeit 1972/73 die Geschäfte übernahm und bis 1976 blieb, vermied jede persönliche Publicity, war stets um attraktive Besetzungen publikumswirksamer Werke bemüht, ließ aber andererseits das moderne Musiktheater weitgehend vom Spielplan verschwinden. Als neuer Dirigent und musikalischer Betreuer wurde Gerd Albrecht gewonnen; als Regisseur versuchte sich Ernst Schröder mit wechselndem Erfolg. Seefehlners erste Saison begann mit einer von Maazel geleiteten *Elektra* (12.9.1972), der am 27.11.1972 eine von Böhm dirigierte und von Otto Schenk inszenierte Produktion von *Cosi fan tutte* folgte. Eine weitere, dem Wesen des Wieners Seefehlner entsprechende Neuheit war die Silvesterpremiere der *Fledermaus,* ebenfalls in Schenks Regie unter der Leitung Gerhard Wimbergers. Die Ausstattung entwarf Günther Schneider-Siemssen. Der stets präsente Heinrich Hollreiser dirigierte Bartoks *Blaubart* (10.4.1973), und Oscar Fritz Schuh inszenierte Werner Egks *Revisor* (25.6.1973). Unter den Premieren der folgenden Jahre sind insbesondere hervorzuheben: *Don Giovanni* unter Lorin Maazel in der Inszenierung von Rudolf Noelte (25.9.1973), Ponchiellis *La Gioconda* mit Leonie Rysanek (1.3.1974), Brittens *Tod in Venedig* (24.9.1974), eine Skandalpremiere des *Maskenball* in der ungewöhnlichen Regie von Ernst Schröder, dirigiert von Maazel (13.12.1974), ferner der *Parsifal* unter Hollreiser (1.10.1975), die *Meistersinger* unter Jochum in einer Inszenierung von Peter Beauvais (12.3.1976) und *Jenufa,* dirigiert von Albrecht und inszeniert von Bohumil Herlischka (15.5.1976).

Die Spielzeit 1976/77 brachte den Amtsantritt des neuen Intendanten Siegfried Palm, von dem man sich eine Belebung des zeitgenössischen Musiktheaters erwartete. Doch das Gegenteil trat ein: der Anteil der Moderne von knapp 10 Prozent bei Seefehlner verringerte sich zunächst auf 6,8 Prozent. Neben der Premiere von Henzes *Wir erreichen den Fluß* (Regie: Volker Schlöndorff), die noch von Seefehlner geplant war, ist aus dieser Spielzeit eine Aufführung des *Wozzeck* (Regie: Otto Schenk; Bühnenbild: Schneider-Siemssen) zu nennen. Erwähnung verdient ferner die Einstudierung von Verdis *Sizilianische Vesper* unter Jesus Lopez-Cobos, dem künftigen Generalmusikdirektor.

Die Verdi-Pflege wurde mit *Falstaff* (11.12.1977 unter Gielen, Regie: Götz Friedrich), *Nabucco* (8.2.1979 unter Lopez-Cobos) und *Macbeth*

Szenenbild einer Aufführung von Giuseppe Verdis Nabucco *an der Deutschen Oper 1979, in einer Inszenierung von Gustav Rudolf Sellner, der von 1961–1972 erster Intendant im neuen Haus war.*

(3.2.1980 unter Giuseppe Sinopoli) fortgesetzt. Die Moderne kam vorwiegend bei Ballettproduktionen zu Wort, außerdem erzielte Wilhelm Dieter Sieberts *Untergang der Titanic* (6.9.1979) zeitweilig einen starken Publikumserfolg. Die letzte Spielzeit der Ära Palm brachte einen Ballettabend mit Tansmans *Großstadt* und Weills *Sieben Todsünden,* ferner Donizettis *Lucia* unter Nello Santi, Mauricio Kagels *Aus Deutschland* unter Michael Gielen und zum Abschluß Prokofieffs *Krieg und Frieden* in einer Choreographie von Valerie Panov (27.6.1981). Neuer Intendant seit 1981 ist Götz Friedrich, der sich als Regisseur einen überragenden Namen gemacht hat und der bislang die Erwartung, eine ausgewogene Mischung aus Traditionellem und Moderne zu bieten, voll erfüllt hat. Unter anderem brachte er so gegensätzliche Werke wie Janáčeks *Totenhaus* und Grauns *Montezuma* auf die Bühne – Werke, die nicht unbedingt eine Erfolgsgarantie beinhalten. Neben Verdis *Macht des Schicksals* und Nicolais *Die lustigen Weiber von Windsor* findet sich eine Rarität aus den zwanziger Jahren: Erich Wolfgang Korngolds *Die tote Stadt.* Und für die Spielzeit 1982/83 komponierte Wolfgang Rihm nach Antonin Artauds Gedicht *Tutuguri* ein abendfüllendes Ballett. Leitgedanken bei der Zusammenstellung des Spielplans waren und sind: Vervollständigung des auf den großen »klassischen« Komponisten beruhenden Repertoires, daneben aber Aufspüren und Herausstellen überragender Sonderfälle aus Vergangenheit und Gegenwart.

Deutsche Staatsoper
Unter den Linden 7
DDR-108 Berlin

Deutsche Staatsoper Berlin (DDR)

Allgemeine Informationen: Das Repertoire der Deutschen Staatsoper pflegt neben den gängigen Opern und Balletten vor allem die Werke des sozialistischen Musiktheaters der DDR. Die Spielzeit dauert von Ende August bis Anfang Juli. Von den 290–300 Spieltagen entfallen 160 auf die Oper, 70 aufs Ballett und ca. 60 auf Konzerte und sonstige Veranstaltungen.

Das Theater bietet 1432 Personen Platz. Dem Orchester, der Staatskapelle, gehören 142 Musiker an. Der Chor zählt 107 Mitglieder, das Ballett setzt sich aus 70 Tänzerinnen und Tänzern zusammen.

Das Theater: Im Auftrag Friedrichs II. errichtete Georg Wenzeslaus von Knobelsdorff 1741/1742 ein Opernhaus unter den Linden, das am 7. 12. 1742 mit Carl Heinrich Grauns *Caesar und Cleopatra* eröffnet wurde. Dreimal brannte das Gebäude ab, wurde jedoch immer wieder im Rokokostil in Anlehnung an die Entwürfe Knobelsdorffs rekonstruiert. Auf den ersten Brand im Jahr 1843 folgte in der Nacht zum 10. 4. 1941 die völlige Zerstörung

Das Opernhaus Unter den Linden, 1741 von Georg Wenzeslaus von Knobelsdorff im Auftrag Friedrichs II. errichtet. Der Stahlstich aus dem Jahre 1850 zeigt das wiederaufgebaute Haus, das 1843 einem Brand zum Opfer gefallen war.

Der Innenraum des Opernhauses während einer Vorstellung. Kolorierte Lithographie um 1840.

durch Brandbomben; in Rekordzeit wiederaufgebaut und am 12.12.1942 mit den *Meistersingern* neu eingeweiht, blieben noch drei Jahre bis zur neuerlichen Zerstörung am 3.2.1945. Ein Jahrzehnt später wurde die alte Lindenoper, nunmehr unter dem Namen Deutsche Staatsoper Berlin zu den Staatstheatern der DDR zählend, aufs neue eröffnet. Am 4.9.1955 fand als erste Aufführung Wagners Oper *Die Meistersinger von Nürnberg* statt. Der im wesentlichen originalgetreu wiedererrichtete Zuschauerraum weist drei offene Ränge auf. Die Größe des Bühnenportals beträgt 8 × 12 m, die Tiefe des Bühnenraumes mit Hinterbühne 30 m.

Die Intendanten (seit 1945):

Ernst Legal	(1945–1952)
Heinrich Allmeroth	(1952–1954)
Max Burghardt	(1954–1963)
Hans Pischner	(seit 1963)

Ereignisse und Gestalten: Im Zuge der baulichen Erweiterung der Berliner Innenstadt durch Friedrich II. gehörte die Errichtung eines neuen Opernhauses vor den Fenstern des Kronprinzenpalais auf dem Reitweg »Unter den Linden« zu den wesentlichsten Projekten. Zum Baumeister wurde Georg Wenzeslaus von Knobelsdorff ernannt, der für den König bereits einige kleinere Bauten errichtet hatte.

Im Mai 1740 erging die Anweisung, mit dem Bau zu beginnen; im Dezember 1741 sollte nach dem Willen des Königs die Eröffnung stattfinden. Da aus Italien und Frankreich bereits Solisten eingeladen waren, mußte der überlastete Knobelsdorff eigens ein provisorisches Theater im Mitteltrakt des Schlosses bauen. Das neue Opernhaus Unter den

Linden konnte schließlich am 7.12.1742 mit *Caesar und Cleopatra*, einer Oper des ersten preußischen Hofkapellmeisters Carl Heinrich Graun, feierlich eröffnet werden. Die Rheinsberger Hofkapelle wurde in der Folge die Basis für das Opernorchester.

Die ersten berühmten Künstler, die an das Theater gebunden werden konnten, waren der Solotänzer und Ballettmeister Michele Poitiers, die Tänzer Bartholomé und Madeleine Lany sowie Jean Georges Noverre, die Sänger Giovanna Gasparini, Benedetta Emilia Molteni, Felice Romani, Pasqualino Bruscolini und der Kastrat Felice Salimbeni, dazu die kapriziöse Ballerina Barbara Campanini, genannt »La Barberina«. 1747 wurde die Primadonna Giovanna Astrua, die eine der besten Stimmen ihrer Zeit besessen haben soll, engagiert. 1751 nahm der Bühnenarchitekt und Dekorationsmaler Giuseppe Galli-Bibiena seine Berliner Tätigkeit auf, die bis zu seinem Tod 1757 dauern sollte.

Während des Siebenjährigen Krieges wurde das Opernhaus im Oktober 1760 durch eine Kanonenkugel beschädigt. Schwerer wog jedoch, daß der König das Interesse an der Oper zu verlieren begann, keine entsprechenden Gagen mehr zahlte und so die erstklassigen Solisten einbüßte. Schließlich wurde das allmählich verwahrlosende Theater vorübergehend geschlossen. In den folgenden Jahrzehnten führte es ein, von wenigen Ausnahmen abgesehen, glanzloses Dasein. 1781 beehrte der König das Theater zum letztenmal mit seinem Besuch; bis zu seinem Tode (1786) hat er es dann nicht mehr betreten.

Der neue Monarch, Friedrich Wilhelm II., ordnete die Zusammenlegung der Opernkapelle und

Oben: *Die Primaballerina Barbara Campanini, genannt »La Barbarina«. Von 1744–1748 der Star des Berliner Opernlebens, genoß sie die besondere Zuneigung Friedrichs II.*

Mitte: *Schon bald nach seinem Regierungsantritt 1740 ließ Friedrich II. als König von Preußen das neue Opernhaus Unter den Linden erbauen, das 1742 eingeweiht werden konnte.*

Rechts: *Der Gendarmenmarkt mit dem Dom und dem 1774 von Johann Baumann erbauten französischen Komödienhaus, das Friedrich Wilhelm II. 1786 zum Nationaltheater erhob.*

der kronprinzlichen Kapelle an, wodurch ein großes Orchester gebildet wurde, das den kompositorischen Ansprüchen des Hofkapellmeisters Reichardt genügte. Vergrößert und im Niveau verbessert wurde auch das Ballett, nachdem 1788 Albert Lauchery als Ballettmeister eingestellt worden war. Auch hatte man am Theater Umbauten vorgenommen, wodurch günstigere Sichtverhältnisse und eine Vergrößerung des Bühnenportals erzielt worden waren. Das renovierte Haus wurde am 11.1.1788 mit Reichardts großer Oper *Andromeda* eröffnet.

Doch die großen Ereignisse des Berliner Opernlebens fanden vorerst nicht in der Lindenoper, sondern im königlichen Nationaltheater statt. Diesen Titel hatte 1786 das Komödienhaus am Gendarmenmarkt erhalten. Hier wurden 1788 Mozarts *Entführung aus dem Serail* und 1794 die *Zauberflöte* aufgeführt, was den Durchbruch der deutschen Oper in Berlin bedeutete. 1807 setzte man eine gemeinsame Direktion für Oper und Nationaltheater ein, deren bedeutendster Exponent Karl von Brühl (seit 1815) war. Am 11.10.1815 wurde Beethovens *Fidelio* erstmals in Berlin aufgeführt; in der zweiten Vorstellung sang Anna Milder-Hauptmann die Titelrolle, die sie schon bei der Wiener Erstaufführung der endgültigen Fassung dargestellt hatte. Beethoven sandte ihr für ihre Leistung ein Dankschreiben. 1816 wurde *Undine* von E. T. A. Hoffmann in Dekorationen Karl Friedrich Schinkels aufgeführt. Am 18.6.1821 erlebte Berlin die Uraufführung des *Freischütz* unter Webers persönlicher Leitung.

Im August 1820 wurde der namhafte Komponist Gasparo Spontini an die Berliner Oper berufen und als erster musikalischer Leiter mit dem Titel »General-Musik-Direktor« ausgezeichnet. Er faszinierte durch hervorragende Dirigentenleistungen, brachte seine 1819 erschienene Oper *Olympia* zur Aufführung, verstand sich jedoch äußerst schlecht mit dem Generalintendanten Brühl, der seine Vollmachten durch Spontini eingeengt sah. Auch Brühls Nachfolger, Graf Wilhelm von Redern, setzte alles daran, die Macht des bei Hof beliebten Spontini zu begrenzen. Spontinis Überheblichkeit und Willkür in dienstlichen Belangen kamen ihm zu Hilfe; die zahllosen Streitigkeiten führten schließlich zu einem Strafverfahren wegen Majestätsbeleidigung. Als Spontini am 2.4.1841 trotz Warnungen der Polizei selbst wieder an das Dirigentenpult trat, um *Don Giovanni* zu leiten, kam es zu einem Skandal. Spontini wurde pensioniert und kehrte nach Paris zurück. Am 11.6.1842 wurde Giacomo Meyerbeer,

Oben: *Karl Friedrich Schinkel, der den Neubau des 1817 abgebrannten Schauspielhauses am Gendarmenmarkt leitete. Zur Wiedereröffnung dirigierte Carl Maria von Weber 1821 seinen* Freischütz.

Unten: *Karl Moritz Graf von Brühl, seit 1815 als Nachfolger Wilhelm Ifflands Generalintendant in Berlin.*

Die »schwedische Nachtigall« Jenny Lind um 1840 als Norma *in der gleichnamigen Oper von Vincenzo Bellini. Jenny Lind war nur eine der zahlreichen international berühmten Gäste, die um die Mitte des vorigen Jahrhunderts in Berlin auftraten.*

Botho von Hülsen, 1851–1886 Generalintendant in Berlin. Die »Ära Hülsen« bescherte dem Berliner Publikum regelmäßig Aufführungen mit den berühmtesten Solisten Europas.

der mit *Robert der Teufel* in Berlin bereits 1832 großen Erfolg gehabt hatte, zum neuen Generalmusikdirektor ernannt.

Am 18.8.1843 brannte die Oper ab, wurde jedoch binnen kurzer Frist im alten Stil wideraufgebaut und am 7.12.1844 mit Meyerbeers Singspiel *Ein Feldlager in Schlesien* festlich eröffnet. In dieser Zeit trat die berühmte Koloratursopranistin Jenny Lind erstmals in Berlin auf. Im März 1852 wurde ein neuer Generalintendant formell in sein Amt eingeführt, der allein schon durch die Dauer seiner Amtszeit (35 Jahre) die Entwicklung des Berliner Theater- und Opernlebens nachhaltig beeinflußte. Botho von Hülsen war ein konservativer, königlich-preußischer Hofbeamter, der seine Geschäfte mit großer Strenge und Energie führte. Er brachte das übliche romantische Opernrepertoire in ausgezeichneter Besetzung, wehrte sich jedoch zunächst gegen die Werke Wagners, den er wegen dessen politischer Gesinnung auch persönlich ablehnte. Erst als Wagner auch in konservativen Kreisen zu Ansehen gelangte, gab Hülsen nach: 1856 ließ er *Tannhäuser*, 1859 *Lohengrin*, 1884 die *Walküre* und 1885 *Siegfried* aufführen, wobei ihm Albert Niemann als damals bester Wagnertenor zur Verfügung stand. Obwohl Hülsen für Wagner sogar ei-

Szenenbild aus dem historischen Ballett Sardanapal *von Paul Taglioni mit Musik des Königlichen Hofkomponisten Peter Ludwig Hertel.* Sardanapal, *1865 Unter den Linden uraufgeführt, war eines der erfolgreichsten Ballette jener Zeit.*

nen Empfang gab, verhinderte er nach wie vor die zyklische Aufführung des *Ring des Nibelungen*, der auf Betreiben Wagners schließlich im Berliner Viktoriatheater zur Aufführung gelangte. Für die Opern Verdis hingegen setzte sich Hülsen intensiv ein. Sänger und Tänzer aus vielen Ländern gastierten ständig an der Lindenoper, und insbesondere dem Ballett brachte die Ära Hülsen einen beträchtlichen Aufschwung. Unter den Gesangsstars jener Zeit sind neben Albert Niemann besonders der Baßbariton Franz Betz, der Tenor Gustave Roger und der als »Postillon von Lonjumeau« berühmt gewordene Theodor Wachtel, ferner Pauline Lucca und Lilli Lehmann hervorzuheben.

Hatte die Ära Hülsen auf sängerischem und tänzerischem Gebiet ein hohes Niveau gebracht, so folgte 1886 – zunächst unter der Intendanz von

Pauline Lucca (links) *und Albert Niemann* (rechts), *zwei berühmte Stars der »Ära Hülsen«.*

Oben: *Felix von Weingartner, 1891–1898 Hofkapellmeister an der Berliner Oper und einer der bedeutenden Dirigenten seiner Zeit.*

Unten: *Richard Strauss, 1898–1919 Generalmusikdirektor in Berlin. Obgleich als Dirigent rasch anerkannt, hatte Strauss mit eigenen Werken in Berlin kein Glück, der König lehnte seine »neumodische« Musik strikt ab. So wurden fast alle seine Opern in Dresden uraufgeführt.*

Hans Heinrich Bolko Graf von Hochberg – eine Zeit der großen Dirigenten, was insofern von Bedeutung war, als seit der Gründung der Berliner Philharmoniker (1882) das Publikum an deren Konzerten immer mehr Interesse gewonnen hatte. Der erste bedeutende Dirigent war Josef Sucher (1888), neben den 1891 Felix von Weingartner und als dritter Spitzendirigent Karl Muck traten. 1898 gab es in Berlin einen neuen Opernleiter in der Person von Richard Strauss, der sich sofort mit einer exemplarischen Aufführung des *Tristan* durchsetzte. Seine eigenen Werke durften in Berlin wegen der ablehnenden Haltung des Königs nicht aufgeführt werden. Die als unmoralisch geltende Strauss-Oper *Feuersnot* führte unter anderem das Ende der Intendanz Hochberg herbei; dieser wurde unter dem Vorwand gestürzt, er habe die Aufführung zugelassen. Unter seinem Nachfolger Georg von Hülsen dirigierten an der Berliner Oper Bruno Walter, Franz Schalk und Leo Blech, der 1906 erster Hofkapellmeister wurde und von einer kurzen Unterbrechung abgesehen bis 1935 der Lindenoper verbunden blieb.

Probleme entstanden in jenen Jahren, weil 1895 das Krollsche Etablissement von der Krone erworben, den Hoftheatern angeschlossen worden war und von den Ensemblemitgliedern der Lindenoper bespielt werden mußte. Dies konnte dazu führen, daß manche Sänger an einem Abend an beiden Häusern auftreten und zwischen den Akten das Theater wechseln mußten; ein künstlerischer Niveauverlust war nicht immer zu vermeiden. Dennoch traten auch internationale Stars wie Emmy Destinn, Marcella Sembrich, Francisco d'Andrade, Geraldine Farrar und Enrico Caruso auf. Letzterer sang bis 1913 insgesamt 27 Vorstellungen an der Lindenoper.

1904 ordnete Wilhelm II. unter dem Eindruck eines Theaterbrandes in Chicago erhöhte Sicherheitsmaßnahmen an, 1910 folgten Überlegungen, ein ganz neues Opernhaus zu errichten, doch wurden diese Pläne bis zum Kriegsausbruch nicht mehr realisiert. Nach Kriegsende wurden aus den Hofbühnen »Preußische Staatstheater«. Der neue Intendant, Max von Schillings, war bestrebt, in seinem Spielplan Althergebrachtes mit Zeitgenössischem zu vereinen, und wurde dabei von vielen erstklassigen Künstlern unterstützt. Als Bühnenbildner war Emil Pirchan engagiert, unter den Dirigenten sind Leo Blech, Fritz Stiedry, Georg Szell, später Bruno Walter und Erich Kleiber zu nennen. Richard Tauber und Hermann Jadlowker gastierten im Tenorfach, der Kavalierbariton Mattia Battistini und der »deutsche Schaljapin« Michael Bohnen traten in Berlin auf. Unter den weiblichen Gästen sind Maria Ivogün, Lotte Lehmann, Elisabeth Rethberg, Helene Wildbrunn und die Altistin Sigrid Onegin zu nennen. An neuen Namen erschienen Margarethe Klose, Gitta Alpar, Frida Leider und die Baritone Theodor Scheidl, Heinrich Schlusnus und Friedrich Schorr. An zeitgenössischen Werken hörte man Schrekers *Gezeichnete,* den *Fernen Klang* und den *Schatzgräber,* Busonis *Turandot,* Franz Schmidts *Fredigundis,* Braunfels' *Vögel* und natürlich Schillings' *Mona Lisa* mit der Intendantengattin Barbara Kemp in der Titelrolle. Pfitzners *Palestrina* und Strauss' *Frau ohne Schatten* wurden gleichfalls aufgeführt.

1924 wurde Erich Kleiber zum neuen Generalmusikdirektor ernannt und führte am 17.3.1924 Janáčeks *Jenufa* zum Erfolg. Das folgende Jahr brachte mit der Uraufführung von Alban Bergs *Wozzeck* ein künstlerisches Ereignis von Weltrang. Im Mai 1926 begann ein großzügiger Umbau der Lindenoper, deren Ensemble zwischenzeitlich im Gebäude der Kroll-Oper sowie im Schauspielhaus am Gendarmenmarkt spielte. Unter der Intendanz von Heinz Tietjen wurde das Haus am 28.4.1928 mit der *Zauberflöte* neueröffnet. Im Mai 1929 gastierte die Mailänder Scala unter Arturo Toscanini mit *Falstaff, Aida, Der Troubadour* und *Manon Lescaut.* Am 5.5.1930 dirigierte Erich Kleiber die Uraufführung von Milhauds *Christoph Columbus.*

Als interessante Alternative zur Lindenoper wurde von 1927–1931 in der Kroll-Oper fortschrittliches Musiktheater gespielt; neben Klemperer als Hauptdirigent wirkten dort Bühnenbildner wie Caspar Neher, Teo Otto und Ewald Dülberg sowie

Die Krolloper am Tiergarten, 1895 den Königlichen Schauspielen als Zweitbühne angegliedert. Das Theater wurde 1914 abgerissen, der geplante Neubau eines großen Opernhauses unterblieb, als der Erste Weltkrieg ausbrach.

Maria Cebotari (oben) *und Max Lorenz* (unten), *zwei bekannte Sänger im Berlin der dreißiger Jahre.*

Regisseure wie Jürgen Fehling, Gustaf Gründgens und A. M. Rabenalt.

1933 wurde der Vertrag Otto Klemperers durch die Nationalsozialisten gelöst, und Wilhelm Furtwängler übernahm die Stellung des ersten Staatskapellmeisters. Als weiterer Dirigent wurde Robert Heger verpflichtet. Nach Furtwänglers Rücktritt 1935 hatte Clemens Krauss für ein Jahr die Leitung der Oper inne. Die musikalischen Höhepunkte jener Zeit waren die Wagnerabende in Tietjens Regie und mit Bühnenbildern von Emil Preetorius, der noch in den fünfziger Jahren in Wien den *Ring* ausstattete. Die neuen Stars hießen Maria Cebotari, Erna Berger, Maria Müller, Helge Rosvaenge, Max Lorenz, Marcel Wittrisch und Franz Völker. Das Jahr 1938 brachte die Uraufführung von Werner Egks *Peer Gynt* und eine Neuinszenierung der *Zauberflöte* durch Gustaf Gründgens mit Herbert von Karajan.

Ihre ersten Kriegsschäden erlitt die Oper 1941. 1945 wurde das neuaufgebaute Gebäude zum zweitenmal zerstört. Schon im August 1945 nahm die Staatsoper den Nachkriegsspielbetrieb im Admiralspalast nahe dem Bahnhof Friedrichstraße mit Glucks *Orpheus und Eurydike* auf. Die Intendanz hatte Ernst Legal übernommen, der schon in der alten Kroll-Oper als Regisseur gewirkt hatte und als Antifaschist galt. In den folgenden Jahren wurde rasch ein neues Repertoire erarbeitet; unter den Ensemblemitgliedern tauchten nun Peter Anders, Erich Witte, Tiana Lemnitz und Josef Greindl auf. Leiterin des Ballettensembles wurde Tatjana Gsovsky, unter den Dirigenten sind Joseph Keilberth, Hermann Abendroth, Leopold Ludwig, Hans Knappertsbusch und Georg Solti zu finden. Eines der bedeutendsten Ereignisse der ersten Jahre war am 12.10.1951 die Uraufführung von Paul Dessaus Oper *Die Verurteilung des Lukullus* (Text von Brecht) unter Leitung von Hermann Scherchen und mit Bühnenbildern von Caspar Neher. Am 17.6.1951 hatte Erich Kleiber erstmals wieder nach 16 Jahren in Berlin den *Rosenkavalier* dirigiert. In diesem Jahr wurde auch der Wiederaufbau des Knobelsdorffschen Gebäudes im alten Stil beschlossen.

Am 4.9.1955 wurde die Staatsoper Unter den Linden mit den *Meistersingern von Nürnberg* unter der Leitung von Franz Konwitschny, dem neuen Generalmusikdirektor, wiedereröffnet. Zu den prominenten Sängern der neuen Lindenoper zählten die aus Dresden kommenden Stars Peter Schreier und Theo Adam, ferner Anna Tomowa-Sintow, Anneliese Burmeister, Siegfried Vogel und Günther

Inszenierungen an der Deutschen Staatsoper Berlin:

Fürst Igor *von Alexander Borodin, 1978 in der Inszenierung von Boris Pokrowski, dem Chefregisseur des Moskauer Bolschoi-Theaters. Bühnenbild von Ilja Glasunow.*

Salome *von Richard Strauss, von Harry Kupfer 1979 in der Ausstattung von Wilfried Werz herausgebracht.*

Der Schmied von Gent *von Franz Schreker. Eine Inszenierung Erhard Fischers in Bühnenbildern von Waleri Lewental.*

Die 1955 wiedereröffnete Staatsoper Unter den Linden in Ost-Berlin.

Leib, deren Karriere sie über Berlin hinaus auf alle großen internationalen Bühnen geführt haben. Uraufführungen galten in den folgenden Jahren insbesondere den Werken von Paul Dessau, der seinem *Lukullus* nach *Puntila* (15.11.1966), *Lanzelot* (19.12.1969) und *Einstein* (16.2.1974, mit Theo Adam in der Titelrolle) folgen ließ. Kleinere Werke wurden (wie schon früher) im Apollo-Saal, dem einstigen Foyer, aufgeführt, darunter der *Zerbrochene Krug* von Fritz Geissler. Unter den Auslandsgastspielen sind Moskau (1969), Paris (1973) und Japan (1974) hervorzuheben. Die Saison 1977/78 brachte u.a. eine Inszenierung von Mozarts *Titus* mit Peter Schreier in der Titelrolle, die Spielzeit 1978/79 *Fürst Igor,* ferner *Carmen* und *Salome,* letztere in einer Inszenierung von Harry Kupfer. Aus jüngster Zeit sind zu nennen Schrekers *Der Schmied von Gent,* Udo Zimmermanns *Die wundersame Schusterfrau* und Friedrich Cerhas *Baal,* daneben aber auch Suppés *Die schöne Galathee,* Offenbachs *Die Insel Tulipaton* und Verdis *Othello.*

Die Darstellung des Ostberliner Opernbetriebes wäre unvollständig, ohne die Komische Oper zu erwähnen, die am 23.12.1947 mit der *Fledermaus* von Johann Strauß, im alten Metropoltheater etabliert, eröffnet wurde.

Von Walter Felsenstein wurde sie bis zu seinem Tod 1975 geleitet. Unter seiner, einem ins Detail gehenden Realismus verschriebenen künstlerischen Leitung erarbeitete das Haus neben der Operette auch einen Großteil des Opernrepertoires. Nach Felsensteins Tod übernahm Joachim Herz 1976 die Leitung; seit 1981 ist W. Rackwitz Intendant und der inzwischen auch zu internationalem Ansehen gelangte Harry Kupfer Oberregisseur.

Stadttheater Bern

Stadttheater
Nägeligasse 1
CH-3000 Bern

Allgemeine Informationen: Der Repertoirespielplan des Stadttheaters umfaßt alle Arten des Musiktheaters, sofern die derzeitigen räumlichen Möglichkeiten die Aufführung größerer Werke zulassen. In jeder Spielzeit werden ein zeitgenössisches Werk, mehrere gängige Opern, zwei Operetten bzw. eine Operette und ein großes sowie ein kleineres Musical neu herausgebracht. Die Saison dauert von Anfang August bis zur dritten Juniwoche. Das Theater verfügt über 800 Plätze. Das Berner Symphonieorchester besteht aus 90 Musikern, das Ballett aus acht Damen und neun Herren, dem Chor gehören je zwölf Damen und Herren an.

Das Theater: Das »Neue Stadttheater« wurde 1899–1903 durch den Architekten R. von Wurstemberger im Stil des Fin de siècle als Rangtheater errichtet und am 25.9.1903 mit Richard Wagners *Tannhäuser* eröffnet. Das Bühnenportal ist bis zu 9,30 m breit und bis zu 6,20 m hoch, der Bühnenraum 13 m breit und 14,50 m tief. Der Orchesterraum faßt 55 Musiker.

Frontansicht des 1899–1903 erbauten »Neuen Stadttheaters« in Bern.

Die Intendanten:

Georg Kiedaich	(1903–1906)
Alfred Stender-Stefani/ Julius Bergmann	(1906–1908)
Benno Koebke	(1908–1914)
Albert Kehm	(1914–1920)
Ludwig Peppler	(1920–1925)
Hans Kaufmann	(1925–1931)
Karl Lustig-Prean	(1931–1934)
Hans Zimmermann	(1934–1937)
Eugen Keller	(1937–1946)
Ekkehard Kohlund	(1947–1953)
Stephan Beinl	(1953–1958)
Dr. Albert Nef (interim.)	(1958/1959)
Walter Oberer	(1960–1979)
Wolfgang Zörner	(1979–1981)
Edgar Kelling (nur Oper)	(seit 1981)

Ereignisse und Gestalten: Ein erstes Theater, das zunächst von verschiedenen Wandertruppen bespielt wurde, existierte in Bern in dem 1678 erbauten »Ballenhaus«, wo man 1796 erstmals Mozarts *Zauberflöte* – nur fünf Jahre nach der Wiener Uraufführung – herausbrachte. 1766 gründete sich eine von Mitgliedern der »Grande Société« gebildete Aktiengesellschaft zum Bau eines Theater- und Konzerthauses. Niklaus Sprünglin, ein Schüler der Theaterbaumeister Blondel und Servandoni, errichtete in den Jahren 1768–1770 das »Hôtel de Musique«, wo dann jedoch erst von 1799 an Theateraufführungen stattfinden durften. 1800 wurde das Haus von der französischen Schauspiel- und Operngesellschaft St.-Gérard, ab 1802 auch von deutschen Theatertruppen bespielt. Im Jahre 1812 erschien Mozarts *Don Giovanni,* 1823 Webers *Freischütz,* 1836 Beethovens *Fidelio* auf dem Berner Spielplan. Ab 1837 gewährte die Stadtverwaltung Subventionen; seither wurde eine regelmäßige Saison eingeführt, und man bestellte ständige Direktoren. 1838 mußte der Theatersaal renoviert und 1843 die Gasbeleuchtung installiert werden. 1848 wurde Bern Hauptstadt der Konföderation, was dem Theaterleben neuen Aufschwung brachte. Im Jahre 1850 führte man Verdis *Attila* und 1857 *Tannhäuser* auf. 1876 erfolgte die Gründung des Orchestervereins, 1880/81 versuchte man gemeinsam mit Basel den Betrieb eines Städtebundtheaters. Am 18.3. 1889 fand in Bern die Schweizer Erstaufführung von Wagners *Tristan und Isolde* statt. Am 27.2.1895 wurde anläßlich der Erstaufführung von Humperdincks *Hänsel und Gretel* die elektrische Beleuchtung eingeweiht. 1895 diskutierte man auch die Errichtung eines Neubaus, der am 1.6.1896 endgültig

Szenenbild aus Rolf Liebermanns Oper Penelope, *deren Neufassung 1971 in Bern ihre europäische Erstaufführung erlebte.*

beschlossen wurde. Am 6.4.1900 ging als letzte Opernaufführung im alten Haus Gounods *Margarethe* über die Bühne. Im April 1908 fand im seit fünf Jahren bestehenden neuen Haus eine Festaufführung von Wagners *Ring des Nibelungen* statt. 1911 wurde – nur zehn Monate nach der Dresdener Uraufführung – der *Rosenkavalier* von Richard Strauss gespielt. 1912–1913 gab es bereits eine Neuinszenierung des *Ring*. Im Jahre 1917 wurden im Rahmen eines Gastspiels Strauss' *Elektra* und *Ariadne auf Naxos* aufgeführt; am 18.11.1920 erschien Wagners *Parsifal*. Wagners *Ring* stand in der Saison 1930/31 erneut auf dem Spielplan. Die Jahre 1931–1933 brachten im Rahmen eines Wagnerzyklus die Opern *Tannhäuser, Lohengrin, Die Meistersinger von Nürnberg, Parsifal* und *Tristan und Isolde*. Bei einem Verdi-Zyklus gelangten 1932/33 *Aida, Die sizilianische Vesper, La Traviata* und *Don Carlos* in Bern zur Aufführung. 1938 führte man Heinrich Sutermeisters Tanzhandlung *Das Dorf unter dem Gletscher* auf.

Im Verlaufe der fast 20 Jahre dauernden Direktion Walter Oberers fanden die Schweizer Erstaufführung von Jan Cikkers *Spiel von Liebe und Tod* (1970/71), eine Europäische Erstaufführung von Rolf Liebermanns *Penelope* (1971/72) sowie die deutschsprachigen Erstaufführungen der Rossini-Oper *Mit List zum Ziel* (1972/73 und der Donizetti-Oper *Der überlistete Vater* (1975/76) statt. Die Oper *Lo Schiavo* von Antonio Carlos Gomez wurde 1976/77 als Europäische Erstaufführung herausgebracht, während Jan Cikkers *Auferstehung* die schweizerische Neuheit der Saison 1978/79 bildete.

Größere Umbauten bedingten ab 1982/83 eine vorübergehende Schließung des Theaters.

Bühnen der Stadt
Brunnenstraße 3–9
4800 Bielefeld

Stadttheater Bielefeld

Allgemeine Informationen: Das Stadttheater hat einen Repertoirespielplan, der pro Jahr sieben bis acht Opern, drei Operetten bzw. Musicals, einen Ballettabend sowie ein bis zwei Wiederaufnahmen aus der vorhergegangenen Saison vorsieht. Die Spielzeit richtet sich jeweils nach dem Termin der Schulferien. Bei der Spielplangestaltung ist man sowohl um die Pflege des zeitgenössischen Musiktheaters als auch um die Wiederentdeckung und -belebung selten gespielter und vergessener Werke bemüht; außerdem werden neben gängigen Repertoire-Opern klassische Operetten aufgeführt.

Der Zuschauerraum faßt 775 Personen. Das Orchester besteht aus 65 Mitgliedern; dem Ballett gehören je drei Solotänzerinnen und -tänzer, eine sechsköpfige Damengruppe und eine dreiköpfige Herrengruppe (teils mit Soloverpflichtung) an. Der Chor verfügt über 30 Mitglieder (14 Damen, 16 Herren).

Das Theater: Schon im Jahre 1885 war in Bielefelder Bürgerkreisen der Ruf nach einem eigenen Theater laut geworden, und man hatte begonnen, Geldmittel für einen Theaterbau zu sammeln. Als im Dezember 1900 170000 Mark an Spenden aufgebracht worden waren, beschloß die Stadtverwaltung endgültig den Theaterbau. Im Juni 1902 erfolgte die Grundsteinlegung; am 3.4.1904 konnte das von dem Architekten Bernhard Sehring errichtete Theater mit Schillers *Jungfrau von Orleans* eröffnet werden. Das Haus, das in neobarockem Stil

Das Stadttheater Bielefeld nach der Renovierung 1979/80. Das Theater wurde 1902–1904 von Bernhard Sehring erbaut und faßt 775 Besucher.

unter Einbeziehung von Details im – der Entstehungszeit gemäßen – Jugendstil erbaut wurde, hat zwei Zuschauerränge. Bei einer ersten Umgestaltung im Jahre 1937 ersetzte man Stuck und Gips im Innenraum durch Makassar- und Birnbaumholz, den bisherigen beleuchteten Sternenhimmel des Auditoriums durch eine helle hölzerne Kassettendecke.

Am 26.10. und 6.12.1944 wurde das Theater bei Bombenangriffen beschädigt, so daß nach Kriegsende am 14.10.1945 zunächst eine provisorische Opernspielzeit (Beethoven, Gluck) in der Rudolf-Oetker-Halle stattfinden mußte. Nach dem raschen Wiederaufbau unter Stadtoberbaurat Freitag wurde das Stadttheater am 1.12.1947 mit Mozarts *Zauberflöte* wiedereröffnet. 1957 nahm man bauliche Verbesserungen vor, und die umfangreichen Umbauten von 1971 erforderten sogar das zeitweilige Ausweichen auf andere Quartiere.

Der Bühnenraum ist 18,70 m breit und 12 m tief; die Breite des Portals beträgt 8,40 m, die Höhe 5,20 m. Der Orchesterraum ist 12 m breit und 7 m tief; er bietet Platz für ca. 70 Musiker.

Theaterzettel zu Schillers Die Jungfrau von Orleans, *mit der das Stadttheater Bielefeld 1904 eröffnet wurde.*

Die Intendanten:

Oscar Lange	(1904–1906)
Norbert Berstl	(1906–1913)
Wilhelm Berstl	(1911–1916)
Max Cahnbley	(1916–1933)
Leon Geer	(1933–1936)
Alfred Kruchen	(1936–1945)
Hermann Schaffner	(1946–1953)
Herbert Decker	(1953–1958)
Joachim Klaiber	(1958–1963)
Horst-Alexander Stelter	(1963–1970)
Hans-Walter Deppisch	(1970–1971)
Bernhard Conz (komm.)	(1971–1973)
Peter Ebert	(1973–1975)
Heiner Bruns	(seit 1975)

Ereignisse und Gestalten: Das Stadttheater verfügte in den Anfangsjahren über kein eigenes Opernensemble; neben dem Schauspiel galten die ersten musikalischen Aufführungen der Operette, die beim Publikum sehr gut ankam. Bevor es noch ein echtes Opernrepertoire gab, wurde die sogenannte »Monatsoper« eingeführt, die der Dirigent und Intendant für den Musiksektor, Max Cahnbley, leitete. Diese Institution bestand darin, daß nach dem Ende der normalen – aus Operette und Schauspiel zusammengesetzten, von September bis April währenden – Spielzeit einen Monat lang zahlreiche Opern aufgeführt wurden, wobei oft prominente

Oben: *Die weltberühmte Sängerin Erna Sack war von 1930–1932 in Bielefeld engagiert.*

Unten: *Der Dirigent Kurt Eichhorn, 1932–1934 Kapellmeister in Bielefeld.*

Gäste wie z. B. Francesco d'Andrade (1859–1921) auftraten.

Nach dem Ersten Weltkrieg konnte die Monatsoper durch einen regulären Opernspielplan mit festem Ensemble ersetzt werden. Mozarts *Zauberflöte* galt die erste Nachkriegsinszenierung des Intendanten Cahnbley, dessen Leitung des Musiktheaters allgemein anerkannt wurde und den Schauspielsektor an Erfolg weit übertraf. 1930–1932 trat in Bielefeld die berühmte Koloratursopranistin Erna Sack auf, 1932–1934 war Kurt Eichhorn Kapellmeister am Stadttheater. Schon zuvor hatte Cahnbley den *Rosenkavalier* herausgebracht und eine Gesamtaufführung des *Ring des Nibelungen* riskiert.

Das Regime des Dritten Reiches brachte personelle Veränderungen; zunächst den wenig erfolgreichen Intendanten Leon Geer, der 1936 durch Alfred Kruchen abgelöst werden mußte. In dessen Ära fiel eine Neuinszenierung von Webers *Oberon* durch den Oberspielleiter Heinrich Altmann (1939). Im Verlauf des Krieges kam es zunehmend zu Einschränkungen des Theaterbetriebs, bis am 1. 9. 1944 auf Goebbels' Anordnung die Schließung erfolgte.

Nach dem Krieg, im Oktober 1945, wurde in der Oetkerhalle ein provisorischer Spielbetrieb mit Beethovens *Fidelio* und Glucks *Iphigenie auf Tauris* eingerichtet. Unter der Ägide des ersten Nachkriegsintendanten Hermann Schaffner wurde 1951/52 zum musikalischen Leiter des Stadttheaters Bernhard Conz ernannt, der im Verlaufe seiner langjährigen Tätigkeit das künstlerische Niveau entscheidend beeinflußte. Neben *Fidelio, Carmen, Cosi fan tutte, Salome, Arabella* und *Lohengrin* begann er mit der Pflege des zeitgenössischen Musiktheaters. Hans Werner Henze inszenierte Honeggers *Johanna auf dem Scheiterhaufen* (1952/53). Alfredo Bortoluzzi machte sich um das bisher vernachlässigte Ballett verdient.

1953 (schon unter der Intendanz von Herbert Decker) sang Sandor Konya den Radames in einer von Bernhard Conz dirigierten *Aida*. Es folgten die *Meistersinger* (1954) mit Josef Herrmann und Wolfgang Windgassen. *Tristan und Isolde* mit Astrid Varnay und der *Rosenkavalier* mit Richard Capellmann als Ochs von Lerchenau. An zeitgenössischen Werken sind Hindemiths *Mathis der Maler*, Egks *Zaubergeige*, Einems *Dantons Tod* und Strawinskys *Geschichte vom Soldaten* hervorzuheben. Walter Eichner inszenierte Wagners *Ring des Nibelungen*, wofür er Wieland Wagners Anerkennung fand. Die Intendanz von Joachim Klaiber brachte die szenische Uraufführung von Winfried Zilligs *Verlobung in San Domingo* (1961), die Uraufführung von Marcel Mihalovicis *Krapp oder das letzte Band* (1960/61) und die deutsche Erstaufführung von Martinus *Griechischer Passion* (1962/63). Bekannte Sänger jener Jahre waren William Dooley und Helge Brilioth, die später internationale Karrieren machten, ferner Ferdinand Frantz, Erika Köth, Ingrid Bjoner und Josef Greindl, die als Gäste auftraten.

Die Ägide von Horst-Alexander Stelter brachte als »Kassenschlager« eine italienisch gesungene *Bohème*. Rudolf Holtenau sang in der Spielzeit 1965/66 erstmals in Bielefeld den König Marke. Am 28.2.1968 fand die Uraufführung von Rudolf Mors *Vineta* unter der Leitung von Bernhard Conz statt.

1970 wurde Hans-Walter Deppisch zum neuen Intendanten ernannt, trat aber schon nach kurzer Zeit wegen massiver Vorwürfe der Öffentlichkeit (Besucherrückgang, Qualitätsverlust u.dgl.) wieder zurück. Bernhard Conz wurde zum kommissarischen Theaterleiter bestellt. Zum musikalischen Höhepunkt dieser Zeit wurde Verdis *Othello* (14.11.1971), erfolgreich aber auch Gottfried von Einems *Besuch der alten Dame* mit Martha Mödl.

1973 übernahm Peter Ebert die Intendanz. Er blieb bis 1975, spielte selbst den Don Quichotte in dem Musical *Der Mann von La Mancha*, inszenierte u.a. Verdis *Falstaff* mit Gerd Nienstedt und war auch mit Produktionen von *Pelléas et Mélisande*, *Die Zauberflöte* und *Die verkaufte Braut* erfolgreich. Die Moderne kam mit der Uraufführung von *Cuchulains Tod* von Jolyon Brettingham Smith (1974) zu Wort.

Der derzeitige Intendant, Heiner Bruns, der zunächst den immer wieder auftretenden Besucher-

1979 hatte in Bielefeld Udo Zimmermanns Oper Der Schuhu und die fliegende Prinzessin *in der Inszenierung von Hans Korte Premiere. Unten rechts Melissa Evans als Prinzessin.*

Im Juni 1983 wurde Der Kreidekreis *am Stadttheater Bielefeld uraufgeführt, eine Oper von Rudolf Mors nach dem gleichnamigen Schauspiel von Klabund. Die Inszenierung besorgte John Dew, das Bühnenbild entwarf Axel Schmitt-Falckenberg.*

rückgang hatte auffangen müssen, verfolgt das Ziel eines ausgewogenen Spielplans unter Einbeziehung der Moderne (Udo Zimmermann *Der Schuhu und die fliegende Prinzessin*, 17.2.1979) und echter Raritäten wie Marschners *Vampyr* (24.5.1980), Cherubinis *Medea* (3.1.1981) oder Marschners *Templer und Jüdin* (6.6.1981).

Theater der Stadt
Am Boeselagerhof 1
5300 Bonn

Theater der Stadt Bonn

Allgemeine Informationen: Der Spielplan des Bonner Theaters weist ein Repertoireprogramm mit Merkmalen eines Stagionesystems auf. Die Spielzeit richtet sich weitgehend nach den (wechselnden) Schulferien im Land Nordrhein-Westfalen. Aufgeführt werden Opern aller Stilepochen, klassisches und experimentelles Ballett, jedoch kaum Operetten. Das Theater faßt 896 Zuschauer. Das Orchester besteht aus 121 Musikern. Dem Ballett gehören neben sechs Solisten (teilweise mit Gruppenverpflichtung) eine zwölfköpfige Damen- und eine elfköpfige Herrengruppe (z.T. mit Soloverpflichtung) an. Der Chor setzt sich z.Zt. aus 19 Damen und 19 Herren zusammen.

Das Theater: Das Städtische Theater, das seit dem Krieg über kein eigenes Gebäude mehr verfügte, wurde im Jahre 1965 durch die Architekten Beck-Erlang und Gessler als Rangtheater im Stil der sechziger Jahre erbaut und am 5.5.1965 mit der *Orestie* des Aischylos eröffnet.

Außenansicht des Theaters der Stadt Bonn, 1965 von den Architekten Beck-Erlang und Gessler erbaut. Das Theater bietet 896 Zuschauern Platz.

Die nutzbare Bühnenraumbreite beträgt 19 m; die Proszeniumszone ist variabel und gestattet zwei Portalöffnungen: Das starre Portal ist 13,4 m breit und 7,5 m hoch; das bewegliche Portal wird durch seitliche Türme begrenzt. Die fahrbare Portalbrücke hat eine Breite von 10,5 m–11,95 m und eine Höhe von 5 m–7 m. Die nutzbare Bühnentiefe beträgt bei einem Portal 14,6 m, bei beiden Portalen 12,5 m. Der Orchesterraum ist 85 m^2 groß; der eiserne Vorhang befindet sich vor dem Orchesterraum.

Die Intendanten (neues Haus):

Karl Pempelfort	(1965–1970)
Hans Joachim Heyse	(1970–1980)
Jean-Claude Riber	(seit 1980)

Ereignisse und Gestalten: Das Theater- und Musikleben der Stadt Bonn, Residenz der Erzbischöfe und Kurfürsten von Köln, erfuhr einen besonderen Aufschwung unter der Regentschaft des Wittelsbachers Clemens August. In einem hölzernen Theatergebäude beim Schloß ließ er neben französischen Schauspielen vor allem Opern aufführen, für die er bevorzugt italienische Ensembles verpflichtete. Seit 1751 stand im Galeriebau des Schlosses ein richtiges Theater zur Verfügung. Bedeutung erlangte in jener Zeit auch die Bonner Hofkapelle, in der es Beethovens Großvater zum Kapellmeister brachte.

War Bonn unter Clemens August der glänzendste Hof im deutschen Westen gewesen, so wurde er seit 1784 unter Max Franz, dem jüngsten Sohn Maria Theresias, zum aufgeklärtesten. Grossmann, ein Freund Lessings, kam nach Bonn, um »die deutsche Schauspielkunst zu einer Sittenschule für das

Christian Gottlob Neefe (1748–1798), Komponist und Hofmusikdirektor in Bonn, der als Lehrer Ludwig van Beethovens in die Musikgeschichte eingegangen ist.

deutsche Volk zu erheben«. Auf dem musikalischen Sektor brachte Christian Gottlob Neefe das deutsche Singspiel in die Residenzstadt. Er war es, der den jungen Beethoven förderte und die Mozartpflege in Bonn begründete. 1783, ein Jahr nach der Wiener Uraufführung, inszenierte er *Die Entführung aus dem Serail.* Weitere Mozart-Opern folgten, bis die Auswirkungen der Französischen Revolution 1794 auch im Kulturleben der Stadt eine scharfe Zäsur hinterließen. Das Schloßtheater wurde zunächst ganz geschlossen, dann gelegentlich von Wanderbühnen bespielt, bis es in der Napoleonischen Ära für durchziehende Truppen benutzt wurde.

Auch das politisch-geistige Klima der Restaurationszeit – Bonn war nun preußisch und bekam eine Universität – war dem Theaterleben nicht dienlich, denn nun wurde jede »Lustbarkeit« als anrüchig betrachtet. Demzufolge hatte das 1826 von der Bürgerschaft erbaute und 1844 wegen baulicher Mängel bereits wieder abgerissene Theater mit beträchtlichen Schwierigkeiten zu kämpfen und wurde zeitweilig sogar nur nebenbei von Köln aus bespielt.

1848 wurde ein neues Haus eingeweiht, das der Bonner Bühne bis zur Zerstörung im Zweiten Weltkrieg als Heimat diente, obwohl es, wie der Vorgängerbau, von vornherein mit schwerwiegenden Mängeln belastet war. Künstlerisch gesehen brachten die folgenden Jahrzehnte zwar recht gute Erfolge, doch die finanzielle Situation blieb katastrophal. Vor allem die Oper litt unter den Unzulänglichkeiten, da kein ausreichendes Orchester zur Verfügung stand. Ein Wunder fast, wenn es trotzdem hervorragende Opernabende gab wie beispielsweise in der Spielzeit 1883/84, als Engelbert Humperdinck – unter der Direktion von Julius Hofmann – Kapellmeister in Bonn war. Den Todesstoß erhielt die Oper nach Ende des Ersten Weltkriegs, als man sich angesichts einer allseits desolaten Lage zum Verzicht auf ein eigenes Opernensemble entschloß. Erst 1934 war das Musiktheater in Bonn wieder gleichberechtigt vertreten, nunmehr jedoch eingeschränkt durch die nationalsozialistischen Kulturrichtlinien.

Die erste »musikalisch-dramatische Veranstaltung« der Nachkriegszeit fand am 13.7.1945 im Akademischen Kunstmuseum statt. Im Dezember eröffnete die »Bühne der Stadt Bonn« ihren regulären Spielbetrieb im umgebauten Turnsaal einer Schule. Opernaufführungen fanden ab 1946 zusätzlich im Lichthof des Museums Koenig statt. Nächste Stationen waren ein Kino und – bis zur Eröff-

Oben: *Szenenbild aus Rossinis* Der Barbier von Sevilla *in einer Inszenierung von Uwe Kreyssig 1980.*

Gundula Janowitz (Mitte) *und José Carreras* (unten), *zwei Stars zu Gast in Bonn.*

nung des neuen Hauses im Jahr 1965 – die zum Theater ausgestalteten Räume des Bonner Bürgervereins.

Dieses langandauernde Provisorium mußte naturgemäß für die Entfaltung des Theaterlebens in der stets an Bedeutung gewinnenden Bundeshauptstadt hinderlich sein, und so nahmen erst nach Eröffnung des Neubaus nicht nur das Schauspiel, sondern auch Oper und Ballett einen raschen Aufschwung. Von Monteverdis Oper *Die Krönung der Poppea* über Glucks *Orpheus und Eurydike* und die Hauptwerke Mozarts und Verdis enthält das Repertoire eine reichhaltige Auswahl der deutschen Spieloper (Lortzing, Nicolai), des Belcanto (Donizettis) *Anna Bolena* und *Viva la Mamma*, Rossinis *Cenerentola* und *Der Barbier von Sevilla*, der slawischen Oper (Moniuszko, Janáček, Smetana, Tschaikowsky, Dvořák) und des Verismo. Wagners *Fliegender Holländer* und *Lohengrin* fehlten ebensowenig wie Werke von Richard Strauss, unter denen sich *Die Frau ohne Schatten, Ariadne auf Naxos* und *Arabella* befinden.

Die »klassische« Moderne ist durch Alban Bergs *Lulu* sowie durch Paul Hindemiths *Mathis der Maler* und *Cardillac* vertreten; die Avantgarde reicht von Henzes *Elegie für junge Liebende*, in des Komponisten Inszenierung, bis zu Werken von Renato de Grandis, Manfred Niehaus und Francesco Valdambrini *(Der gestiefelte Kater, Pentheus)*.

Das musikalische Niveau wurde in den siebziger Jahren weitgehend durch den mittlerweile nach Salzburg übergewechselten Generalmusikdirektor Ralf Weikert bestimmt; an namhaften Regisseuren sind v.a. Adolf Rott *(Die Entführung aus dem Serail, Der Fliegende Holländer)*, Federik Mirdita *(Je-*

nufa), Ernst Poettgen *(Die Frau ohne Schatten)*, Hans Hartleb *(Aida)*, Wolf-Dieter Ludwig *(Lohengrin)* sowie Vinginio Puecker *(Pentheus)* und von den Sängern Robert Schunk, Martha Mödl, Ryszard Karczykowski und Ursula Reinhart-Kiss hervorzuheben. Besondere Erwähnung verdienen die überaus stilvollen Bühnenbilder von Ottowerner Meyer, der eine Vielzahl der Produktionen des Bonner Theaters ausgestattet hat.

Der aus Genf kommende neue Intendant Jean-Claude Riber ist bestrebt, im Interesse des zunehmend anspruchsvoller werdenden internationalen Publikums neben dem hauseigenen Ensemble auch Stars der großen Opernhäuser aller Länder zu engagieren, wie in der Spielzeit 1981/82 z.B. Piero Cappuccilli (Jago), Walter Berry (Wozzeck), Renata Scotto (Manon Lescaut), Karl Ridderbusch (Ochs von Lerchenau), Rolando Panerai und Paolo Montarsolo (Don Alfonso). Ergänzt wurde dieses Programm durch Konzerte von José Carreras, Katia Ricciarelli, Montserrat Caballé, Gundula Janowitz, Luigi Alva und Jessye Norman, womit Bonn den Anschluß an die anderen großen deutschen Bühnen gefunden hat und dem Ziel, ein hauptstädtisches Theaterleben zu entwickeln, nähergekommen ist.

Staatstheater
Am Theater
3300 Braunschweig

Staatstheater Braunschweig

Allgemeine Informationen: Das Staatstheater Braunschweig pflegt alle Sparten des Musiktheaters. Die Saison beginnt bzw. endet Mitte August.

Das Große Haus wies bisher 1186 Sitzplätze auf. Es wird durchgreifend umgebaut; die Neueröffnung ist für den 5. Mai 1984 vorgesehen mit Wagners *Meistersingern* unter Heribert Esser in der Inszenierung von Folke Abenius, Stockholm.

Das Orchester des Staatstheaters zählt 84 Mitglieder, der Chor vierzig Positionen, das Ballett zwanzig. Generalmusikdirektor ist Heribert Esser, der auch die Symphonie-Konzertreihe des Staatsorchesters leitet.

Das Theater: Das Große Haus wurde im Jahre 1861 im Stil des »fin de siècle« errichtet, nach seiner Zerstörung im Zweiten Weltkrieg rasch wieder aufgebaut und am 25.12.1948 mit Mozarts *Don Giovanni* wiedereröffnet. Das Bühnenportal ist 11,70 m breit und 7,30 m hoch, der Bühnenraum 22 m breit und 24 m tief.

Das Große Haus des Staatstheaters Braunschweig, das 1186 Besucher faßt. Das Haus wurde im Jahre 1861 erbaut.

Die Intendanten (seit 1945):

Jost Dahmen	(1945/1946)
Heinrich Voigt	(1946/1947)
Walter Bruno Iltz	(1947–1951)
Hermann Kühn	(1951–1961)
Hans Erich Kreibig	(1961–1963)
Heribert Esser	(1963/1964)
	(1978/1979)
Hellmuth Matiasek	(1964–1967)
Hermann Kühn	(1967/1968)
Hans Peter Doll	(1968–1972)
Christof Grosser	(1972–1978)
Mario Krüger (Gen.-Int.)	(seit 1979)

Ereignisse und Gestalten: Die ersten musikdramatischen Aufführungen gab es in der traditionsreichen Herzogsstadt Braunschweig, die von jeher ein ausgeprägtes Kulturleben aufwies, bereits in der ersten Hälfte des 17. Jh.s. Opernähnliche Werke in deutscher Sprache und Ballettaufführungen sind ab 1650 nachzuweisen. Von 1682–1694 war Sigismund Johann Kusser (1660–1727), der sich seit seinem Pariser Aufenthalt auch Cousser nannte, Kapellmeister in Braunschweig/Wolfenbüttel. Seine vorwiegend zwischen 1690 und 1699 entstandenen Opern wurden bald nach ihrer Entstehung in

Bühnenbild-Entwurf zur westdeutschen Erstaufführung von Jan Cikkers Oper Das Erdbeben in Chile, *die 1981 in Braunschweig stattfand.*

Braunschweig aufgeführt. Einer seiner Schüler war während der Braunschweiger Jahre Reinhard Keiser (1674–1739), dessen Werke ebenfalls in Braunschweig auf die Bühne kamen, bevor er 1695 nach Hamburg ging, wo er zum meistgespielten Komponisten seiner Zeit avancierte.

1690 wurde auf dem Hagenmarkt ein Opernhaus eröffnet, dessen hohes künstlerisches Niveau dem der großen deutschen Musikstädte Hamburg, München und Dresden vergleichbar war. Im Jahre 1735 wurde dieses Theater durch Zubauten erweitert, 1818 völlig erneuert und zum Nationaltheater erhoben. 1826 erhielt es die Bezeichnung »Hoftheater«. Das Jahr 1861 brachte die Eröffnung des neu erbauten Hoftheaters, das 1919 im Zuge der Demokratisierung in »Landestheater« umbenannt wurde und bis zur Zerstörung im Zweiten Weltkrieg erhalten blieb.

Nach der Wiedereröffnung 1948 baute sich der Spielplan in den folgenden Jahren auf den bewährten Repertoirestützen Mozart, Verdi, Puccini und Wagner auf (je eine Neuinszenierung pro Spielzeit), wobei man bei Wagner auch an den »schwierigeren« Werken nicht vorbeiging: z.B. *Parsifal* (1962), *Tristan und Isolde* (1953 und 1961, zum 100-jährigen Bestehen des Großen Hauses), *Siegfried* (1964). Händel war mit drei Werken vertreten *(Xerxes,* 1947; *Julius Caesar,* 1950; *Rodelinde,* 1958), und für die Neuinszenierung von Glucks *Iphigenie in Aulis* wählte man die Originalfassung. Ein Jahr nach der deutschen Erstaufführung wurde *Albert Herring* gegeben (1951), und noch im Jahr der Uraufführung spielte man Klebes *Jakobowsky und der Oberst* (1965). 1952 verzeichnen die Annalen die erste Uraufführung nach dem Kriege: *Die Feuerprobe* von K. Stiebitz. Weitere Uraufführungen waren: *Die Zwillinge* von Marcel Mihalovici (1963) und *Isabel* von W. Wolf.

An Aufführungen neuer Werke ist erwähnenswert: *Penelope* (1955/56) und *Leonore 40/45* (1953/54) von Liebermann, *Wozzeck* (1957/58), *Mathis der Maler* (1958/59), Fortners *Bluthochzeit* (1963/64), *Karl V.* von Křenek (1970/71), ferner zweimal Cikker: *Auferstehung* (1968/69) und als westdeutsche Erstaufführung *Das Erdbeben in Chile* (1981), Dessaus *Lukullus* (1972/73), Henzes *Boulevard Solitude* (1974/75) und Reimanns *Melusine* (1976/77). In der Spielzeit 1975/76 begann Hans-Peter Lehmann mit der Erarbeitung der gesamten *Ring*-Tetralogie. Zyklische Aufführungen fanden in den Jahren 1979–1981 statt.

Seit 1980 wird nach Veränderungen im Abonnementsystem ein langjähriges Repertoire aufgebaut, das inzwischen zwanzig Werke des Musik- und Tanztheaters (darunter drei große Tschaikowsky-Ballette) umfaßt und nach dem Umbau des Hauses 1984 vollständig wieder aufgenommen wird. Für die Übergangsspielzeit sieht der Spielplan u. a. Verdis *Ernani,* Beethovens *Leonore,* Händels *Deborah* als konzertante bzw. oratorische Aufführungen vor.

Als Bühne für den Nachwuchs wurde 1982 die *Piccola Scala* in einem Theatersaal des Restaurants *Lindenhof* eröffnet. Hier werden zeitgenössische Werke der kleinen Form, zum Teil in Zusammenarbeit mit dem Hamburger Musiktheater – Regie-Seminar Götz Friedrich –, herausgebracht, aber auch Kammeropern aus dem klassischen Bereich von Regisseuren des Staatstheaters einstudiert, um Absolventen der norddeutschen Hochschulen die Möglichkeit praktischer Bühnenerfahrung zu vermitteln. Orchester ist häufig das *Jeunesse musicales-Orchester,* Braunschweig.

Festspielhaus
Platz der Wiener
Symphoniker
A-6961 Bregenz

Bregenz
Neues Festspielhaus und Seebühne

Allgemeine Informationen: Das neue Festspielhaus wird während der Bregenzer Festspiele (2. Hälfte Juli bis 2. Hälfte August) für die Aufführung von Opern, großen Sprechstücken und Orchesterkonzerten sowie bei Schlechtwetter als Ausweichbühne für Vorstellungen der Seebühne verwendet. Schwerpunkt der Opernaufführungen sind die Werke des italienischen Belcanto, während für die Seebühne die Auswahl der Opern, Operetten und Musicals weitgehend durch die szenischen Gegebenheiten des großräumigen – vom Wasser umrahmten – Freilufttheaters bestimmt wird. Außerhalb der Festspielzeit dient das neue Festspielhaus für Kongresse und dergleichen.

Als Opernorchester fungieren die Wiener Symphoniker (140 Musiker); der Chor setzt sich aus 22 Damen des Wiener Staatsopernchors, 26 Damen des Bregenzer Festspielchors sowie je 22 Herren des Wiener Staatsopernchors und des Bregenzer Festspielchors zusammen.

Das Theater: Das neue Festspielhaus wurde im Jahre 1974 in Auftrag gegeben und von 1977–1979 durch den Bregenzer Architekten Wilhelm Braun als Rangtheater in funktionellem modernem Zweckbaustil errichtet. Schon 1979 wurde die neue Seetribüne in baulicher Einheit mit dem Festspielgebäude fertiggestellt, um bei Schlechtwettereinbrüchen die kurzfristige Fortsetzung der Aufführungen im geschlossenen Raum zu ermöglichen. Das Fest-

Vorderansicht des Bregenzer Festspielhauses, 1977–1979 von Wilhelm Braun erbaut. Der Zuschauerraum faßt bis zu 1800 Besucher.

Blick auf die stimmungsvoll beleuchtete Festspielbühne im Bodensee, hier 1969 bei der Uraufführung von Die Hochzeit am Bodensee, *einer Operette von Robert Stolz. Das seit 1946 bestehende Freilufttheater mit seiner Seebühne bietet heute 4323 Zuschauern Platz.*

spielhaus wurde am 17.7.1980 mit einem musikalisch umrahmten Festakt (Georg Friedrich Händel, Helmut Eder, Wolfgang Amadeus Mozart, Anton Bruckner) eröffnet; als erste Opernaufführung im neuen Haus fand am 24.7.1980 Verdis *Falstaff* in einer Inszenierung von Giulio Chazalettes unter der musikalischen Leitung von Oliviero de Fabritiis, mit Rolando Panerai in der Titelrolle, statt. Die neue Seetribüne war bereits 1979 mit Puccinis *Turandot* in Betrieb genommen worden.

Das Festspielhaus weist 1250 Plätze auf; diese Zahl kann durch mobile Erweiterung des Ranges auf 1800 erhöht werden. Die Hauptbühne ist 26 m breit und 23 m tief, die Hinterbühne 17 m breit und 14 m tief, die Seitenbühne 17 m breit und 16 m tief. Die Portalbreite beträgt 12–18 m, die Portalhöhe 4 bis 8,50 m.

Mit Falstaff *von Giuseppe Verdi wurde das Neue Festspielhaus in Bregenz 1980 eröffnet. Das Bühnenbild stammt von Toni Businger, Regie führte Giulio Chazalettes.*

Die neue Seetribüne hat 4323 Plätze, die nach Art einer Arena angeordnet sind. Die Bühne selbst besteht aus einem 560 m^2 großen Betonkern und einem 104 m^2 großen Orchesterraum. Auf Lärchenholzpiloten und Stahlträgern befindet sich eine variable Spielfläche im Gesamtausmaß von 1800 m^2.

Die Intendanz: Die Leitung der Festspiele liegt bei der aus Kultur-, Landes- und Gemeindepolitikern bestehenden Bregenzer Festspielgemeinde, die aus einem Hauptausschuß, einem Programmausschuß, einem Bauausschuß und einem Kontrollausschuß besteht. Dem ersten künstlerischen Leiter Ernst Bär folgte am 1.1.1983 Alfred Wopmann.

Ereignisse und Gestalten: Seit der Gründung der Bregenzer Festspiele im Jahre 1946 wirkte sich das Fehlen eines entsprechenden Festspielhauses ungünstig aus, da das Spiel auf dem See (als Ausgangspunkt der Festspielidee) völlig von dem gerade im Bodenseeraum überaus wechselhaften Wetter abhängig war. Opern wurden – abgesehen von Mozarts *Bastien und Bastienne* (1946) und der *Entführung aus dem Serail* (1947) – erst ab 1955 regelmäßig in dem am 21.7. dieses Jahres eröffneten Theater am Kornmarkt aufgeführt, das von den Architekten Wilhelm Braun sen. und jun. mit einem Fassungsraum von 692 Plätzen errichtet worden war. Dieses Theater, in dem bis 1980 alle nicht auf dem See durchführbaren Opernaufführungen stattfanden und das jetzt als Spielstätte für intimere Konzerte und Sprechstücke während der Festspielzeit dient, hat eine Bühnenportalbreite von 7–10 m, eine Portalhöhe von 4–6 m und bietet im Orchesterraum für nur 50 Musiker Platz. Es ist daher für aufwendigere Werke kaum geeignet. Konzerte waren zuvor in der Stadthalle veranstaltet worden, die jedoch den Vorstellungen eines Festspielbetriebes nicht genügte. Aus diesem Grunde schrieb man bereits 1955 einen Wettbewerb für die Errichtung des Festspiel- und Kongreßhauses Bregenz aus, den wiederum Wilhelm Braun gewann. Im Mai 1974 wurde der Planungsauftrag erteilt und im Mai 1977 mit dem Bau begonnen. Im Juli 1979 konnten die Seetribüne und die Foyers in Betrieb genommen werden. Anläßlich der Festspiele 1980 fand die eigentliche Eröffnung statt. Das erste Orchesterkonzert brachte Beethovens *IX. Symphonie* mit den Wiener Symphonikern unter der Leitung von Karl Böhm. Der schon erwähnten *Falstaff*-Premiere folgte 1981 Verdis *Othello* mit Placido Domingo und Anna Tomowa-Sintow in den Hauptrollen und wurde zum Prüfstein für die Technik und Akustik

Szenenbild aus einer Aufführung von Gaetano Donizettis Lucia di Lammermoor *bei den Bregenzer Festspielen 1982, mit Katia Ricciarelli und José Carreras.*

des neuen Hauses, dessen Dimensionen es nun möglich machen, über das bisherige Belcanto-Programm hinaus große dramatische Werke aufzuführen. 1982 erfolgte durch die Einstudierung von Donizettis *Lucia di Lammermoor* (mit José Carreras und Katja Ricciarelli) eine Rückkehr zum bisherigen italienischen Opernkonzept.

Auf der Seebühne, die ursprünglich nur aus einem großen Boot bestand, spielte man 1946 Mozarts Jugendoper *Bastien und Bastienne,* 1947 *Die Entführung aus dem Serail* und 1948 erstmals eine Operette, nämlich *Eine Nacht in Venedig* von Johann Strauß mit Helge Rosvaenge und Esther Réthy in den Hauptrollen. Karl Böhm dirigierte im gleichen Sommer erstmals ein Konzert bei den Festspielen. 1949 gelangte *Tausendundeine Nacht* von Johann Strauß zur Aufführung. 1950 sang Willy Domgraf-Fassbaender in Millöckers *Gasparone.* Das Jahr 1951 brachte den *Zigeunerbaron* in einer Ausstattung von Walter Hoesslin.

Im folgenden Jahr wurde eine mit Kies aufgeschüttete Seetribüne geschaffen, die bis 1978 erhalten blieb. Man spielte Carl Zellers *Vogelhändler* mit dem Burgschauspieler Fred Liewehr in der Rolle des Adam. 1953 inszenierte Adolf Rott Suppés *Boccaccio,* 1954 sangen Ljuba Welitsch und Wilma Lipp in der *Fledermaus.* Im 10. Jahr des Festspielbestehens (1955) inszenierte Adolf Rott wiederum die Operette *Eine Nacht in Venedig* mit Helge Rosvaenge in der Hauptrolle; gleichzeitig begann im neuen Theater am Kornmarkt die Belcantopflege mit Rossinis *Barbier von Sevilla,* der von Marcello Cortis gesungen und inszeniert wurde. 1956 brachten Adolf Rott und Walter Hoesslin Millöckers *Bettelstudent* mit Per Grundèn in der Titelpartie. 1957

Oben: *Die Sängerin Hilde Konetzni, in den sechziger Jahren. Mehrfach zu Gast in Bregenz.*

Unten: *Leonard Bernsteins Musical* West Side Story *bei den Festspielen 1981 vor der imaginären Skyline New Yorks.*

gelangte auf dem See erneut eine Oper, nämlich Lortzings *Zar und Zimmermann,* mit Oskar Czerwenka als van Bett zur Aufführung. Das folgende Jahr brachte Smetanas *Verkaufte Braut* und erstmals ein Ballett (*Giselle* von Charles Adolphe Adam). 1959 sang Anton Dermota in *Tausendund eine Nacht.* Im Kornmarkttheater führte man Einakter von Monteverdi und Donizetti auf. 1961 begann die Karriere des späteren Wagnertenors Jean Cox, der im *Zigeunerbaron* einsprang. 1962 wurde die eigens für Bregenz komponierte Robert-Stolz-Operette *Die Trauminsel* mit Jean Cox, Claudio Nicolai und Hilde Konetzni uraufgeführt, während das Kornmarkttheater Rossinis *Italienerin in Algier* unter Vittorio Gui spielte. 1963 sangen Jean Cox und Helga Dernesch in Suppés *Banditenstreiche.* Im Kornmarkttheater fand die Uraufführung von Joseph Haydns Oper *Das brennende Haus* statt. 1964 wurde auf dem See *Das Land des Lächelns,* im Theater Rossinis *La Cenerentola* mit Biancamaria Casoni aufgeführt.

Im 20. Festspieljahr wiederholte man das Programm des 10. Bregenzer Sommers; daneben erregte Helmut Eders Ballett *Die Irrfahrten des Odysseus* Aufsehen. 1966 brachte man mit der *Schönen Helena* erstmals ein Werk von Jacques Offenbach

auf den See, während das Belcanto-Programm Rossinis Oper *Ein Türke in Italien* mit Margherita Rinaldi zeigte. 1968 debütierte Giuseppe Taddei als Falstaff in Bregenz. Auf der Seebühne sang Evelyn Lear in Lehárs *Lustiger Witwe*. 1969 gab es wieder eine Robert-Stolz-Uraufführung: *Die Hochzeit am Bodensee*. In Donizettis *Liebestrank* waren Luigi Alva, Margherita Rinaldi und Giuseppe Taddei zu hören. Das Jahr 1970 brachte außer der *Fledermaus* mit Bellinis *Norma* (Christina Deutekom in der Titelpartie) erstmals eine tragische Oper. Den Mittelpunkt der Seespiele 1971 bildete Gershwins *Porgy and Bess* mit William Warfield. Die Jahre 1973 und 1974 standen im Zeichen der großen Oper: 1973 spielte man auf dem See Wagners *Fliegenden Holländer;* außerdem sang Christina Deutekom die *Armida* in der gleichnamigen Oper von Gluck. 1974 wurden auf der Seebühne Bizets *Carmen* und im Kornmarkttheater Verdis *Finto Stanislao* aufgeführt. Im 30. Festspieljahr war Giuseppe Taddei als *Don Pasquale* zu hören.

1979 wurde die neue Seebühne mit der schon erwähnten *Turandot*-Aufführung eingeweiht; 1981 brachte man erstmals Leonard Bernsteins Musical *Westside Story* mit Franz Waechter und Dagmar Koller auf die Seebühne. Die Jahre 1982 und 1983 wechselten erneut zwischen Tradition und Moderne: auf Johann Strauß' *Zigeunerbaron* folgten die Inszenierung des Musicals *Kiss me Kate* und Webers *Freischütz* in der Regie von Otto Schenk.

Theater der Freien Hansestadt Bremen

Theater der
Freien Hansestadt
Goetheplatz
2800 Bremen

Allgemeine Informationen: Das Repertoire des Bremer Musiktheaters umfaßt jährlich 90 Opern-, 15 Ballett- und 50 Operettenaufführungen. Die insgesamt rund 200 Vorstellungen (inkl. Sprechtheater) finden von Ende August bis Anfang Juli statt.

Das Theater am Goetheplatz weist 989 Plätze auf. Das auch als Opernorchester tätige Philharmonische Staatsorchester der Freien Hansestadt Bremen besteht aus 99 Musikern. Die Ballettgruppe setzt sich aus je sieben Damen und Herren zusammen, denen eine Solotänzerin und ein Solotänzer vorstehen. Dem Chor gehören je 23 Damen und Herren an.

Das Theater: Das Theater am Goetheplatz wurde 1950 an jener Stelle errichtet, wo sich zuvor das im

Oben links: *Aufführungen der Opern Wolfgang Amadeus Mozarts können in Bremen auf eine lange Tradition zurückblicken, die bis ins 18. Jh. reicht.*

Oben rechts: *Das 1950 erbaute Theater am Goetheplatz in Bremen, das 989 Zuschauer faßt.*

Unten: *Peter Schneider, seit 1981 Generalmusikdirektor in Bremen.*

Jahre 1943 durch Bombenangriffe zerstörte Bremer Schauspielhaus befunden hatte. Das von dem Architekten Hans Storm als Rangtheater (2 Ränge) erbaute Haus, das eine spätklassizistische Fassade besitzt, wurde am 27. 8. 1950 eröffnet (Sprechtheater).

Das Bühnenportal ist 9,60 m breit und 7 m hoch, der Bühnenraum 18 m breit. Die Seitenbühnenfläche beträgt 340 m^2, die Fläche der Hinterbühne 220 m^2. Der Orchesterraum ist in 2 Podien verstellbar.

Die Intendanten:

Willi Hanke	(1950–1955)
Albert Lippert	(1956 –1961)
Kurt Hübner	(1962–1972)
Peter Stoltzenberg	(1973–1978)
Arno Wüstenhöfer (Gen.-Int.)	(seit 1979)

Ereignisse und Gestalten: Vereinzelte Opernaufführungen gab es in Bremen schon seit 1695. Doch erst rund 100 Jahre später, gegen Ende des 18. Jh.s, wurde zunächst im alten »Komödienhaus auf dem Reithof« und seit 1792 im Schauspielhaus die regelmäßige Pflege des Musiktheaters betrieben, wobei eine besondere Vorliebe für die Werke Mozarts bestand. Seit 1843 gab es in Bremen dann auch ein Stadttheater. Das Jahr 1920 brachte die Verstaatlichung aller Bremer Bühnen. Nach der Zerstörung des Bremer Schauspielhauses im Jahr 1943 wurde in der Nachkriegszeit bis 1950 eine mit modernen technischen Einrichtungen ausgestattete Bühne für alle Sparten des musikalischen Theaters (Oper, Operette, Ballett, Musical), aber auch für den überaus regen Schauspielbetrieb errichtet. Derzeit wird das Musiktheater durch den 1981 ernannten Generalmusikdirektor Peter Schneider geprägt.

Stadttheater Bremerhaven

Stadttheater
Theodor-Heuss-Platz
2850 Bremerhaven

Allgemeine Informationen: Der Repertoire-Spielplan des Stadttheaters Bremerhaven umfaßt jährlich ca. sechs Opern, vier Operetten, ein Musical sowie eine Ballett-Matinee. Die Spielzeit dauert von September bis Juni. Aufgeführt werden gängige klassische und romantische Werke unter Einbeziehung der gemäßigten Moderne.

Das Große Haus des Theaters bietet Platz für 722 Personen. Das Orchester besteht aus 54 Mitgliedern, das Ballett aus zehn Damen und Herren, wobei die Solisten Gruppenverpflichtung und die Gruppentänzer teilweise Soloverpflichtung haben. Der Chor hat 21 Mitglieder, zehn Damen und elf Herren.

Das Theater: Am 24.5.1910 erhielt der Architekt Oscar Kaufmann den Auftrag zur Errichtung des Stadttheaters. Am 14.10.1910 wurde der Grundstein gelegt, und schon am 1.10.1911 fand die Eröffnung mit Shakespeares *Sommernachtstraum* in der Vertonung von Felix Mendelssohn-Bartholdy statt. Als erste Oper gelangte am 3.10.1911 Webers *Freischütz* zur Aufführung, als erste Operette am 4.10.1911 der *Zigeunerbaron* von Johann Strauß.

Das im Jugendstil errichtete Theater, das in seiner ursprünglichen Gestalt 941 Plätze aufwies, fiel in der Nacht des 18.9.1944 einem Bombenangriff zum Opfer. Der Neubau wurde durch Walter Unruh und Gerhard Graubner wieder in der Gestalt eines Rangtheaters durchgeführt. Am 12.4.1952 fand als Eröffnungsvorstellung des Großen Hauses

Der Jugendstil-Entwurf Oskar Kaufmanns für das Stadttheater Bremerhaven aus dem Jahre 1910. Das Haus wurde 1944 im Krieg zerstört.

Bremerhavener Stadttheater.

Sonntag, den 1. Oktober 1911, abends 7 Uhr:

Eröffnungs-Vorstellung

„Weihe des Hauses“

von Ludwig van Beethoven.

Hierauf:

„Ein Sommernachtstraum“

Lustspiel in 5 Aufzügen von W. Shakespeare.
Musik von Mendelssohn-Bartholdy.

Montag, den 2. Oktober, abends 7 Uhr:
„Glaube und Heimat“
Tragödie eines Volkes von K. Schönherr.

Dienstag, d. 3. Oktober, abends 8 Uhr:
„Der Freischütz“
Romantische Oper von C. M. von Weber.

Mittwoch, d. 4. Oktober, abends 8 Uhr:
„Der Zigeunerbaron“
Operette in 3 Akten von I. Strauss.

Donnerstag, d. 5. Oktbr., abends 8 Uhr:
„Wie Minister fallen“
Lustspiel von P. C. V. Hansen.

Kassenpreise, einschliesslich der Garderobengebühr, I. Rang, Logen und Mittelbalkon (I. und II. Reihe), Seitenbalkon (I. Reihe) und I. Sperrsitz Mk. 4.70, I. Rang, Mittelbalkon (von der III. Reihe an), I. Rang, Seitenbalkon (von der II. Reihe an) Mk. 3.70, II. Sperrsitz Mk. 2.70, Mittelsitz Mk. 2.20, I. Parterre Mk. 1.35, II. Parterre Mk. 0.90.
Der Vorverkauf findet von Mittwoch, den 27. September ab täglich an der Theaterkasse von 10½–1½ Uhr statt.
Vorverkaufsgebühr für I. Rang, I. und II. Sperrsitz 20 Pfg., für Mittelsitz, I. und II. Parterre 10 Pfg.

Theaterzettel zur Eröffnung des Stadttheaters am 1. Oktober 1911, bei der Shakespeares Sommernachtstraum *mit der Schauspielmusik von Felix Mendelssohn-Bartholdy gegeben wurde.*

Mozarts *Don Giovanni* statt. Das Bühnenportal ist 11 m breit und 6,25 m hoch, der Bühnenraum 18 m breit und 20 m tief. Der 60 Musiker fassende Orchesterraum hat eine Breite von 14 m und eine Tiefe von 6 m.

Die Intendanten:

Gustav Burchard	(1911–1931)
Adolf Rampelmann	(1931–1933)
Gustav Deharde	(1933–1935)
Erwin Burmester	(1935–1937)
Hans Press	(1937–1945)
Karl-Georg Saebisch	(1945–1951)
Hans Herbert Pudor	(1951–1961)
Erich Thormann	(1961–1967)
Jürgen-Dieter Waidelich	(1967–1974)
Walter Ruppel	(1974–1981)
Siegfried Wittig	(seit 1981)

Ereignisse und Gestalten: Schon vor der Eröffnung des alten Stadttheaters hatte es in Bremerhaven Opernaufführungen gegeben, und zwar in dem 1867 gegründeten »Volksgarten- und Stadttheater Bremerhaven« des Musikdirektors Heinrich Schwiefert. Die erste Blütezeit des 1911 errichteten Stadttheaters ergab sich nicht zuletzt dadurch, daß vor dem Aufschwung des überseeischen Flugverkehrs alle großen Sänger und Dirigenten ihre Amerikareisen von Bremerhaven aus antraten und durch den ersten Intendanten Gustav Burchard dazu gebracht werden konnten, am letzten Abend vor der Abreise noch in seinem Haus aufzutreten. Auf diese Weise kam es zu Gastspielen von Arthur Nikisch, Richard Strauss, Leo Blech und Max von Schillings sowie zu Auftritten von Sigrid Onegin,

Das Stadttheater Bremerhaven nach dem Neuaufbau in den fünfziger Jahren.

Helge Rosvaenge, international berühmter Tenor, gastierte 1956/57 als Bajazzo *in Ruggiero Leoncavallos gleichnamiger Oper in Bremerhaven. Hier zusammen mit Ruth Mergard.*

Maria Ivogün, Lauritz Melchior, Rudolf Bockelmann und anderer internationaler Künstler. Schon die erste Spielzeit im neuen Haus brachte 22 Opern, darunter *Tannhäuser* und *Lohengrin*. Die Pflege der Werke Richard Wagners gehörte fortan in Bremerhaven zur Tradition, und das ist bis heute so geblieben. Nach 1928 gab es eine wirtschaftliche und künstlerische Krise, die jedoch überwunden werden konnte. Im Dritten Reich setzte ein Publikumsschwund ein, der zum Abbau des singenden Ensembles und zur Reduktion des Orchesters führte.

Nach dem Krieg wurde ein provisorischer Spielbetrieb im Bürgerhaus in Lehe eingerichtet. Erst 1947/48 war es möglich, das Orchester wieder zu vergrößern und die Oper erneut in den Spielplan aufzunehmen. Nach dem Wiederaufbau des Theaters wurden für die erste Spielzeit bereits elf Opern geplant. In der Saison 1956/57 gastierte Helge Rosvaenge als Canio in Ruggiero Leoncavallos *Bajazzo*, 1963 erzielte Verdis Jugendwerk *Attila* einen großen Erfolg. Als Dirigenten sorgten nach dem Krieg Hans Seegelken und vor allem Hans Kindler für musikalisches Niveau und bauten ein umfangreiches Repertoire auf. Derzeit leitet Generalmusikdirektor Leo Plettner den Opernbetrieb des Stadttheaters.

Das Landestheater Coburg. Farblithographie von Max Brückner aus dem Jahr 1870.

Landestheater
Schloßplatz 6
8630 Coburg

Landestheater Coburg

Allgemeine Informationen: Das Coburger Landestheater weist einen Repertoirespielplan auf. Von den 252 Spieltagen entfallen 180 auf Oper und Operette, die übrigen auf das Sprechtheater. Die Saison dauert vom 1. Oktober bis zum 18. Juli des folgenden Jahres. Das Schwergewicht der Spielplangestaltung liegt bei der deutschen Spieloper und der Operette.

Das Theater hat ein Fassungsvermögen von 557 Besuchern. Das Orchester besteht aus 47 Mitgliedern; dem Ballett gehören zwei Solotänzer und acht Gruppentänzerinnen an. Der Chor setzt sich aus elf Damen und zwölf Herren zusammen.

Das Theater: Das Hoftheater wurde 1837–1840 durch den Architekten Vincenz Fischer-Birnbaum als Rangtheater in klassizistischem Stil errichtet und am 17.9.1840 mit der Oper *Der Feensee* von Auber eröffnet. 1847 wurde bereits der Ostflügel erweitert. Der letzte Umbau erfolgte 1969–1976. Das Bühnenportal ist 8,20 m breit und 6,50 m hoch. Die Breite des Bühnenraumes beträgt 16,25 m, die Tiefe 14,35 m. Der Orchesterraum hat ein Ausmaß von 12 m Breite und 6 m Tiefe und faßt 60 Musiker.

Die Intendanten (seit 1919):

Anton Ludwig	(1919–1920)
Gottfried Mahling	(1920–1928)
Hanns Schulz-Dornburg	(1928–1929)
Hans Erdmann von Kutzschenbach	(1929–1931)

Das Landestheater heute. Der letzte Umbau fand 1969–1976 statt, die spätklassizistische Konzeption des Architekten Vincenz Fischer-Birnbaum von 1837 blieb dabei im wesentlichen erhalten.

Oskar Walleck	(1931–1933)
Hans Abrell	(1933–1935)
Erwin Dieterich	(1935–1943)
Carl Möller	(1944)
Walter Stoschek	(1945–1949)
Max Krauss	(1949–1952)
Otto Wirthensohn	(1952–1955)
Kurt Erlich	(1955–1966)
Hannsjoachim Worringen	(1966–1976)
Horst Fechner	(1976–1978)
Tebbe Harms Kleen	(seit 1979)

Ereignisse und Gestalten: Das früheste Hoftheater wurde 1683 unter der Regentschaft Herzog Albrechts im oberen Saal des Zeughauses eingerichtet, wo als erstes opernähnliches Werk am 27.1.1684 das Singspiel *Der gehorsame Wunder-*

Der Zuschauerraum nach seiner Restaurierung 1975, mit neuer Bestuhlung. Er bietet 557 Besuchern Platz.

Herzogliches Hoftheater.

Dienstag den 1. November,

Conzert

der

Herren

Franz Liszt und Rubini.

Erste Abtheilung.

1) Ouverture von Beethoven.
2) Andante aus „Lucia de Lammermoor", vorgetragen von Herrn Franz Liszt.
3) Duett aus „Robert d'Evreux", gesungen von Herrn Rubini und Dem. Ostergaard.
4) Romanze aus „Wilhelm Tell", gesungen von Dem. Ostergaard.
5) Ouverture aus „Wilhelm Tell", vorgetragen von Herrn Franz Liszt.

Zweite Abtheilung.

6) Fantasie über Motive aus „Robert der Teufel", vorgetragen von Herrn Franz Liszt.
7) Arie aus „Niobe" (i tuoi frequenti palpiti), gesungen von Herrn Rubini.
8) Romanze, gesungen von Dem. Ostergaard.
9) Finale aus „der Pirat", gesungen von Herrn Rubini.
10) Galopp chromatique, vorgetragen von Herrn Franz Liszt.

Preise der Plätze:

Erster Rang 3 fl., Erster Rang Fremdenloge 3 fl. 30 kr., zweiter Rang 1 fl. 45 kr., zweiter Rang Fremdenloge 2 fl. 30 kr., Sperrsitz 3 fl., Parterre 1 fl. 45 kr., Gallerie 1 fl.

Der Billetverkauf findet im Theaterkassenlokale Montag von 4—5 Uhr, Dienstag von 9—12 Uhr und Abends an der Kasse statt.

Die freien Entreen sind ohne Ausnahme nicht gültig.

Anfang 7 Uhr.

glaube Abrahams in der willigen Opferung seines Sohnes Isaak von Christoph Adam Negelein (Text Johann Ludwig Faber) zur Aufführung gelangte. 1764 ließ Herzog Ernst Friedrich das Ballhaus in ein Theater umwandeln. Im Jahre 1794 führte man Mozarts *Entführung aus dem Serail* und *Die Zauberflöte* sowie zwei Werke von Dittersdorf auf. 1827 wurde unter Herzog Ernst I. das »Herzoglich-Sächsische Hoftheater« gegründet; gleichzeitig erstellte man Pläne für einen Um- bzw. Neubau. 1832 fand in Coburg die lokale Erstaufführung von Beethovens *Fidelio* statt. 1836 wurde eine Theaterbaukommission ins Leben gerufen und mit der Kapitalbeschaffung begonnen. Am 22.10.1837 erfolgte die Grundsteinlegung für das neue Theater, am 17.9.1840 dessen Einweihung. Ab 1841 wurde eine Trennung zwischen Opern- und Schauspielpersonal vorgenommen. Am 2.5.1841 erschien erstmals Lortzings *Zar und Zimmermann* auf dem Coburger Spielplan. Am 1. und 4.11.1842 gastierte Franz Liszt in zwei Konzerten. Im Jahre 1854 begann eine intensive Wagner-Pflege. Zunächst wurde am 25. Dezember *Tannhäuser* aufgeführt, dem am 9.12.1860 *Rienzi*, am 4.12.1864 *Der Fliegende Holländer* und am 29.9.1867 *Lohengrin* folgten. 1874 traf Richard Wagner ein, um mit dem Hoftheatermaler Brückner die Dekorationen für den Bayreuther *Ring* zu besprechen. 1889 wurden seine *Meistersinger von Nürnberg* in Coburg aufgeführt. 1906 und 1907 brachte man Teile des *Ring des Nibelungen* (ohne die *Walküre*). 1912 wurde eine Opernschule zur musikalischen und sängerischen Ausbildung gegründet.

Der Erste Weltkrieg brachte nur im ersten Jahr Einschränkungen des Theaterbetriebes. Am 1.11.1918 dirigierte Richard Strauss selbst den *Rosenkavalier*. Nachdem am 13.11.1918 der Herzog auf den Thron verzichtet hatte, wurden sein Wappen und seine Initialen aus dem Zuschauerraum entfernt, und mit Vertrag vom 9.8.1919 verpflichtete sich die Stadt, das Theater als »Coburgisches Landestheater« weiterzuführen. 1920 kam es zur Coburger Erstaufführung des *Parsifal*. 1924 fanden Maifestspiele mit Wagners *Tristan und Isolde* und Mozarts *Don Giovanni* statt. Ein ähnliches Maifestival im folgenden Jahr brachte *Tannhäuser*, den *Rosenkavalier* und Franz Schrekers *Schatzgräber*. Im November 1925 wurde dann der komplette *Ring des Nibelungen* aufgeführt. Obwohl sich die Wirtschaftskrise von 1929 auf den Theaterbetrieb ungünstig auswirkte, wurden 1929/30 17 Opern und 13 Operetten in Szene gesetzt. Eine ähnliche Anzahl von neu inszenierten Werken konnte auch

Oben links: *Gertraud Schmidt und David Norris Smith in Friedrich Smetanas* Die verkaufte Braut.

Oben rechts: *Der Bassist Walther Korth als Baron Ochs auf Lerchenau 1945 im* Rosenkavalier *von Richard Strauss.*

während der Zeit des Dritten Reiches bis 1944 (Schließung der Theater) alljährlich eingehalten werden.

Als erste Operninszenierung nach dem Zweiten Weltkrieg kam Mozarts *Entführung aus dem Serail* heraus, am 21.4.1946 folgte *Der Rosenkavalier.* Weltberühmte Künstler gastierten damals in Coburg. 1946 sang Lorenz Fehenberger den Rudolf in *La Bohème,* Joachim Sattler den *Tannhäuser* und Mathieu Ahlersmeyer den Wolfram. Allmählich wurde wieder ein umfangreiches Repertoire erarbeitet. Unter den meistgespielten Opern der letzten Jahre finden sich *Der Freischütz, Figaros Hochzeit, Carmen, Zar und Zimmermann* und *Tiefland*; zu den am häufigsten aufgeführten Operetten gehören *Das Land des Lächelns, Die Fledermaus* und die *Lustige Witwe.* Als Opernpremieren der jüngeren Zeit sind ferner *Cosi fan tutte, Der Wildschütz, Die verkaufte Braut, Tosca* und *Die Zaubergeige* zu nennen, letztere als Festvorstellung zum 80. Geburtstag des Komponisten Werner Egk. Insgesamt läßt der Spielplan erkennen, wie sehr die Intendanz bestrebt ist, dem Publikum ein breitgefächertes Repertoire zu bieten.

Gegenüberliegende Seite:

Oben: *Im Zeughaus aus der Zeit Herzog Johann Casimirs (um 1600) wurde 1683 der erste Theatersaal Coburgs eingerichtet.*

Mitte: *Herzog Ernst I., der 1827 das »Herzoglich-Sächsische Hoftheater« gründete.*

Unten: *Programmzettel des ersten Coburger Konzertes von Franz Liszt 1842.*

Staatstheater
Auf dem Marienplatz
6100 Darmstadt

Staatstheater Darmstadt

Allgemeine Informationen: Der Spielplan des dem Musiktheater dienenden großen Hauses des Staatstheaters ist wegen der zahlreichen Abonnenten im Stagionesystem gestaltet und bringt pro Saison neben klassischen Opern sowie deutschen und italienischen Spielopern zwei zeitgenössische Werke und zwei Operetten- bzw. Musicalproduktionen. Die Spielzeit ist ganzjährig ab August ohne Unterbrechung und bringt im großen Haus 215 Aufführungen.

Das große Haus verfügt über 956 Plätze. Das Orchester besteht aus 78 Musikern, das Ballett aus acht Tänzerinnen und vier Tänzern. Dem Chor gehören je 21 Damen und Herren an.

Das Theater: Das Staatstheater, in dem das große und das vorwiegend dem Sprechtheater vorbehaltene kleine Haus unter einem Dach vereint sind, ist ein modernes Bauwerk, 1972 durch den Architekten Rolf Prange als leicht ansteigende Arena errichtet und am 6.10.1972 mit Beethovens *Fidelio* unter der musikalischen Leitung von Hans Drewanz (Regie: Harro Dicks) eingeweiht. Die variable Öffnung des Bühnenportals ist 10–16,60 m breit und 5–8,50 m hoch. Die größte Bühnenbreite beträgt 24 m, die größte Tiefe 27,65 m. Der Orchesterraum ist in zwei Podien unterteilt.

Die Intendanten (seit 1945):
Wilhelm Henrich (1945–1946)
Walter Jockisch (1946–1948)

Das Staatstheater Darmstadt, 1972 von Rolf Prange mit einem Fassungsvermögen von 956 Plätzen erbaut.

Das 1670 durch Umbau eines Reithauses entstandene »Komödienhaus«, Darmstadts erstes Theater.

Siegmund Skraup	(1948–1951)
Gustav Rudolf Sellner	(1951–1960)
Gerhard F. Hering	(1961 –1971)
Günther Beelitz	(1971–1976)
Kurt Horres	(1976–1984)
Peter Brenner	(ab 1984)

Ereignisse und Gestalten: Das erste Darmstädter Theater war ein durch Umbau eines Reithauses im Jahre 1670 entstandenes barockes »Komödienhaus«, das vermutlich mit Corneilles *Andromède* eröffnet wurde. Louis Remy de la Fosse (ca. 1659–1726) erneuerte dieses Gebäude 1710/1711 weitgehend. Zur Eröffnung des renovierten Hauses brachte man *Telemach* von Christoph Graupner (1683–1760), der seit 1709 in Darmstadt das Amt des Hofkapellmeisters bekleidete. Dieses Theater diente später als sogenanntes »Kleines Haus«, bis es 1944 durch Kriegseinwirkung zerstört und nicht wieder aufgebaut wurde.

1818/1819 errichtete Georg Moller (1784–1852) das »Großherzogliche Hoftheater« in klassizistischem Stil, das am 7.11.1819 mit *Ferdinand Cortez* von Gasparo Spontini (1774–1851) eröffnet werden konnte. Spontini ging ein Jahr später (1820) als »Erster Kapellmeister und Generalmusikdirektor« nach Berlin. Später wurde das »Große Haus« als Hessisches Landestheater betrieben. Kennzeichnend für diese Epoche war die Tätigkeit zahlreicher hervorragender Dirigenten. So wirkten in Darmstadt Erich Kleiber (1912–1919), Felix Weingartner (1914–1918), Michael Balling (1919–1925), Georg Szell (1921–1922), Joseph Rosenstock (1922–1925), Karl Böhm (1927–1931), Hans Schmitt-Isserstedt (1931–1933) und Karl Maria Zwissler (1929–1933).

Rechts: *Der klassizistische Bau des Großherzoglichen Hoftheaters in Darmstadt, erbaut 1818/19 von Georg Moller, zerstört 1944.*

Mitte: *Hans Schmitt-Isserstedt, einer der renommierten Dirigenten, die in den dreißiger Jahren in Darmstadt wirkten.*

Unten: *Erika Köth, eine der großen Koloratur-Sopranistinnen der sechziger Jahre, stammt aus Darmstadt; sie sang dort (und in Karlsruhe) in den Jahren 1950–1952, ehe sie an die Münchener Staatsoper berufen wurde.*

Infolge des Krieges kam es 1944 zur Zerstörung auch dieses Theaters, so daß nach Kriegsende zunächst auf mehreren Behelfsbühnen gespielt werden mußte. Am 15.12.1945 wurde die umgebaute barocke Orangerie mit Goethes *Iphigenie auf Tauris* eröffnet; außerdem bespielte man das Theater im Schloß sowie die Stadthalle. Die Jahre bis zur Eröffnung des neuen Hauses (1972) waren wiederum durch starke Künstlerpersönlichkeiten geprägt, wobei insbesondere die Sängerinnen Erika Köth (1950–1952), Christa Ludwig (1952–1954) und der Tenor Sandor Konya (1954–1955) hervorzuheben sind. Derzeit hat das Theater neben den rund 16000 eigenen Abonnenten auch das Publikum in den Städten Aschaffenburg, Leverkusen, Schweinfurt und Wiesbaden künstlerisch zu betreuen.

Für hohes Niveau sorgten von jeher die Intendanten, unter denen sich stets prominente Regisseure befanden. In den Jahren 1920–1924 und 1931–1933 war in dieser Funktion der Expressionist Gustav Hartung (1887–1946), von 1924–1927 Ernst Legal (1881–1955), der zugleich ein markanter Schauspieler war, und von 1927–1931 der stilkundige Carl Ebert (1887–1980) tätig, der später als Inszenator und Organisator künstlerischer Veranstaltungen weltweite Bedeutung erlangte. Unter den prominenten Regisseuren auf dem Intendantenposten sind in jüngerer Zeit Gustav Rudolf Sellner, Gerhard F. Hering und der derzeitige Theaterleiter Kurt Horres (geb. 1932) hervorzuheben, dessen Augenmerk auch auf das zeitgenössische Musiktheater gerichtet ist. Ihn löst 1984 Peter Brenner (geb. 1930), ein Sohn Walter Felsensteins, in der Intendanz ab.

Landestheater Detmold

Landestheater
Theaterplatz 1
4930 Detmold

Allgemeine Informationen: Das Landestheater verfügt über einen Repertoirespielplan, der zu 60 Prozent dem Musiktheater (Oper, Operette, Ballett) gewidmet ist. Daneben steht ein breites Spektrum von Schauspiel bis zum Kindertheater auf dem Programm. Die Spielzeit dauert von Anfang September bis Mitte Juni. Dabei absolviert das Ensemble rund 530 Vorstellungen, wobei regelmäßig rund 60 Gastorte bespielt werden. Das Theater faßt 676 Personen. Dem Orchester gehören 51 Musiker, dem Ballett je zwei Solistinnen und Solisten und fünf Gruppentänzerinnen an. Der Chor setzt sich aus je zwölf Damen und Herren zusammen.

Das Theater: Das derzeitige Haus wurde nach dem Brand des vom Landesbaumeister Naborp 1825 errichteten Hoftheaters auf den alten Grundmauern in der Zeit von 1915–1919 durch Professor Eberhard in klassizistischem Stil als Rangtheater mit Logen erbaut und am 28.9.1919 mit *Undine* von Albert Lortzing eröffnet. Das Bühnenportal ist 8 m breit und 6 m hoch, der Bühnenraum 16 m breit

Außenansicht des Landestheaters Detmold, 1915–1919 auf den Grundmauern des alten Hauses erbaut.

Der Zuschauerraum des Theaters in Detmold heute; er bietet 676 Besuchern Platz.

und 16 m tief. Der Orchesterraum bietet Platz für 50 Musiker.

Die Intendanten (seit 1895):

Albert Berthold	(1895–1921)
Emil Becker	(1922–1934)
Otto Will-Rasing	(1934–1969)
Otto Hans Böhm	(seit 1969)

Ereignisse und Gestalten: Der erste Kontrakt über eine Spielerlaubnis in der lippischen Residenz Detmold datiert aus dem Jahre 1722. Die durchreisenden Schauspielertruppen führten ihre Künste zunächst im Saal des alten Rathauses vor, bis unter der Regentschaft des Grafen Simon August 1778 vor den Toren der Stadt ein spezielles Komödienhaus errichtet wurde. Fast 50 Jahre lang wurde hier in mehr oder weniger großen Abständen Theater gespielt; dann mußte 1825 das Komödienhaus wegen Baufälligkeit geschlossen werden.

August Pichler, von 1825–1848 erster Theaterdirektor in Detmold.

Das neue Theater, in einer Rekordzeit von 6½ Monaten erbaut, errang unter seinem ersten Direktor August Pichler, einem erfahrenen Theatermann, rasch hohes Ansehen, wozu nicht unwesentlich die bereitwillig geöffnete Hofschatulle, aus der bis zu 60 Prozent der Unkosten bestritten wurden, beitrug. Solche Großzügigkeit erlaubte u.a. die Verpflichtung exzellenter Ensemblemitglieder; so war z.B. Albert Lortzing von 1826–1833 in Detmold engagiert, wo er in etwa 100 musikalischen Partien und rund 200 Schauspielrollen auftrat.

Nach Pichlers Rücktritt 1847 standen die Geschicke des Detmolder Theaters zunächst unter keinem günstigen Stern: finanzielle Probleme stellten sich ein, die Direktoren blieben häufig nur eine Saison, das künstlerische Niveau sank ab. In jene Zeit (1857–1859) fiel Johannes Brahms' Aufenthalt als fürstlicher Musiklehrer und Chordirigent in Detmold. Erst Albert Berthold, der 1895 ein schweres Amt antrat, gelang es, das Theater über die Grenzen Lippes hinaus zu neuem Ansehen zu bringen. In seine Intendanz fiel auch der Brand, der das alte Hoftheater völlig zerstörte sowie Planung und Bau des neuen Hauses, das in der schwierigen Zeit des Ersten Weltkriegs errichtet wurde.

Nach dem Ende der Monarchie ging das neue Theater, das noch wesentlich vom letzten Fürsten mitgeplant worden war, in staatlichen Besitz über. In der Nachkriegszeit teilte es das Schicksal der meisten deutschen Bühnen, denn finanzielle Engpässe erforderten Einschränkungen. In Detmold hieß das sogar Einstellung des Musiktheaterbetriebs von 1925–1936. Bedingt durch den bald ausbrechenden Krieg und die Erschwernisse der Zeit nach 1945 (obwohl das Theater unzerstört geblieben war, durfte es zunächst nicht bespielt werden, weil es von der Besatzungsmacht beschlagnahmt war) konnte eine neuerliche Verstärkung des Musiktheaters erst in der Konsolidierungsphase ernsthaft betrieben werden.

Heute nimmt die Oper einen dominierenden Platz in Detmold ein. Einen Höhepunkt aus jüngster Zeit bildet die deutschsprachige Erstaufführung von Gian-Carlo Menottis *Der letzte Wilde* (24.2.1982), die der Komponist selbst inszenierte. Besondere Aufmerksamkeit erregte ferner eine Reihe konzertanter Opernaufführungen, die 1981/82 mit Mozarts *Idomeneo* begonnen und in den folgenden Spielzeiten mit Bellinis *Norma* und Debussys *Pelleas und Melisande* fortgesetzt wurde.

Szenenbild der Deutschen Erstaufführung von Gian-Carlo Menottis Oper Der letzte Wilde, *die der Komponist selbst für die Spielzeit 1981/82 in Detmold inszenierte.*

Zu erwähnen ist außerdem, daß seit geraumer Zeit eine regelmäßige Pflege Richard Wagners stattfindet.

Die heitere Muse (Operette und Musical) ist pro Saison mit 3–4 Werken vertreten, die sich meist am gängigen Repertoire orientieren. Eine Ausnahme bildete hier 1978/79 die westdeutsche Erstaufführung des Musicals *Casanova* (Helmut Bez/Jürgen Degenhardt, Musik von Gerd Natschinski). Erwähnenswert ist weiterhin die Uraufführung von Peter Kreuders Musicalette *Wie wird man Minister?* (1980/81) sowie wenige Wochen später die deutschsprachige Erstaufführung des Musicals *Annie* (Thomas Meehan/Martin Charnin, Musik von Charles Strouse).

Städtische Bühnen/
Musiktheater
Kuhstr. 12
4600 Dortmund

Städtische Bühnen Dortmund

Allgemeine Informationen: Das Repertoire des Dortmunder Musiktheaters ist in erster Linie auf die Pflege der klassischen Literatur unter besonderer Berücksichtigung großer Opernwerke ausgerichtet, die im Blocksystem in kurzen Intervallen bei gleichbleibender Besetzung mehrfach wiederholt werden. Die Saison dauert von Ende August bis Mitte Juli; montags ist jeweils spielfrei. Von 190 Spieltagen entfallen 116 auf die Oper und 74 auf Operette, Musical und Ballett.

Das Große Haus bietet Platz für 1160 Personen. Das Philharmonische Orchester der Stadt Dortmund besteht aus 91 Musikern, das Ballett aus elf

Das Stadttheater Dortmund mit seiner markanten Kuppel. Der Bau, von Heinrich Rosskotten konzipiert, konnte 1966 seiner Bestimmung übergeben werden.

Tänzerinnen und acht Tänzern. Dem Chor gehören 23 Damen und 25 Herren an.

Das Theater: Das neue Haus wurde durch Heinrich Rosskotten im Stil moderner Betonarchitektur als Rangtheater mit logenartiger Gliederung der Seitenflügel der Ränge und einer Kuppel über dem Auditorium errichtet und am 3.3.1966 mit dem *Rosenkavalier* von Richard Strauss in einer Inszenierung von Werner Kelch und unter der musikalischen Leitung von Wilhelm Schüchter eröffnet. Die Hauptrollen sangen Elisabeth Grümmer (Marschallin), Kurt Böhme (Ochs), Teresa Zylis-Gara (Octavian), Benno Kusche (Faninal) und Liselotte Hammes (Sophie). Das veränderliche Bühnenportal ist 12–16 m breit und 8 m hoch; die Bühnenraumbreite beträgt 18 m, die Bühnenraumtiefe 17 m + 2 m. Der Orchesterraum umfaßt eine Fläche von 108 m^2.

Die Intendanten:

Hans Gelling	(1904–1907)
Alois Hoffmann	(1907–1913)
Hans Bollmann	(1913–1919)
Johannes Maurach	(1919–1922)
Karl Schäffer	(1922–1927)
Richard Gsell	(1927–1933)

Bühnenbild-Entwurf von Ita Maximowna zu Richard Strauss' Rosenkavalier *für die Eröffnungsvorstellung im neuen Haus 1966.*

Wilhelm Schüchter, 1965–1974 Generalmusikdirektor in Dortmund.

Bruno Bergmann	(1933–1935)
Georg Hartmann	(1935–1937)
Peter Hoenselaers	(1937–1944)
	(1945–1947)
Herbert Junker	(1947–1950)
P.W. Jacob	(1950–1962)
Hermann Schaffner	(1962–1965)
Wilhelm Schüchter (nur Musikth.)	(1965–1974)
Dieter Geske (kommiss. Int.)	(1974–1975)
Paul Hager (Gen.-Int.)	(1975–1983†)
Dieter Geske (kommiss. Gen.-Int.)	(1983)

Ereignisse und Gestalten: Erste Opernaufführungen gab es in Dortmund bereits im September und Oktober 1807, als der Theaterprinzipal Thomala unter der Bezeichnung »National-Theater des ersten Gouvernements« im Gildenhaus neben Sprechstükken auch Mozarts *Zauberflöte* sowie Opern von Dittersdorf herausbrachte. Im Jahre 1809 versuchte Marianne Böhm während der Sommermonate, sechsmal wöchentlich komische Opern und Singspiele aufzuführen, scheiterte aber bald an den Kriegsereignissen jener Zeit. Im April 1826 wurde in Dortmund Webers *Freischütz,* 1831 ein ganzes Programm mit Werken von Boieldieu, Rossini, Weber, Dittersdorf, Auber, Méhul und Mozart dargeboten. Während der nächsten 40 Jahre fanden immer wieder Opernveranstaltungen verschiedener Theaterunternehmen statt. 1866 konnte man in Dortmund als erste Verdi-Opern den *Troubadour* sowie *Rigoletto* und mit Offenbachs *Orpheus in der Unterwelt* die erste Operette hören.

Hatten bis 1864 die Aufführungen in einem Gartensaal stattgefunden, erhob sich jetzt die Forderung, eine Stadt mit 25 000 Einwohnern müsse auch ein ordentliches Theater haben. Zunächst wurde ein 1865 von dem Handelsherrn Brügmann errichteter Zirkus entsprechend umgebaut und am 28.9.1871 mit Webers *Freischütz* eröffnet. Der Opernbetrieb nahm einen raschen Aufschwung. Als erste Wagner-Oper gelangte *Tannhäuser* zur Aufführung; daneben spielte man Werke von Lortzing, Meyerbeer, Auber, Donizetti und Mozart.

Das Theater wurde in eine Aktiengesellschaft umgewandelt und als »Stadttheater« bezeichnet, bis 1875 die Gesellschaft in Konkurs ging, nachdem sich im ehemaligen Gartensaal ein Zirkusunternehmen etablierte und eine starke Konkurrenz gebildet hatte. In den achtziger Jahren verlagerte sich das Schwergewicht der Opernpflege wieder in den alten Saal, wo das Ensemble von Ignaz Pollak Wagners *Lohengrin* und den *Fliegenden Holländer*

Theaterzettel zur Eröffnung des über einem ehemaligen Zirkusgebäude errichteten Stadttheaters in Dortmund, bei der am 28. September 1871 Carl Maria von Webers Freischütz *gegeben wurde.*

Stadt-Theater in Dortmund
Donnerstag den 28. September 1871.
Zur Eröffnung der Bühne:
„Die Weihe des Hauses."
Ouverture von Ludwig van Beethoven,
unter Direction des Capellmeisters Herrn Bernhard
Prolog,
Mit ganz neuen Decorationen und Maschinerien.
Der Freischütz.
Personen:
Regisseur der Vorstellung: Peter Grevenberg.
Preise der Plätze:
Anfang pünktlich 7½ Uhr. Ende gegen 10 Uhr. Eröffnung der Kasse 6½ Uhr.
Das Abonnement beginnt am ersten October.
Erste Vorstellung:
Gebrüder Foch.
Freitag den 29. September:
Erste Lustspiel-Vorstellung:
Minna von Barnhelm, oder: Das Soldatenglück.
Peter Grevenberg.
Operngläser sind leihweise an der Theaterkasse zu haben.

Anzeige zur festlichen Eröffnung des Dortmunder Stadttheaters im umgebauten Brügmannschen Zirkus.

Ansicht des 1904 erbauten neuen Theaters in Dortmund, das 1944 im Krieg zerstört wurde.

Unten: *Die Sängerin Margarete Teschemacher als* Aida *in einer Aufführung aus den zwanziger Jahren.*

aufführte. Im Januar 1903 fiel das Etablissement einem Brand zum Opfer.

Dieses Ereignis gab endlich den Anstoß zur Errichtung eines neuen Theaters mit einem festen Ensemble (bis 1907 gemeinsam mit Essen). Am 17.9.1904 konnte das von Martin Dülfer im Jugendstil erbaute Haus mit Wagners *Tannhäuser* eingeweiht werden. Fortan fand eine intensive Wagner-Pflege statt, wobei auch der komplette *Ring des Nibelungen* mehrfach zur Aufführung gelangte. 1922 war Dortmund eine frühe Station des später weltbekannten Dirigenten Josef Krips; unter den debütierenden Stars der folgenden Zeit seien Margarethe Teschemacher und Karl Schmitt-Walter hervorgehoben.

Am 6.10.1944 wurde das Stadttheater durch Bomben zerstört. Bis 1966 mußte auf verschiedenen Behelfsbühnen gespielt werden, zuletzt in dem heutigen Schauspielhaus am Hiltropwall. Nach der Eröffnung des neu erbauten Hauses wurde Wilhelm Schüchter bis 1974 zur zentralen Figur des Dortmunder Musiktheaters, dem er hohes Niveau zu verleihen verstand. Nach seinem Tode nahmen Marek Janowski (1975–1978) und Hans Wallat (seit 1978) die Stellung des Generalmusikdirektors ein. Bedeutende Sänger wie Wolfgang Windgassen und

Modest Mussorgski: Boris Godunow. *Szenenbild aus der Inszenierung von Paul Hager für die Spielzeit 1981/82, mit Peter Meven in der Titelrolle.*

Teresa Zylis-Gara haben am Beginn ihrer Karriere in Dortmund gesungen; als Gäste sind immer wieder Stars wie Giulietta Simionato, Tatjana Troyanos, Anneliese Rothenberger, Anja Silja, Ingrid Bjoner, Karl Ridderbusch dort aufgetreten. Im Rahmen der Auslandskulturtage waren Mirella Freni, Maria Chiara, Rolando Panerai und weitere Spitzensänger der internationalen Musikszene in Dortmund zu hören. Die Spielzeit 1981/82 brachte unter anderem die Opern *Boris Godunow* und *Parsifal,* die Saison 1982/83 *Don Carlos, Lohengrin* und *Pique Dame.* Auf dem Gebiet der leichten Musik standen die neuere Operette (1981/82 *Clivia* von Nico Dostal) und das Musical (*Silk Stockings* von Cole Porter) im Vordergrund.

Staatsoper Dresden

Staatsoper Dresden
Theaterplatz 2
DDR-801 Dresden

Allgemeine Informationen: Das Repertoire der Dresdner Staatsoper umfaßt neben dem klassischen Opern- und Ballettprogramm auch die Pflege der zeitgenössischen musikdramatischen Werke.

Das Große Haus der Staatstheater (vormals Schauspielhaus), in dem das Musiktheater bis zur Wiedereröffnung der Semper-Oper beheimatet ist, faßt 1103 Personen. Die Dresdner Staatskapelle als Opernorchester besteht ab 1984 aus 145 Musikern. Dem Ballett gehören dann 72 Mitglieder, dem Chor 100 Personen an.

Das Theater: Derzeit findet der Opernbetrieb im Großen, zum Teil auch im Kleinen Haus der Staatstheater neben dem Schauspielbetrieb statt. Seit 1.1.1983 sind die Staatstheater durch selbständige Opern- und Schauspielbetriebe abgelöst.

Die Intendanz:

Harry Kupfer	(Operndirektor 1972–1981)
Horst Seeger	(Gesamtleitung seit 1973)
Herbert Blomstedt	(Chefdirigent)
Joachim Herz	(Chefregisseur seit 1981)

Ereignisse und Gestalten: Die Geschichte des Dresdner Musiktheaters geht zurück auf das Jahr 1627, als Heinrich Schütz' verlorengegangene Oper *Dafne* ihre Uraufführung erlebte. Weitere frühe Opernereignisse verbinden sich mit Kompositionen wie *Il Paride* (1662) und einer weiteren *Dafne* (1671) von Giovanni Andrea Bontempi, der in Dresden seit 1647 Orchestermusiker und später Kapellmeister war.

Zunächst wurden die Opern in der Residenz aufgeführt, bis dann 1667 das »Klengelsche Opernhaus am Taschenberg« mit *Il Teseo* von G.A. Moneglia eröffnet werden konnte. 50 Jahre später, nachdem das alte Haus zur Hofkapelle umgebaut worden war, errichteten die Architekten Pöppelmann und Mauro beim Zwinger ein »Großes Opernhaus«, das 1719 mit *Giove in Argo* von Antonio Lotti eröffnet wurde. Mit diesem Theater besonders verbunden ist der Name des Komponisten Johann Adolf Hasse (1699–1783), dem Dresden zahlreiche Uraufführungen verdankte. 1849, während der Revolutionswirren, brannte das Theater nieder. Richard Wagners Wiederaufführung von Beethovens *Neunter Symphonie* war das letzte überragende Ereignis in diesem Haus.

Rechts: *Das Kleine Hoftheater in Dresden (Morettisches Theater), 1755 erbaut.*

Mitte: *Carl Maria von Weber, Stahlstich aus dem Jahr 1823. Weber leitete von 1817 bis zu seinem Tod 1826 die Deutsche Oper, ihm verdankt das Dresdner Musikleben seine erste große Blüte.*

Unten: *Gottfried Semper, einer der bedeutendsten Architekten des 19. Jh.s. Zweimal, 1837–1841 und 1870–1878, erbaute er ein Opernhaus für Dresden.*

1754/1755 wurde zunächst aus Holz das »Kleine Hoftheater« errichtet und schon 1761 durch einen steinernen Bau ersetzt, der mehrfach erweitert und umgebaut wurde. Hier fand 1785 die Dresdner Erstaufführung von Mozarts *Entführung aus dem Serail* statt, und drei Jahre nach Mozarts Tod spielte man hier seine *Zauberflöte* in einer italienischen Version.

Das 19. Jh. brachte eine gewisse Polarisierung der deutschen und der italienischen Oper. Dresden war nach dem Übertritt Augusts des Starken zum Katholizismus zu einer Hochburg italienischer Kunst geworden. Daß die deutsche Oper dann bis 1832 zunehmend an Boden gewann, ist nicht zuletzt dem energischen Kunstwillen Carl Maria von Weber zu verdanken, der seit 1817 als Leiter der Deutschen Oper wirkte.

Als Gottfried Semper (1803–1879) in den Jahren 1837–1841 in Dresden sein erstes Theatergebäude errichtete, wurde das alte Hoftheater abgerissen. Im neuen Haus, in dem auch Sprechstücke aufgeführt wurden, fand am 20.10.1842 die Uraufführung von Wagners *Rienzi* statt, und 1843–1849 wirkte Richard Wagner hier als Kapellmeister. Auch *Der fliegende Holländer* (2.1.1843) und der *Tannhäuser* (19.10.1845) erlebten ihre Uraufführung in diesem ersten Semperbau.

Als 1869 das Theater durch einen Brand schwer beschädigt wurde, mußten die Opernaufführungen vorerst in der sog. »Bretterbude« stattfinden, bis 1878 das von Gottfried Semper im Stil der italienischen Renaissance errichtete zweite Opernhaus eingeweiht werden konnte. Bis zur Jahrhundertwende wurden hier neben Opern auch Schauspiele aufgeführt.

Links: *Ansicht des alten Dresdner Hoftheaters, erbaut 1837–1841 von Gottfried Semper, das 1869 einem Brand zum Opfer fiel.*

Ernst von Schuch, der schon 1872 die Position des Dresdner Musikdirektors angetreten hatte, machte sich um das künstlerische Niveau des Orchesters außerordentlich verdient und stellte bis 1914 ein hochwertiges Sängerensemble zusammen. Seinen Kontakten zu Richard Strauss verdankt Dresden die Uraufführung von *Feuersnot* (21. 11. 1901), *Salome* (9. 12. 1905), *Elektra* (25. 1. 1909) und *Rosenkavalier* (26. 1. 1911), was eine beträchtliche internationale Aufwertung zur Folge hatte. Auch später blieb die Dresdner Richard-Strauss-Tradition bestehen: Am 22. 10. 1919, nur zwölf Tage nach der Wiener Uraufführung, wurde die *Frau ohne Schatten* unter der Direktion von Fritz Reiner in Dresden gespielt, und als 1922–1933 Fritz Busch Opernleiter und Generalmusikdirektor wurde, kam es zu den Uraufführungen von *Intermezzo*

Unten links: *Ernst von Schuch, von 1872–1919 dem Dresdner Opernhaus als Musikdirektor verbunden. Unter seiner Leitung entwickelte sich Dresden zu einer der führenden deutschen Opernbühnen; besondere Verdienste erwarb er sich um die Werke von Richard Strauss, von denen viele in Dresden zur Uraufführung gelangten.*

Unten Mitte: *Richard Strauss. Porträt mit einer Widmung für Ernst von Schuch.*

Unten rechts: *Szenenbild aus der Uraufführung von Strauss'* Rosenkavalier *am 26. Januar 1911 in Dresden unter Leitung von Ernst von Schuch. Inszenierung: Max Reinhardt.*

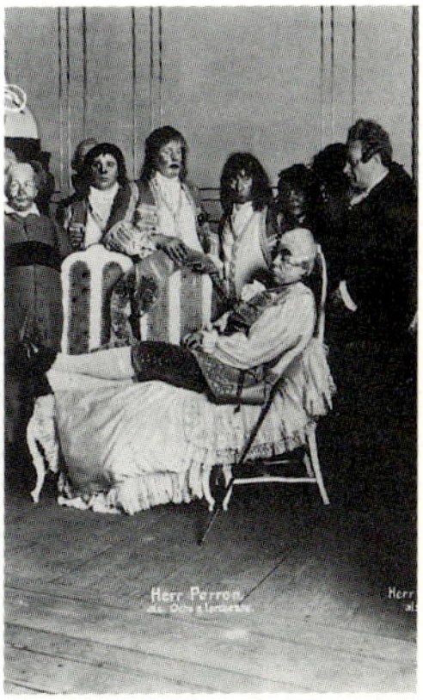

Die Semperoper in Dresden, einer der Höhepunkte in der Architektur des 19. Jh.s, vor ihrer Zerstörung bei der Bombardierung der Stadt am 13. Februar 1945. Nach jahrelangem Wiederaufbau soll sie 1984 neu eröffnet werden.

(4.11.1924), *Die ägyptische Helena* (6.6.1928) und im Abschiedsjahr von *Arabella* (1.7.1933). Buschs Nachfolger Karl Böhm, der bis 1943 blieb, brachte die Uraufführungen der *Schweigsamen Frau* (24.6.1935) und der ihm von Richard Strauss zugeeigneten *Daphne* (15.10.1938). Berühmte Sänger jener Jahre waren Paul Schöffler, Viorica Ursuleac, Elisabeth Rethberg, Max Lorenz, Kurt Böhme und andere, die in der Folge internationale Karriere machen konnten.

Im Februar 1945 wurde die Dresdner Oper im Bombenhagel vernichtet, und so wird seit 1948 vor allem im wiederaufgebauten Großen Haus der Staatstheater gespielt. Dort fanden nach dem Krieg zahlreiche Uraufführungen von Komponisten der Avantgarde in Ost und West statt. Eine der erfolgreichsten Produktionen war Udo Zimmermanns *Der Schuhu und die fliegende Prinzessin,* die in einer Inszenierung von Harry Kupfer auch bei Auslandsgastspielen Aufsehen erregte. Die führenden Dirigentenpersönlichkeiten seit Ende des Zweiten Weltkrieges waren und sind Joseph Keilberth, der 1945 bis 1950 Generalmusikdirektor war, Rudolf Kempe, der die Staatsoper 1951/1952 leitete, Franz Konwitschny, der 1953–1955 Chefdirigent der Oper war, Othmar Suitner, von 1960 bis 1964 Chef der

Theo Adam (links, *1964 in Mozarts* Don Giovanni) *und Peter Schreier* (unten), *zwei berühmte Sänger, deren Karriere in Dresden begann.*

Staatskapelle und Generalmusikdirektor der Oper, ferner Rudolf Neuhaus, der sich seit 1953 für Wagner, Richard Strauss und die Avantgarde engagiert, und schließlich Siegfried Kurz, seit 1960 Kapellmeister und 1975–1983 geschäftsführender Generalmusikdirektor des Hauses. Nicht zuletzt ist auf das gegenwärtige Sängerensemble hinzuweisen, aus dem Persönlichkeiten wie Theo Adam und Peter Schreier hervorgegangen sind. Auf dem Gebiet der Regie nahm seit dem Jahre 1972 Harry Kupfer durch markante Inszenierungen *(Die schweigsame Frau, Moses und Aron, Die Zauberflöte, Tristan und Isolde)* eine dominierende Stellung ein, bevor er 1981 an die Komische Oper Berlin berufen wurde.

1977 wurde mit dem Wiederaufbau des Semperschen Opernhauses begonnen, das 1985 eröffnet werden soll.

Deutsche Oper am Rhein
Heinrich-Heine-Allee 16a
4000 Düsseldorf 1

Deutsche Oper am Rhein Theatergemeinschaft Düsseldorf–Duisburg

Allgemeine Informationen: Die Deutsche Oper am Rhein besteht aus zwei Häusern, nämlich dem Opernhaus Düsseldorf und dem Theater der Stadt Duisburg.

Das Repertoire hat die Pflege des klassischen und modernen Musiktheaters zum Gegenstand und umfaßt im Rahmen einer ganzjährigen Spielzeit etwa 450 Aufführungen, wovon auf Düsseldorf etwa 300, auf Duisburg etwa 150 entfallen. Davon sind etwa 360 bis 370 Vorstellungen der Oper und 70–80 dem Ballett gewidmet.

Das Fassungsvermögen des Düsseldorfer Opernhauses beträgt 1342, das des Theaters der Stadt Duisburg 1118 Plätze. Das Orchester der Düsseldorfer Symphoniker besteht aus 124, das der Duisburger aus 90 Musikern. Dem Ballett gehören acht Solotänzer und sechs Solotänzerinnen sowie eine aus 32 Personen bestehende Damen- und eine aus 23 Mitgliedern bestehende Herrengruppe an. Der Chor setzt sich aus 41 Damen und 42 Herren zusammen.

Theater Düsseldorf: Das Opernhaus wurde 1875 durch den Architekten Ernst Giese errichtet, 1906 vollständig umgebaut und 1943 durch Kriegseinwirkungen weitgehend zerstört. Im Jahre 1944 konnte es mit 1041 Plätzen wieder eröffnet werden. 1954/1955 erfolgte durch die Architekten Paul Bo-

Im Jahre 1875 errichtet, erhielt das Opernhaus Düsseldorf nach mehreren Umbauten 1954/55 seine endgültige Gestalt. Es bietet 1342 Zuschauern Platz.

natz, Ernst Huhn und Julius Schulte-Frohlinde der Umbau zum Rangtheater, wie es sich heute dem Besucher darbietet.

Das neue Haus wurde am 29.9.1956 mit Richard Strauss' *Elektra* unter der Leitung von Karl Böhm, in einer Inszenierung von Herbert Graf eröffnet; die Titelrolle sang Astrid Varnay.

Das Bühnenportal ist 11,40 m breit und 7 m hoch; die Bühnenraumbreite beträgt 22,50 m, die Tiefe des Bühnenraumes 14,75 m, die Höhe 21 m. Der Orchesterraum bietet Platz für 108 Musiker.

Theater Duisburg: Das Theater der Stadt Duisburg wurde 1912 erbaut, während des Zweiten Weltkrieges, 1942, zerstört und 1950 durch den Architekten Dülfer neu errichtet. Es stellt sich als Rangtheater dar und wurde als neoklassizistischer Säulenbau konzipiert.

Die Eröffnung im Rahmen der Theatergemeinschaft Düsseldorf–Duisburg erfolgte am 30.9.1956 mit Verdis *Falstaff* unter der musikalischen Leitung von Arthur Grüber, in der Inszenierung von Günter Roth, mit Otto Wiener in der Titelrolle.

Das Bühnenportal ist 12 m breit und 8,50 m hoch; die Bühnenraumbreite beträgt 24 m, die Tiefe 21 m.

Das Theater der Stadt Duisburg, das zweite Haus der Deutschen Oper am Rhein. Es wurde 1912 erbaut und faßt 1118 Besucher.

Gustaf Gründgens, von 1947–1951 Generalintendant in Düsseldorf, war eine der markantesten Persönlichkeiten in der Nachkriegsgeschichte der Deutschen Oper am Rhein.

Generalintendanten der Theatergemeinschaft Düsseldorf–Duisburg:

Hermann Juch	(1956–1964)
Grischa Barfuss	(seit 1964)

Ereignisse und Gestalten: Schon vor der Zusammenlegung des Opernlebens beider Städte hatte es im Raum Düsseldorf–Duisburg eine bedeutende musikdramatische Tradition gegeben, die in der Zeit nach dem Zweiten Weltkrieg in der Person von Gustaf Gründgens als Generalintendant der Städtischen Bühnen Düsseldorf (1947–1951) ihren wesentlichsten Exponenten fand. Seine wichtigsten Inszenierungen auf dem Gebiet des Musiktheaters waren Mozarts *Figaro* und Offenbachs *Banditen,* ein bedeutsames Engagement die Verpflichtung des Regisseurs Wolf Völker, dessen *Ariadne*-Produktion mit Martha Mödl und Ilse Hollweg Maßstäbe setzte. 1951 wandte sich Gründgens gänzlich dem Düsseldorfer Schauspielhaus zu, das er in eine GmbH umwandelte und dem er bis 1955 verbunden blieb, was bald zu einem spürbaren Unterschied im künstlerischen Niveau zwischen Opernbetrieb und Schauspiel führte.

Das immer stärkere Zusammenwachsen der Städte im Rhein-Ruhr-Gebiet brachte den eng benachbarten Opernhäusern stetig steigende Kosten. Gleichzeitig wuchsen die Ansprüche des durch die Massenmedien und die Plattenindustrie kritischer gewordenen Publikums, so daß man in Düsseldorf und Duisburg zu der Folgerung gelangte, das Niveau nur durch die – auch wirtschaftlich günstige – Zusammenlegung des Spielbetriebes steigern zu können. Die Verbindung wurde unter dem ersten gemeinsamen Generalintendanten Hermann Juch, dem früheren Leiter der Wiener Volksoper, zunächst locker und mit kurzfristiger Auflösungsmöglichkeit geschaffen; erst 1964, nach Amtsantritt von Grischa Barfuss wurden die Verträge (Städte- und Intendantenverträge) in zeitliche Übereinstimmung gebracht und für jeweils 5 Jahre geschlossen.

Hermann Juch schuf in den 8 Jahren seiner Intendanz ein Repertoire von 58 Werken, wobei fast alle Neuinszenierungen in beiden Häusern zur Aufführung gelangten. Bereits in der ersten Saison (1956/57) wurden neben den schon erwähnten Eröffnungsvorstellungen (*Elektra* bzw. *Falstaff*) so gegensätzliche Werke aufgeführt wie Carl Orffs *Bernauerin* (Regie Adolf Rott), Lortzings *Wildschütz* (in Bühnenbildern Günther Schneider-Siemssens), Wagners *Parsifal* (Dirigent Fritz Zaun), Johann Strauß' *Fledermaus* (Dirigent Anton Paulik von der Wiener Volksoper), ein Ballettabend mit Werken von Claude Debussy, Jean Francaix und Igor Strawinsky, Mozarts *Zauberflöte* (Dirigent: Fritz Zaun), Janáčeks *Die Sache Makropulos,* Verdis *Don Carlos* (Dirigent: Alberto Erede), Donizettis *Don Pasquale,* ebenfalls unter Erede, eine Ballettmatinee mit Werken von Bernd Alois Zimmermann, Bela Bartok und Paul Hindemith sowie Giselher Klebes Oper *Die Räuber.* Die Saison 1957/58 wurde mit Wagners *Meistersingern* unter der Leitung von Fritz Zaun eröffnet und brachte als weitere Höhepunkte u.a. die deutsche Erstaufführung von Rolf Liebermanns Opera buffa *Die Schule der Frauen* sowie die Uraufführung der Neufassung von Ernst Křeneks *Karl V.* Wagners *Walküre* bildete im Mai 1958 den Beginn einer Inszenierung der *Ring*-Tetralogie, die in der folgenden Spielzeit (1958/59) mit *Siegfried* fortgesetzt wurde. Diese Spielzeit brachte außer gängigen Repertoirestücken die deutsche Erstaufführung von Heinrich Sutermeisters *Titus Feuerfuchs* (12.10.1958) und am 2.12.1958 die europäische Erstaufführung von Ernst Křeneks Oper *Der Glockenturm* unter der Leitung des Komponisten. Das italienische Repertoire wurde vorwiegend von Alberto Erede betreut. Karl Böhm leitete eine Neueinstudierung des *Don Giovanni* in einer Inszenierung von Oskar Wälterlin (9.11.1958 Düsseldorf, 9.3.1960 Duisburg).

Eine besondere Vorliebe brachte Hermann Juch der klassischen Operette entgegen. Zu einem unvergeßlichen Erlebnis wurde im März 1961 die Neuinszenierung des *Bettelstudent,* Regie führte damals der vielfach umstrittene, aber hochbefähigte Regisseur Adolf Rott. Auf dem Gebiet der Avantgarde ist die Uraufführung von Giselher Klebes *Die tödlichen Wünsche* (14.6.1959) hervorzuheben. Die In-

Giselher Klebes Bühnenwerk Die tödlichen Wünsche, *»lyrische Szenen« nach Balzacs* La peau de chagrin, *wurde in der Inszenierung von Günter Roth 1959 an der Deutschen Oper uraufgeführt.*

szenierung lag in den Händen von Günter Roth, die Ausstattung besorgte Jean-Pierre Ponnelle.

Die Spielzeit 1959/60 begann mit einem von Alberto Erede dirigierten *Tannhäuser* (2.9.1959), brachte Richard Strauss' *Capriccio* in einer Inszenierung von Rudolf Hartmann, setzte mit Millökkers *Gasparone* und Heubergers *Opernball* die Operettentradition fort und machte das Publikum mit der deutschen szenischen Erstaufführung von Schostakowitschs Oper *Lady Macbeth auf dem Lande* (14.11.1959) bekannt. Das slawische Repertoire wurde durch *Fürst Igor* von Alexander Borodin bereichert. Gottfried von Einem kam mit *Dantons Tod* auf die Bühne, und die Realisation des *Ring des Nibelungen* fand mit der *Götterdämmerung* (3.6.1960 Duisburg, 2.10.1960 Düsseldorf) ihre Fortsetzung. Den Abschluß bildete zu Beginn der folgenden Spielzeit 1960/61 *Das Rheingold* (7.9.1960 Duisburg, 23.9.1960 Düsseldorf).

Zu den Sängern der – von Fritz Zaun dirigierten, von Kurt Ehrhardt inszenierten und von Heinz Ludwig ausgestatteten – Tetralogie gehörten Astrid Varnay, Hans Hopf, Otto Wiener und Josef Greindl.

Als Novität brachte die Spielzeit 1960/61 die westdeutsche Erstaufführung der fünf Monate zuvor bei den Schwetzinger Festspielen uraufgeführten Opernkomödie *La Battaglia oder Der rote Federbusch* von Gerhard Wimberger (14.10.1960) und als Rarität Leoncavallos kaum je gehörte Oper *König Ödipus* zusammen mit dem *Bajazzo* (29.10.1960 Düsseldorf, 29.11.1960 Duisburg). Am 21.12.1960 rief Bohumil Herlischkas Inszenierung von Webers *Freischütz* einen Theaterskandal hervor, da sich der Versuch des Regisseurs, den Stoff zu aktualisieren, als Fehlgriff erwies. Erwähnenswert bleibt auch die Erstaufführung von Werner Egks Komischer Oper *Der Revisor,* die der Komponist am 4.5.1961 in Düsseldorf in einer Inszenierung von Werner Düggelin selbst dirigierte.

Die markantesten Ereignisse der Spielzeit 1961/62 waren die Uraufführung von Peter Ronnefelds umstrittener Oper *Die Ameise,* die Wolfgang Liebeneiner inszenierte und der junge Komponist persönlich leitete (21.10.1961 Düsseldorf), sowie die Erstaufführung der drei Einakter *Die kleine Zauberflöte, Die Verlobung bei der Laterne* und *Die Insel Tulipatan* von Jacques Offenbach, unter der musikalischen Leitung des 32jährigen Carlos Kleiber, der damals am Anfang seiner internationalen Karriere stand (27.6.1962 Düsseldorf, 28.12.1962 Duisburg). Als weitere Besonderheiten gelangten Busonis *Doktor Faust* unter Alberto Erede und

Hugo Wolfs selten gespielte Oper *Der Corregidor* zur Aufführung.

In der folgenden Spielzeit (1962/63) wurde Richard Strauss' damals noch wenig verbreitete *Schweigsame Frau* auf die Bühne gebracht und erlebte in der Inszenierung von Wolfgang Liebeneiner einen Riesenerfolg. Liebeneiners Regieeinfälle zu Mozarts *Figaro* riefen dagegen bereits bei der Premiere (21.3.1963 Düsseldorf, 8.5.1963 Duisburg) einen Skandal hervor. Eine wesentliche Bereicherung erfuhr der Spielplan durch Alban Bergs *Wozzeck,* inszeniert von Adolf Rott. Weitere Höhepunkte dieser Spielzeit waren *Tristan und Isolde* in Jean-Pierre Ponnelles Regie und Ausstattung (18 Jahre vor seinem Bayreuther Debüt) mit Astrid Varnay und Set Svanholm, und die deutschsprachige Erstaufführung von Schostakowitschs progressiver Oper *Die Nase* in einer Inszenierung von Günter Roth (27.6.1963 Düsseldorf). Im letzten Jahr der Intendanz von Hermann Juch wurde das Gesamtwerk Richard Wagners (mit Ausnahme der Jugendopern und des *Rienzi*) mit dem *Fliegenden Holländer,* Leitung Fritz Zaun (8.9.1963 Duisburg, 25.9.1963 Düsseldorf) abgeschlossen. Bemerkenswert auch Offenbachs *Schöne Helena* unter der musikalischen Leitung von Carlos Kleiber (30.12.1963 Düsseldorf, 29.1.1964 Duisburg), die deutsche Erstaufführung von Frank Martins musikalischer Komödie *Der Herr von Pourceaugnac* (5.1.1964 Duisburg, 12.6.1964 Düsseldorf), eine Doppelpremiere des *Rosenkavalier* unter der Leitung von Fritz Zaun, in der Inszenierung von Wolfgang Liebeneiner (1.2. und 2.2.1964 Düsseldorf, 26.2.1964 Duisburg), sowie am 21.5.1964 (Düsseldorf) Werner Henzes *Prinz von Homburg,* den der Komponist selbst inszenierte, ausstattete und dirigierte. Mit Dvořáks *Rusalka,* dirigiert von Hans Swarowsky, Inszenierung Bohumil Herlischka (27.6.1964), endete die Intendanz von Hermann Juch.

Dem Sängerensemble der Ära Juch gehörten – neben den teilweise schon erwähnten internationalen Gästen – Gerry de Groot, Ingrid Paller, Elisabeth Schwarzenberg, Hugh Beresford (der als Bariton begann und später zum dramatischen Tenor wurde), Deszö Ernster, Herold Kraus, Fritz Ollendorff und Randolph Symonette an. Die bedeutendsten Dirigenten waren Fritz Zaun, Alberto Erede und Carlos Kleiber sowie der langjährige Hausdirigent Arnold Quennet. An zyklischen Aufführungen gab es von 1956–1964 insgesamt siebenmal »Musiktheater im 20. Jahrhundert«, eine Richard-Strauss-Woche im September 1959 und vier Gesamtaufführungen des *Ring des Nibelungen* (1960–1964).

Carlos Kleiber, dessen internationale Dirigentenkarriere in Düsseldorf begann.

Gegenüberliegende Seite:

Astrid Varnay (oben), *Hans Hopf* (Mitte), *und Josef Greindl* (unten). *Ihre Leistungen in Wagners* Ring des Nibelungen, *der 1960/61 von Kurt Erhardt für die Deutsche Oper am Rhein inszeniert wurde, stellten einen Höhepunkt in der Geschichte des Theaters dar.*

Der neue Generalintendant Grischa Barfuss begann seine Ära mit Mozarts *Idomeneo* unter der Leitung seines neuen Hauptdirigenten und späteren Generalmusikdirektors Günther Wich (13. 9. 1964 Düsseldorf, 3. 10. 1964 Duisburg). Weitere Ereignisse seiner ersten Spielzeit (1964/65) waren Luigi Dallapiccolas *Der Gefangene* unter Horst Stein und ein Ballettabend mit Musik von Ture Rangström, Dimitri Schostakowitsch und Claudio Monteverdi, in Choreographien von Birgit Cullberg, John Cranko und Erich Walter. Die folgende Saison (1965/66) brachte als Besonderheiten die Urfassung von Hindemiths *Cardillac* (16. 9. 1965 Düsseldorf, 5. 10. 1968 Duisburg), Monteverdis *Krönung der Poppea,* in der Bearbeitung von Erich Kraack, unter der Leitung von Günther Wich (21. 10. 1965 Düsseldorf, 4. 10. 1966 Duisburg), sowie einen von Erich Walter choreographierten Ballettabend mit Werken von Strawinsky, Poulenc und Gluck (16. 11. 1965 Duisburg, 15. 1. 1966 Düsseldorf). Im Zuge der Ballett-Renaissance teilten sich Erich Walter und George Balanchine einen weiteren Abend mit Werken von Tschaikowsky, Janáček und Strawinsky (30. 4. 1966 Düsseldorf, 5. 6. 1966 Duisburg). Horst Stein dirigierte an einem Abend Dallapiccolas szenisches Oratorium *Hiob* und Honeggers Oper *Judith* (24. 6. 1966 Düsseldorf).

Eine Neuproduktion des *Ring*-Zyklus wurde – inszeniert von dem vielbeschäftigten Regisseur Georg Reinhardt und unter der musikalischen Leitung von Günther Wich – in der Spielzeit 1966/67 mit der *Walküre* eingeleitet (18. 6. 1967 Duisburg, 2. 7. 1967 Düsseldorf) und in der folgenden Saison mit *Rheingold* fortgesetzt (17. 12. 1967 Düsseldorf, 30. 3. 1968 Duisburg). Außerdem gab es die west-

Arnold Schönbergs unvollendete Oper Moses und Aaron *feierte 1958 in Düsseldorf ihre westdeutsche Erstaufführung. Das Szenenbild stammt aus der Wiederaufnahme von Georg Reinhardts Inszenierung (Bühnenbild Heinrich Wendel) in der Spielzeit 1979/80.*

deutsche Erstaufführung von Schönbergs *Moses und Aron* ebenfalls mit dem Team Wich/Reinhardt (23.3.1968 Düsseldorf, 20.5.1969 Duisburg), und die szenische Uraufführung des Balletts *Musique pour les soupers du Roi Ubu* von Bernd Alois Zimmermann in Erich Walters Choreographie. Rafael Frühbeck de Burgos leitete Bizets *Carmen* und Günther Wich brachte mit Wolf Völker als Regisseur eine neue *Salome* heraus. In der Spielzeit 1968/69 gehörten Janáčeks *Aus einem Totenhaus* unter der Leitung von Bruno Maderna, die szenische Uraufführung von Krzysztof Pendereckis *Lukas-Passion* und die Fortsetzung des *Ring*-Projekts mit *Siegfried* (7.6.1969 Düsseldorf, 12.7.1969 Duisburg) zu den bedeutendsten Ereignissen. Bela Bartoks *Herzog Blaubarts Burg* gelangte unter der Leitung von Edward Downes zur Aufführung.

1969/70 gab es zwei von Erich Walter choreographierte Ballettabende und neben diversen Repertoire-Opern Luigi Dallapiccolas *Ulisse* als westdeutsche Erstaufführung (10.1.1970 Düsseldorf) sowie Giselher Klebes *Märchen von der schönen Lilie* (Duisburg 22.3.1970), das am 15.5.1969 bei den Schwetzinger Festspielen unter der Regie von Oscar Fritz Schuh uraufgeführt worden war. Günther Wich und Georg Reinhardt betreuten eine Neuinszenierung des *Parsifal,* während Alberto Erede weiterhin das italienische Repertoire verwaltete.

Die Spielzeit 1970/71 brachte zunächst als Abschluß des *Ringes* am 13.9.1970 in Düsseldorf die *Götterdämmerung,* die am 3.1.1971 nach Duisburg übernommen wurde. An Besonderheiten sind Kurt Weills *Aufstieg und Fall der Stadt Mahagonny,* inszeniert von Bohumil Herlischka (8.12.1970 Düsseldorf, 13.6.1971 Duisburg), Loewes Musical *My Fair Lady* (7.2.1971 Duisburg, 2.5.1971 Düsseldorf) und vor allem Bernd Alois Zimmermanns *Soldaten* (16.3.1971 Düsseldorf) hervorzuheben. Die Saison endete mit Emilio de Cavalieris *Rappresentazione di anima e di corpo* als deutscher Erstaufführung in der Düsseldorfer St. Andreas-Kirche (23.6.1971) und der Duisburger Salvator-Kirche (6.7.1975).

1971/72 gab es die deutsche Erstaufführung von Mozarts *Mitridate, Rè di Ponto* (23.10.1971 Düsseldorf, 9.12.1971 Duisburg), eine Neuinszenierung von Wagners *Meistersingern* unter Günther Wich und an neueren Werken Strawinskys *The Rake's Progress* sowie die Erstaufführung von Janáčeks *Das schlaue Füchslein* (4.5.1972 Duisburg, 14.5.1972 Düsseldorf) in der Regie von Bohumil Herlischka. Als Rarität wurde Berlioz' dramatische Legende *Fausts Verdammnis* aufgeführt (7.7.1972

Düsseldorf). Als Besonderheiten der Spielzeit 1972/73 sind zu erwähnen: Cavallis frühe Oper *L'Ormindo* (3.10.1972 Duisburg, 15.10.1972 Düsseldorf), Puccinis *Mantel* (mit Hildegard Behrens) und *Gianni Schicchi* in der Regie von Oscar Fritz Schuh (Duisburg 9.1.1973, Düsseldorf 25.3.1973), Händels *Saul* (6.5.1973 Düsseldorf, 13.5.1973 Duisburg). Am 15.12.1973 fand in Düsseldorf die Premiere von Janáčeks skurriler Oper *Die Sache Makropulos* (Regie: Bohumil Herlischka) statt.

Neuheiten der Spielzeit 1974/75 waren Benjamin Brittens Oper *Der Tod in Venedig* (Wich/Reinhardt, 30.11.1974) als westdeutsche Erstaufführung, ferner das Musical *Kiss me Kate* und Wagners *Tannhäuser* (Wich/Reinhardt), die die Vielfalt des Repertoires bereicherten. 1975/76 gab es Janáčeks *Ausflüge des Herrn Broucek* (in der Regie von Herlischka am 27.3.1976 in Düsseldorf), 1976/77 Pfitzners *Palestrina* (26.2.1977 Düsseldorf), Janáčeks *Aus einem Totenhaus* (28.2.1977 Düsseldorf, 14.3.1977 Duisburg) und Brittens *Bettleroper* in der Regie von Günther Rennert (29.4.1977 Düsseldorf, 10.11.1977 Duisburg).

Eine Besonderheit der Spielzeit 1977/78 war die deutsche Erstaufführung von Rudolf Kelterborns Oper *Ein Engel kommt nach Babylon* (28.9.1977 Duisburg, 5.4.1978 Düsseldorf); außerdem kam in dieser Saison endlich die von Hermann Juch nicht realisierte Aufführung von Richard Strauss' *Frau ohne Schatten* in der Regie von Nikolaus Lehnhoff zustande (10.12.1977 Düsseldorf). Alberto Erede dirigierte neben italienischen Opern auch Honeggers *Jeanne d' Arc au bûcher* (18.3.1978 Düsseldorf).

1978/79 fand wiederum eine bedeutende Erstaufführung statt, Aribert Reimanns *Lear* (30.9.1978 Düsseldorf). Otto Schenk war der Regisseur eines Ravel-Abends mit der Erstaufführung von *L'enfant et les sortilèges* und *L'heure espagnole* (11.11.1978 Düsseldorf, 2.3.1979 Duisburg). In der Spielzeit 1979/80 sind insbesondere Bohumil Herlischkas Inszenierung des *Boris Godunow* (13.10.1979 Düsseldorf, 18.5.1980 Duisburg), Hans Werner Henzes Manon-Vertonung *Boulevard Solitude* in der Regie von Jean-Pierre Ponnelle (2.2.1980 Düsseldorf, 13.3.1980 Duisburg) und Prokofieffs Oper *Der Spieler* nach Dostojewski (20.6.1980 Düsseldorf, 7.9.1980 Duisburg) hervorzuheben.

Die Saison 1980/81 begann mit Hindemiths *Mathis der Maler* (14.9.1980 Düsseldorf, 17.12.1980 Duisburg) unter der Leitung von Hiroshi Wakasugi, der zum 8.1.1981 auch Richard Strauss' *Elektra* einstudierte. Bernhard Klee leitete Debussys

Pelléas et Mélisande in Jean-Pierre Ponnelles Regie und Ausstattung (1.2.1981 Düsseldorf, 18.6.1981 Duisburg). Alberto Erede war der Dirigent des *Simone Boccanegra* (2.4.1981 Düsseldorf) und der *Gespräche der Karmeliterinnen* von Francis Poulenc (30.4.1981 Duisburg, 27.6.1981 Düsseldorf), dessen Opera buffa *Die Brüste des Teiresias* am 17.7.1981 in Düsseldorf aufgeführt wurde. Neben den beiden jährlichen Ballettabenden wurde in dieser Saison auch eine Matinee unter dem Motto »Junge Choreographen« mit Musik von Beethoven, Bottesini und Schostakowitsch veranstaltet, (15.3.1981 Düsseldorf, 12.4.1981 Duisburg).

Es bleibt festzuhalten, daß unter der Leitung von Grischa Barfuss die Zusammenfassung von Bühnenwerken in Zyklen intensiviert wurde. So gab es »Schöpfer der Neuen Musik« (Saison 1965/66 und 1971/72), Mozart-Wochen in den Jahren 1969–1972, einen Richard-Strauss-Zyklus (1972/73), den Zyklus »Heiteres Musiktheater« (1972/73), Ballett-Tage in den Jahren 1973–1981, einen Puccini-Zyklus (1974/75), einen umfassenden Wagner-Zyklus, seit 1970/71 jährlich den *Ring des Nibelungen*, ferner Janáček- und Rossini-Zyklen (ab 1977), Religiöses Musiktheater und Musiktheater im XX. Jahrhundert (1981/82 zum 25jährigen Bestehen der Rhein-Oper).

Wesentlich zum Profil der Deutschen Oper am Rhein trugen der langjährige, 1980 verstorbene Ausstattungsleiter Heinrich Wendel, der meist mit dem Regisseur Georg Reinhardt und dem Choreographen Erich Walter zusammenarbeitete, und Ruodi Barth bei, der fast für alle Herlischka-Inszenierungen die Bilder entwarf. Als Dirigenten der Ära Barfuss sind u.a. zu nennen: Günther Wich (GMD bis 1981), Hiroshi Wakasugi (seit 1981 GMD), Alberto Erede, Peter Schneider, Friedemann Layer, Jiri Kout, Robert Schaub. Im Sängerensemble waren oder sind noch u.a.: Hildegard Behrens, Gwendolyn Killebrew, Trudeliese Schmidt, Hermann Becht, Manfred Jung, René Kollo, Karl Ridderbusch, Malcolm Smith, Bernd Weikl.

Derzeit verfügt die Deutsche Oper am Rhein über ein Repertoire von rund 60 Opern und 30 Balletten. Gastspiele wurden in zahlreichen Musikmetropolen Europas, in Mexiko und Südamerika durchgeführt. Langfristige Spielplankonzeption und Ensembleplanung in Verbindung mit der Fortführung zyklischer Aufführungen unter dramaturgischen Leitgedanken bilden das konsequent durchgeführte Planungsprinzip der Intendanz.

Theater der Stadt
4300 Essen

Städtische Bühnen Essen (Opernhaus)

Allgemeine Informationen: Der Repertoirespielplan des Essener Opernhauses bevorzugt keine bestimmten Stilrichtungen, sondern bringt jährlich etwa acht Neuinszenierungen aus allen Sparten des Musiktheaters, darunter jeweils zwei Ballettabende. Die Spielzeit dauert von September bis Juli (wechselnd). Das Opernhaus bietet 637 Besuchern Platz. Das Philharmonische Orchester der Stadt Essen besteht aus 96 Musikern; dem Ballett gehören drei Primaballerinen, zwei Solotänzerinnen, drei Solotänzer, eine 14köpfige Damen- und eine siebenköpfige Herrengruppe einschließlich Gäste an. Der Chor setzt sich aus je 20 Damen und Herren zusammen.

Das Theater: Das alte Opernhaus wurde von 1890–1892 durch den Berliner Architekten Seeling, der 1905–1910 auch das Freiburger Theater baute, als Rangtheater im klassizistischen Stil errichtet und am 16.9.1892 mit Ludwig van Beethovens Ouvertüre *Zur Weihe des Hauses* und mit Lessings *Minna von Barnhelm* eröffnet.

Nach den schweren Beschädigungen, die das Haus durch die Kriegsereignisse 1943/44 erlitten hatte, wurde es im Jahre 1950 nach nur einjähriger Bauzeit – unter Einbeziehung der alten Bauteile – in modernem Stil durch die Architekten Seidenstikker und Dorsch neu errichtet. Am 29.12.1950 ging als Eröffnungsvorstellung Wagners Oper *Die Meistersinger von Nürnberg* in einer Inszenierung von Hans Hartleb über die Bühne.

Das alte Opernhaus in Essen, Photographie um 1900. Im Jahr 1892 eingeweiht, erlitt das Haus im Zweiten Weltkrieg schwere Schäden.

Das neue Theater, nach dem Krieg unter Verwendung alter Bausubstanz errichtet, konnte 1950 mit Wagners Die Meistersinger von Nürnberg *eröffnet werden.*

Der Bühnenraum ist 16 m breit und 20 m tief, das Portal weist eine Breite von 9 m und eine Höhe von maximal 6 m auf. Der Orchesterraum ist verstellbar und faßt 75 Musiker.

Die Intendanten:

Albert Berthold	(1892–1894)
Louis Ockert	(1894–1900)
Hans Gelling	(1900–1907)
Georg Hartmann	(1907–1912)
Johannes Maurach	(1912–1918)
Willy Becker	(1918–1920)
Paul Trede	(1920/1921)
Stanislaus Fuchs	(1921–1931)
Alfred Noller	(1933–1940)
Karl Bauer	(1940–1958)
Erich Schumacher (Gen.-Int.)	(1958–1974)
Jürgen-Dieter Waidelich (Gen.-Int.)	(1974–1978)
Ulrich Brecht (Gen.-Int.)	(seit 1978)

Ereignisse und Gestalten: Schon in der ersten Spielzeit des Essener Theaters (1892/93) wurden allein im April 1893 14 Opern, ferner das Ballett *Die Puppenfee* und die Operette *Boccaccio* aufgeführt. Am 22.4.1894 erschien mit *Lohengrin* die erste Wagner-Oper im Repertoire.

Die Gastspiele von Richard Tauber (oben) *zählten in den zwanziger Jahren zu den Sternstunden der Essener Oper. – Heinz Wallberg* (unten), *dem derzeit die musikalische Leitung in Essen obliegt.*

Um die Jahrhundertwende spielte das Essener Theater auch regelmäßig in Münster; das Opernrepertoire vergrößerte sich ständig. Am 20.3.1900 war Francesco d'Andrade in seiner Paraderolle als *Don Giovanni* in Essen zu hören. Am 24.11.1901 kam es erstmals zur Aufführung der *Meistersinger von Nürnberg*, die bis Januar 1904 24mal wiederholt wurde. Der damals gefeierte Tenor Heinrich Bötel gastierte als Postillon von Lonjumeau u.a. am 14.1.1901. In den Jahren 1904–1907 gab es eine Theatervereinigung Essen–Dortmund, wobei in jeder der beiden Städte pro Saison etwa 45 Opern aufgeführt wurden. Am 18.12.1913 spielte man erstmals in Essen den *Rosenkavalier*. Am Pfingstsonntag 1920 erschien – ebenfalls zum erstenmal – Wagners *Parsifal* auf der Bühne dieser Stadt.

In den zwanziger Jahren wurde vielfach das Bedürfnis nach einem neuen Opernhaus geäußert, ohne vorerst erfüllt werden zu können. Die Spielzeit 1925/26 brachte Gastspiele von Richard Tauber in *Hoffmanns Erzählungen* (29.11.1925), von Maria Olzewska als *Carmen* (10.4.1926) sowie von Heinrich Schlusnus im *Troubadour* (14.3.1926) und im *Rigoletto* (28.3.1926).

1943 erfolgten durch Luftangriffe mehrfache Beschädigungen des Opernhauses, die am 26.3.1944 ein solches Ausmaß erreichten, daß das – bis zu diesem Zeitpunkt – immer wieder notdürftig instandgesetzte Theater nicht mehr bespielt werden konnte. Man mußte sich, bis am 1.9.1944 alle Theater wegen des »totalen Kriegseinsatzes« geschlossen wurden, mit Behelfsbühnen im Folkwangmuseum, im Kruppsaal, im Kammermusiksaal und in Werden begnügen. Nach Kriegsende fanden die ersten Opernaufführungen im Jugendheim in Steele statt. 1946/47 konnte ein regulärer Betrieb im Saalbau Maass in Werden aufgenommen werden. 1947/48 enthielt der Spielplan bereits zehn verschiedene Neuinszenierungen bzw. Erstaufführungen.

Im Sommer 1949 wurde der Beschluß gefaßt, das alte Opernhaus wieder aufzubauen; schon am 29.12.1950 fand die eingangs erwähnte Eröffnungspremiere *Meistersinger* statt. Die Behelfsbühnen in Werden und Steele konnten geschlossen werden. Seither hat man das Repertoire konsequent wieder vervollständigt. Bis 1974 inszenierte Paul Hager einen Großteil der Werke. Die musikalische Leitung liegt zur Zeit in den Händen von Heinz Wallberg, der jährlich mehrere Neueinstudierungen betreut. Für die Spielzeit 1982/83 sind die Opern *Tristan und Isolde*, *Falstaff*, *Die verkaufte Braut*, *Mahagonny* und *La Cenerentola* zu nennen.

Ein seit 1955 bestehender Plan zur Errichtung eines neuen Theaters durch Alvar Aalto konnte bisher nicht realisiert werden.

Oben: *Bedřich Smetanas komische Oper* Die verkaufte Braut *1983 in einer Inszenierung von Kai Braak.*

Musiktheater der
Schleswig-Holsteinischen
Landestheater GmbH
Rathausstraße 22
2390 Flensburg

Stadttheater Flensburg

Allgemeine Informationen: Das Stadttheater Flensburg ist die Produktionsstätte für Oper, Operette, Musical, Ballett und Symphoniekonzerte der Schleswig-Holsteinischen Landestheater- und Sinfonieorchester-GmbH, die außer in Flensburg noch in Rendsburg und Schleswig sitzt. Außerdem werden Gastspiele im ganzen Raum Schleswig-Holsteins und in mehreren Städten Dänemarks durchgeführt.

Der Spielplan umfaßt 54 Opern, 40 Operetten und sechs Ballettaufführungen. Die Spielzeit (287 Spieltage) dauert vom 1.8.–31.7. des folgenden Jahres. Das Repertoire umfaßt ein breites Spektrum klassischer Opern und Operetten.

Das Theater verfügt über 601 Plätze. Das Schleswig-Holsteinische Sinfonieorchester besteht aus 57 Mitgliedern, das Ballett aus zwölf Tänzerinnen und Tänzern.

Das Theater: Das Landestheater wurde 1894 durch den Stadtbaumeister Fielitz in neoklassizistischem Stil erbaut und am 22.9.1894 mit einem von dem ersten Direktor Emil Fritsche verfaßten Prolog sowie einer Aufführung von Schillers *Wilhelm Tell* eröffnet. Die beiden Kriege überstand es ohne Schäden.

Die Breite des Bühnenraumes beträgt 15 m, die Tiefe 12 m. Das Bühnenportal ist 8,20 m breit und 5 m hoch; der Orchesterraum mit einer Breite von 15 m und einer Tiefe von 2,40 m bietet ca. 56 Musikern ausreichend Platz.

Das Stadttheater Flensburg, eines der wenigen deutschen Opernhäuser, das den Zweiten Weltkrieg ohne Schäden überstand. Das Haus wurde 1894 errichtet und bietet 601 Besuchern Platz.

Die Intendanten:

Emil Fritsche	(1894–1902)
Harry Oscar	(1902–1912)
Ernst Bornstedt	(1912–1934)
Hermann Nissen	(1934–1937)
Rolf Ziegler	(1937–1944)
Walter Eckhardt-Martens	(1945–1948)
Fritz Rohrbeck	(1948/1949)
Rudolf Prasch	(1949–1951)
Heinrich Steiner	(1951–1959)
Benno Hattesen	(1959–1974)
Horst Mesalla (Gen.-Int.)	(seit 1974)

Ereignisse und Gestalten: Schon vor der Gründung der gegenwärtigen GmbH, in der das Musik- und Theaterleben Schleswig-Holsteins zusammengefaßt ist, hatte Flensburg beachtliche musikalische Ereignisse aufzuweisen, verbunden mit bekannten Künstlerpersönlichkeiten, von denen nur Generalmusikdirektor Heinz Wallberg (1951), die Sängerinnen Ursula Schirrmacher (1952) und Gladys Kuchta (1953) sowie Heinz Hagenau (1956) hervorgehoben seien. 1971 beschloß man dann die Gründung eines gemeinsamen Theaters der Städte Flensburg, Rendsburg und Schleswig und legte dem Kultusministerium einen entsprechenden Plan vor.

Salome *von Richard Strauss, 1981/82 in einer Inszenierung von Hansdieter Sundermann am Stadttheater Flensburg.*

Hansdieter Sundermann, gegenwärtig Operndirektor am Schleswig-Holsteinischen Landestheater in Flensburg.

Drei Jahre später, am 3.6.1974, wurde die Schleswig-Holsteinische Landestheater- und Sinfonieorchester-GmbH gegründet und Flensburg zum Sitz des Musiktheaters gewählt. Zum Operndirektor wurde Hansdieter Sundermann, zum Generalmusikdirektor Héctor A. Urbón ernannt. Im September 1974 konnte die erste Opernspielzeit des neuorganisierten Landestheaters im Flensburger Stadttheater mit Verdis *Maskenball* eröffnet werden.

Während beim Schauspiel der Avantgarde größerer Raum zugemessen wird, zeigt sich der Opernspielplan eher konservativ; gelangten beispielsweise in der Saison 1980/81 Opern von Richard Strauss, Mozart, Verdi, Lortzing, Wagner und Donizetti, Operetten von Lehár, Kalmán, Künneke und Offenbach sowie ein Ballett von Prokofieff zur Aufführung. Neben den Repertoirevorstellungen des eigenen Ensembles besteht ein Zyklus »Die besondere Stimme«, in dessen Rahmen Gastspiele international bekannter Sänger (Kurt Moll, Ingrid Bjoner, Spas Wenkoff und Hanna Janku) stattfinden. Das Ziel der Operndirektion ist darauf gerichtet, das Publikum künftig auch mit wichtigen Werken des zeitgenössischen Musiktheaters bekanntzumachen, in Vergessenheit geratene Opern wieder aufzuführen und vor allen Dingen den Sängernachwuchs zu fördern.

Städtische Bühnen/
Opernhaus
Untermainanlage 11
6000 Frankfurt

Städtische Bühnen Frankfurt/Main Oper

Allgemeine Informationen: Das Repertoire des Frankfurter Opernhauses umfaßt alle wesentlichen Werke des klassischen, romantischen und neueren Opern- und Ballettschaffens. Daneben werden auch anerkannte Operetten und Musicals aufgeführt. Weitere Schwerpunkte der Spielplangestaltung bilden die Opern von Janáček und die musikalischen Bühnenwerke der Barockzeit. Pro Spielzeit werden rund 250 Vorstellungen absolviert; der Tarifurlaub wechselt alljährlich.

Das Opernhaus bietet 1387 Personen Platz. Das Orchester besteht aus 115 Musikern; dem Ballett gehören derzeit 21 Tänzerinnen und 14 Tänzer, dem Chor 35 Damen und 39 Herren an.

Das Theater: Das neue Opernhaus wurde auf dem Gelände des im Krieg zerstörten Schauspielhauses durch die Architekten Apel und Becker in moder-

Blick auf das erleuchtete neue Opernhaus in Frankfurt, das 1963 fertiggestellt wurde. In der linken Hälfte des Baus erhielt das Schauspiel Frankfurt eine neue Heimat.

nem Baustil als Rangtheater errichtet und am 23. 12. 1951 mit Richard Wagners *Meistersingern von Nürnberg* eröffnet.

Das veränderliche Bühnenportal ist bis zu 13 m breit und 9 m hoch. Die bespielbare Bühnenraumbreite beträgt 19 m; die Bühne ist 18 m tief. Die gesamte Bühnenfläche beträgt 1600 m^2. Der Orchesterraum bietet 85 Musikern Platz.

Die Intendanten:

Emil Claar	(1880–1900)
Paul Jensen	(1900–1911)
Robert Volkner	(1912–1917)
Karl Zeiß (Gen.-Int.)	(1917–1920)
Ernst Lert	(1920–1923)
Clemens Krauss	(1924–1929)
Josef Turnau	(1929–1933)
Hans Meissner (Gen.-Int.)	(1933–1944)
Harry Buckwitz (Gen.-Int.)	(1951–1968)
Christoph von Dohnanyi	(1968–1977)
Michael Gielen	(seit 1977)

Ereignisse und Gestalten: Das Frankfurter Theaterleben entwickelte sich im 17. und 18. Jh. zunächst aus Gastspielen umherziehender Schauspielergesellschaften, bis 1782 erstmals ein städtisches »Comödienhaus« errichtet wurde. Die Geschichte speziell der Oper in Frankfurt nimmt ihren Anfang 1792, als anläßlich der Einrichtung eines Nationaltheaters die Werke Mozarts zur Aufführung gelangten. In der Folge wurden dort auch die italienischen Opern in deutscher Übersetzung gespielt.

Im 19. Jh. ging das Theater in Privatbesitz über und wurde mehrfach umgebaut und vergrößert. Man spielte sowohl Sprechstücke als auch Opern,

Oben: *Das alte Opernhaus in Frankfurt. Entwurf des Berliner Architekten Richard Lucae, nach dessen Plänen das Theater erbaut wurde. Mehrere Luftangriffe zerstörten das Haus 1944.*

Unten: *Am 20. Oktober 1880 wurde die Frankfurter Oper mit einer Vorstellung von Mozarts* Don Giovanni *(hier »Don Juan«) feierlich eröffnet.*

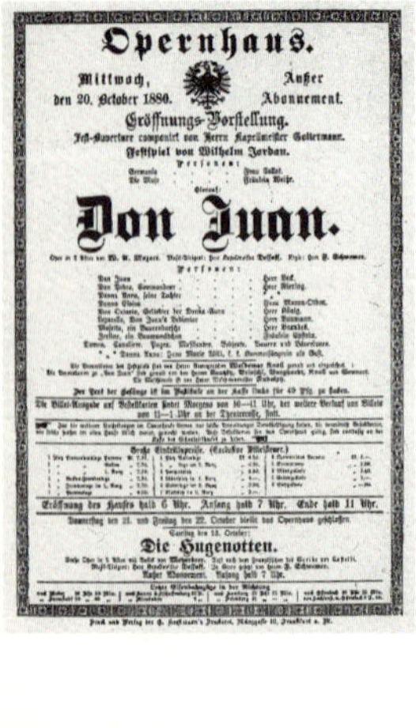

wobei neben dem beliebten Carl Maria von Weber bald die zugkräftigen Opern von Giuseppe Verdi in den Spielplan aufgenommen wurden. Als seit der Mitte des 19. Jh.s auch die Werke Richard Wagners hinzukamen, wurde alsbald der Ruf nach einem eigenen Opernhaus laut. So errichtete man Ende der siebziger Jahre nach Plänen des Berliner Architekten Richard Lucae (1829–1877) ein im neoklassizistischen Stil gehaltenes Opernhaus für 1800 Personen, das am 20. 10. 1880 mit Mozarts *Don Giovanni* unter der Leitung von Otto Dessoff eingeweiht wurde. Dieser Bau, dem die Vorliebe seines Erbauers für die florentinische Renaissance anzumerken war, blieb bis zu seiner Zerstörung im Zweiten Weltkrieg (1944) die Heimstätte des Frankfurter Musiktheaters. Da bei seinem späten Wiederaufbau in jüngster Zeit das neue Frankfurter Opernhaus längst in Betrieb genommen war, baute man das alte Haus unter Beibehaltung des ursprünglichen Äußeren, aber innen mit völlig neuer Konzeption als Konzert- und Kongreßzentrum ohne Bühneneinrichtung wieder auf. Am 28. 8. 1981 wurde die »Alte Oper« ihrer neuen Bestimmung übergeben.

Zunächst aber wurde das Opernhaus zum Schauplatz wichtiger Aufführungen zeitgenössischer Opernwerke. So erlebten hier alle wesentlichen Werke Franz Schrekers ihre Uraufführung: *Der ferne Klang* (18. 8. 1912), *Die Gezeichneten* (25. 4. 1918), *Der Schatzgräber* (21. 1. 1920). Auch zwei Werke von Werner Egk, nämlich die *Zaubergeige* (22. 5. 1935) und *Columbus* (13. 1. 1942) sowie *Die ersten Menschen* von Rudi Stephan (1. 7. 1920), wurden hier aus der Taufe gehoben. Ein weiterer Komponist mit Frankfurter Tradition ist Carl Orff, dessen *Carmina burana* (8. 6. 1937) und *Die Kluge*

Links: *Die Wiedereröffnung der Alten Oper 1981 (ursprünglich zum 100. Jahrestag der Einweihung für den 20. Oktober 1980 geplant) zählt zu den großen städtebaulichen Ereignissen der achtziger Jahre. In fast zehnjähriger Bauzeit wurde der gesamte Innenraum neu konzipiert: das Haus dient heute als vielseitiges Konzert- und Kongreßzentrum; Opernaufführungen finden in Frankfurt seit 1963 im neuen Haus statt.*

Unten: *Blick in das historische Foyer der wiederaufgebauten Alten Oper.*

(20. 2. 1943) hier uraufgeführt wurden. Unter den großen Dirigentenpersönlichkeiten der alten Frankfurter Oper sind Felix von Weingartner und vor allem Clemens Krauss zu nennen, der 1924–1929 neben der Leitung der traditionellen Museumskonzerte die Intendanz der Oper innehatte.

Im neuen Haus wurden neben dem gängigen Repertoire die Hauptwerke der »klassischen Moderne« (Schönberg, Berg, Bartok, Prokofieff, Janáček) aufgeführt. Hans Werner Henze inszenierte selbst seinen *Jungen Lord* (27. 2. 1972) und die *Bassariden* (11. 5. 1975). Von besonderer Bedeutung waren die konzertanten Aufführungen selten zu hörender Opern wie *Rienzi, Wilhelm Tell, Hans Heiling, Die Jüdin, Die Afrikanerin* und *Norma,* wobei die zum Teil schwer zu interpretierenden Hauptrollen weitgehend mit Mitgliedern des eigenen Ensembles besetzt werden konnten. Ein umfassendes Repertoire von Richard Wagner bis Franz Lehár dirigierte Christoph von Dohnanyi, der schon 1952–1957 in Frankfurt gearbeitet hatte und 1968–1977 Opern- und Generalmusikdirektor war. Einen auch bei Auslandsgastspielen erprobten Dauererfolg stellt die am 18. 6. 1981 durch das Team Michael Gielen/Alfred Kirchner/Karl Kneidl/Hans Kresnik/Klaus Zehelein herausgebrachte Oper *Die Soldaten* von Bernd Alois Zimmermann dar.

Das feste Ensemble wird immer wieder durch Auftritte internationaler Stars wie Luciano Pavarotti, Birgit Nilsson, Grace Bumbry, Leonie Rysanek, Sherill Milnes und anderer bedeutender Sänger bereichert, und zahlreiche große Karrieren haben in Frankfurt ihren Anfang genommen.

Links: *Giuseppe Verdis* Aida *1980/81 in Frankfurt, in der vielbeachteten und umstrittenen Inszenierung von Hans Neuenfels und Klaus Zehelein.*

Seit der Direktion Michael Gielens hat diese Oper den Ruf eines der konsequentesten und aufregendsten Häuser zu sein: durch die Arbeit so unterschiedlicher Regisseure wie Ruth Berghaus, Alfred Kirchner, Hans Neuenfels, Jürgen Flimm und von Bühnenbildnern wie Erich Wonder, Karl-Ernst Herrmann, Axel Manthey, Marco Arturo Marelli, Karl Kneidl.

Gegenüberliegende Seite:

Oben links: *Unter Leitung des Dirigenten Clemens Krauss erlebte die Frankfurter Oper 1924–1929 ihre »Goldenen Jahre«.*

Oben rechts: *Carl Orffs* Carmina Burana, *eines der erfolgreichsten Musikwerke des 20. Jh.s, gelangte 1937 in Frankfurt zur Uraufführung. Der abgebildete Entwurf zum Bühnenbild stammt von Ludwig Sievert.*

Mitte und unten: *Luciano Pavarotti und Ileana Cotrubas, zwei Opernstars, die immer wieder in Frankfurt zu hören sind.*

Theater in Freiburg
(Städtische Bühnen)

Städtische Bühnen
Bertoldstraße 46
7800 Freiburg

Allgemeine Informationen: Der Repertoirespielplan sieht für Oper, Operette, Ballett und Musical jährlich 170 der insgesamt 290 Spieltage vor. Im Vordergrund steht die Pflege des modernen Musiktheaters, des Musicals und der Werke Mozarts. Die Spielzeit dauert von Anfang September bis Ende August.

Das Große Haus verfügt über 1068 Plätze. Das Orchester besteht aus 66 Musikern; dem Ballett gehören drei Solisten sowie sieben Gruppentänzerinnen und vier Gruppentänzer an. Der Chor setzt sich aus je 15 Damen und Herren zusammen.

Das Theater: Das Freiburger Theater wurde in der Zeit von 1905–1910 durch den Berliner Architekten Seeling als Rangtheater im Jugendstil errichtet und am 8. 10. 1910 mit Carl Maria von Webers *Jubel-Ouvertüre* (dirigiert von Friedrich Munter), *Wallensteins Lager* von Friedrich Schiller (inszeniert von Hans Bollmann) und der Festwiesenszene aus Wag-

Ansicht des alten Freiburger Stadttheaters, 1905–1910 durch den Berliner Architekten Seeling errichtet, der schon das Opernhaus in Essen erbaut hatte. Das Theater fiel 1944 dem Krieg zum Opfer.

ners *Meistersingern* (dirigiert von Gustav Starke, in der Regie von Ernst Lert) eröffnet.

Nach der totalen Zerstörung am 27. 11. 1944 dauerte es fünf Jahre, bis das Haus wieder aufgebaut war und schließlich am 30. 12. 1949 mit den *Meistersingern von Nürnberg* erneut eingeweiht werden konnte. Der Bühnenraum ist 25 m breit und 20 m tief; die Portalbreite beträgt 11 m, die Höhe 6,20 m. Das Orchesterpodium kann in der Höhe verändert werden.

Die Intendanten (seit 1945):

Sigmund Matuszewski	(1945–1949)
Franz Everth	(1949–1951)
Reinhard Lehmann	(1951–1960)
Hans-Reinhard Müller	(1960–1969)
Volker von Collande	(1969–1975)

Das nach dem Krieg wiederaufgebaute Stadttheater Freiburg heute.

Hans Steiert/Klauspeter Seibel (1975/1976)
Manfred Beilharz (seit 1976)

Ereignisse und Gestalten: Schon während des 19. Jh.s war das Theater in Freiburg auf die Produktion musikdramatischer Werke eingestellt. Als erster musikalischer Leiter fungierte Rudolf Schöneck (1866–1869). Eine Zäsur gab es während des Ersten Weltkrieges, als der Theaterbetrieb mit Beschluß des Bürgerausschusses vom 14.9.1915 vollständig eingestellt werden mußte. Am 1.8.1918 ernannte man den bisherigen ersten Kapellmeister Gustav Starke zum interimistischen Intendanten. Erster Generalmusikdirektor in Freiburg wurde einige Jahre später Ewald Lindemann (1924–1929). Von 1934–1939 war Franz Konwitschny, später eine der Säulen des Musiklebens in der DDR, musikalischer Leiter des Freiburger Theaters. Seit Mitte der sechziger Jahre wird das musikalische Niveau des Hauses vorwiegend durch Dirigenten der jüngeren Generation bestimmt, von denen Leopold Hager (1965–1969), Thomas Ungar (1969–1973), Klauspeter Seibel (1975–1978) und vor allem seit 1981 Adam Fischer, der bereits an großen Bühnen aufsehenerregend in Erscheinung getreten ist, hervorzuheben sind.

Der Spielplan zeigte in den letzten Jahren sowohl bei der Auswahl der Werke als auch beim Engagement der Regisseure eine deutliche Hinwendung zur Avantgarde. Am 1.10.1978 wurde Franz Schrekers *Christophorus* in der Inszenierung von Ulrich Melchinger uraufgeführt, der in diesem Jahr einen wegen seines Todes unvollendet gebliebenen Mozart-Zyklus begonnen hatte. Von Paul Dessau gelangte am 13.10.1977 *Puntila* zur Aufführung (Regie: Ulrich Melchinger, musikalische Leitung: Klaus Weisa). Am 29.12.1979 wurde als westdeutsche Erstaufführung Dessaus *Leonce und Lena* (Inszenierung: Heinz Lukas Kindermann) herausgebracht. Siegfried Schoenbohm inszenierte am 13.1.1979 im »Podium der Städtischen Bühnen« (263 Plätze) die Uraufführung von Arghyris Kounadis' *Die Baßgeige* und wurde im übrigen als Regisseur von Richard Strauss' *Elektra* (11.3.1978) und *Salome* (12.4.1980) tätig. Aus jüngster Zeit ist zunächst die vieldiskutierte Inszenierung des *Lohengrin* durch Friedrich Petzold zu erwähnen, bei der der Regisseur die Handlung in die Zeit Richard Wagners verlegte, wie dies seit 1976 Patrice Chereau mit dem *Ring* in Bayreuth versucht hat; ferner die Inszenierung von Sieberts *Untergang der Titanic* durch den Intendanten Manfred Beilharz. Für die Zukunft steht neben einer Fortführung des Mozart-

Oben: *Franz Konwitschny, der später als Dirigent der Dresdner Staatskapelle berühmt wurde, war in den dreißiger Jahren musikalischer Leiter des Freiburger Theaters.*

Unten: *Adam Fischer, der derzeit die musikalische Leitung in Freiburg innehat.*

Viel Beachtung fand in der Spielzeit 1980/81 Friedrich Petzolds Inszenierung von Wagners Lohengrin; *die Handlung war in die Zeit Richard Wagners transponiert.*

Zyklus eine – bis 1984 projektierte – Aufführung des gesamten *Ring des Nibelungen* unter der musikalischen Leitung von Adam Fischer, in der Inszenierung von Siegfried Schoenbohm und mit Bühnenbildern von Wolfgang Reuter auf dem Programm. Im Bereich des modernen Musiktheaters ist die Uraufführung der Oper *Das Sennentuntschi* von Jost Meier nach einem Schauspiel von Hansjörg Schneider (1982) zu nennen.

Gelsenkirchen
Musiktheater im Revier

Musiktheater im Revier
Kennedyplatz
4650 Gelsenkirchen

Allgemeine Informationen: Der Spielplan des Musiktheaters in Gelsenkirchen umfaßt Opern sämtlicher Epochen und Stilrichtungen, klassische Operetten, amerikanische und europäische Musicals, Ballettabende sowie Spezialvorstellungen für Kinder und Jugendliche. Es wird ganzjährig mit Ausnahme einer sechswöchigen Ferienzeit gespielt.

Das Große Haus bietet Platz für 1044 Personen. Dem Orchester gehören 73 Musiker, dem Ballett vier Solotänzerinnen, fünf Solotänzer, eine siebenköpfige Damengruppe und eine fünfköpfige Herrengruppe an. Der Chor setzt sich aus 18 Damen und 20 Herren zusammen.

Das Theater: Nachdem das alte Stadttheater 1944/45 durch die Kriegsereignisse völlig zerstört worden war, wurde das neue Haus durch das Architektenteam Werner Ruhnau/Ortwin Rave/Max von Hausen in modernem Stil mit drei Spielflächen (Großes Haus – Kleines Haus – Foyer) errichtet. Anläßlich der festlichen Eröffnung gelangten am 15.12.1959 Shakespeares *Sommernachtstraum* und am 20.12.1959 Richard Wagners *Lohengrin* zur Aufführung.

Das Bühnenportal ist 12–15 m breit und 5–9 m hoch, der Bühnenraum 24 m breit und 18 m tief. Die Fläche des Orchesterraums beträgt 105 m^2.

Die Intendanten:
Curt Franz Braun (1935–1944)

Das »Musiktheater im Revier« in Gelsenkirchen, das 1959 eröffnet wurde. Das Große Haus der Industriestadt verfügt über 1044 Plätze.

Hans Meissner	(1949–1953)
Gustav Deharde	(1953–1958)
Hans Hinrich (Gen.-Int.)	(1958–1966)
Günter Roth (Gen.-Int.)	(1966–1971)
Günter Könemann (Gen.-Int.)	(1971–1977)
Claus Leininger (Gen.-Int.)	(seit 1977)

Ereignisse und Gestalten: Die Anfänge des Gelsenkirchener Theaterlebens gehen auf das Jahr 1875 zurück, als Heinrich Schulte-Uechting in einem Saal der Gaststätte »Flora« wandernde Schauspielertruppen auftreten ließ. Am 20.11.1881 wurde im Saal des Gasthauses Dickmann in der Bahnhofstraße durch den legendären Theatermann Franz Genesius – der als erster »Intendant« bezeichnet werden kann – ein »Stadttheater Gelsenkirchen« eröffnet, das in der Folge von Max Gersdorff (1888/1889), der Großherzoglichen Hofschauspielerin Hermine Hauptmann (1889/1890) und Eduard von Winterstein (1890–1894) geleitet wurde. Als Genesius im Jahre 1894 nach Gelsenkirchen zurückkehrte, ließ er dort erstmals auch Operetten aufführen. Ab 1909 spielte man zunächst im Barbarossa-Saal des Gasthauses Ingenhaag, dem heutigen Uniontheater in der Hauptstraße, von 1911 bis zur Schließung der Theater im September 1944 in der zum Theater umgebauten Stadthalle. Es gastierten die verschiedensten Ensembles, so z. B. am 15.12.1913 das Essener Stadttheater mit Flotows *Alessandro Stradella*. 1922 wurde mit dem Stadttheater Dortmund ein Vertrag geschlossen, aufgrund dessen neben zahlreichen Schauspielabenden auch sechs Operninszenierungen der dortigen Bühne gastweise nach Gelsenkirchen gelangten. Die Spielzeit 1930/31 kennzeichneten mehrere

Bis zu ihrer Zerstörung 1945 wurde die Gelsenkirchener Stadthalle als Stadttheater benutzt.

Gastspiele des Stadttheaters Münster, in deren Rahmen u. a. vier Opernaufführungen stattfanden. Am 16.10.1935 konnte das Gelsenkirchener Stadttheater endlich als eigenständige Institution mit Goethes *Egmont* eröffnet werden. 1937 ernannte man Richard Heime zum musikalischen Leiter des Stadttheaters, dessen Generalmusikdirektor er später werden sollte. Kurz nach der Eröffnungspremiere der Saison 1944/45 *(Fidelio)* mußte das Theater infolge des »totalen Krieges« geschlossen werden und wurde schließlich durch zwei Bombenangriffe völlig zerstört.

Im Juli 1945 gründete der Schauspieler Erich Paul gemeinsam mit Theater- und Orchestermitgliedern ein »Theater an der Bochumer Straße«. Bald darauf rief der Belgier Bert von de Velde den »Westdeutschen Künstlerdienst« ins Leben, den nach seiner Verhaftung der Schauspieler Willi Ruhrmann übernahm. Beide Unternehmen brachten zunächst bunte Unterhaltungsprogramme, bereiteten indes anspruchsvollere Aufführungen vor. Am 1.4.1946 fand beim »Künstlerdienst« als Opernpremiere Lortzings *Waffenschmied* statt. Es folgten *Madame Butterfly* und der *Freischütz* sowie neun weitere Produktionen. Unter Ruhrmanns Leitung nannte sich das Unternehmen »Neues Theater Gelsenkirchen«. Inzwischen hatte Erich Paul sein Theater in »Stadttheater Gelsenkirchen« umbenannt und in der Spielzeit 1946/47 neben Schauspielen auch sechs Operetten aufgeführt.

Das letztlich endgültige Theaterunternehmen etablierte sich 1946 im Bahnhofshotel unter dem Namen »Theater des Westens« unter der künstlerischen Aufsicht von Hein Heuer. Dieses Theater wurde 1948 von der Stadtverwaltung übernommen, die einige Mitglieder des mittlerweile ins Stadium der Liquidation geratenen Theaters von Erich Paul engagierte und noch zwei Spielzeiten absolvierte.

Diese Vielfalt von Bühnenunternehmungen endete am 19.9.1949 damit, daß Hans Meissner von der Stadt zum Generalintendanten der »Städtischen Bühnen« berufen wurde. Bereits in seiner ersten Spielzeit brachte er acht Operninszenierungen heraus. Meissners Nachfolger Gustav Deharde konnte das Provisorium am Bahnhof nicht länger benutzen und zog 1955 in das Hans-Sachs-Haus um. Schon 1954 war ein Wettbewerb zur Errichtung eines neuen Theaters ausgeschrieben worden, den die schon genannte Architektengruppe gewann. Im neuen Haus wurde rasch ein beträchtliches Repertoire erarbeitet, an dessen Gelingen der spätere Generalmusikdirektor Ljubomir Romansky wesentlichen Anteil hatte.

Rechts: *Sergej Prokofieffs selten gespielte Oper* Krieg und Frieden *(nach dem Roman Tolstojs) 1969 in einer eindrucksvollen Inszenierung von Günter Roth.*

Mitte: *Uwe Mund, seit 1977 Generalmusikdirektor am Musiktheater im Revier.*

Unten: *Die Sopranistin Marilyn Horne, deren internationale Karriere in Gelsenkirchen begann.*

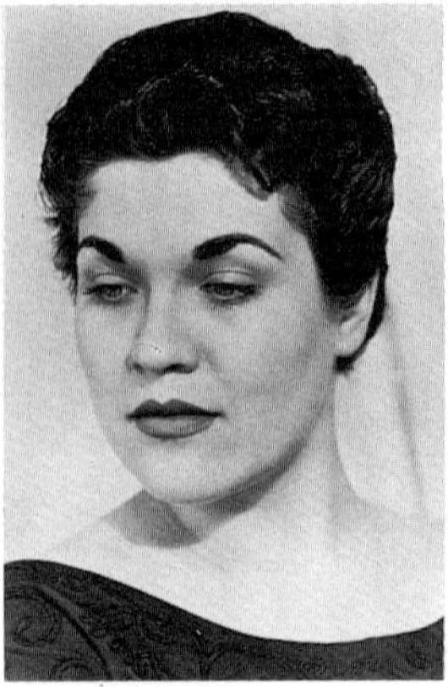

Die einschneidendste Änderung im Theaterbetrieb trat ein, als gegen Ende der Ära Hans Hinrich das Sprechtheater aus dem Programm der Gelsenkirchener Bühne ausgeschlossen wurde. Hinrichs Nachfolger Günter Roth führte den neuen Namen »Musiktheater im Revier« ein, der erstmals in der Saison 1967/68 gebraucht wurde.

Bedeutende Aufführungen während seiner Intendanz waren u.a. Prokofieffs *Krieg und Frieden* (1969), Gershwins *Porgy and Bess* (1971) sowie mehrere Richard-Strauss-Opern; außerdem brachte Roth jährlich zu Saisonbeginn ein zeitgenössisches Werk heraus. Sein Nachfolger, der erst 33jährige Günter Könemann konnte durch geschickte Spielplangestaltung das Publikumsinteresse, das durch die vorangegangene Betonung der Moderne etwas gelitten hatte, wieder steigern, indem er durch erfolgreiche Musical- und Operetteninszenierungen das Repertoire volkstümlich erweiterte. Außerdem engagierte er bedeutende Künstler, wie die Regisseure Wolfgang Zörner und Paul Vasil und die Sopranistin Sabine Hass, die später internationale Karriere machte. Sein vom Sprechtheater kommender Nachfolger Claus Leininger führt dieses Konzept seit 1977 als pragmatischer Theatermann fort. Als Nachfolger Ljubomir Romanskys wurde 1977 der Wiener Uwe Mund Generalmusikdirektor.

Daß Gelsenkirchen seit jeher prominente Sängerpersönlichkeiten hervorgebracht hat, beweisen Namen wie Marilyn Horne (1957–1960), Gerd Nienstedt (1955–1959), Günter Reich (1960–1968), Manfred Schenk (1962–1966), Ursula Schröder-Feinen (1961–1968) und Jef Vermeersch (1966–1971). Unter den Gästen sind Giacomo Aragall, Birgit Nilsson und Grace Bumbry hervorzuheben.

Stadttheater Gießen

Stadttheater Gießen GmbH
Berliner Platz
6300 Gießen

Allgemeine Informationen: Der Spielplan des Stadttheaters wird vom Stagionesystem beherrscht, wobei die erfolgreichsten Produktionen gelegentlich in die folgende Saison übernommen werden. Die Spielzeit dauert von Anfang August bis Ende Juli. Oper und Operette nehmen bei der Programmgestaltung den gleichen Raum ein wie das Sprechtheater. Zusätzlich werden Ballette, »Musiktheater-Extras« und jährlich neun Symphoniekonzerte aufgeführt. Einen Schwerpunkt bildet die Pflege der klassischen Operette und der Belcanto-Oper; insgesamt dominieren die musikalischen Bühnenwerke des 19. Jh.s.

Das Stadttheater hat 574 Plätze (bei Konzerten 662). Das Orchester hat 81 Mitglieder; dem Ballett gehören ca. zehn Mitglieder an. Der Chor setzt sich aus je neun Damen und Herren zusammen.

Das Theater: Das Stadttheater wurde in der Zeit vom Juli 1906 bis März 1907 durch den Gießener Architekten Hans Meyer in Zusammenarbeit mit der Wiener Firma Fellner & Hellmer im Jugendstil mit klassizistischen Elementen als Logentheater errichtet. Die Eröffnung fand am 27. 7. 1907 mit einer Aufführung von Kleists *Der zerbrochene Krug* und Schillers *Wallensteins Lager* statt. Am 6. 12. 1944 fiel das Zuschauerhaus Brandbomben zum Opfer. Daraufhin konnte zunächst nur das Dach notdürftig repariert werden. Erst 1951 war es mit Mitteln aus einer Theater-Tombola möglich, Zuschauerraum, Foyer und Kassenhalle vollständig zu reno-

Das Stadttheater Gießen heute. Nach schweren Schäden im Krieg konnte das 1906/07 erbaute Haus 1951 wiedereröffnet werden.

Das Jugendstil-Foyer des Stadttheaters aus dem Jahr 1907, das originalgetreu wiederhergestellt wurde.

vieren, wobei allerdings die historischen Stilelemente beseitigt wurden. In den Jahren 1978/79 ein weiterer Umbau, der den Zuschauerraum in ein Rangtheater umwandelte. Foyer und Kassenhalle wurden jedoch stilgetreu wieder hergestellt. Insbesondere die erneuerte Jugendstil-Fensterfront des Foyers aus dem Jahre 1907 ist hervorzuheben.

Die Intendanten:

Hermann Steingoetter	(1907–1928)
Rudolf Prasch	(1928–1933)
Hanns König	(1933–1936)
Hermann Schultze-Griesheim	(1936–1940)
Hans Walter Klein	(1940–1943)
Anton Ludwig	(1943/1944)
	(1949–1954)
Kurt Sauerland	(1945–1946)
Gerd Briese	(1946–1948)
Adolph Rampelmann	(1948/1949)
Kurt Sauerland (kommiss. Intendant)	(1949/1950)
Friedrich Brandenburg	(1954–1959)
Wolf Dietrich von Winterfeld	(1959–1963)
Willi Kowalk	(1963–1966)
Dietrich Taube	(1966–1978)
Reinald Heissler-Remy	(seit 1978)

Ereignisse und Gestalten: Schon 1890 wurde in Gießen ein Theaterverein gegründet, der bis 1897 insgesamt 36 Aufführungen auswärtiger Ensembles in einem unzureichenden Saal in Stein's Garten (heute Stadthaus) ermöglichte. Dennoch gelang es den Direktoren Kruse/Helm und Hermann Steingoetter, das Niveau und das Publikumsinteresse zu heben. 1902/03 kam überdies eine Theatergemeinschaft mit Marburg zustande. Etwa zur gleichen Zeit begann der Plan eines Theaterneubaus zu reifen und konnte schließlich in den Jahren 1906/07 verwirklicht werden. Erster Intendant wurde Steingoetter, der schon seit 1903 als Direktor in Gießen wirkte. Die ersten beiden Jahrzehnte wurde das neue Haus vom Sprechtheater dominiert; erst seit der Spielzeit 1932/33 kam mit dem Engagement eines eigenen Orchesters auch das Musiktheater zum Zug.

Nach Behebung der Schäden des Zweiten Weltkriegs wurde das Theater am 18.11.1951 mit Wagners *Tannhäuser* in einer Inszenierung des Intendanten Anton Ludwig, unter der musikalischen Leitung von Willy Czernik, mit Richard Ziegler in der Titelpartie wiedereröffnet. In der Spielzeit 1977/78 kam Gian-Carlo Menotti nach Gießen, um hier seine Oper *Der Konsul* selbst zu inszenieren. Herbert Gietzen war der Dirigent, Dieter Bode besorgte die Ausstattung der Produktion, in der Michael Willeke und Nancy Henninger das Ehepaar Sorel darstellten. Die Beziehung Menottis zu Gießen blieb bestehen: Am 26.4.1981 fand im Stadttheater – wieder in der Inszenierung des Komponisten – die europäische Erstaufführung seiner Oper *La Loca – Johanna die Wahnsinnige* statt, deren Komposition er während seines ersten Gießener Aufenthaltes fertiggestellt hatte.

Johanna von Kastilien, Gemälde von Juan de Flandes, Ende des 15. Jh.s. Das Schicksal der spanischen Königin, Mutter Karls V., lieferte den Stoff für Gian-Carlo Menottis Oper La Loca – Johanna die Wahnsinnige, *die 1981 in der Inszenierung des Komponisten in Gießen ihre europäische Erstaufführung erlebte.* La Loca *ist bereits das zweite Werk, das Menotti am Stadttheater herausgebracht hat.*

Da die gegenwärtige Theaterleitung bestrebt ist, Opernproduktionen zeitweise mit Gast-Solisten zu besetzen, ergibt sich sowohl auf der Bühne als auch hinsichtlich des »Leading Team« stets Abwechslung durch das Auftreten prominenter Persönlichkeiten des Musiktheaters.

Vereinigte Bühnen,
Opernhaus
Kaiser-Josef-Platz 10
A–8010 Graz

Vereinigte Bühnen Graz
(Steiermark) – Opernhaus

Allgemeine Informationen: Das Repertoire des Grazer Opernhauses wird zu etwa 50 Prozent von der Oper, zu 40 Prozent von der Operette und zu ca. 10 Prozent durch das Ballett bestimmt. Schwerpunkte der Spielplangestaltung liegen auf dem Gebiet der Moderne (vor allem im Rahmen des »steirischen herbstes«), bei der Pflege der Belcanto-Oper des 19. Jh.s (Donizetti, Bellini, Rossini) und der klassischen Operette. Die Spielzeit dauert von Ende September (Probenbeginn Ende August) bis Anfang Juli (achtwöchige Sommerpause).

Das Opernhaus faßt 1330 Zuschauer. Das als Opernorchester tätige Grazer Philharmonische Orchester besteht aus 96 Musikern; dem Ballett gehören eine Solotänzerin, drei Solotänzer, eine 16köpfige Damengruppe (teilweise mit Soloverpflichtung) und eine fünfköpfige Herrengruppe (vier davon mit Soloverpflichtung) an. Der Chor setzt sich aus 20 Damen und 22 Herren zusammen.

Das Theater: Das Grazer Opernhaus wurde in der Zeit von April 1898 bis September 1899 durch das bei vielen Theaterbauten im Gebiet der österreichisch-ungarischen Monarchie erprobte Architektenteam Ferdinand Fellner (1847–1916) und Hermann Helmer (1849–1919) im Stil des Fischer von Erlach als organische Synthese von Rang- und Logentheater errichtet und am 16. 9. 1899 unter der Direktion Purschian mit Schillers *Wilhelm Tell* eröffnet. Am 1. 11. 1944 erlitt das Theater durch einen Bombentreffer Schäden an der Kuppel und der Säulenvorhalle, die auch durch die von 1945–1948 dauernden Reparaturarbeiten nicht gänzlich beseitigt wurden. Die Bausubstanz des Theaters konnte jedoch bewahrt werden. Das Bühnenportal ist 12 m breit und 7 m hoch, der Bühnenraum 22 m breit und 22 m tief. Die Fläche des Orchesterraumes beträgt 48 m^2. Eine durchgreifende bauliche Sanierung des Theaters ist (bis 1985) im Gange.

Die Intendanten (seit 1946):

Helmut Ebbs	(1946–1949)
Alfred Huttig	(1949/1950)
Fritz Zaun (nur Oper)	(1953/1954)
André Diehl	(1954–1965)
Karl Heinz Haberland	(1965–1968)
Reinhold Schubert	(1968–1972)
Carl Nemeth	(seit 1972)

Oben: *Das Opernhaus in Graz, 1898/99 erbaut.*

Unten: *Carl Nemeth, unter dessen seit 1972 währender Leitung das Haus wesentliche Impulse erhielt und ein oft unkonventionelles Programm bieten konnte.*

Ereignisse und Gestalten: Das Grazer Operntheater ist aus dem 1776 eröffneten »Nationaltheater« hervorgegangen, das sich vorwiegend der Pflege des damals bestehenden italienischen Opernrepertoires widmete und 1823 durch einen Brand vernichtet wurde. Im Jahre 1825 wurde in Graz zunächst ein Landestheater eröffnet, bis 1899 schließlich das heutige Opernhaus entstand.

Zwei Merkmale kennzeichnen den Opernbetrieb von Graz in entscheidender Weise: einerseits gilt das Opernhaus seit jeher als Pflegestätte junger Talente und Sprungbrett großer Karrieren; andererseits besteht eine intensive Tendenz zur Wiederentdeckung vergessener Werke und zur Präsentation avantgardistischer Opern; dies vor allem im Rahmen des »steirischen herbstes«, dessen besonderes Anliegen die Förderung zeitgenössischer Musik ist.

Oskar Czerwenka (links, *in Gaetano Donizettis* Don Pasquale) *und Edita Gruberova* (rechts, *als Alisa in Donizettis* Lucia di Lammermoor, *rechts neben ihr Milena Dal Piva als Lucia*) – *zwei gern gesehene Künstler in Graz.*

Unter den Dirigenten, die in jungen Jahren am Grazer Opernhaus tätig waren, sind an erster Stelle Clemens Krauss (1921/1922, bevor er nach Wien ging) und Karl Böhm zu nennen, der 1917 als Solorepetitor begann und 1920 Kapellmeister wurde. Weitere aus dem Grazer Operntheater hervorgegangene Dirigenten sind Ernst Märzendorfer, der ab 1940 dort Kapellmeister war, Berislav Klobucar, der schon als arrivierter Dirigent 1961 nach Graz ging, bevor er 1964 in Bayreuth den *Ring* dirigierte, ferner Günther Wich, der von 1959–1961 musikalischer Leiter der Grazer Oper war, und schließlich Miltiades Caridis, dessen internationale Karriere von hier aus ihren Anfang nahm. Zu den Sängern, deren Laufbahn ebenfalls in Graz begann, gehören Oskar Czerwenka, Gottfried Hornik, Peter Minich, Thomas Moser und Helmut Berger-Tuna.

Insbesondere unter der seit 1972 währenden Intendanz Carl Nemeths, des ehemaligen Leiters des künstlerischen Betriebsbüros der Wiener Volksoper, haben sich konkrete Programmpunkte herausgebildet, wie beispielsweise »Neuerweckung der Belcanto-Oper«, »Musiktheater unserer Zeit«, »Meisterwerke – selten gehört«, »Musiktheater der USA«, »Zeitlose Lieblingsopern des Publikums« und »Unsterbliche Operette« sowie Komponistenzyklen (Mozart–Wagner–Puccini–Richard Strauss). Unter den relativ selten gespielten Belcantowerken des 19. Jh.s befanden sich Bellinis *Puritaner* (6. 10. 1972), Donizettis *Lucia di Lammermoor* (1. 6. 1974), Bellinis *Nachtwandlerin* (23. 2. 1975), Rossinis *Mosè* (1. 2. 1976) sowie die stilistisch andersgearteten romantischen Opern *La Gioconda* von Amilcare Ponchielli (29. 9. 1973) und Bizets *Perlenfischer* (4. 6. 1977). In den Jahren 1972–1974 inszenierte der frühere Intendant André Diehl den *Ring des Nibelungen,* mit dem die Grazer Oper in der Saison 1974/75 in Palma de Mallorca gastierte. An österreichischen Erstaufführungen sind vor allem Ernst Křeneks *Orpheus und Eurydike* (20.10.1973), Horst Geißlers Kleist-Oper *Der zerbrochene Krug* (27.5.1974), Benjamin Brittens *Tod in Venedig* (26.10.1974) sowie die Urfassung der *Ariadne auf Naxos* von Richard Strauss in Verbindung mit Molières *Bürger als Edelmann* (16.9.1976) zu nennen.

Auf dem Gebiet der Avantgarde fanden u.a. die Uraufführung von Otto M. Zykans *Symphonie aus der heilen Welt* (8.10.1977), die deutschsprachigen Erstaufführungen von Ilkka Kuusistos *Mumin-Oper* (23.10.1977) und Nicholas Maws *The Rising of the Moon* (1.4.1978), die Uraufführung von Ivan Eröds *Orpheus ex machina* (14.10.1978) – die 1979 für das Fernsehen aufgezeichnet wurde – sowie als österreichische Erstaufführung Wolfgang Rihms *Jakob Lenz* (19.10.1980) und die dreiaktige Version von Alban Bergs *Lulu* in der Fassung von Friedrich Cerha (17.10.1981) statt. Einiges Aufsehen erregten die Uraufführung der bisher völlig vergessenen Oper *Maddalena* von Sergej Prokofieff und die österreichische Erstaufführung *Iwan der Schreckliche* (28.11.1981). Bei der leichten Muse verdienen die Uraufführung der Neufassung der Robert-Stolz-Operette *Eine einzige Nacht* (22.11.1980) und die *Broadway Show* von John Waddell und Charles Williams (3.11.1981) besondere Erwähnung.

Das Repertoire wird von einem hauseigenen Ensemble getragen, das durch zahlreiche Künstler der internationalen Opernbühnen ergänzt wird. So kam es bereits zu Gastspielen von Giacomo Aragall

Benno Kusche als König in Carl Orffs Märchenoper Die Kluge.

(Don Carlos, Tosca), Carlo Bergonzi *(Lucia di Lammermoor, Tosca),* José Carreras *(Ein Maskenball, La Traviata),* Ileana Cotrubas *(La Traviata),* Edita Gruberova *(Die Entführung aus dem Serail, Lucia di Lammermoor),* Richard Holm *(Der Tod in Venedig),* Benno Kusche *(Die Meistersinger von Nürnberg, Die Kluge),* René Kollo und Karl Ridderbusch *(Die Meistersinger von Nürnberg),* Birgit Nilsson *(Tosca)* u.a. Die musikalische Leitung des *Rosenkavalier* hatte vor einigen Jahren – ebenfalls gastweise – Adam Fischer (25.12.1976) übernommen, der auch *Tristan und Isolde* in Graz dirigiert hat. Der Umbau des Bühnenhauses wird eine etwa eineinhalbjährige Schließung des Theaters ab Sommer 1983 bedingen, was ein Ausweichen auf die Bühne des Schauspielhauses mit kleineren Produktionen zur Folge hat.

Städtische Bühne
Elberfelder Straße 65
5800 Hagen

Städtische Bühne Hagen

Allgemeine Informationen: Die Städtische Bühne ist ein Repertoiretheater mit ganzjährigem Spielbetrieb, wobei sich Saisonbeginn und -ende jeweils nach dem Termin der Schulferien in Nordrhein-Westfalen richten. Pro Spielzeit finden etwa 250 Vorstellungen statt, von denen 50 auf Gastspiele in benachbarten Städten entfallen. Etwa 60 Prozent der Aufführungen sind der Oper, 30 Prozent Operette und Musical und 10 Prozent dem Ballett gewidmet. Während im Operettenbereich das klassische Repertoire dominiert, ist man erfolgreich bemüht, dem Musical neue Wege zu erschließen.

Das Haus verfügt über 801 Sitzplätze. Dem Orchester gehören 70 Musiker, dem Chor 14 Damen und 14 Herren an, und dem Ballett stehen zwei Solotänzerinnen und sieben Solotänzer vor.

Das Theater: Am 2.8.1910 erfolgte der erste Spatenstich für den Bau des Hagener Theaters. Schon am 5.10.1911 konnte das von dem Darmstädter Architekten Ernst Vetterlein im Jugendstil konzipierte Haus mit Schillers *Wallenstein* eingeweiht werden. Ursprünglich hatte man das Theater nur als Schauspielhaus geplant; die erste Opernaufführung (*Die Meistersinger von Nürnberg* am 6.10.1911) fand als Gastspiel des Stadttheaters Elberfeld statt. Erst 1919 wurde unter Intendant Franz Ludwig ein eigenes Opernensemble gegründet.

In den Monaten Januar bis April 1945 fiel die

Das Hagener Theater im Jahr 1939. Der 1911 eröffnete Jugendstilbau wurde im Zweiten Weltkrieg schwer beschädigt.

Städtische Bühne mehreren Luftangriffen zum Opfer. Im Rahmen des Wiederaufbaues wurde die Jugendstilfassade beibehalten, der Innenraum jedoch in »neuer Sachlichkeit« gestaltet. Architektonisch stellt sich der Zuschauerraum als Rangtheater mit zwei Rängen dar. Schon am 5.9.1949 konnte das Haus mit dem *Rosenkavalier* von Richard Strauss in einer Inszenierung des Intendanten Hermann Werner wiedereröffnet werden, so daß Hagen die zweite deutsche Stadt war, die nach dem Krieg ihr Theater neu errichtete.

Der Bühnenraum ist 20 m breit und 15 m tief, das Bühnenportal 9,50 m breit und 6,05 m hoch. Die Breite der Vorbühne beträgt 3 m, die der Hinterbühne 7 m. Der 60 Musiker fassende Orchesterraum ist 11 m breit und 5 m tief.

Die Intendanten:

Oscar Kaiser	(1911–1914)
Franz Ludwig	(1914–1922)
Richard Dornseiff/Paul Smolny/ Hanns Hartmann	(1923–1932)
Hermann Bender	(1933–1944)
Klaus Nettstraeter	(1945–1947)
Hermann Werner	(1947–1973)
Manfred Schnabel	(seit 1973)

Ereignisse und Gestalten: Die bedeutendsten Persönlichkeiten, die am Theater in Hagen wirkten, waren Generalmusikdirektor Hans Weisbach, der seit den Anfängen des Operntheaters (1919) bis 1926 das dortige Musikleben prägte, ferner Karl Elmendorff (1891–1962), der 1923–1925 als erster Kapellmeister in Hagen am Anfang seiner Karriere stand, die ihn bereits 1927 zu den Bayreuther Festspielen führte. In den zwanziger Jahren war Wolfram Humperdinck – Sohn des Schöpfers der Oper *Hänsel und Gretel* – als Spielleiter an der Städtischen Bühne tätig. Der berühmte Wagnertenor Fritz Wolff (1894–1957) debütierte in Hagen als *Parsifal,* den er in der Folge an vielen großen Bühnen sang.

Das Ballett – seit 1970 von dem Choreographen Janez Samec betreut – hat so großes Ansehen erlangt, daß die Ballettabende mit zu den Höhepunkten des Hagener Theaterlebens zählen. Auf diesem Gebiet sind die Namen Aurel von Millosz und Günther Hess (Gründungsmitglieder des »Kammertanztheaters« im modernsten Stil) zu nennen.

Eine weitere Besonderheit der Städtischen Bühne stellen zwei Opernzyklen dar, die jährlich fortgesetzt werden. So besteht beispielsweise seit 1973 die Reihe »Heiteres Musiktheater des Ostens«, die

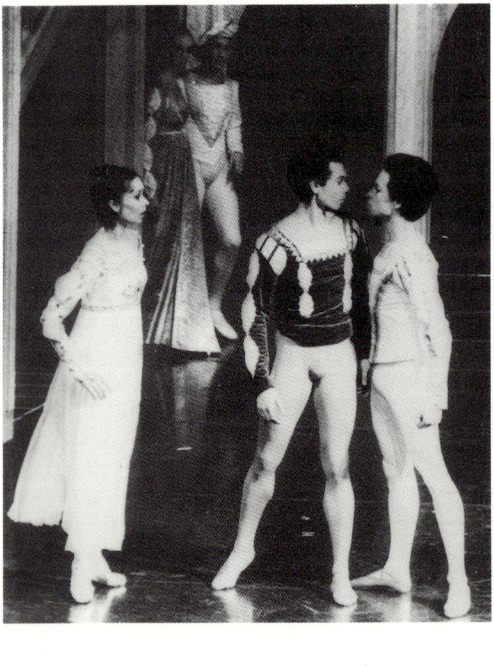

Ballettarbeit gehört zu den Schwerpunkten der Städtischen Bühne Hagen. Hier Rosina Kovács (Julia), Tunc Sökmen (Romeo) und Henry Rushing (Mercutio) in Sergej Prokofieffs Romeo und Julia *aus der Spielzeit 1982/83.*

Ihre westdeutsche Erstaufführung erlebte in Hagen 1977 die Oper Der letzte Schuß *von Siegfried Matthus. Der in der DDR lebende Komponist thematisierte dabei einen Stoff aus der Russischen Revolution.*

Werke von Smetana, Janáček, Mussorgsky, Kodály, Weinberger, Prokofieff, Tschaikowsky, Gotovac und Moniuszko umfaßt. Eine andere Reihe hat »Shakespeare auf dem Musiktheater« zum Thema.

Die musikalische Verantwortung lag nach dem Zweiten Weltkrieg zunächst bei Berthold Lehmann, von 1971–1977 bei Reinhold Schwarz und seit 1977 bei Michael Halász.

Bedeutende Ereignisse auf dem Gebiet des zeitgenössischen Musiktheaters waren die Aufführungen der *Träume* von Isang Yun (1974), die deutsche Erstaufführung *Juha* von Aarre Merikanto (1975) und im Jahre 1977 die westdeutsche Erstaufführung der Oper *Der letzte Schuß* von Siegfried Matthus. Im Juni 1982 fanden in Hagen – und damit erstmals in Deutschland – »Tage des Musicals« statt, an denen sich zahlreiche Bühnen der Bundesrepublik Deutschland beteiligten. Die Tage waren verbunden mit einem Autoren- und Komponistenwettbewerb für Musicals und einem Musical-Workshop.

Staatsoper
Große Theaterstraße 34
2000 Hamburg 36

Hamburgische Staatsoper

Allgemeine Informationen: Die Hamburgische Staatsoper ist ein Repertoiretheater, dessen Spielplan jährlich etwa 60 Werke enthält. Die Spielzeit dauert im allgemeinen von Mitte bzw. Ende August bis Ende Juni des folgenden Jahres, wobei in dieser Zeit täglich Vorstellungen stattfinden. Der Versuch, bestimmte Aufführungen in geringen Abständen und in gleichbleibender Besetzung zu wiederholen, also – in Annäherung an den italienischen Stagionebetrieb – ein sogenanntes Seriensystem einzuführen, hat sich inzwischen als erfolgreich erwiesen.

Neben dem üblichen klassischen und romantischen Repertoire wird der Pflege des zeitgenössischen Musiktheaters besondere Bedeutung beigemessen. Da die Hamburgische Staatsoper seit langem Kompositionsaufträge erteilt, kann man bereits auf eine stattliche Anzahl von Opernuraufführungen zurückblicken. Um diese Tradition in entsprechendem Umfang fortsetzen zu können, wurde vor einigen Jahren die »Opera stabile«, die der Staatsoper angeschlossen ist, als sogenannte Studio- bzw. Experimentierbühne ins Leben gerufen.

Das instrumentale Fundament der Hamburgischen Staatsoper ist das Philharmonische Staatsorchester. Der Chor besteht aus 40 Damen und 43 Herren; dem Ballett gehören neben dem Corps sieben Solotänzerinnen und acht Solotänzer an.

Das Theater: Der nach den Kriegszerstörungen bis 1955 von Gerhard Weber neu errichtete Zuschauerraum bildet mit seinen in den Saal hineinragenden,

Blick auf die Hamburger Staatsoper. Das in den zwanziger Jahren erbaute Haus erlitt zwar im Krieg schwere Schäden, die Außenmauern blieben aber weitgehend erhalten und prägen das Gesicht des 1955 neu eröffneten Theaters.

Der Zuschauerraum, der 1675 Besucher faßt, wurde nach dem Krieg von Gerhard Weber völlig neu konzipiert. Charakteristisch die markanten »Luftschaukeln«.

im Volksmund bald als »Luftschaukeln« bezeichneten Logengebilden eine originelle Kombination von Rang- und Logentheater mit 1675 Plätzen.

Die moderne Anordnung der einzelnen Logen bietet den Vorteil, daß – im Gegensatz zu anderen Logentheatern – selbst auf den Rückplätzen der oberen Ränge noch eine gute Sicht auf den Bühnenraum gewährleistet ist.

Die Fläche des Bühnenhauses beträgt 675 m^2, die des Orchesterraumes 129 m^2, und das Bühnenportal hat eine Breite von 11,80 m und eine Höhe von 8,20 m. Der Bühnenraum ist 37 m breit und 26,60 m tief.

Die Intendanten (seit 1921):

Leopold Sachse	(1921–1931)
Albert Ruch	(1931–1933)
Heinrich K. Strohm	(1933–1940)
Alfred Noller	(1940–1945)
Albert Ruch	(1945/1946)
Günther Rennert	(1946–1956)
Heinz Tietjen	(1956–1959)
Rolf Liebermann	(1959–1973)
August Everding	(1973–1977)
Christoph von Dohnányi	(1977–1984)
Kurt Horres	(ab 1984)

Intendanten der Hamburgischen Staatsoper:
Günter Rennert (oben links, *1948–56*), *Rolf Liebermann* (oben rechts, *1959–73*), *August Everding* (unten links, *1973–77*) *und Christoph von Dohnányi* (unten rechts, *seit 1977*).

Ereignisse und Gestalten: Der Hamburger Oper kommt im deutschen Sprachraum eine ganz besondere Rolle zu: sie war die erste Bürgeroper in Deutschland und nicht das Spielzeug einer fürstlichen Hofhaltung. Da der Zeitgeschmack des 17. Jh.s durch die italienische Musik beeinflußt wurde und italienische Musiker und Komponisten an allen europäischen Höfen den Ton angaben, geriet die Hamburger Bürgeroper in die glückliche Lage, in der nationalen Opernbewegung in Deutschland die Führung zu übernehmen. Warum gerade Hamburg? Die Freie Reichsstadt pflegte Handelskontakte mit jener Stadt, die im Entstehungsland der Oper, in Italien, die erste Bürgeroper besaß: die Republik Venedig. Bereits im Jahre 1637 war dort mit dem Teatro San Cassiano das erste ständige öffentliche Opernhaus eingerichtet worden. Dieses Vorbild beflügelte die Hamburger Initiatoren; als weiterer günstiger Umstand kam hinzu, daß Hamburg die verheerende Zeit des Dreißigjährigen Krieges (1618–1648) und die schreckliche Nachkriegszeit infolge kluger Politik und sicherer Mauern besser als andere Städte überstanden hatte und deshalb ein Anziehungspunkt für Patrizier, Adlige und Diplomaten wurde. Diese wiederum brauchten ein öffentliches Opernhaus, für das Eintritt bezahlt werden mußte, da bei einer Bürgeroper keine Privatschatulle eines Potentaten im Hintergrund stand. Aus dieser Grundkonstellation heraus waren wirtschaftliche Schwierigkeiten der Hamburger Bürgeroper von vornherein vorgegeben, und finanzielle Krisen begleiten die Geschichte des Hauses von der Eröffnung an.

Am 2.1.1678 ging im »Opern-Theatrum« am Gänsemarkt der Vorhang zu der geistlichen Oper *Adam und Eva* oder *Der erschaffene, gefallene und aufgerichtete Mensch* auf (Musik: Johann Theile, ein Schüler von Heinrich Schütz; Text: Christian Richter). Theiles *Adam und Eva* war die erste von mehreren Opern, die biblische oder allegorische Stoffe zum Inhalt hatte; trotz des Einspruches der Geistlichkeit, die zwangsläufig in der neuen Bürgeroper das Blendwerk der Hölle auf Erden vermuten mußte, konnte sich die Oper in Hamburg behaupten. Immerhin beantragte der Hamburger Senat im Jahre 1688 bei der Universität Jena ein Gutachten »Über Gefahren, Opern aufführen zu lassen« (Operarum Scenicarum Pericula), das u.a. die Frage beantworten mußte, »ob es an sich ein sündhafft Werck sey, solche Sing-Spiele zu praesentiren oder dieselbe zu hören und zu schauen«. Die führenden Komponisten der ersten zehn Jahre waren Nikolaus Adam Strungk und Johann Wolfgang Franck, die auf italienische und französische Vorbilder zurückgriffen und deutsche Bearbeitungen erstellten. Mit dem Komponisten Johann Sigismund Kusser, der in Paris Schüler Lullys gewesen war, begann die große Zeit der frühen deutschen Oper im Jahre 1693, der sich ab 1697 die glanzvolle Epoche Reinhard Keisers anschloß, von dessen 116 Opern noch 35 erhalten sind.

Ab 1730 ließ der künstlerische Aufschwung der deutschen Oper nach. Obwohl ab 1721 Georg Philipp Telemann für Hamburg deutsche Opern schrieb, mußte das Hamburger Opernhaus im Jahre 1738 wegen Besuchermangels geschlossen werden. Das »Opern-Theatrum« am Gänsemarkt wurde abgerissen; in den 72 Jahren seines Bestehens waren mehr als 280 Opern aufgeführt worden, darunter vier deutschsprachige Opern von Georg Friedrich

Oben: *Georg Philipp Telemann (1681–1767) schrieb als einer der Hauskomponisten etwa 25 Opern für das Hamburger Theater. Doch auch er konnte den Siegeszug der neapolitanischen Oper nicht aufhalten, so daß das Hamburger Opernhaus, dem die deutsche Barockoper ihre Blüte verdankte, 1737 schließen mußte.*

Unten: *Der Sänger, Komponist und Musiktheoretiker Johann Mattheson (1681–1764), der wesentlich zur ersten Blüte der Hamburger Oper von 1700–1730 beitrug.*

Das 1765 eröffnete »Ackermannsche Comödienhaus«. Bis zur Einweihung des neuen Stadttheaters 1827 diente dieser schlichte Bau den Hamburgern als Oper.

Händel, dessen Streit mit dem Musikgelehrten Johann Mattheson in die Annalen eingegangen ist: Am 5.12.1704 wurde Matthesons Oper *Cleopatra* wie üblich von Mattheson am Cembalo geleitet, während Händel die 2. Violine spielte. In einem Akt sang und spielte Mattheson selbst und überließ währenddessen Händel die Leitung. Als nun Mattheson zurückkehrte und weiterdirigieren wollte, verweigerte Händel ihm den Platz. Es kam zu dem bekannten Duell, bei welchem Matthesons Degen am großen Knopf von Händels Gewand zerbrach und dadurch dessen Leben gerettet wurde. Derselbe Mattheson beleuchtete in einem Zwölf-Punkte-Katalog aus *Musikalische Patrioten* von 1728 die Schwierigkeiten, die die junge Gattung der deutschen Oper in Hamburg hatte:

1. Stehet dem Aufnehmen der Opern im Wege das Naturell der Einwohner; denn kurtz zu sagen: Opern sind mehr für Könige und Fürsten, als für Kauff- und Handels-Leute.
2. Der Ab- und Zufluß der Fremden, darauf man gar nicht bauen kann, verführet manchen.
3. Der viel zu öfftere Gebrauch.
4. Die hohe Pachtungen und starcke Besoldungen.
5. Die Unbeständigkeit der Directorii.
6. Die Menge der Täntzer und Neben-Personen.
7. Gewisse Eigenschaften der Acteurs.
8. Die eigennützigen Absichten.
9. Die Länge der meisten Opern.
10. Die fremde Sprache.
11. Das ewige Fiddeln und Arbeiten im Orchester.
12. Der verdorbene Geschmack, mit den Operas comiques; denn eine Opera comique widerspricht sich selbst, wie ein höllisches Paradies etc. etc.

Nach der Aufgabe des ersten Hauses am Gänsemarkt verlagerte sich in Hamburg das Geschehen an wechselnde Spielorte; einen reinen Opernbetrieb nahm man nicht mehr auf, sondern mischte Musiktheater und Schauspiel. Mit der deutschen Oper war es bis zur Aufführung von Mozarts *Zauberflöte* im Jahre 1793 vorbei; lediglich Singspiele, die eine eigene Gattungsgeschichte hatten, wurden gegeben, dafür setzte sich das bürgerliche Drama mit dem Hauptvertreter Gotthold Ephraim Lessing, der die *Hamburgische Dramaturgie* verfaßte, durch. Am 31.7.1765 wurde auf dem Platz des abgebrochenen alten Opernhauses unter Leitung von Konrad Ernst Ackermann das »Ackermannsche Comödienhaus« eröffnet, das spätere »Alte Stadttheater«. 1771 übernahm der bedeutende Schauspieler und Theatermann Friedrich Ludwig Schröder das Haus, das er zehn Jahre leitete, mit Unterbrechungen bis 1797. Glanzvolle Schauspielaufführungen von Lessing, Goethe, Klinger und Shakespeare dominierten gegenüber der Oper, die immer noch französisch-italienisch ausgerichtet war. Schließlich wurde im Jahre 1787 Mozarts Singspiel *Die Entführung aus dem Serail* sechsmal gegeben, 1789 sein *Don Juan* und 1791 *Die Hochzeit des Figaro,* die ja beide dem Zeitgeschmack entsprechend in italienischer Sprache geschrieben waren. Gab man sie in deutscher Übersetzung, dann erhielten sie automatisch die Gattungsbezeichnung »Singspiel«, weil es eine deutsche Oper als Gattung de facto nicht gab; selbst die erste wirkliche Oper, die *Zauberflöte,* mußte sich bei ihrer Hamburger Erstaufführung am 15.11.1793 die Bezeichnung »Singspiel« gefallen lassen. Im Zenith der Publikumsgunst stand 1791 in Hamburg das Singspiel *Oberon, König der Elfen* (Musik: Wranitzky, Text: Wieland), das in 35 Aufführungen die seinerzeitige Rekordsumme von 22000 Mark einspielte.

1797 wurde das Haus in »Deutsches Theater« umbenannt. 1809 in »Hamburgisches Stadt-Theater« und 1811 in »Hamburgisches Deutsches Stadt-Theater«. Die Napoleonischen Kriege, von denen Europa in dieser Zeit überzogen war, bescherten auch Hamburg französische Besatzung, so daß das Haus vorübergehend in »Theatre du Gaensemarkt« umbenannt wurde. Glucks *Iphigenie in Tauris,* von der es bezeichnenderweise eine französische und eine italienische Fassung aus der Feder des Meisters selbst gibt, stand auf dem Spielplan. Ab 1815 hieß es wieder »Stadt-Theater«, und ein Jahr später wurde Beethovens deutsche Oper *Fidelio* in Hamburg aufgeführt, 1818 dann Glucks *Alkestis* und Rossinis *Italienerin in Algier.* Rossini kam auf: 1820

Wolfgang Amadeus Mozarts Oper Die Zauberflöte, *1793 zum ersten Mal in Hamburg aufgeführt und eine der ersten erfolgreichen deutschen Opern seit Jahrzehnten, entwickelte sich rasch zum Publikumsliebling. Ihre Bilderwelt (hier Tamino und Papageno) wurde auf in großer Auflage verbreiteten Kalenderkupfern dargestellt.*

Die in Hamburg geborene Sängerin Wilhelmine Schröder-Devrient, eine der berühmten Sopranistinnen des 19. Jh.s, hier als Fenella in François Esprit Aubers Oper Die Stumme von Portici.

seine *Diebische Elster,* 1821 sein *Barbier von Sevilla,* 1823 sein *Othello, der Mohr von Venedig.* Ein neuer deutscher Komponist, der sich mit dem Musiktheater beschäftigte, blieb auch in Hamburg nicht unbeachtet: Carl Maria von Weber! 1822 wurde der *Freischütz* und zwei Jahre später sein *Abu Hassan* aufgeführt.

Das alte »Ackermannsche Comödienhaus«, seit 1765 im Dienst, war inzwischen veraltet; schon 1822 hatte sich ein »Actienverein für den Bau eines neuen Theaters« konstituiert; an der Dammtorstraße fand sich ein Staatsgrundstück als Bauplatz, und 1825 wurde Karl Friedrich Schinkel als Architekt mit dem Theaterneubau betraut. Das »Neue Stadt-Theater« öffnete am 3.5.1827 dem Publikum seine Pforten. Man hatte so großzügig geplant, daß 2800 Personen Platz finden konnten. Bei der Eröffnung gelangte Goethes *Egmont* mit der Musik Ludwig van Beethovens zur Aufführung. Im Spielplan blieb das italienisch-französische Übergewicht erhalten: Rossini, Donizetti, Bellini, Cimarosa, Auber, Méhul, Meyerbeer, Halévy beherrschten das Repertoire, das deutsche Fähnlein hielten Carl Maria von Weber und Heinrich Marschner *(Der Templer und die Jüdin)* hoch. Neu für das Publikum und die Öffentlichkeit war die Einrichtung von großen Virtuosenkonzerten, die bereits überall ein zunehmend stärkeres Echo fanden. 1835 konzertierte die Pianistin Clara Wieck, die spätere Frau Robert Schumanns, in Hamburg, 1836 Johann Strauß, 1840 Franz Liszt. Im Jahre 1844 erregte wieder eine deutsche Oper Aufmerksamkeit; denn Richard Wagner studierte in Hamburg seinen *Rienzi* ein. Ein Jahr später fand auch ein Werk des gleichaltrigen italienischen Zeitgenossen Giuseppe Verdi den Weg in die Hamburger Oper: am 29.10. ging *Nabucco* in Szene. Im gleichen Jahr hatte Jenny Lind, die »schwedische Nachtigall«, die Hamburger in einen wahren Rausch der Begeisterung versetzt, und zwar in der Titelpartie der Oper *Norma* von Bellini.

In den folgenden Jahrzehnten erschienen regelmäßig Verdis Neuproduktionen auf der Hamburger Opernbühne, Wagner wurde vorerst nur gelegentlich gespielt (1853 *Tannhäuser,* 1855 *Lohengrin,* 1871 *Die Meistersinger von Nürnberg*). Nach der Reichsgründung von 1871 änderte sich auch die Betriebsart des Stadt-Theaters in Hamburg. Das Gebäude ging in Staatsbesitz über, und die Hamburger Stadt-Theater-Gesellschaft baute das Haus um; das neue Repräsentationsbedürfnis der Gründerzeit manifestierte sich. Außerdem stand das 200jährige Jubiläum für 1878 ins Haus. Dafür hatte man ein

Links: *Das 1827 eröffnete Theater an der Dammtorstraße wurde 1873 durch Martin Haller im aufwendigen, repräsentativen Stil der Gründerzeit umgebaut.*

Unten: *Das große Opernereignis für Hamburg 1879 war die erste Aufführung von Richard Wagners* Der Ring des Nibelungen; *seither hatten Wagners Musikdramen ihren festen Platz im Repertoire erobert. Die Abbildungen zeigen Heinrich Wiegand als Siegmund und Katharina Klafsky als Brünnhilde in der* Walküre.

Festprogramm mit einem Querschnitt durch das gesamte Repertoire zusammengestellt, angefangen bei der *Klage um den todten Adonis* von Reinhard Keiser aus den ersten Jahren des Hauses bis hin zur Aufführung der *Walküre* des umstrittenen Zeitgenossen Richard Wagner. Die Hamburger waren natürlich stolz auf ihre Oper, und Hofrat Pollini – von 1873 bis 1897 Direktor des Hamburger Stadt-Theaters – nahm dies zum Anlaß, die erste Subvention für den Spielbetrieb zu beantragen, die auch gewährt wurde.

Der im nächsten Jahr (1879) angesetzte erste Zyklus des *Ring des Nibelungen* von Richard Wagner lockte viele kunstinteressierte auswärtige Theaterbesucher an. Im Mai 1883, zu Wagners 70. Geburtstag, den er allerdings nicht mehr erlebte, präsentierte Hamburg einen Wagner-Zyklus mit neun Opern, für die damalige Zeit eine enorme Leistung, die 100 Jahre später noch beeindruckt und auch heute keinesfalls als Selbstverständlichkeit zu realisieren ist.

1887 wurden Hans von Bülow und 1891 Gustav Mahler als Kapellmeister engagiert. Im gleichen Jahr erhielt das Haus elektrische Beleuchtung. Hamburg hatte – wie auch heute – ca. 60 Opern im Repertoire. Gustav Mahler sorgte für Anhebung des Niveaus auf dem musikalischen Gebiet, aber die dazu notwendige Kompromißlosigkeit brachte ihm nicht nur Freunde ein. Im April 1897 verabschiedete er sich von Hamburg mit Beethovens *Fidelio.* Im November schloß Pollini die Augen – eine Ära ging zu Ende, die für das Hamburger Stadt-Theater großen Glanz bedeutet hatte.

Im Jahre 1904 erschien zum erstenmal ein Werk des Komponisten Richard Strauss auf dem Ham-

Unter Federführung des Hofrates Pollini (links), *von 1873–1897 Direktor des Stadttheaters, erlebte die Hamburger Oper ihre große Blüte am Ausgang des 19. Jh.s. In die »Ära Pollini« fällt auch die Verpflichtung von zwei der größten Dirigenten-Persönlichkeiten jener Zeit, Hans von Bülow* (Mitte, *1887–1891*) *und Gustav Mahler* (rechts, *1891–1897*), *beide hier in Aufnahmen aus ihrer Hamburger Zeit.*

burger Spielplan: die *Feuersnot*. Für die Liebhaber großer Stimmen begründete der italienische Tenor Enrico Caruso eine Gastspiel-Tradition.

Die Wirtschaftskrise nach dem Ersten Weltkrieg bedingte eine Änderung der Betriebsform: die Stadt-Theater-Gesellschaft ging in einer staatlichen Aktiengesellschaft auf, die erforderliche Subvention für das Jahr 1920 betrug eine Million Mark. In der Spielzeit 1925/26 wurden Bühnenhaus und Zuschauerraum wieder einmal umgestaltet. Im Spielplan hatten sich Wagner, Puccini, Verdi und Mozart durchgesetzt. Am 17.8.1931 stellte sich Karl Böhm mit den *Meistersingern* vor. 1933 erfolgte die Umbenennung in »Hamburgisches Staatstheater«, ein Jahr später in »Hamburgische Staatsoper«. Eine »Deutsch-Italienische Kunstwoche« wurde noch 1941 eingeführt.

Shakespeares Sommernachtstraum *mit der Musik von Felix Mendelssohn-Bartholdy – ein Ballett der Hamburger Staatsoper in der Choreographie von John Neumeier.*

In der Nacht zum 3.8.1942 brannte der Zuschauerraum aus, während das Bühnenhaus unversehrt blieb. Zur Spielzeit 1943/44 wich die Oper ins Thalia-Theater aus, weitere Aufführungen fanden in der Musikhalle statt. Im September 1944 wurden dann alle Theater geschlossen. Erst am 9.1.1946 konnte der Spielbetrieb in der Oper wieder aufgenommen werden. In das unversehrt gebliebene Bühnenhaus war ein provisorischer Zuschauerraum für 606 Personen eingebaut worden, 1949 ließ sich das Provisorium auf 1226 Plätze erweitern. Günther Rennert, seit 1946 Operndirektor in Hamburg, wurde im Jahre 1948 zum dortigen Intendanten ernannt. Ihm war es u.a. zu verdanken, daß die regelmäßige Aufführung zeitgenössischer Werke ins Zentrum der Nachkriegstradition an der Hamburgischen Staatsoper rückte. Von 1951–1970 hatte Leopold Ludwig an der Staatsoper die Position des Generalmusikdirektors inne und dirigierte in dieser Zeit insgesamt 1266 Aufführungen. Während seiner Tätigkeit an der Hamburgischen Staatsoper konnte am 15. Oktober 1955 das neue Haus mit Mozarts *Zauberflöte* eröffnet werden. Als Nachfolger Günther Rennerts wirkte zunächst von 1956–1959 Heinz Tietjen, im Anschluß daran begann die 14 Jahre währende Ära Liebermann. Rolf Liebermann prägte nicht nur die Hamburger, sondern auch die internationale Opernwelt durch die konsequente Vergabe von Kompositionsaufträgen, angefangen bei Hans Werner Henzes *Prinz von Homburg* aus der Spielzeit 1959/60 bis zu Mauricio Kagels *Staatstheater* (1971/72) und *Unter dem Milchwald* von Walter Steffens (1972/73). Unter Liebermanns Ägide begann in Hamburg die Weltkarriere des Tenors Placido Domingo.

John Neumeier, seit 1973 Ballettdirektor in Hamburg. Unter seiner Leitung entwickelte sich das Hamburger Staatsopernballett zum führenden Ensemble in Deutschland.

Peter Tschaikowskys Der Nußknacker *1974 in einer Inszenierung Neumeiers in Hamburg.*

Richard Wagners Parsifal *in der Inszenierung von August Everding war 1976 eine der herausragenden Produktionen in Hamburg. Das Bühnenbild* (oben und rechts) *entwarf der österreichische Maler Ernst Fuchs.*

Alicia Nafé im 4. Akt von George Bizets Carmen.

Der neue Generalmusikdirektor Horst Stein (1972–1977) machte sich insbesondere als hervorragender Wagner-Dirigent einen Namen. Von 1973 bis 1977 leitete August Everding das Haus; in diese Zeit fiel eine Brandkatastrophe am 1.11.1975, durch die fast der gesamte Fundus im Werte von 25 Millionen Mark vernichtet wurde; der Neuaufbau des Repertoires dauert deshalb noch an. Mit der »Opera stabile« entstand eine Experimentierbühne für zeitgenössisches Ballett- und Musiktheater. Unter John Neumeier gelangte das Hamburger Ballett zu großem Ansehen. Die 300-Jahrfeier der Hamburgischen Staatsoper im Jahre 1978 brachte unter der Leitung des neuen Intendanten Christoph von Dohnányi wieder einen Querschnitt von der ersten Zeit bis in die Gegenwart. Im Dezember 1980 ereignete sich bei einem Umbau ein schwerwiegender Unfall, der dazu führte, daß aus Arbeitssicherheitsgründen die Bühnenmaschinerie nicht mehr voll eingesetzt werden darf; dadurch konnte ein geplanter *Ring des Nibelungen* nicht realisiert werden. Christoph von Dohnányi machte sich nach dem glanzvollen Einstand im Jubiläumsjahr nicht nur Freunde in der Hamburgischen Staatsoper (man denkt an Gustav Mahler); nachdem ein Industrieller im November 1981 – aus Privatmitteln – Dohnányis bis 1987 laufenden Vertrag ausbezahlen wollte, um den Hamburger »Traum-Intendanten« Liebermann zurückzuholen, geht Dohnányi freiwillig als Nachfolger Lorin Maazels schon 1984 nach Cleveland (USA). Für 1984 ist ein Gastspiel der Hamburgischen Staatsoper in Japan geplant. Als neuer Intendant wurde Kurt Horres berufen.

Mit umfangreichen Gastverträgen hat sich Hamburg seit Jahren eine internationale Sängerelite gesichert, so daß Namen wie Montserrat Caballé, Birgit Nilsson, Leonie Rysanek, Piero Cappuccilli, Placido Domingo, Luciano Pavarotti u.v.a. in jeder Spielzeit vertreten sind.

Niedersächsisches
Staatstheater
Opernplatz 1
3000 Hannover

Niedersächsische Staatstheater Hannover GmbH Opernhaus Hannover

Allgemeine Informationen: Das Opernhaus Hannover weist einen Repertoirespielplan mit Tendenz zum Blocksystem auf. Von den insgesamt 300 Spieltagen incl. der 16 Konzerttermine sind 70 Prozent der Oper, 20 Prozent der Operette und 10 Prozent dem Ballett vorbehalten. Die Spielzeit dauert – einschließlich des Tarifurlaubs – vom 1. August bis Ende Juli. Das Opernhaus bietet Platz für 1555 Personen. Das Orchester besteht aus 99 Musikern, das Ballett aus zwei Solotänzerinnen, fünf Solotänzern (zwei mit Gruppenverpflichtung), einer 17köpfigen Damen- und einer zwölfköpfigen Herrengruppe (einer mit Soloverpflichtung). Dem Chor gehören 28 Damen und 33 Herren an.

Das Theater: Das Opernhaus wurde 1845–1852 durch Oberhofbaurat Georg Ludwig Laves (1788–1864) ursprünglich als Logentheater im klassizistischen Stil errichtet und am 1.9.1852 mit dem Festspiel *Natur und Kunst* von August von Perglass (Musik: Heinrich Marschner) sowie mit Goethes *Torquato Tasso* mit Carl Devrient in der Titelrolle eröffnet.

Nach Zerstörung am 26.7.1943 und Wiederaufbau als Rangtheater wurde das Haus am 30.11.1950 mit dem *Rosenkavalier* von Richard Strauss unter der musikalischen Leitung von Johannes Schüler, in einer Inszenierung von Joachim

Das von Georg Ludwig Laves erbaute Hoftheater Hannover im Eröffnungsjahr 1852.

Links: *Das wiederaufgebaute Opernhaus heute. Der Zuschauerraum faßt 1555 Besucher.*

Mitte: *Der Komponist Heinrich Marschner (seine Opern* Der Vampyr *und* Hans Heiling *gehören auch heute noch zum Repertoire) wirkte dreißig Jahre von 1830–1859 als Hofkapellmeister in Hannover.*

Unten: *Joseph Joachim, einer der berühmtesten Violinvirtuosen des 19. Jh.s, war 1853–1865 Konzertmeister in Hannover. Schumann, Bruch, Brahms und Dvořák widmeten ihm Violinkonzerte.*

Klaiber wiedereröffnet. Das Bühnenportal hat eine Breite von max. 14,40 m und eine Höhe von max. 11,80 m; der Bühnenraum ist 26 m breit, 17 m tief und 23 m hoch.

Die Intendanten (seit 1945):

Kurt Ehrhardt	(1943–1965)
Reinhard Lehmann	(1965–1972)
Günter Roth	(1972–1979)
Hans-Peter Lehmann	(seit 1980)

Ereignisse und Gestalten: Erste Opernaufführungen gab es in Hannover seit 1672 im Ballhof und ab 1678 im sog. »Kleinen Komödienhaus«. 1689 wurde das Schloßtheater mit *Enrico Leone* von Agostino Steffani eröffnet. Als dieses Haus den Ansprüchen nicht mehr genügte, beauftragte 1843 König Ernst August von Hannover den Oberhofbaurat Georg Ludwig Laves mit dem Neubau. Zu dieser Zeit (1830–1859) wirkte Heinrich Marschner als Hofkapellmeister am alten und neuen Theater. Den Titel eines Generalmusikdirektors erhielt er wegen seiner Hinwendung zu den revolutionären Ereignissen der Jahre 1848/49 jedoch erst 1859 anläßlich seiner Pensionierung. Im Orchester hatte der berühmte Geiger Joseph Joachim von 1853–1865 die Position des Konzertmeisters inne. In den Jahren 1877–1879 war Hans von Bülow als Dirigent am hannoverschen Theater tätig. Das hohe Niveau des Orchesters wurde zu Beginn des 20. Jh.s von Eugen d'Albert hervorgehoben.

Nachdem das Hoftheater 1918 zunächst in ein Preußisches Staatstheater umgewandelt worden war, wurde es 1921 in das Eigentum der Stadt Hannover übernommen, was eine Belebung des Spiel-

Albert Niemann (oben) *und Theodor Wachtel* (Mitte), *zwei Gesangsstars des 19. Jh.s.*

plans zur Folge hatte. Als bedeutendste Epoche hannoverscher Operngeschichte gilt die Ära von Rudolf Krasselt und Johannes Schuber (ab 1924), in deren Verlauf das künstlerische Niveau des Theaters überregionale Bedeutung erlangte.

Nach der Zerstörung am 26.7.1943 spielte man bis zur Schließung aller deutschen Theater im Herbst 1944 auf einer behelfsmäßigen Bühne in Herrenhausen. Erster Intendant der Nachkriegszeit war Kurt Ehrhardt, der das Theater schon seit 1943 bis zu seiner Schließung geleitet hatte. Bald begannen Sammlungen für einen Wiederaufbau, wobei durch Umgestaltung zum Rangtheater 242 neue Plätze im 2. Rang gewonnen wurden. Als dann im Jahre 1959 der 3. Rang ebenfalls ausgebaut wurde, konnten weitere 229 Plätze geschaffen werden. Auch die Bühnentechnik wurde ständig modernisiert und der neuesten Entwicklung angeglichen.

Das sängerische Niveau des Theaters war von jeher durch starke Bühnenpersönlichkeiten geprägt. Zwölf Jahre lang (1854–1866) gehörte Albert Niemann, der führende Wagnertenor seiner Epoche und Darsteller des Tannhäuser in den legendären Pariser Aufführungen von 1861, dem Ensemble des hannoverschen Opernhauses an. 1854–1858 sang der Tenor Theodor Wachtel, der aufgrund seiner außergewöhnlichen Höhe insbesondere als Postillon von Lonjumeau Berühmtheit erlangte, ebenfalls in Hannover. Unter den Sängern der heutigen Zeit, die aus dem Ensemble hervorgegangen sind, seien Franz Crass, Donald Grobe, Bernd Weikl, Ruth Hesse, Helen Donath, Christa Ludwig (vor ihrem Wiener Engagement) und Hanna Schwarz, die Bayreuther Fricka unter Patrice Chereau, hervorgehoben. Auf dem Gebiet der Ballettkunst verdient das Engagement der Choreographin Yvonne Georgi (1954–1970) besondere Erwähnung.

Schon frühzeitig setzte in Hannover die Pflege des kompositorischen Schaffens von Richard Wagner und Richard Strauss ein; große Beachtung erfuhren – unter der Intendanz von Rudolf Krasselt – die Werke von Ermanno Wolf-Ferrari. Der Avantgarde schenkt man ebenfalls seit langem Aufmerksamkeit. So fanden in Hannover u. a. die Uraufführung von Hans Werner Henzes *Boulevard Solitude* (17.2.1952), die deutsche Erstaufführung von Gottfried von Einems *Jesu Hochzeit* (26.11.1980), eine Studioproduktion von Mauricio Kagels *Mare Nostrum* (17.5.1981) sowie die Erstaufführung von Volker David Kirchners *Das kalte Herz* (22.11.1981) statt. Daneben wird der Spielplan immer wieder durch Aufführungen der Werke von Britten, Janáček, Klebe, aber auch von Gluck, Busoni und anderen seltener gespielter Komponisten belebt. Als Generalmusikdirektor wirkt seit 1965 George Alexander Albrecht, der bereits vier Jahre zuvor als Kapellmeister in Hannover tätig war.

Theater der Stadt Heidelberg

Theater der Stadt
Friedrichstraße 5
6900 Heidelberg

Allgemeine Informationen: Der Spielplan der Heidelberger Bühne umfaßt (in zwei Häusern) Schauspiel, Musiktheater, Ballett, Kinder- und Jugendtheater, wobei pro Saison sechs Neuinszenierungen der Oper, je eine Operetten- (oder Musical-) und Ballettpremiere, sieben bis acht Schauspieleinstudierungen und zwei bis drei Stücke im Kinder- und Jugendtheater präsentiert werden. Die Spielzeit dauert, angepaßt an die Sommerferien der Schulen in Baden-Württemberg, in der Regel von September bis Juli. Von Ende Juli bis Ende August veranstaltet das Theater die jährlichen Schloßspiele mit Musiktheatervorstellungen und Konzerten im Heidelberger Schloß.

Das Theater faßt 619 Personen. Das Orchester der Stadt Heidelberg besteht aus 55 Musikern. Mit einem relativ kleinen Ensemble (15–20 Solisten einschl. Gästen und 23 Chormitgliedern) wird der Eigenart des gegenwärtigen Heidelberger Musiktheaters – originelle Projekte auf der Bühne zu verwirklichen – Rechnung getragen. Als Beispiele genannt seien Haydns *Apotheker,* De Cavalieris *Spiel von Seele und Leib* oder die deutsche Erstaufführung von Offenbachs *Tochter des Tambourmajors.*

Der Zuschauerraum des Theaters Heidelberg faßt 619 Personen. Der ursprünglich im neoklassizistischen Stil konzipierte Innenraum des 1853 eröffneten Hauses wurde in den zwanziger Jahren im Art Déco-Stil umgebaut.

Die Bühne des Heidelberger Hoftheaters um 1680. Unter Kurfürst Friedrich war in Heidelberg der erste selbständige Theaterbau Deutschlands errichtet worden.

Das Ballett setzt sich zusammen aus einer Solotänzerin, einem Solotänzer (mit Gruppenverpflichtung) sowie einer sechsköpfigen Damen- und einer achtköpfigen Herrengruppe (mit Soloverpflichtung).

Das Theater: Die Hauptbühne für das Musiktheater, das traditionelle Gebäude an der Theaterstraße, wurde 1853 durch den Architekten Lendorf als Rangtheater in neoklassizistischem Stil (in nur fünfmonatiger Bauzeit) errichtet und am 31.10.1853 mit Schillers *Braut von Messina* unter der Leitung des Direktors Haakes eröffnet. Das Haus blieb von Kriegsschäden verschont, wurde aber mehrfach umgebaut und erhielt 1924/25 anläßlich der Übernahme in städtische Regie durch den damaligen Stadtbaurat Haller eine grundlegend neue, bemerkenswerte Innenarchitektur: eine Symbiose klassischer Elemente mit den dynamischen Formen des Art Deco. Die wichtigsten Maße: Das Bühnenportal ist (veränderlich) bis zu 8,20 m breit und 4,50–6 m hoch. Der Bühnenraum hat eine Breite von 15,50 m und eine Tiefe von 11 m. Der 66 m^2 große Orchesterraum bietet Platz für 56 Musiker.

Die Intendanten (seit 1945):

Heinrich Köhler-Helfferich	(1945–1949)
Rudolf Meyer	(1950–1956)
Paul Hager	(1956–1959)
Claus Helmut Drese	(1959–1963)
Hans-Peter Doll	(1963–1968)
Peter Stoltzenberg	(1968–1973)
Horst Statkus	(1973–1978)
Peter Stoltzenberg	(seit 1978)

Vor der romantischen Kulisse des Heidelberger Schlosses finden alljährlich Opernaufführungen auf der Freilichtbühne der Schloßspiele statt.

Ereignisse und Gestalten: Heidelberg hatte den ersten selbständigen Theaterbau in Deutschland. Kurfürst Friedrich ließ ihn im »Dicken Turm« des Schlosses errichten, und seit Anfang des 17. Jh.s gab es Aufführungen vornehmlich von Komödien. 1693, mit der Sprengung des »Dicken Turms« während des Pfälzischen Erbfolgekriegs, endete dieser erste Zeitraum lebendiger Heidelberger Theatergeschichte. Als schließlich die kurfürstliche Residenz nach Mannheim verlegt wurde, entstand dort ein blühendes Theater; eine Konkurrenz in der Nachbarstadt war nicht erwünscht. In Heidelberg selbst dominierten die Jesuiten die Universität, und sie waren lediglich an Aufführungen der nach ihnen benannten Schuldramen interessiert. Erst 1838 wurde die dringende Forderung der Bürgerschaft erfüllt: Im großen Saal des Gasthofes »Zum Prinzen Max« durfte ein provisorisches Theater eröffnet werden. 1853 wurde dann der Wunsch nach einem eigenen, würdigen Theaterbau Wirklichkeit.

In diesem höfischen Prachttheater spielte man zunächst überwiegend Schauspiel, dann eroberte sich vor allem die leichtere, volkstümliche Oper eine feste Position. Nach dem Umbau 1924/25 wurde das Haus am 25. 9. 1925 mit dem Vorspiel zu Richard Wagners *Die Meistersinger von Nürnberg*

(Leitung: Paul Radig) sowie dem Schauspiel *Egmont* in der Inszenierung von Johannes Meißner wiedereröffnet. Eine weitere Umgestaltung des Hauses erfolgte im Jahre 1978 durch R. Biste und K. Gerling, wobei auch die technischen Einrichtungen auf den neusten Stand gebracht wurden. Am 1.1.1979 wurde das Theater unter der Leitung des Intendanten Peter Stoltzenberg mit *Falstaff* von Giuseppe Verdi wieder in Betrieb genommen. Opernaufführungen finden außerhalb des Theaters auch auf einer Freilichtbühne im Rahmen der Heidelberger Schloßspiele statt, für die überwiegend namhafte Gäste engagiert werden (Solisten, Chöre und Orchester).

Unter den Persönlichkeiten des Musiktheaters, die im Zusammenhang mit dem Heidelberger Theater zu nennen sind, befinden sich die Komponisten Ernst Křenek und Norbert Schulze, der Chordirektor Walter Hagen-Groll, der in Heidelberg tätig war, bevor er 1961 nach Berlin ging, ferner der Bremer Generalmusikdirektor Peter Schneider, der hier als Kapellmeister Erfahrungen sammelte. Schließlich soll nicht unerwähnt bleiben, daß der berühmte Tenor Peter Anders (1908–1954) im Jahre 1932 in Heidelberg sein Bühnendebüt erlebte.

Künftige Spielpläne sollen u.a., unterstützt von informativen Veranstaltungen, ein Stück lebendige Operngeschichte vom Barock bis zur Klassik vermitteln.

Europäischen Ruf hat sich das Heidelberger »Choreographische Theater« (16 Ballettmitglieder) unter der künstlerischen Leitung von Johann Kresnik erworben. Seine Choreographien, etwa vom *Familiendialog* (Co-Librettist der Heidelberger Psychoanalytiker Prof. Stierlin) oder *Mars* (nach Fritz Zorns Buch), bilden ein eigenes Genre aus Tanz, Pantomime und Schauspielelementen in engagierter Darstellung zeitgenössischer Probleme.

Die Eröffnung eines Neubaus für Studioaufführungen und für Kinder- und Jugendtheater im Frühjahr 1984 ermöglicht grundsätzlich auch der musikalischen Sparte szenische Experimente.

Stadttheater GmbH
Theaterstraße 6
3200 Hildesheim

Stadttheater Hildesheim

Allgemeine Informationen: Der Spielplan des Stadttheaters wird im wesentlichen vom Sprechtheater beherrscht, so daß pro Saison nur drei Opern und vier Operetten bzw. Musicals zur Aufführung gelangen. Die Spielzeit dauert von Anfang August bis Ende Juli.

Das Haus verfügt über 697 Plätze. Das Orchester besteht aus 30 Musikern, das Ballett aus sechs Tänzerinnen und fünf Tänzern, alle mit Solo- und Gruppenverpflichtung. Dem Chor gehören acht Damen und neun Herren an.

Das Theater: Das alte Stadttheater wurde 1909 durch den Münchner Architekten Max Littmann mit antikisierender Säulenfassade als Rangtheater errichtet und am 15.9.1909 fertiggestellt. Am 2.10.1909 wurde es mit Carl Maria von Webers *Jubel-Ouvertüre* (dirigiert von Oscar Lange), einem Prolog von Ernst von Wildenbruch und Schillers *Jungfrau von Orleans* eröffnet. Am 22.3.1945 wurde das Theater zerstört, nach Kriegsende neu erbaut und am 10.9.1949 unter der Leitung seines Intendanten Walter Zibell mit Lessings *Nathan der Weise* wiedereröffnet.

Die Hauptbühne ist 18 m breit und 12 m tief, das Portal 8,75 m breit und 6 m hoch. Die Hinterbühne hat eine Breite von 9 m und eine Tiefe von 11 m. Bei Abdeckung des Orchesterraumes ergibt sich eine Vorbühne im Ausmaß von 30 m^2.

Die Intendanten (seit 1945):

Karl Stein	(1945–1948)
Walter Zibell	(1949–1975)
Pierre Léon	(seit 1975)

Ereignisse und Gestalten: Nach dem Wiederaufbau des Theaters (1949) wurde neben Sprechstücken vorwiegend die vom Publikum bevorzugte Operette gepflegt, die einen wesentlichen Anteil der Spielplangestaltung einnahm. Höhepunkte erreichte das Hildesheimer Musiktheater um die Mitte der sechziger Jahre, als in der Spielzeit 1963/64 die Opern *Fidelio, Othello, Madame Butterfly* und 1964/65 *Der fliegende Holländer, Ein Maskenball* und *Die verkaufte Braut* in das Repertoire aufgenommen wurden. In der Saison 1967/68 inszenierte Willi Stari mit großem Erfolg Verdis *Nabucco*. Aber auch Musicals – wie *Kiss me Kate, Irma la Douce, Can Can, Helden, Helden* und *Hello Dolly* – fanden nach und nach Aufnahme in den Spielplan. Zu einem ganz besonderen Ereignis wurde im Jahre 1967 Walter Zibells Inszenierung von *My Fair Lady* mit Regina Lemnitz als Eliza und Rolf Herkenrath als Prof. Higgins. Innerhalb von drei Spielzeiten gelangte diese Produktion 104mal zur Aufführung. Daß in einem vorwiegend dem Sprechtheater verbundenen Haus auch musikalische Vielfalt anzu-

Jacques Offenbachs phantastische Oper Hoffmanns Erzählungen *in der Spielzeit 1982/83 am Stadttheater Hildesheim.*

treffen ist, beweist die Tatsache, daß allein während des Zeitraumes 1949–1974 im Hildesheimer Theater 46 Opern, 88 Operetten bzw. Musicals und 24 Ballettproduktionen herausgebracht wurden.

Städtebundtheater
Schützenstraße 8
8670 Hof

Nordostoberfränkisches Städtebundtheater Stadttheater Hof

Allgemeine Informationen: Das Repertoire des Stadttheaters Hof beinhaltet in jeder Spielzeit etwa 140 Musiktheater-Vorstellungen, von denen die eine Hälfte in Hof selbst, die andere in Erlangen, Bamberg, Schweinfurt, Bayreuth, Selb, Marktredwitz und weiteren innerhalb dieses Gebietes liegenden Orten stattfindet. Die Saison dauert von Mitte August bis Ende Mai; Schwerpunkt des künstlerischen Programms bilden die deutsche Spieloper, die klassische Operette sowie Ballettabende.

Das Stadttheater faßt 500 Personen. Das Orchester besteht aus 56 Musikern (Hofer Symphoniker); dem Ballett gehören drei Solotänzerinnen, drei Solotänzer sowie vier Gruppentänzerinnen und zwei Gruppentänzer, dem Chor neun Damen und elf Herren an.

Das Theater: Das Theater wurde ab 1929 von Stadtbaurat Wörner durch Umbau eines älteren Privattheaters als flach ansteigende Arena errichtet und am 11.6.1930 unter der Bezeichnung »Stadtsaal«

Das Stadttheater Hof heute. Das Haus entstand 1929 durch den Umbau eines älteren Privattheaters und bietet 580 Zuschauern Platz.

mit Wagners *Meistersinger von Nürnberg* (Gastspiel des Stadttheaters Plauen) eröffnet.

Das Bühnenportal ist 8 m breit und 19 m tief. Der Orchesterraum hat eine Breite von 15 m und eine Tiefe von 4,50 m; er bietet Platz für 49 Musiker.

Die Intendanten (seit 1948):

Ulrich Lauterbach	(1948–1951)
Hanns Jessen	(1951–1963)
Hannes Keppler	(1963–1974)
Toni Graschberger	(1974–1978)
Horst Gnekow	(1978–1980)
Günther Pentzold	(1981)
Gerd Nienstedt	(seit 1981)

Ereignisse und Gestalten: Das erste Stadttheater wurde schon im Jahre 1821 im Chor der ehemaligen Klosterkirche errichtet. Am 4.7.1894 eröffnete man auf dem Platz des heutigen Stadttheaters einen Saalbau unter der Bezeichnung »Pfaff's Kolosseum«. Es handelte sich dabei um eine Privatbühne, auf der auch Gastspiele des Stadttheaters Zwickau stattfanden. Im Jahre 1925 erwarb die Stadtverwaltung dieses Gebäude und ließ 1929/1930 einen grundlegenden Umbau durchführen, bei dem das Theater seine heutige Fassade, Werkstätten und Künstlergarderoben erhielt. 1933 erfolgte eine Modernisierung der Bühneneinrichtungen. Beschädigungen im Zuge des Zweiten Weltkrieges fanden nicht statt. Nach Kriegsende war das Theater bis 1947 durch amerikanische Besatzungstruppen beschlagnahmt. Nach der Gründung des »Zweckverbandes Nordostoberfränkisches Städtebundtheater« konnte am 4.10.1948 der Spiel-

»Pfaffs Kolosseum« vor dem Umbau 1929. 1925 erwarb die Stadt Hof diese Privatbühne und ließ sie zum Stadttheater umbauen.

Eine Aufführung von Beethovens Fidelio *in Hof. (Darsteller: Roberto Mazzarella und Elsie Maurer).*

betrieb durch ein eigenes Ensemble mit Verdis *La Traviata* in der Inszenierung des Intendanten Ulrich Lauterbach wieder aufgenommen werden.

Trotz der kleinen Bühnendimensionen war es möglich, neben den Spielopern auch große Werke wie *Hans Heiling* von Heinrich Marschner, *Margarethe* von Charles Gounod, *Hoffmanns Erzählungen* von Jacques Offenbach und *Eugen Onegin* von Peter Tschaikowsky aufzuführen. Seit 1935 wurden etwa 50 verschiedene Opern in ca. 130 Inszenierungen herausgebracht. Im Jahre 1981 wurde der international bekannte Baßbariton Gerd Nienstedt Intendant des Theaters, nachdem er zuvor bereits stellvertretender Intendant und 1977/1978 künstlerischer Leiter des Staatstheaters Wiesbaden gewesen war. 1982 inszenierte er in Hof den *Fidelio*. Darüber hinaus wirkt er selbst im Ensemble des Hauses mit, wo er 1982 u. a. als *Gianni Schicchi* auftrat. Die Intendanz plant langfristig eine Verlängerung der Spielzeit um sechs Wochen sowie die Fixierung der jährlichen Musiktheaterpremieren auf drei Opern, drei Operetten, ein Musical und einen Ballettabend.

Tiroler Landestheater Innsbruck

Tiroler Landestheater
Rennweg 2
A-6020 Innsbruck

Allgemeine Informationen: Das Repertoire des Innsbrucker Landestheaters enthält alljährlich etwa 80 Opern-, 50 Operetten- und in jedem zweiten Jahr 15 Ballettvorstellungen. Die Saison umfaßt in der Zeit von Ende September bis Anfang Juli rund 250 Spieltage.

Das Theater bietet Platz für 793 Personen. Das Innsbrucker Symphonieorchester setzt sich aus 67 Musikern, das Ballett aus zehn Damen und sieben Herren zusammen. Dem ständigen Chor gehören 17 Damen und 16 Herren an; ein Extrachor besteht aus je 40 Damen und Herren.

Das Theater: 1844 begannen die Bauarbeiten an dem von Giuseppe Segusini im neoklassizistischen Stil entworfenen Gebäude. Am 19.4.1846 wurde es mit drei Festvorstellungen Eduard Bauernfelds *Ein deutscher Krieger,* Nestroys *Der Zerrissene* und Donizettis Oper *Lucrezia Borgia* eröffnet. In den Jahren 1961–1967 erfolgte ein vollständiger Umbau, bei dem nur die Fassade erhalten blieb. Bühne und Zuschauerhaus wurden von Erich Boltenstern, die Zubauten von Carl Maria Michel und Robert Schuller neu gestaltet. Am 19.11.1967 konnte das Haus mit Raimunds *Der Alpenkönig und der Menschenfeind* wieder eröffnet werden; die erste Opernvorstellung galt Wagners *Meistersingern von Nürnberg* in der Inszenierung von Intendant Helmut Wlasak und unter der musikalischen Leitung von Siegfried Nessler – Vorbote einer bemerkenswerten Wagner-Pflege.

Das 1844–1846 im neoklassizistischen Stil erbaute Theater in Innsbruck, Photographie um 1890.

Das »Landesfürstliche Comedihaus«, 1653–1655 unter Erzherzog Karl nach italienischem Vorbild erbaut. Bereits ab 1658 spielte dort das erste feste Theaterensemble Innsbrucks.

Kaiser Joseph II. (1741–1790), Gemälde von Jean-Etienne Liotard. Der Kaiser, eine der Hauptgestalten des aufgeklärten Absolutismus, ließ dem in »k. k. Hof- und Nationaltheater« umbenannten Innsbrucker Theater erste Subventionen zukommen.

Das Bühnenportal ist 10 m breit und 11 m hoch; die Bühnenraumbreite beträgt 25 m, die Tiefe 30 m. Der Orchesterraum hat eine Breite von 13 m und eine Tiefe von 6 m; er ist für 70 Musiker dimensioniert.

Die Intendanten (seit 1945):

Robert Pleß	(1945–1949)
Paul Schmid	(1949–1952)
Karl Goritschan	(1952–1967)
Helmut Wlasak	(seit 1967)

Ereignisse und Gestalten: Das erste feste Theaterensemble gab es in Innsbruck seit 1658, als die »Erzfürstlichen Hofkomödianten« dort ihren Sitz nahmen und auch die Umgebung (Süddeutschland, Schweiz) bereisten. Schon 1653/54 war durch Christoph Gumpp auf dem Platz des heutigen Landestheaters ein »Landesfürstliches Comedihaus« errichtet worden, in dem man im Jahre 1654 bereits *Cleopatra* von Marcantonio Cesti (1623–1669) aufführte, der 1652 erzherzoglicher Kapellmeister in Innsbruck geworden war. 1765 wurde das Hoftheater renoviert und mit der Metastasio-Oper *Romulo und Ersilia* wiedereröffnet. 1775/1776 war Emanuel Schikaneder, der Freund Wolfgang Amadeus Mozarts, als Regisseur am Innsbrucker Theater engagiert.

Eine erste Subvention gab es 1786 durch Joseph II. Das Haus wurde in »k.k. Nationaltheater« umbenannt. 1790 besuchte Goethe das Theater. Im Jahre 1800 wurden dort Haydns *Schöpfung* und Händels *Messias* aufgeführt. 1805, als Tirol an Bayern gefallen war, erhielt das Haus den Namen »Königlich bayrisches Hof-Nationaltheater«.

1844 mußte das Theater wegen Baufälligkeit geschlossen werden. Da man jedoch sofort mit dem Neubau begann, konnte die Wiedereröffnung bereits am Geburtstag des Kaisers Ferdinand (19.4.1846) erfolgen. Als erste Oper gelangte Donizettis *Lucrezia Borgia* zur Aufführung. 1886 wurde das mehrfach umgebaute Haus in das Eigentum der Stadt Innsbruck übernommen und 1893 weitgehend modernisiert. 1919 bekam das Theater durch Max Köhler ein ständiges Opernensemble, das 1924 wieder aufgelöst wurde. 1927 erfolgten weitere technische Verbesserungen im Bühnenbereich. 1939 wurde das Haus zum »Landestheater«; wieder gab es ein ständiges Opernensemble. 1940 besuchte Richard Strauss anläßlich einer *Salome*-Aufführung Innsbruck.

Nach dem Krieg wurde die Umwandlung in ein »Tiroler Landestheater« endgültig bestätigt; 1945 konnte mit *Wiener Blut* (für die US-Besatzungsmacht) wiedereröffnet werden. 1949 debütierte die junge Leonie Rysanek in Innsbruck. Nach einer *Turandot*-Vorstellung am 20.7.1961 mußte das Theater aus Gründen der Sicherheit geschlossen werden, und es erfolgte der bereits erwähnte totale Um- und Neubau. In der Eröffnungswoche (November 1967) wurden *Die Meistersinger von Nürnberg, Die lustige Witwe* und *Madame Butterfly* aufgeführt. Seither hat Intendant Helmut Wlasak die zyklische Aufführung der Werke von Richard Wagner, Richard Strauss und Giuseppe Verdi eingeführt; im übrigen bringt jede Saison zwei klassische Operetten und – je nach Besetzungsmöglichkeit – ein Musical. Zum 250. Geburtstag von Joseph Haydn fand ein Zyklus seiner Werke statt, der mit dem *Apotheker* eröffnet wurde.

Szenenbild aus einer Aufführung von Joseph Haydns Der Apotheker. *Zum 250. Geburtstag des Komponisten wurde 1982 mit dieser kleinen Buffooper nach Goldoni ein Haydn-Zyklus eröffnet.*

Pfalztheater
Am Fackelrondell
6750 Kaiserslautern

Pfalztheater Kaiserslautern

Allgemeine Informationen: Das Repertoire des Pfalztheaters besteht zu zwei Dritteln aus Werken des Musiktheaters. Die Spielzeit dauert jeweils von Mitte August bis Ende Juli, wobei eine sechswöchige Sommerpause eingehalten wird. Das Haus bietet Platz für 515 Personen. Das Orchester besteht aus 60 Musikern; dem Ballett gehören zwei Solotänzerinnen, vier Solotänzer und eine neunköpfige Damengruppe an. Der Chor setzt sich aus 14 Damen und 14 Herren zusammen.

Das Theater: Das Theater, das vor dem Krieg ein Kino war, wurde im Jahre 1950 durch den Oberbaurat Albert als Rangtheater – ohne spezifischen Baustil – errichtet und am 30.9.1950 mit Ludwig van Beethovens *Fidelio* unter der Leitung des Intendanten Heinz Robertz eröffnet. Das Bühnenportal ist 7,80 m breit und 4,50 m hoch. Der Bühnenraum hat eine Breite von 14 m und eine Tiefe von 9 m. Der Orchesterraum faßt 50 Musiker.

Die Intendanten (neues Haus):

Heinz Robertz	(1950–1959)
Willie Schmidt	(1959–1966)
Günter Könnemann	(1966–1971)
Wolfgang Blum	(seit 1971)

Ereignisse und Gestalten: Das erste Kaiserslauterner Theater, das am 20.6.1862 eröffnet wurde, verdankt sein Entstehen einem Bürger der Stadt. Der Spittelmüller Andreas Müller finanzierte nicht nur

Das Pfalztheater am Fackelrondell heute. Es entstand 1950 durch den Umbau eines Kinos und verfügt über 750 Plätze.

Das alte Stadttheater in Kaiserslautern, das in dieser Form von 1868 bis 1944 bestand. Andreas Müller, ein kunstbegeisterter Bürger der Stadt hatte es 1862 errichten lassen.

den Bau, sondern auch die ersten Spielzeiten aus eigener Tasche. Einmal durch Feuer zerstört, wiederauf- und mehrfach umgebaut, wurde das Theater 1897 von der Stadt übernommen. Seit 1912 gab es eine Zusammenarbeit mit Zweibrücken und in den Jahren nach dem Ersten Weltkrieg dehnte das Theater seinen Spielbetrieb auch auf andere pfälzische Städte aus. Der Spielbetrieb festigte sich, die Leistungen stiegen über das Niveau einer Provinzbühne, so daß 1931 die Umbildung in ein »gesamtpfälzisches Kunstinstitut« erfolgte. Während die »Pfalzoper« Kaiserslautern sich künftig nur dem Musiktheater widmete, wurde der Schauspielbetrieb durch eine seit 1921 bestehende Bühne, die sich »Landestheater für Pfalz und Saargebiet« nannte, versehen.

Die Zerstörung des alten Theaters am 14.8.1944 zwang das Kaiserslauterner Theater- und Musikleben zu jahrelanger Improvisation, bis 1950 aus einem ehemaligen Kino das neue Theater am Fackelrondell entstand. Allerdings konnten trotz ständiger Investitionen zahlreiche Mängel nicht beseitigt werden, so daß seit längerem ein Neubau im Gespräch ist.

Die Schwerpunkte des Theaters liegen, seiner Tradition entsprechend, beim Musiktheater. Vor allem die Pflege des Musicals wird großgeschrieben, wobei in jeder Spielzeit ein »klassisches« und ein »neues« Werk auf dem Programm stehen. Von den altbewährten Werken erfreuen *My Fair Lady, Annie Get Your Gun, Hallo Dolly, West Side Story, Cabaret, Der Mann von La Mancha* und *Sweet Charity.* Am 28.9.1975 fand im Pfalztheater die deutsche Erstaufführung von Burton Lanes *Finian Rainbow,* am 19.2.1977 das deutsche Debüt von Gershwins

Szenenbild einer Aufführung von Leonard Bernsteins Musical West Side Story. *Die Pflege des klassischen und modernen Musicals gehört zu den Schwerpunkten im Programm des Pfalztheaters Kaiserslautern.*

Girl Crazy, beide in der Fassung von Max Colpet, und am 25.9.1977 die erste Aufführung der deutschsprachigen Fassung von Leonard Bernsteins *On the Town* (New York, New York) von Rolf Merz und Gerhard Hagen statt. Weitere Musical-Aufführungen galten John Kanders *Chicago,* Cole Porters *Silk Stockings* und *Anything Goes* sowie *Carousel* von Rodgers und Hammerstein II., die Kaiserslautern als Musical-Stadt ersten Ranges ausweisen.

Badisches Staatstheater
Baumeisterstraße 11
7500 Karlsruhe

Badisches Staatstheater Karlsruhe

Allgemeine Informationen: Das Repertoire des Badischen Staatstheaters umfaßt neben allen Sparten des Musiktheaters auch Schauspiel und Konzert. Die Spielzeit dauert, einschließlich eines sechswöchigen Tarifurlaubs, von Anfang August bis Ende Juli.

Das Große Haus, im besonderen für Opernaufführungen geeignet, bietet 1002, das Kleine Haus 350–550 Plätze. Das Orchester, die Badische Staatskapelle, hat 89 Mitglieder, dem Chor gehören je 22 Damen und Herren an. Das Ballett besteht aus je fünf Solotänzerinnen und -tänzern (teilweise mit Gruppenverpflichtung) sowie einer neunköpfigen Damen- und einer siebenköpfigen Herrengruppe.

Das Theater: Das in den Jahren 1970–1975 von Helmut Bätzner (geb. 1928) in moderner Betonbauweise errichtete Theater gliedert sich in zwei Häu-

Der moderne Bau des Staatstheaters Karlsruhe, von Helmut Bätzner 1970–1975 erbaut.

ser, die je ein Parkett und einen Rang haben. Der Zuschauerraum des vor allem für die Oper in Betracht kommenden Großen Hauses ist asymmetrisch mit gassenartigen Treppen angelegt. Die Eröffnung fand am 29. 8. 1975 mit Mozarts *Zauberflöte* statt.

Das Bühnenportal des Großen Hauses ist zwischen 13 m und – bei Einbeziehung der Seitenbühnenöffnungen – 17,50 m breit. Seine Höhe beträgt 12,50 m. Der Bühnenraum weist eine Breite von 28 m und eine Tiefe von 22,50 m auf, der Schnürboden eine Höhe von 24 m. Der Orchesterraum bietet Platz für 100 Musiker.

Die Intendanten (seit 1945):

Hans Herbert Michels	(1945/1946)
Erich Weidner	(1946)
Erwin Hahn	(1946/1947)
Otto Matzerath (kommiss.)	(1946–1948)
Hanns Schulz-Dornburg	(1948)
Heinrich Köhler-Helffrich (kommiss.)	(1948/1949)
Heinz Wolfgang Wolff	(1949–1953)
Paul Rose	(1953–1962)
Waldemar Leitgeb	(1962/1963)
Hans-Georg Rudolph (Gen.-Int.)	(1963–1977)
Günter Könemann (Gen.-Int.)	(seit 1977)

Ereignisse und Gestalten: Erste Nachrichten über ein Theaterleben am Hof von Baden-Durlach finden sich aus dem Jahr 1662. Es wurden vorwiegend mythologische Szenen, Ballette, Singspiele und allegorische Lehrstücke zur Aufführung gebracht. 1715 gründete dann Markgraf Karl Wilhelm die nach ihm benannte Stadt und ließ vier Jahre später die Durlacher Hofkapelle sowie die markgräflich-

Das sogen. »Weinbrenner-Theater«, 1808 unter Großherzog Karl Friedrich an der Schloßplatzpromenade in Karlsruhe eingeweiht. Das Haus brannte 1847 ab, 63 Menschen kamen dabei ums Leben.

badische Komödiantengesellschaft nach Karlsruhe, das nunmehr Residenz war, übersiedeln. Im Ostflügel des Schlosses wurde ein auch als »Opernhaus« bezeichneter Theatersaal eingerichtet und am 13.1.1719 mit dem Schäferstück *Celindo* eröffnet. Nach Jahren der Stagnation, bedingt durch politische Umstände und einen Regierungswechsel, erfuhr das Karlsruher Theaterleben erst 1771 wieder einen Aufschwung, als die Hofkapelle durch das Rastätter Hoforchester vergrößert wurde, sowie 1774, als Christoph Willibald Gluck am Markgräflich-Badischen Hof wirkte.

Nach der Erhebung Badens in den Rang eines Kurfürstentums (1803) bzw. eines Großherzogtums (1806) erteilte Großherzog Karl Friedrich seinem Baudirektor Friedrich Weinbrenner den Auftrag zur Errichtung eines neuen Theaters an der Schloßplatzpromenade, das schon zwei Jahre später fertiggestellt war und am 9.11.1808 mit zwei Singspielen von Spindler *Fest der Weihe* und *Triumph mütterlicher Liebe* eröffnet wurde. 1810 wurde die Theatertruppe des bisherigen Prinzipals Vogel vom großherzoglichen Hof übernommen, die erste reguläre Theatersaison am 9.11.1810 mit der Oper *Achille* von Ferdinando Paër eröffnet. Am 2.2. und 16.2.1815 trat der damals 14jährige Albert Lortzing im Hoftheater in Kinderrollen auf. Am 3.10.1815 besuchte Goethe während eines Aufenthaltes in Karlsruhe das Theater. Am 9.12.1829 gab der große Geiger Niccolò Paganini im Hoftheater ein Konzertgastspiel.

1847 war ein Jahr der Theaterbrände. Neben dem Deutschen Theater in Budapest und dem kurz zuvor renovierten Stuttgarter Hoftheater fiel auch das Karlsruher Theater einem Brand zum Opfer.

Nach der Brandkatastrophe 1847 konnte 1853 das neue Großherzogliche Hoftheater eröffnet werden. Der von Heinrich Hübsch konzipierte Bau, der über 2000 Plätze verfügte, galt als eines der schönsten Theaterhäuser Deutschlands. Bei einem Luftangriff wurde er 1944 vollständig zerstört.

Am 28.2. entzündete sich vor Beginn der Chor- und Ballettrevue *Der artesische Brunnen* in der markgräflichen Loge eine Draperie und setzte binnen weniger Minuten das ganze Haus in Flammen. In dem Chaos kamen 63 Personen ums Leben.

Nachdem Interimslösungen sich als nicht tragbar erwiesen hatten, wurde 1851 der Oberbaudirektor Heinrich Hübsch mit der Errichtung eines neuen Gebäudes am alten Platz beauftragt. Das Haus, das mit seiner klassizistischen Fassade als eines der schönsten deutschen Theater galt und 2000 Personen Platz bot, wurde am 17.5.1853 mit Schillers *Jungfrau von Orleans* eröffnet. Unter der Intendanz von Eduard Devrient (1852–1870) sollte es einen ungeahnten Aufschwung erleben. Das erste musikalische Ereignis von Weltrang war eine Aufführung von Beethovens *Neunter Symphonie* unter der Leitung von Franz Liszt (3.10.1853). Noch im selben Jahr wurde Hermann Levi Generalmusikdirektor; 1864 ernannte man ihn zum Hofkapellmeister.

Am 17. und 19.11.1863 dirigierte Richard Wagner im Hoftheater zwei Konzerte mit Auszügen aus eigenen Werken. 1876 leitete Otto Dessoff hier die Uraufführung von Brahms' Erster Symphonie. 1880 trat Felix Mottl die Stelle des Generalmusikdirektors an, die er bis 1904 inne hatte. Unter seiner Leitung wurde die Oper im allgemeinen und das Werk Richard Wagners im besonderen auf höchstem Niveau gepflegt, so daß Karlsruhe in Fachkreisen als »Klein-Bayreuth« bezeichnet wurde. Kennzeichnend für die hier gebotene Qualität ist ein Ausspruch von Brahms, wonach »ein anständiger Mensch schon wegen des klassischen Repertoires alljährlich einige Monate in Karlsruhe bleiben müsse«.

Oben: *Franz Liszt dirigierte im Eröffnungsjahr 1853 Beethovens neunte Symphonie. Die Aufführung war einer der Höhepunkte in der Geschichte des Karlsruher Theaters.*

Unten: *Hans Pfitzner. 1924 dirigierte der Komponist in Karlsruhe sein erfolgreichstes Werk* Palestrina. *Auch in den folgenden Jahren erlebte das Haus wiederholt Aufführungen von Pfitzners Opern unter seiner eigenen Leitung.*

1913 und 1924 fanden Richard-Strauss-Festwochen in Anwesenheit des Komponisten, der teilweise selbst dirigierte, statt. Am 11.1.1924 dirigierte Hans Pfitzner im Badischen Landestheater, wie das Haus seit 1918 hieß, seinen *Palestrina*; er kehrte in der Folge mehrmals als Leiter eigener Opern zurück. Seine letzte Aufführung erlebte das Theater am 9.7.1944 mit Mozarts *Die Hochzeit des Figaro*. In der Nacht zum 27.9.1944 wurde es bei einem Bombenangriff völlig zerstört.

Als erstes öffentliches Musikereignis nach Kriegsende fand am 31.8.1945 ein Symphoniekonzert der Badischen Staatskapelle statt. Gespielt wurde im Städtischen Konzerthaus, einem unzulänglichen Bau, der in den folgenden neun Jahren immer wieder verändert und renoviert wurde, bis er 1954 nach einem grundlegenden Umbau den Erfordernissen eines modernen Theaters entsprach. Mit einer Aufführung der *Zauberflöte* konnte am 14.10.1954 endlich ein regulärer Spielbetrieb aufgenommen werden.

1959 gastierte das Ensemble mit Orffs Oper *Die Kluge* im venezianischen Teatro La Fenice; 1963 wurde ein Gastspielaustausch mit dem Théâtre Municipal de Nancy vereinbart. 1965 gab man erstmals ein Gastspiel in Luxemburg, und 1970 wurden alte Verbindungen mit dem Straßburger Theater erneuert. 1971 gab das Badische Staatstheater zwei Vorstellungen mit Alban Bergs *Lulu* in Lissabon; ebenso wurde die erste Gemeinschaftsproduktion mit Straßburg, Tschaikowskys *Schwanensee*, realisiert. 1975 wurde ein Gemeinschaftsprogramm mit der dortigen Opéra du Rhin erstellt.

Schon seit 1959 beschäftigte man sich in Karlsruhe mit dem Bau eines neuen Theaters. Doch von der Ausschreibung eines Wettbewerbs über Festlegung des Standortes und Wahl der Architekten bis zum ersten Spatenstich 1970 sollten Jahre vergehen. Am 29.6.1975 fand schließlich die letzte Opernvorstellung im alten Theater am Festplatz *(Cosi fan tutte)* statt, und am 29.8.1975 wurde das Große Haus mit Mozarts *Zauberflöte* festlich eröffnet.

Seit 1977 wird das Badische Staatstheater von Generalintendant Günter Könemann geleitet; Generalmusikdirektor ist – seit dem gleichen Jahr – Christof Prick, der 1985 als Staatskapellmeister an die Deutsche Oper Berlin wechselt. An musikalischen Ereignissen, die unter dieser Leitung entstanden, sind zu nennen die seit 1977 jährlich stattfindenden »Händel-Tage des Badischen Staatstheaters«, ein Mozart-Zyklus (1977), die deutsche Erstaufführung von Giovanni Paisiellos *Das komische Duell* (1978), ein Richard-Strauss- und ein Richard-

Wagner-Zyklus (1983/1984 mit 11 Gala-Abenden), zwei deutschsprachige Musical-Erstaufführungen: *Brigadoon* (1980) und *Camelot* (1982), beide von Frederick Loewe sowie die Wiederentdeckung der Oper *Mona Lisa* (1983) von Max von Schillings.

Staatstheater Kassel

Staatstheater
Friedrichsplatz 15
3500 Kassel

Allgemeine Informationen: Der Repertoirespielplan des dem Musiktheater gewidmeten Großen Hauses des Kasseler Staatstheaters umfaßt Aufführungen aller Arten und Stilrichtungen. Die Spielzeit dauert ca. vom 20. September bis Ende Juli. Von den rund 250 Spieltagen sind ca. 40 Abende der Oper, 90 der Operette und dem Musical und etwa 20 dem Ballett vorbehalten.

Der Zuschauerraum des als Doppelhaus für Oper und Schauspiel konzipierten Großen Hauses faßt 953 Personen. Dem Orchester gehören 74 Musiker an; das Ballett besteht aus einer achtköpfigen Damen- und einer siebenköpfigen Herrengruppe. Der Chor setzt sich aus 18 Damen und 24 Herren zusammen.

Das Theater: Das von den Architekten Paul Bode und Ernst Brundig 1955–1959 in modernem Stil mit ansteigendem Parkett und Logenkranz errichtete Große Haus wurde am 12.9.1959 mit der Aufführung der hierfür in Auftrag gegebenen Oper *Prometheus* von Rudolf Wagner-Régeny (1903–1969) unter der Leitung des Dirigenten Paul Schmitz eröff-

Das 1959 eröffnete Stadttheater am Friedrichsplatz, in dem die Kasseler Oper nach mehreren Übergangslösungen ihre neue Heimat fand.

Landgraf Moritz von Hessen-Darmstadt (links, *1572–1632*), *der wegen seiner umfassenden Bildung den Beinamen »der Gelehrte« erhielt. Unter seiner Regentschaft entwickelte sich Kassel zum kulturellen Mittelpunkt Hessens. 1603–1605 ließ er, zum Teil nach eigenen Entwürfen, das erste feste Theatergebäude Deutschlands errichten, das nach dem damaligen Hofkapellmeister Georg Otto bald »Ottoneum« genannt wurde* (rechts).

net. Das veränderliche Bühnenportal ist 8–16 m breit und 0,5–7,5 m hoch, die Bühne insgesamt 25 m breit und 14 m tief. Der Orchesterraum hat eine Fläche von ca. 95 m^2.

Die Intendanten (seit 1945):

Hanns Carl Müller	(1945–1950)
Paul Rose	(1950/1951)
Edgar Klitsch	(1951–1953)
Hermann Schaffner	(1953–1962)
Günter Skopnik	(1962–1966)
Ulrich Brecht	(1966–1972)
Peter Löffler	(1972–1975)
Peter Mertz	(1975–1980)
Gian-Carlo del Monaco	(1980–1983)
Manfred Beilharz	(seit 1983)

Ereignisse und Gestalten: Das Theaterleben in Kassel erlebte seit den Anfängen ein recht wechselhaftes Geschick. Wie in anderen Duodezstaaten auch war es den Launen des jeweiligen Herrschers auf Gedeih und Verderb ausgeliefert. Dessen Kunstsinn oder Prachtliebe, Desinteresse oder Geiz entschieden über Höhen und Tiefen des Theaters. In Kassel hat es alle Stadien durchlebt: den Glanz des reich ausgestatteten Hoftheaters, die Auszehrung durch nur kärglich bemessene Subventionen und die Misere eines auf sich selbst gestellten Privatunternehmens.

Daß Kassel zur Theaterstadt wurde, verdankt es dem Landgrafen Moritz, der den Beinamen »der Gelehrte« erhielt. Er holte 1594 englische Komödianten in seine Residenz und baute ihnen ein Theater, das Ottoneum. Nach dem Elend des Dreißigjährigen Krieges brach 1677 mit dem Regierungsantritt des Landgrafen Karl speziell für das Musikleben eine neue Blütezeit an. Nach Reorganisation der Hofkapelle und Bestellung des Venezianers Ruggiero Fedeli zum Hofkapellmeister wurde 1701 in Kassel die erste Oper aufgeführt, der bald weitere folgten.

Nach einer opernlosen Zeit (1720–1760) sorgte der prachtliebende Landgraf Friedrich II. für den raschen Ausbau der italienischen Oper, die im Stagione-Prinzip aufgeführt wurde. Er engagierte hervorragende Musiker und Künstler und ließ ein den spieltechnischen Anforderungen entsprechendes Hoftheater bauen. Neben der Hofschatulle dienten zur Finanzierung die Einnahmen aus dem damals gerade aufkommenden Lotto. Den absoluten Tiefpunkt für das Kasseler Theater markierte das Jahr 1785. 18 Tage nach seinem Regierungsantritt löste der neue Herrscher, Wilhelm IX., Oper, Ballett und Orchester auf. Die Künstler verließen die Stadt, der Niedergang war unaufhaltbar. Erst seit 1793 gelang es David August Apell, der zwischen Hof und wechselnden Schauspielertruppen zu vermitteln hatte, durch kontinuierliches Engagement des angesehenen Theaterdirektors Haßloch das künstlerische Niveau wieder zu steigern. 1793 wurden Mozarts *Zauberflöte,* 1794 *Titus* aufgeführt. 1797 brachte Haßloch, der in Kassel die Mozart-Pflege begründete, *Figaros Hochzeit* und 1802 *Idomeneus* als Erstaufführung heraus. Trotz künstlerischer Erfolge gab Haßloch 1804 wegen zu großer finanzieller Belastungen bei zu geringen Subventionen resigniert auf.

Die Gelder flossen wieder reichlich, als Jérôme Bonaparte als König von Westfalen in Kassel residierte und das »Théâtre Royal« in den Mittelpunkt

Das Kurfürstliche Hoftheater zu Kassel nach 1800. Unter Landgraf Friedrich II. war 1766–1769 ein ehemaliges Prinzenpalais zum modernen Hoftheater umgebaut worden. Im ständigen Auf und Ab des Theaterbetriebs mußte das Haus bis 1813 seine Tore unter wechselnden Landesherren mehrfach schließen.

seines gewaltigen Repräsentationsbedürfnisses stellte. Doch mit Napoleons Bruder verschwanden 1813 auch alle Pracht und Großzügigkeit. Das Theater wurde wieder zum Privatunternehmen degradiert, bis 1821 mit Kurfürst Wilhelm II. ein neuer Herrscher kam, der das Theater endgültig zum »Kurfürstlichen Hoftheater« erhob. Zu seinem auf Lebenszeit bestellten Generaldirektor Karl Feige sagte er: »Machen Sie das beste Theater in Deutschland, und danach sagen Sie mir, was es kostet.« Als Glücksfall erwies sich das Engagement von Louis Spohr, der als Hofkapellmeister dem Musiktheater wesentliche Impulse vermittelte. Spohr pflegte insbesondere die neue romantische Oper und brachte musikalisch gültige Interpretationen von Weber, Mozart und Rossini. 1831 gastierte die zwölfjährige Clara Wieck in Kassel.

Ein Regierungswechsel setzte 1831 den zyklischen Wechsel von Glanz und Restriktion fort. Dennoch ist aus dieser Zeit ein riskantes Unternehmen zu vermelden: als zweite deutsche Stadt wagte Kassel 1843 kurz nach der Dresdner Uraufführung die Inszenierung von Richard Wagners *Der Fliegende Holländer*. Das Ende des Kurfürstentums Hessen, das 1866 Preußen einverleibt wurde, bescherte dem Theater, nunmehr »Königliche Schauspiele zu Cassel«, neuen Aufwind. Unabhängig von herrscherlicher Willkür und verwaltungsmäßig der Generalintendantur der Königlichen Schauspiele in Berlin unterstellt, konnte sich das Theaterleben künstlerisch frei entfalten, und bald erfreute sich die Kasseler Bühne allgemein eines guten Namens und galt als Sprungbrett für große Talente. So weilte Gustav Mahler von 1883–1885 als Chor- und Musikdirektor in Kassel. Hofkapellmeister in jener Zeit war Wilhelm Treiber. Unter seiner Ägide erreichte gerade der Opernspielplan eine Vielfalt wie nie zuvor und wie selbst später nicht wieder.

Die Pianistin Clara Wieck, spätere Frau Robert Schumanns, trat 1831 als zwölfjähriges Wunderkind in Kassel auf. Clara Wieck entwickelte sich zu einer der führenden Pianistinnen des 19. Jh.s, sie war darüber hinaus eine der wenigen Frauen, die auch komponierten. Nach ihrer Hochzeit mit Robert Schumann aber wandte sie sich von der Musik ab.

Die Wilhelminische Ära brachte für das Kasseler Theater eine einschneidende äußerliche Änderung. Auf Anordnung des Kaisers, der in Kassel zur Schule gegangen war, und gegen die Proteste der Bürger wurde das alte Hoftheater abgerissen und durch einen größeren, prächtigeren Neubau ersetzt. Dieses neue Theater, das am 26.8.1909 mit Lortzings *Undine* eröffnet wurde, erlitt später im Zweiten Weltkrieg so starke Beschädigungen, daß es 1950 abgerissen werden mußte.

Zwischen den Kriegen erlebte das Kasseler Theater erneut eine schwierige Zeit. Zu häufige Intendantenwechsel standen einer künstlerischen Kontinuität im Wege. Immerhin finden sich aus jener Zeit unter den Intendanten so berühmte Namen wie Paul Bekker (1925–1927), Ernst Legal (1927/1928), Max Berg-Ehlert (1929–1932) und Franz Ulbrich (1935–1944).

Nach Ende des Zweiten Weltkriegs und vor allem nach dem Einzug in das neue Theater (1959) wurde auf dem Opernsektor das Repertoire von Mozart, Wagner, Verdi, Puccini und Strauss neu erarbeitet. Besonders zu erwähnen sind hier die Kasseler Erstaufführung der *Frau ohne Schatten* (1962) und die spektakuläre Inszenierung des *Ring des Nibelungen* 1970–1973 durch Ulrich Melchinger und Thomas Richter-Forgäch.

Vor allem seit der Intendanz von Ulrich Brecht und bis in die jüngste Zeit war die Kasseler Oper immer auch ein Forum für die Erprobung neuer Werke und experimenteller Spielweisen. Die »Kasseler Versuche mit Wagner« haben zwar gelegentlich Konflikte mit dem Publikum ausgelöst, sind aber in die Theatergeschichte eingegangen. – Derzeitiger Generalmusikdirektor ist Woldemar Nelsson, der auch in Bayreuth als Festspieldirigent bekannt wurde.

Bühnen der Landeshauptstadt Kiel – Opernhaus am Kleinen Kiel

Bühnen der
Landeshauptstadt
Rathausplatz
2300 Kiel

Allgemeine Informationen: Das Repertoire des Opernhauses umfaßt die gängigen Opern, Operetten und Ballette der klassischen und romantischen Literatur, während die Moderne in dem seit der Spielzeit 1969/70 bestehenden Opernstudio intensiv gepflegt wird.

Das Opernhaus verfügt über 869 Plätze. Das Orchester setzt sich aus 76 Musikern, das Ballett aus einer elfköpfigen Damen-, einer sechsköpfigen Herrengruppe sowie zwei Solotänzern zusammen. Dem Chor gehören 17 Damen und 20 Herren an.

Das Theater: Das Opernhaus wurde in den Jahren 1905–1907 durch den Berliner Architekten Seeling als Rangtheater errichtet und unter dem Namen »Neues Stadttheater« am 1.10.1907 mit einem Festakt (Vorspiel zu *Parsifal,* Prolog *Der Kunst ein Haus* von Ernst von Wildenbruch, gesprochen von Anna Gabrieli) sowie einer Aufführung von Beethovens *Fidelio* (inszeniert von Franz Gottscheid, dirigiert von Felix Schreiber) eröffnet. Am 30.6.1941 wurde das Theater erstmals schwer beschädigt, am 13.12.1943 erneut von drei Bomben getroffen und

Oben links: *Theaterzettel zur Eröffnung des Kieler Opernhauses (1907) in zeitgenössischer Jugendstil-Manier. Neben Wagners* Parsifal*-Vorspiel und einem Text des Dichters Ernst von Wildenbruch gelangte am Abend Beethovens* Fidelio *zur Aufführung.*

Oben rechts: *Das 1907 eröffnete alte Haus der Kieler Oper, das damals »Neues Stadttheater« hieß. Es wurde im Zweiten Weltkrieg zerstört.*

1944 durch eine Luftmine total zerstört. In den Jahren 1950–1953 wurde das Haus durch die Architekten Hansen und Widmann wiedererrichtet; Werner Kallmorgen und Adolf Zotzmann gestalteten die Innenräume als gelungene Synthese von Neubau und Rekonstruktion. Im Rahmen der Kieler Woche 1953 fand Beethovens *Fidelio* (wie bereits 1907) als Eröffnungsvorstellung statt.

Der Bühnenraum ist 20 m breit und 20 m tief; das Bühnenportal (veränderlich) 8–12 m breit und 1–10 m hoch. Ein Neubau für Probenräume, Werkstätten und Magazine sowie eine technische Neuausstattung der Bühne konnten am 16. 7. 1972 in Betrieb genommen werden. Der Orchesterraum besteht aus zwei parallel laufenden versenkbaren Podien.

Die Intendanten:

Franz Gottscheid/Anton Otto	(1907–1909)
Anton Otto	(1909–1912)
Carl Alving	(1912–1919)
Max Alberty	(1919–1922)
Kurt Elvenspoek	(1922/1923)
Hans Brockmann	(1923/1924)
Georg Hartmann	(1924–1932)
Ernst Martin	(1932–1935)

Das Kieler Opernhaus heute, das 1950–1953 unter Integration erhalten gebliebener Teile des »Neuen Stadttheaters« erbaut wurde. Zur feierlichen Eröffnung 1953 im Rahmen der »Kieler Woche« wählte man erneut Beethovens Fidelio.

Hans Schulz-Dornburg	(1935–1941)
Wolfram Humperdinck	(1941–1944)
Paul Belker	(1945–1950)
Alfred Noller	(1950–1956)
Rudolf Meyer	(1956–1960)
Hans-Georg Rudolph	(1960–1963)
Joachim Klaiber	(1963–1976)
Claus H. Henneberg	(1976–1978)
Horst Fechner (Gen.-Int.)	(seit 1978)

Ereignisse und Gestalten: Die erste Opernspielstätte Kiels war das 1764 zu einem »Opern- und Komödienhaus« umgebaute Ballhaus in der Schuhmacherstraße, das 1840 abgerissen und durch das »Alte Stadttheater« ersetzt wurde. Aus der Direktionszeit von H. L. Schäffer (1843–1850) ist eine Aufführung von Webers *Oberon* (2.2.1845) belegt; in der zweiten Hälfte des 19. Jh.s dominierten die Werke Mozarts und Lortzings, wogegen der damals bedeutende Intendant L. F. Witt (1857–1873) die Aufführung der Werke Wagners ablehnte. Erst Richard Jesse (1876–1878) brachte mit *Lohengrin* und dem *Fliegenden Holländer* zwei Wagner-Opern nach Kiel. 1898 erwuchs dem Stadttheater in dem von Friedrich Wriedt in der Holtenauerstraße eröffneten Schillertheater ernsthafte Konkurrenz. Dieses mußte jedoch im Jahre 1906 aus Sicherheitsgründen einem ca. 600 Plätze fassenden Neubau weichen, der am 23.5.1907 mit dem *Bettelstudent* von Millöcker eröffnet und sogleich als »kleines Haus« der Direktion des neuen Stadttheaters unterstellt wurde, das am 1.10.1907 unter der Intendanz Gottscheid/Otto den Betrieb aufnahm. Einer der ersten Kapellmeister im neuen Theater war Leon Jessel (1871–1942), der als Komponist der Erfolgs-

Fassade des 1840 anstelle des »Ballhauses« errichteten »Alten Stadttheaters« in Kiel.

operette *Schwarzwaldmädel* (1917) berühmt wurde. Im Jahre 1927 war Eugen Jochum in Kiel zunächst als Kapellmeister, 1929 als Generalmusikdirektor engagiert. Weitere Dirigenten von Bedeutung waren W. Brückner-Rüggeberg (1935) und Wolfgang Rennert (1950–1953). 1963 ging der junge Peter Ronnefeld als Generalmusikdirektor nach Kiel, wo ihm nur noch zwei Lebensjahre beschieden waren.

Szenenbild aus einer Aufführung von Karlheinz Stockhausens Oben und Unten *1974/75 im Kieler Opernstudio. Seit seinem Bestehen 1969 hat sich dieser Ableger des großen Opernhauses um die Pflege der Neuen Musik bedeutende Verdienste erworben und ist zu einer der markantesten Einrichtungen der norddeutschen Theaterlandschaft geworden.*

1961 hatte er mit seiner avantgardistischen Oper *Die Ameise* in Düsseldorf eine vehement geführte Diskussion über modernes Musiktheater entfacht.

In der Spielzeit 1969/70 wurde erstmals das »Opernstudio« durchgeführt, das in der Folge als ständige Einrichtung das Publikum mit Werken von Mauricio Kagel, Rolf Riehm, Manfred Niehaus, Roman Haubenstock-Ramati, Gerhard Rühm, John Cage, Karlheinz Stockhausen, Ingomar Grünauer, Bodo Reinke und anderen Vertretern der Neuen Musik konfrontierte, in der Zeit von 1971/72 bis zur Saison 1981/82 nicht weniger als 13 Uraufführungen präsentieren konnte und seither eine sinnvoll kontrapunktierende Ergänzung zum konservativeren Spielplan des Opernhauses bildet.

Stadttheater Klagenfurt

Stadttheater
Theaterplatz 4
A-9020 Klagenfurt

Allgemeine Informationen: Das Klagenfurter Stadttheater bringt neben dem Schauspiel alle Sparten des musikalischen Theaters, wobei für die einzelnen Werke Produktionsensembles zusammengestellt werden, die das jeweilige Stück in unveränderter Besetzung spielen. Die Saison läuft, incl. Tarifurlaub im Sommer, das ganze Jahr; offizieller Spielbeginn ist Anfang September.

Das Theater faßt 770 Zuschauer (ca. 100 Stehplätze). Zum Orchester gehören 47 Musiker. Das Ballett besteht aus einer zehnköpfigen Damen- und einer fünfköpfigen Herrengruppe; alle Tänzer haben Soloverpflichtung. Der Chor setzt sich aus je zehn Damen und Herren zusammen.

Das Theater: Bei dem in den Jahren 1908–1910 von dem Architektenteam Ferdinand Fellner (1847–1916) und Hermann Helmer (1849–1919) errichteten Gebäude handelt es sich um ein kombiniertes Rang- und Logentheater, das in Abänderung eines ursprünglichen Barockentwurfs im freien Empirestil gestaltet und am 22.9.1910 mit Schillers *Wilhelm Tell* unter der Leitung von Carl Richter eröffnet wurde.

Das Bühnenportal ist 9 m breit und 6 m hoch; die Tiefe des Bühnenraumes beträgt 15 m, seine Breite 16 m. Der im Juni 1979 erweiterte Orchesterraum ist 10,6 m breit und 7,5 m tief. Er reicht teilweise unter die Bühne und bietet 70 Musikern Platz.

Das Stadttheater Klagenfurt, 1908–1910 von den Architekten Ferdinand Fellner und Hermann Hellmer errichtet, die in der damaligen Zeit mehrere Opernhäuser im deutschsprachigen Raum erbauten. Das Theater bietet 770 Besuchern Platz.

Die Intendanten (neues Haus):

Carl Richter	(1910–1913)
Hermann Roché	(1913–1921)
Ludwig Gibiser/Karl Frodl	(1921/1922)
Karl Krois/Leopold Schwarz	(1922–1929)
Leopold Schwarz	(1929–1938)
Gustav Bartelmus	(1938–1941)
Willy Meyer-Fürst	(1941–1944)
Walter Sofka	(1947/1948)
Theo Knapp	(1948–1955)
Fritz Klingenbeck	(1955–1957)
Philipp Zeska	(1957–1959)
Otto Hans Böhm	(1959–1968)
Herbert Wochinz	(seit 1968)

Ereignisse und Gestalten: Als Vorläufer des späteren Theaters findet sich auf einem Stadtplan des Jahres 1709 ein »Ballhaus«. Hier fanden Gastspiele italienischer Theatertruppen statt, die auf dem Weg von Venedig nach Wien in Klagenfurt Station machten. Dieses erste Haus, zunächst ausschließlich ein Theater des Adels, wurde gegen Ende des 18. Jh.s auch für das gehobene Bürgertum freigegeben. Allerdings blieb eine Galerie nur dem Adel vorbehalten. Man gab vor allem italienische und deutsch-italienische Singspiele, deren Libretti zum

Das alte Theater in Klagenfurt. Nach einem Aquarell aus dem Jahr 1815.

Teil erhalten sind und denen der *opera seria* ähneln.

Nachdem Joseph II., der mit dem Theater, zumal in der Provinz, nicht allzuviel im Sinne hatte, die Errichtung eines neuen Gebäudes verhindert hatte, kam es erst 1811 unter der Regierung des Kaisers Franz I. zur Eröffnung eines neuen Hauses, das genau 100 Jahre bestehen bleiben sollte. Hier wurden frühzeitig Mozarts *Zauberflöte* und *Don Giovanni* und *Die heimliche Ehe* von Domenico Cimarosa aufgeführt. Allmählich wurde das Publikum mit den Werken von Donizetti, Bellini und Rossini, aber auch mit Webers *Freischütz,* Gounods *Margarethe* und mehreren Opern von Meyerbeer bekanntgemacht. Gegen Ende des 19. Jh.s konnte Klagenfurt mit einem umfassenden Opernspielplan mit rund 50 verschiedenen Werken aufwarten, unter denen sich auch schwierig zu realisierende Stücke wie *Der fliegende Holländer* und *Tannhäuser* befanden. Zu Beginn des 20. Jh.s wurden aufwendige Opern wie *Aida* und *Die Walküre* in den Spielplan aufgenommen.

Unter Kaiser Franz I. von Österreich konnte 1811 in Klagenfurt ein neues Operntheater eröffnet werden, das 100 Jahre lang bestand.

Die letzte Vorstellung im alten Theater galt Goethes *Iphigenie* (23. 3. 1910). Am 22. 10. 1910 wurde dann mit Schillers *Wilhelm Tell* das neue Haus unter dem Namen »Jubiläums-Stadttheater« eröffnet (seine Errichtung war, wie in anderen Städten der Donaumonarchie auch, anläßlich des 60. Regierungsjubiläums von Kaiser Franz Joseph beschlossen worden). Das neue Theater entwickelte auf allen Gebieten – Oper, Operette, Schauspiel usw. – einen kontinuierlichen Betrieb mit eigenem Ensemble. Eine Ausnahme bilden die Jahre 1932–1938, in denen lediglich Gastspiele stattfanden und das Theater zeitweilig zum Kino degradiert wurde.

Illustration (um 1900) zum 2. Akt der Fledermaus *von Johann Strauß. Mit diesem Akt der Operette wurde das Stadttheater Klagenfurt in einer Vorstellung für britisches Besatzungspublikum am 1. August 1945 wiedereröffnet.*

Nach kriegsbedingter Schließung im Juli 1944 wurde das Theater am 1.8.1945 mit dem zweiten Akt der *Fledermaus* von Johann Strauß ausschließlich für ein britisches Besatzungspublikum wieder eröffnet. Bis 1947 wurde das Haus durch eine Arbeitsgemeinschaft der engagierten Künstler ohne Intendanz geleitet; in der Folge wurden profilierte Persönlichkeiten wie Fritz Klingenbeck und Philipp Zeska mit der Intendanz betraut.

Seit 1968 liegt die Leitung des Theaters in den Händen von Herbert Wochinz, der dominierenden Gestalt des Kärntner Theater- und Kulturlebens.

Theater der Stadt Koblenz Stadttheater

Theater der Stadt
Clemensstraße 1
5400 Koblenz

Allgemeine Informationen: Auf dem Spielplan des Stadttheaters Koblenz stehen pro Saison ca. 80 Opern-, 80 Operetten- und Musicalaufführungen sowie ca. 20 Ballettabende, wobei 9–10 musikalische Produktionen neuinszeniert und jeweils ein Werk des modernen Musiktheaters und des zeitgenössischen Musicals aufgeführt werden. Die Spielzeit dauert von Anfang September bis Ende Juni.

Das Stadttheater verfügt über 500 Plätze. Das Orchester (Rheinische Philharmonie) besteht aus 73 Musikern; dem Ballett gehören zwölf und dem Chor 25 Mitglieder an.

Das Theater: Das Stadttheater wurde 1787 in nur knapp achtmonatiger Bauzeit durch den Architekten Peter Joseph Krahe (1758–1840) als Rangtheater mit Mittelloge und sechs Proszeniumslogen im Stil des frühen rheinischen Klassizismus errichtet und am 23.11.1787 mit Mozarts *Entführung aus dem Serail* eröffnet. Regie führte Johann Heinrich Böhm, der auch die musikalische Leitung übernom-

Das Theater der Stadt Koblenz wurde 1787 als klassizistisches Rangtheater von Peter Josef Krahe erbaut. Trotz Beschädigungen im Zweiten Weltkrieg blieb es weitgehend in der ursprünglichen Gestalt erhalten.

Oben: *Heinz Wolfgang Wolf prägte als Intendant von 1955–1975 zwanzig Jahre lang das Profil der Koblenzer Oper.*

Unten: *Kurfürst Clemens Wenzeslaus, unter dessen Herrschaft das Theater 1787 erbaut wurde.*

men hatte. Am 6. 11. 1944 wurde das Theater durch Luftangriffe beschädigt, nach Kriegsende instandgesetzt und am 1. 6. 1946 mit Lessings *Nathan der Weise* in der Inszenierung von Bruno Schoenfeld, der außerdem die Titelrolle spielte, wiedereröffnet.

Bis 1966 erfolgten mehrfache Modernisierungen und technische Verbesserungen. 1970 wurden die Nachbargebäude des Theaters für Verwaltungs-, Proben- und Werkstättenzwecke eingerichtet. Der Bühnenraum ist 17 m breit und 15 m tief, das Bühnenportal 8,50 m breit und 5,50 m hoch. Der Orchesterraum faßt 52 Musiker.

Die Intendanten (seit 1920):

Ludwig Meinecke	(1920–1926)
Herbert Maisch	(1926–1928)
Richard Jost	(1928–1930)
Bruno Schoenfeld	(1931–1933)
Hans Press	(1933–1937)
Fritz Richard Werkhäuser	(1937/1938)
Hanns Kämmel	(1939–1944)
Bruno Schoenfeld	(1945–1949)
Otto Krauss	(1949–1955)
Heinz Wolfgang Wolff	(1955–1975)
Hannes Houska	(seit 1975)

Ereignisse und Gestalten: Das ursprüngliche »Comoedien- und Ballhaus« wurde 1787 auf Grund einer Initiative des Kurfürsten Clemens Wenzeslaus von Trier, der wegen der Errichtung seines aufwendigen Schlosses die Mittel für einen Theaterbau nicht mehr selbst aufbringen konnte, durch den privaten Unternehmer Hofrat Franz Joseph Schmitz, dem Steuerfreiheit und weitgehende Privilegien zugesichert worden waren, in Auftrag gegeben und durch den Architekten Peter Joseph Krahe so schnell errichtet, daß es am Namenstag des Kurfürsten (23. 11. 1787) dem Publikum zugänglich gemacht werden konnte. Nach der Eröffnung mit Mozarts *Entführung aus dem Serail* wurden in den ersten Jahren vor allem Opern und Singspiele von Dittersdorf, Salieri, Benda und Paisiello aufgeführt. Nach dem Tod des ersten Direktors Johann Heinrich Böhm, dessen Musikalität schon Leopold Mozart ausdrücklich hervorgehoben hatte, übernahm nach kurzen Zwischenspielen verschiedener Truppen seine Witwe Marianne Böhm die Leitung und setzte die Mozartpflege mit *Figaros Hochzeit*, der *Zauberflöte* und weiteren Aufführungen der *Entführung aus dem Serail* fort. 1804 fand im Theater ein Ball statt, an dem Napoleon und Joséphine Beauharnais teilnahmen. Im September 1830 traten die Eltern Albert Lortzings im Koblenzer Theater auf.

Ansicht des Stadttheaters um 1850.

1846 erzielte Donizettis *Regimentstochter* einen großen Erfolg, der 17mal wiederholt werden konnte. Am 16.12.1851 gab die berühmte Sängerin Henriette Sontag in ihrer Geburtsstadt Koblenz ein Wohltätigkeitskonzert. In der Saison 1854/55 wurde Richard Wagners *Tannhäuser* zum stets ausverkauften Zugstück. 1858 endete die Direktionszeit der Frau Rösner mit einem Eklat, der zur Folge hatte, daß Kostümfundus und Bibliothek auf dem Flohmarkt versteigert werden mußten. 1860 wurde die Benutzung des Hauses wegen des schlechten Bauzustandes untersagt.

Die berühmte Sängerin Henriette Sontag gab 1851 in ihrer Geburtsstadt Koblenz ein Wohltätigkeitskonzert. Sie sang als erste die Titelrolle in Carl Maria von Webers Euryanthe.

Am 10.10.1867 erwarb dann die Stadt Koblenz das Theater und ließ es zwei Jahre später (1869) umbauen, verbessern und mit einer Gasbeleuchtung ausstatten. Verantwortlich für den Spielplan aber blieben nach wie vor private Theaterunternehmer, die auf eigene Rechnung und Gefahr arbeiteten. Am 23.11.1869 eröffnete man das renovierte Theater in Anwesenheit der Königin Augusta und des Hofes mit Beethovens *Fidelio.* Am 30.1.1873 wurde die Aufführung des *Lohengrin* von Richard Wagner zum Ereignis der Spielzeit. Die Meldungen vom Wiener Ringtheaterbrand bewirkten 1882/1883 eine Schließung des Theaters zwecks Einbaus eines eisernen Vorhangs und anderer Sicherheits-

Das Musical Kismet *war 1976/77 eine der erfolgreichsten Produktionen am Stadttheater Koblenz.*

maßnahmen. Weitere Brandschutzvorrichtungen wurden im Sommer 1887 installiert. Anläßlich der 100-Jahrfeier am 23.11.1887 wurde wiederum die *Entführung aus dem Serail* aufgeführt. Die nächsten Erneuerungen im Zuschauer- und Orchesterraum sowie der Einbau einer elektrischen Bühnenbeleuchtung erfolgten im Sommer 1896. In der anschließenden Spielzeit erschienen erstmals Wagners *Meistersinger von Nürnberg* auf der Koblenzer Bühne. Im Jahre 1900 führte man in Bad Kreuznach eine Sommerspielzeit durch. Im gleichen Jahr kam es zur Gründung des Städtischen Orchesters »Philharmonischer Verein«. 1908 wurden weitere Umbauten vorgenommen, u.a. steinerne Treppen angebracht.

Die Spielzeit 1914/15 fiel dem Ausbruch des Ersten Weltkrieges zum Opfer. 1918 wurde das hintere Dachgeschoß durch einen Brand beschädigt. 1920 übernahm die Stadt den Theaterbetrieb in eigener Regie und stellte den damaligen Theaterleiter als Intendanten an. 1924 gelangte der komplette *Ring des Nibelungen* unter dem Intendanten Ludwig Meinecke zur Aufführung. Der nächste große Umbau erfolgte 1937; in dieses Jahr fiel auch das 150jährige Bestehen, das wie alle Jubiläen mit Mozarts *Entführung aus dem Serail* gefeiert wurde. 1938/39 begann in Koblenz die Karriere von Benno Kusche. 1943 debütierte hier die junge Anneliese Rothenberger. Der Zweite Weltkrieg brachte die schon erwähnten Beschädigungen, die dazu führten, daß vom 5.10.1945 bis zum 1.6.1946 provisorisch im Rathaussaal gespielt werden mußte.

Im Jahre 1946 erfolgte die Gründung der »Rheinischen Philharmonie«. Am 2.7.1950 wurde auf einer schwimmenden Rheinbühne *Eine Nacht in Venedig* von Johann Strauß aufgeführt. 1956 debütierte Margit Schramm als *Clivia* (Nico Dostal). Am 2. und 3.11.1961 gastierte das Theater in Dijon mit *Fidelio*. 1966 wurde *Tristan und Isolde*, 1971 *Aida*, 1972 der *Rosenkavalier* aufgeführt. In den siebziger Jahren trat Franz Allers als Musical-Dirigent auf und war mit *Kismet (Stranger in Paradise)* von Wright/Forrest besonders erfolgreich. Eine totale Renovierung des traditionsreichen Theaters ist für die Saison 1984/85 vorgesehen, womit eine vorübergehende Schließung des Hauses zur Vorbereitung der Feier seines 200. Jahrestages (1987) verbunden sein wird.

Oper der Stadt Köln

Oper der Stadt
Offenbachplatz
5000 Köln

Allgemeine Informationen: Die Kölner Oper hat einen Repertoirespielplan mit integrierten Aufführungsserien bestimmter Werke nach Art des Stagioneprinzips. Die Saison dauert etwa von Ende August bis Anfang Juli (jährlich etwas abweichend), wobei ca. vier Fünftel des Spielplans auf die Oper, der Rest auf Ballett und Gastspielaufführungen entfallen. Neben dem klassischen deutschen und italienischen Repertoire wird gelegentlich Operette und häufig modernes Musik- und Tanztheater gebracht. In Zukunft soll auch besonderes Gewicht auf die Pflege französischer und slawischer Werke gelegt werden.

Das Opernhaus bietet 1346 Plätze, von denen sich 899 im Parkett und 447 in den Logen befinden. Das Kölner Gürzenich-Orchester besteht aus 118 Mitgliedern; dem Ballett stehen sieben Solotänzerinnen und vier Solotänzer vor; die Damen- bzw. Herrengruppe umfaßt je sechs Mitglieder. Dem Chor gehören 35 Herren und 32 Damen an.

Das Theater: Das neue Theater am Offenbachplatz wurde in der Zeit von 1953 bis 1957 durch Wilhelm Riphahn (1889–1963) in sachlichem Stil unter Verwendung von Beton, Backstein und Glas errichtet und am 18.5.1957 mit Webers *Oberon* in einer Inszenierung von Herbert Maisch unter der musikalischen Leitung von Otto Ackermann – mit Leonie Rysanek in der Rolle der Rezia – eröffnet. Der modern gestaltete Zuschauerraum weist neben dem Parkett 22 fächerförmig versetzte Logen in zwei Rängen auf und ist (bis zum eisernen Vorhang) ca.

Die Oper der Stadt Köln, 1953–1957 von Wilhelm Riphan, der den Wiederaufbau der Stadt betreute, errichtet.

30 m lang; seine größte Breite beträgt ca. 26 m, die mittlere Höhe ca. 15 m. Der Bühnenraum ist 26 m breit, das Bühnenportal 12 m breit und 7,80 m hoch. Die Fläche der Hauptbühne beträgt 550 m².

Die Intendanten:

Otto Purschian	(1903–1905)
Max Martersteig	(1905–1911)
Fritz Rémond	(1911–1928)
Max Hofmüller	(1928–1933)
Alexander Spring	(1933–1944)
Karl Pempelfort	(1945–1947)
Herbert Maisch	(1947–1959)
Oscar Fritz Schuh	(1959–1965)
Arno Assmann	(1965–1970)
Claus Helmut Drese	(1970–1975)
Michael Hampe	(seit 1975)

Der Zuschauerraum der Oper am Offenbachplatz mit seiner markanten Logenanordnung. Das Haus faßt 1346 Besucher.

Das alte Kölner Opernhaus am Barbarossaplatz, eine architektonische Rarität im Stil der Jahrhundertwende. Das 1902 eröffnete Haus fiel den Bomben des Zweiten Weltkriegs zum Opfer.

Ereignisse und Gestalten: Das alte Opernhaus am Barbarossaplatz wurde am 6.9.1902 mit dem 3. Akt von Richard Wagners *Meistersingern von Nürnberg* eröffnet. Hier wirkten die Dirigenten Otto Klemperer (1917–1924), Fritz Zaun (1929–1939) und Günther Wand, der hier während des Krieges, aber auch noch im neuen Haus dirigierte. Die großen Sängerpersönlichkeiten der Vorkriegszeit waren der Heldenbariton Friedrich Schorr (1918–1923), der später im Luftkrieg gefallene Bariton Karl Hammes (1925–1927), der berühmte Tenor Helge Rosvaenge (1926–1929), der von Köln nach Wien überwechselte, der vielseitige lyrische Bariton Gerhard Hüsch (1925–1930), der Bassist Ludwig Weber (1932/1933) und der unvergessene, 1954 infolge eines Autounfalls verstorbene Tenor Peter Anders (1935/1936). Von 1932 bis 1934 arbeitete in Köln Walter Felsenstein als Regisseur. Zu den markantesten Ereignissen im alten Opernhaus gehörten die deutsche Erstaufführung von Debussys *Pelléas et Mélisande* (1908), von Janáčeks *Katja Kabanowa* (1922), von Prokofieffs *Liebe zu den drei Orangen* (1925), sowie von Kodálys *Hárry János* (1931), ferner die Uraufführungen von Korngolds bedeutendster Oper *Die tote Stadt* (1920), Zemlinskys *Zwerg* (1921) und Schrekers *Irrelohe* (1924).

Am 14.5.1944 wurde das alte Theater zerstört, so daß nach Ende des Zweiten Weltkrieges in der Aula der Universität und in den Kammerspielen ein provisorischer Spielbetrieb eingerichtet werden mußte. In diese Zeit fiel die deutsche Erstaufführung von Brittens *Raub der Lucretia* (1947) und Rolf Liebermanns *Leonore 40/45* in der Neufassung (1952). Die Stars dieser Zeit waren Trude Eipperle (1945–1951), Anny Schlemm (1950/1951) und die dramatische Sängerin Walburga Wegner (1949–1959).

Das Jahr der Wiedereröffnung brachte die Uraufführung von Wolfgang Fortners *Bluthochzeit* (8.6.1957) unter der musikalischen Leitung von Günther Wand, in der Regie von Eric Bormann, sowie die deutsche Erstaufführung von Francis Poulencs *Die Gespräche der Karmeliterinnen*. 1962 erfolgte die deutsche Erstaufführung von Luigi Nonos *Intolleranza*. Im gleichen Jahr begann Wieland Wagner seine Inszenierung des *Ring des Nibelungen* mit Wolfgang Windgassen, George London, Zoltan Kelemen, Anja Silja und Astrid Varnay. *Das Rheingold* hatte am 22.5.1962, *Die Walküre* am 26.5.1963, *Siegfried* am 13.10.1963 und *Die Götterdämmerung* am 17.11.1963 Premiere (Leitung: Wolfgang Sawallisch).

Am 15.2.1965 fand als besonderes Ereignis zeitgenössischen Musiktheaters die Uraufführung der dem Andenken an Hans Rosbaud gewidmeten Oper *Die Soldaten* von Bernd Alois Zimmermann unter der musikalischen Leitung von Michael Gielen statt. Von 1969 bis 1975 inszenierte Jean-Pierre Ponnelle einen Zyklus von sieben Mozart-Opern, wobei *Titus* (10.9.1969), *Don Giovanni* (22.9.1971), *Cosi fan tutte* (11.6.1972) und die *Zauberflöte* (10.9.1972) von Istvan Kertész (1929–1973), *Die Entführung aus dem Serail* (23.6.1974) von Theodor Guschlbauer, *Idomeneo* (26.9.1974) von Eliahu Inbal und *Die Hochzeit des Figaro* (28.5.1975) vom derzeitigen Chefdirigenten John Pritchard geleitet wurden. Die Gesangsstars dieser Periode waren Roger Soyer, Claudio Nicolai, der tragisch verunglückte Wolfgang Anheisser, Margaret Price, Lucia Popp, Yvonne Minton und Eric Tappy.

Unten links: *Jean-Pierre Ponnelle inszenierte von 1969–1975 sieben Mozart-Opern im Rahmen eines Zyklus' für Köln. Szenenbild aus der Wiederaufnahme seiner Produktion von* Così fan tutte *(1981) mit Kay Griffel und Kathleen Kuhlmann.*

Unten rechts: *Einen Höhepunkt in der Spielzeit 1980/81 brachte die Aufführung von Jacques Offenbachs Oper* Hoffmanns Erzählungen *in der Inszenierung von Michael Hampe zum 100. Todestag des Komponisten. Stars dieser Aufführung waren Placido Domingo und Edda Moser.*

In einer Inszenierung von Hans Neugebauer und unter der musikalischen Leitung von Wolfgang Rennert gelangte am 21.9.1975 Alban Bergs *Wozzeck* zur Aufführung. Die Titelpartie sang Walter Berry. Am 19.4.1978 fand die Premiere von Tschaikowskys *Pique Dame* mit René Kollo als Hermann statt. Regie führte Rudolf Noelte. Diese Produktion wurde auch im Fernsehen gezeigt.

Anläßlich des 100. Todestages von Jacques Offenbach brachte die Oper der Stadt Köln am 5.10.1980 *Hoffmanns Erzählungen* in der Inszenierung des Intendanten Michael Hampe unter der Leitung von John Pritchard heraus. Die Hauptrollen sangen (wie bei den Salzburger Festspielen) Placido Domingo und Edda Moser. Michael Hampe konnte auch Harry Kupfer für eine Inszenierung von Janáčeks *Jenufa* mit René Kollo als Laca (22.3.1981) gewinnen und auf diese Weise das Bestreben des Hauses, große Werke aller Epochen mit berühmten Künstlern aufzuführen, fortsetzen.

Vereinigte Städtische Bühnen Krefeld–Mönchengladbach

Vereinigte
Städtische Bühnen
Theaterplatz
4150 Krefeld

Allgemeine Informationen: Der Repertoirespielplan der Vereinigten Bühnen umfaßt in Krefeld 266, in Mönchengladbach 202 und in der Stadthalle Rheydt 25 Spieltage pro Jahr. Hiervon entfallen in Krefeld etwa 55 Tage auf Opern, 55 auf Operetten, ca. 20 auf Ballettvorstellungen und ca. zehn auf mobiles Musiktheater. In Mönchengladbach sind rund 40 Spieltage der Oper, etwa 30 der Operette und ca. 25 dem Ballett bzw. dem Mobilen Musiktheater vorbehalten. Etwa acht Opernvorstellungen finden jährlich in Rheydt statt. Schwerpunkte des Spielplanes der Vereinigten Bühnen liegen bei der zyklischen Aufführung von Werken Mozarts, Wagners und Richard Strauss'. Die Spielzeit (einschließlich eines 42tägigen Tarifurlaubs) beginnt und endet jeweils Mitte August.

Das Theater in Krefeld weist 832, das Theater in Mönchengladbach 800 Plätze auf. Den Niederrheinischen Sinfonikern (Gemeinschaftsorchester beider Städte) gehören 77 Musiker an. Dem Ballett stehen zwei Solotänzerinnen, drei Solotänzer sowie ein Gruppentänzer mit Soloverpflichtung vor; im übrigen gibt es eine achtköpfige Damen- und eine dreiköpfige Herrengruppe. Der Chor setzt sich aus 16 Damen und 18 Herren zusammen.

Das Theater der Stadt Krefeld, 1951/52 von Eugen Bertrand erbaut.

Die Theater:

a) *Krefeld:* Das heutige Theater wurde in den Jahren 1951/1952 nach Plänen des Architekten Eugen Bertrand unter Berücksichtigung von Vorschlägen der Hamburger Theaterbauspezialisten Werner Kallmorgen und Adolf Zotzmann zunächst in unvollständiger Form (ohne endgültige Eingangshalle, Treppenhaus, Werkstätten und Proberäume) errichtet und am 7.10.1952 mit Wagners *Lohengrin* in der Inszenierung des Generalintendanten Erich Schumacher unter der musikalischen Leitung von Romanus Hubertus eröffnet. Seine endgültige Gestalt erhielt das Haus während der Spielpausen der Jahre 1961 und 1962 durch Gerhard Graubner, der Bühne und Zuschauerraum heben und die Platzanzahl vergrößern ließ. Die Eröffnung erfolgte am 12.1.1963 mit Mozarts *Don Giovanni* in der Inszenierung von Herbert Decker unter der musikalischen Leitung von Romanus Hubertus. Das Theater stellt sich als modernes Rangtheater dar. Der Bühnenraum ist 24 m breit und 19 m tief; die Portalbreite beträgt 15 m, die Portalhöhe 7 m. Der Orchesterraum hat eine Breite von 14 m, eine Tiefe von 5 m und ist für 85 Musiker dimensioniert.

b) *Mönchengladbach:* Das bestehende Theater wurde 1957–1959 durch den Stuttgarter Architekten

Das Theater in Mönchengladbach, das zusammen mit dem Haus der Nachbarstadt Krefeld zu den Vereinigten Städtischen Bühnen gehört. Das Theater wurde 1957–1959 von Paul Stohrer als modernes Rangtheater errichtet.

Paul Stohrer als modernes Rangtheater erbaut und am 10.9.1959 mit Wagners *Meistersinger von Nürnberg* in der Inszenierung von Herbert Decker unter der musikalischen Leitung von Romanus Hubertus eröffnet. Der Bühnenraum ist 15 m breit und 13 m tief; die veränderliche Portalbreite beträgt 8–12 m, die Portalhöhe 8 m. Der Orchesterraum bietet Platz für 70 Musiker.

Die Intendanten (Vereinigte Bühnen):

Erich Schumacher	(1951–1958)
Herbert Decker	(1958–1966)
Joachim Fontheim	(seit 1966)

Ereignisse und Gestalten: Die ersten Theaterverbindungen zwischen Krefeld und Mönchengladbach gehen auf das Jahr 1862 zurück, als das Krefelder Stadttheater im Mönchengladbacher Roever-Saal gastierte. Eine weitere, auf Privatverträgen basierende Verbindung bestand von 1903–1923, doch ist das Krefelder Musiktheater wesentlich älter als die Opernbestrebungen in Mönchengladbach. Als erstes festes Theater diente in Krefeld im Jahre 1779 zunächst ein Holzbau, der jedoch nach drei Monaten einstürzte und 1780 von Stadtbaumeister Martin Leydel durch ein Steinhaus ersetzt wurde. Die Spielzeit 1799 brachte Aufführungen von Mozarts *Zauberflöte*, der *Hochzeit des Figaro* und der *Entführung aus dem Serail* sowie Werke von Dittersdorf, Paisiello, Grétry, Salieri u.a. 1824 wurde Webers *Freischütz* (drei Jahre nach seiner Uraufführung) von der »Thomala'schen Theatertruppe« gespielt.

1825 erbaute Michael Rump in der Rheinstraße ein neues Theater, das bereits 1828 umgebaut wer-

Das alte Theater in der Rheinstraße in Krefeld. 1825 erbaut, fiel es nach mehreren Umbauten 1943 einem Brand zum Opfer.

den mußte. Dort gelangte das ganze gängige Opernrepertoire zur Aufführung, bis der Bau unter dem Eindruck des Wiener Ringtheaterbrandes im Jahre 1881 durch die Feuerpolizei geschlossen wurde. Man spielte nun vorerst behelfsmäßig in Nebecks Lokal auf dem Ostwall und in der Oelmühle, bis 1886 das Theater in der Rheinstraße durch den Kölner Theaterbaumeister Hochgürtel in ein Rangtheater mit 900 Plätzen umgebaut wurde. Am 2.10.1886 fand die Eröffnung mit Webers *Freischütz* in der Regie von Carl Heuser unter der musikalischen Leitung von Georg Steven statt. Dieses Theater fiel in der Nacht zum 23.6.1943 einem Brand zum Opfer.

Die ersten Aufführungen nach dem Zweiten Weltkrieg erfolgten in der Ricarda-Huch-Schule. Im Jahre 1946 nahm man die Oper wieder in den Spielplan auf. 1949 wurde der Theaterneubau auf dem heutigen Platz beschlossen, 1951 mit der Durchführung begonnen.

In Mönchengladbach gastierte um die Jahrhundertwende zunächst der Krefelder Intendant Reinhold Pester-Prosky regelmäßig mit seinem Ensemble, da ein ständiger Opernbetrieb am Fehlen eines eigenen Theaters und Orchesters scheiterte. Von 1901–1903 wurde durch die Wiesbadener Architekten Friedrich-Wilhelm Werz und Paul Huber die Kaiser-Friedrich-Halle errichtet, die ursprünglich als Konzertgebäude geplant war, bis 1959 dann jedoch als Theater diente und heute wiederum dem Konzert vorbehalten ist. In diesem Hause fand am 5.1.1904 als erste Aufführung des »Stadttheaters Mönchengladbach« eine Vorstellung von Beethovens *Fidelio* statt. Bis 1923 erfolgte die Bespielung des Mönchengladbacher Hauses durch das Krefelder Theater. Ein eigener Spielbetrieb wurde erst am 15.9.1923 unter dem Intendanten Heinz Bongartz mit *Tristan und Isolde* aufgenommen. Es folgten noch in dieser Spielzeit *Salome, Siegfried, Tiefland, Die tote Stadt, Carmen* und *Don Pasquale,* doch endete die Intendanz Bongartz' infolge finanzieller Schwierigkeiten bereits nach einem Jahr.

1929 erfolgte ein Zusammenschluß mit dem Theater der Stadt Rheydt, der bis zur Gründung der Vereinigten Städtischen Bühnen Krefeld–Mönchengladbach im Jahre 1951 bestand. Gelegentliche Gastspiele in der Stadthalle von Rheydt wurden jedoch auch weiterhin durchgeführt. In der ersten Saison nach der Zusammenlegung der Theater brachte man erstmals in Nordrhein-Westfalen Menottis *Konsul* heraus. Außerdem sind insbesondere Strawinskys *The Rake's Progress* (1957/58), Werner Egks *Peer Gynt* (1958/59), Humphrey Searles *Aus dem Tagebuch eines Irren* (11.11.1960), Richard Rodneys *Am Abgrund* (Uraufführung am 1.12.1963), Brittens *Sommernachtstraum* (5.4.1967), Moniuszkos *Gespensterschloß* (deutsche Erstaufführung am 7.2.1971), Pendereckis *Die Teufel von Loudun* (14.5.1975) sowie Mauricio Kagels *Kantrimiusik* und Bernd Alois Zimmermanns *König Ubu* (18.6.1978) hervorzuheben. Am 27.5.1971 wurde mit *Salome* ein Richard-Strauss-Zyklus, am 3.5.1979 mit der *Entführung aus dem Serail* ein Mozart-Zyklus begonnen, der in der Spielzeit 1984/85 vollendet sein soll. Daneben wird das Augenmerk auf das Schaffen Richard Wagners gerichtet, mit dessen *Ring des Nibelungen* man im Jahre 1981 begonnen hat und den man als zyklische Inszenierung aller vier Werke ebenfalls in der Saison 1984/85 abschließen möchte.

Szenenbild einer Aufführung von Mozarts Don Giovanni *in der Inszenierung von John Dew an den Städtischen Bühnen. Mit dieser Oper wurde das Theater Krefeld auch nach seinem Umbau 1963 wiedereröffnet.*

Die Sängerin Maria Olczewska, einer der Glanzpunkte in der Geschichte der Krefelder Oper.

Von den Sängerpersönlichkeiten, deren Namen mit Krefeld–Mönchengladbach verbunden sind, müssen außer der legendären Maria Olczewska insbesondere Hermin Esser, Franz Crass, Carlos Alexander, Kurt Böhme, Donald Grobe, Astrid Varnay, Bernd Aldenhoff, Gré Brouwenstijn und Liane Synek genannt werden. Unter den Regisseuren verdienen die Intendanten Dr. Herbert Decker und Dr. Erich Schumacher, unter den Bühnenausstattern Dominik Hartmann, Günther Schneider-Siemssen und Ludwig Sievert besondere Erwähnung. So, wie die Karriere des Dirigenten Eugen Jochum seinerzeit in Mönchengladbach begann, steht heute auch Lothar Zagrosek, bis 1982 Generalmusikdirektor in Krefeld–Mönchengladbach, am Beginn einer internationalen Laufbahn.

Opernhaus Leipzig
DDR-7000 Leipzig

Opernhaus Leipzig

Allgemeine Informationen: Das Repertoire des Leipziger Opernhauses umfaßt – bei besonderer Pflege Wagners, Mozarts und der slawischen Oper – alle Stilrichtungen unter Einschluß zahlreicher zeitgenössischer Werke des sozialistischen Musiktheaters der DDR.

Die Saison dauert von Ende August bis Anfang Juli. Gespielt wird täglich außer Montag. Das ständige Repertoire besteht aus ca. 30 Opern und fünf abendfüllenden Balletten. Das Opernhaus faßt 1700 Personen. Als Opernorchester fungiert das Leipziger Gewandhausorchester, dem ca. 180 Musi-

Das festlich erleuchtete Opernhaus in Leipzig, 1956–1960 von Kunz Nierade und Kurt Hemmerling als Rangtheater erbaut.

ker angehören. Das Ballett besteht aus 65 Mitgliedern, der Chor aus 100 Personen.

Das Theater: Das neue Leipziger Opernhaus wurde anstelle des 1943 zerstörten Theaters in den Jahren 1956–1960 durch Kunz Nierade und Kurt Hemmerling als Rangtheater mit zwei Seitenlogen in einem dem Klassizismus angenäherten Stil errichtet und am 9. 10. 1960 mit Richard Wagners *Die Meistersinger von Nürnberg* in einer Inszenierung von Joachim Herz eröffnet.

Das Bühnenportal ist 16 m breit und 10,50 m hoch. Die Fläche der Hauptbühne beträgt 30 × 30 m. Die Drehbühne hat einen Durchmesser von 18 m, es gibt zwei Seitenbühnen von 17 × 20 m und eine Hinterbühne von 24 × 13 m Fläche.

Die Intendanten (neues Haus):
Joachim Herz (1959–1976)
Gert Bahner (GMD)/Günter Lohse (seit 1976)
Generalintendant aller Leipziger Theater ist seit 1958 Karl Kayser.

Ereignisse und Gestalten: Der erste Musiker, der als »Direktor« oder »Intendant« eines Musiktheaterbetriebes in Leipzig bezeichnet werden kann, war

Szenenbild aus Richard Wagners Die Meistersinger von Nürnberg, *mit denen das neue Opernhaus 1960 in der Inszenierung von Joachim Herz eröffnet wurde.*

der Geiger, Organist und Komponist Nikolaus Adam Strungk (1640–1700), der 1688 von Hannover nach Leipzig kam, 1692 die Erlaubnis zum Spielen von Opern erhielt und daraufhin um Ostern 1693 das »Theater am Brühl« eröffnete. Als erstes Werk wurde seine eigene, 1680 entstandene Oper *Alceste* aufgeführt. Sein prominentester Nachfolger war Georg Philipp Telemann (1681–1767), der seine juristischen Studien in Leipzig zugunsten der Musik zurückstellte und 1704 Organist und Musikdirektor an der Neuen Kirche wurde, für das Operntheater mehrere Werke schrieb und das städtische »Collegium musicum« in die Dienste der Oper stellte – ein insofern bedeutsamer Schritt, als bis heute das (seit 1840 städtische) Gewandhausorchester zugleich als Opernorchester fungiert.

Zunächst wurden, vorwiegend während der Leipziger Messe, Opernvorstellungen meist italienischer Komponisten gegeben. Die Dominanz der italienischen Oper steigerte sich um die Mitte des 18. Jh.s, als die reisenden Operntruppen des Angelo und Pietro Mingotti und des auch als Librettist und Choreograph bekannt gewordenen Giovanni Battista Locatelli immer wieder nach Leipzig kamen. In der zweiten Hälfte des 18. Jh.s trat dann eine Wendung zugunsten des deutschen Singspiels ein, dem sich der in Leipzig beheimatete Dichter und einflußreiche Literaturkritiker Johann Christoph Gottsched (1700–1766) vehement widersetzte. Ihm erschien das Genre der Oper als unnatürlich, und vor allem wollte er die Dichtkunst nicht mit der Musik vermengt sehen.

In den nächsten Jahren setzten sich in Leipzig die Werke Mozarts und seiner Zeitgenossen (Dittersdorf u. a.) durch. Seit 1766 spielte man in einem

Das 1766 eröffnete Theater auf der Rannischen Bastei, das bis 1867 als Opernhaus diente.

neuen Gebäude, das von wechselnden Pächtern und Truppen betrieben und 1817 umgebaut wurde. Unter den Dirigenten dieser Jahre ist E. T. A. Hoffmann zu nennen. Neben den Mozart-Opern standen vor allem die beliebten Werke der frühen Romantik (Weber, Marschner) auf dem Programm. Von 1843–1847 war Albert Lortzing (1801–1851) als Kapellmeister am Theater tätig.

Die Jahre 1865–1867 brachten einen weiteren Theaterneubau: nach Entwürfen des Architekten Langhans entstand das »Theater am Augustusplatz«. Hier begann 1878 mit dem Engagement des Theaterleiters Angelo Neumann (1838–1910) die große Zeit Richard Wagners, auf dessen Werke der Spielplan weitgehend ausgerichtet wurde. Gleich das erste Jahr brachte die Gesamtaufführung des *Ring des Nibelungen*; es war die dritte zyklische

Aus der Geschichte der Leipziger Oper:

Oben links: *Das Leipziger Stadttheater, das 1817 durch Umbau aus dem alten Komödienhaus hervorging. Hier dirigierte unter anderem E. T. A. Hoffmann.*

Oben rechts: *Albert Lortzings komische Oper* Zar und Zimmermann *erlebte 1837 in Leipzig ihre Uraufführung, wo Lortzing wenig später als Kapellmeister wirkte.*

Unten links: *Das 1864 erbaute Theater am Augustusplatz.*

Unten rechts: *Angelo Neumann.*

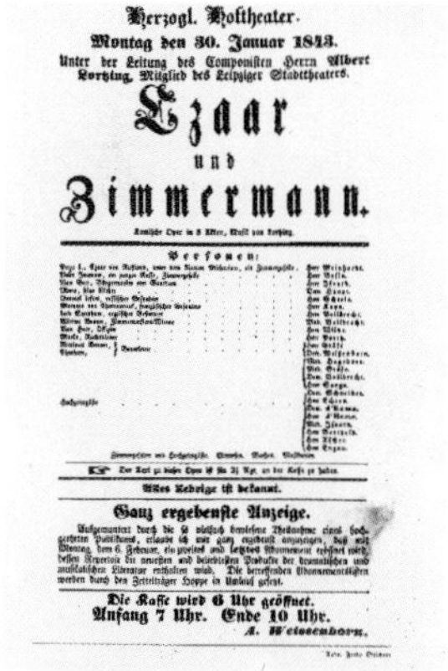

Vorstellung der Tetralogie seit ihrem Bestehen. Neumann blieb bis 1882, ging dann nach Bremen und Prag und krönte sein Eintreten für Richard Wagner durch die Gründung eines reisenden Ensembles, mit dem er in vielen Städten Europas gastierte.

Die nächste große Musikerpersönlichkeit in Leipzig war der Dirigent Arthur Nikisch (1855–1922), der 1878 Theaterkapellmeister wurde, bis 1889 blieb und 1895 an das Gewandhaus zurückkehrte. 1905/1906 leitete er die Oper und lehrte gleichzeitig an der Leipziger Musikhochschule. Noch ein anderer großer Dirigent (und Komponist) wirkte hier: Gustav Mahler (1860–1911), und blieb zwei Jahre (1886–1888) in Leipzig, bevor er die Stellung eines Operndirektors in Budapest antrat.

Die erste Hälfte des 20. Jh.s stand im Zeichen des Opern- und Generalmusikdirektors Gustav Brecher (1879–1940), der 1924 sein Amt antrat und sich intensiv für die Avantgarde seiner Zeit einsetzte. Er war der Dirigent der Uraufführungen von Ernst Křeneks *Johnny spielt auf* (10. 2. 1927) sowie Kurt Weills *Aufstieg und Fall der Stadt Mahagonny* (9. 3. 1930) und unterstrich seine praktische musikalische Tätigkeit schon frühzeitig durch die Herausgabe theoretischer Schriften und Übersetzungen italienischer und französischer Opern. 1933 beendete er seine Leipziger Tätigkeit.

Die Zerstörung des Opernhauses während des Zweiten Weltkriegs hatte zur Folge, daß die Oper ab 1945 in einem anderen, immerhin rund 1100 Personen fassenden Theater (»Dreilinden«) Quartier nahm, bis 1960 das neue Opernhaus eröffnet werden konnte. Zu dessen dominierender Künstlerpersönlichkeit entwickelte sich der 1924 geborene Joachim Herz; 1957 – noch im Ausweichquartier – war er als Oberspielleiter engagiert worden; 1959 übernahm er die Direktion, inszenierte die Eröffnungsvorstellung des neuen Hauses *(Meistersinger)*, brachte die deutsche Erstaufführung von Prokofieffs *Krieg und Frieden*, inszenierte zahlreiche Werke von Mozart, Richard Strauss, Janáček, Schostakowitsch, Meyerbeer und Wagner, darunter 1973–1976 den *Ring des Nibelungen*. Bei letzterem profilierte sich, wie bei vielen anderen Regiearbeiten im In- und Ausland, der Bühnenbildner Rudolf Heinrich (1926–1975), langjähriger Mitarbeiter Walter Felsensteins.

An Aufführung zeitgenössischer Werke seien *Guayana Johnny* von Alan Bush (1966) genannt – hier debütierte Anna Tomowa-Sintow; ferner *Griechische Hochzeit* von Robert Hanell (1969) unter der Leitung des Komponisten; *Der zerbrochene*

Krug (1971) und *Der Schatten* (1975) von Fritz Geissler, beide inszeniert von Günter Lohse. Unter den Dirigentenpersönlichkeiten finden sich Franz Kowitschny, Vaclav Neumann, Hans Wallat, Kurt Masur und Juri Simonow.

Landestheater Linz

Landestheater
Promenade 39
A-4020 Linz

Allgemeine Informationen: Der Repertoirespielplan des Linzer Landestheaters besteht zu 75% aus Werken des Musiktheaters. Die Saison dauert vom 1.9. bis zum 31.8., wobei (mit Ausnahme der tariflich festgesetzten Urlaubszeit) täglich gespielt wird. Neben dem gängigen Repertoire der Oper und Operette gilt das Interesse dem modernen Musiktheater und dem Musical, so daß seit der Spielzeit 1969/70 jährlich zumindest ein Musical inszeniert wird; ebenso erscheint alljährlich mindestens eine zeitgenössische Oper auf dem Programm.

Das Theater faßt 756 Personen. Die musikalische Basis bildet das 98 Mitglieder umfassende, unter der Leitung von Roman Zeilinger stehende Bruck-

Das 1803 eröffnete Landestheater Linz, von Ferdinand Mayr nach dem Vorbild des Theaters an der Wien erbaut. Die Aufnahme entstand 1940.

Das Landestheater heute, nach dem Umbau von 1958.

nerorchester. Dem Ballett gehören drei Solotänzerinnen, acht Solotänzer und eine fünfköpfige Damengruppe an, wobei die Solisten Gruppenverpflichtung, die Gruppentänzer Soloverpflichtung haben. Der Chor setzt sich aus je 18 Damen und Herren zusammen.

Das Theater: Der Bau des Linzer Landestheaters wurde am 7. 12. 1801 nach Plänen von Ferdinand Mayr und des Adjunkten Löffler begonnen. Im Herbst 1802 war der Rohbau vollendet; am 4. 10. 1803 konnte das Haus mit dem Schauspiel *Octavia* von August von Kotzebue (1761–1819) eröffnet werden. Architektonisches Vorbild war das »Theater an der Wien«.

Das ursprünglich als Galerie- und Logentheater konzipierte Haus wurde 1958 von Clemens Holzmeister völlig umgebaut, stellt sich nun als Rangtheater dar und wurde am 20. 12. 1958 mit der Oper *Arabella* von Richard Strauss neu eröffnet. Die Außenfassade ist in klassizistischem Stil gehalten, der neue Innenraum in moderner Sachlichkeit. Das Bühnenportal ist 9,60 m breit und 7 m hoch. Die Breite des Bühnenraumes beträgt 21 m, seine Tiefe 23 m. Der Orchesterraum ist 12,50 m breit und 6 m tief; er bietet Platz für 72 Musiker.

Die Intendanten (seit 1945):

Viktor Pruscha	(1945–1948)
Ignaz Brantner (Arbeitsgemeinschaft)	(1948–1953)
Oskar Walleck	(1953–1956)
Fred Schroer	(1957–1961)
Karl-Heinz Krahl	(1961–1964)
Kurt Wöss/Alfred Stögmüller/ Adolf Holschan	(1964–1969)
Alfred Stögmüller	(seit 1969)

Ereignisse und Gestalten: Viele berühmt gewordene Künstler sind in ihren frühen Jahren in Linz aufgetreten. So war Fritzi Massary 1899–1900 als zweite Soubrette engagiert, Hans Beirer sang hier 1936–1937 und Catarina Ligendza trat 1963–1964 unter dem Namen »Beyron« auf. Weitere aus dem Linzer Ensemble hervorgegangene bekannte Sänger sind Norman Bailey, Hugh Beresford, Paul Wolfrum, Claudio Nicolai und Kurt Rydl, die alle ihren Weg an große Bühnen gegangen sind.

Die bemerkenswerten Inszenierungen am Linzer Landestheater begannen in der Zeit des Zweiten Weltkrieges; so fand am 26. 10. 1940 die österreichische Erstaufführung von Ottmar Gersters Oper *Enoch Arden* (nach Alfred Tennyson) statt. Das Jahr 1942 brachte gleich zwei Uraufführungen: Bernhard Conz' *Die Nacht der großen Liebe* (5. 3.) und Ludwig Schmidseders *Heimkehr nach Mittenwald* (26. 8.). Dieser Komponist kam am 26. 5. 1944 erneut mit *Linzer Torte* zu Uraufführungsehren. Nach Kriegsende sind vor allem die österreichischen Erstaufführungen von Ernst Křeneks *Leben des Orest* (6. 12. 1947), von Jakov Gotovac' *Ero, der Schelm* (23. 11. 1951), von Werner Egks *Zaubergeige* (8. 11. 1952) und von Joseph Haas' *Tobias Wunderlich* (23. 12. 1952) hervorzuheben. Am 25. 4. 1953 erschien erstmals in Österreich Rolf Liebermanns *Leonore 40/45* auf der Linzer Bühne, am 27. 6. 1954 Antonin Dvořaks *Jakobiner* und am 1. 3. 1954 Paul Hindemiths *Mathis der Maler.* Die Pflege der zeitgenössischen Oper wurde 1955 mit Gian Carlo Menottis *Amelia geht zum Ball* (19. 6.), 1957 mit Helmut Eders *Moderner Traum* (29. 9.) und Ernst Křeneks *Pallas Athene weint* (7. 4.) sowie 1960 mit Heinrich Sutermeisters *Romeo und Julia* (24. 2.) fortgesetzt. 1961 nahm man erstmals Mussorgskis *Boris Godunow* (16. 1.) und Haydns *List und Liebe* (21. 10.) in den Linzer Spielplan auf. Das Jahr 1963 brachte die Uraufführung von Helmut Eders *Anamorphose* (22. 6.) sowie die österreichische Erstaufführung von Hans Werner Henzes *Undine* (3. 2.). Selten gespielte Werke wie Bizets *Docteur Miracle* (15. 3. 1964) wechselten mit modernen Werken wie

Im Oktober 1979 erlebte Helmut Eders komische Oper George Dandin *nach Molière in Linz ihre Uraufführung.*

Helmut Eders *Kardinal* (29.5.1965) und Vorklassischem wie Pergolesis *La Contadina Astuta* (13.2.1965) ab. Am 17.6.1967 wurde Paul Hindemiths Kepler-Oper *Die Harmonie der Welt,* in der lokale Bezüge zur Stadt Linz erscheinen, inszeniert. Am 7.6.1969 kam es zur Aufführung der aufsehenerregenden Oper *Die Ameise* des früh verstorbenen Peter Ronnefeld (1935–1965). Am 5.10.1974 wurde das Musical *Seidenstrümpfe* von Cole Porter mit einer Choreographie von Anna Vaughan, die zuvor zwei Ballette betreut hatte, erstmals in deutscher Sprache aufgeführt. Am 3.10.1976 hatte Helmut Eders historische Oper *Der Aufstand* (Text von Gertrud Fussenegger) ihre Uraufführung, der am 6.10.1979 vom selben Komponisten die Molière-Oper *George Dandin* folgte. Dazwischen lagen die bemerkenswerten Inszenierungen von Stephen Schwartz' Musical *Godspell* (7.11.1976) und von Sandor Szokolays Lorca-Vertonung *Bluthochzeit* (2.10.1977), mit denen das Landestheater Linz seine Ambitionen zur Realisierung zeitgenössischer Musiktheaterliteratur permanent unter Beweis stellte.

Bühnen der Hansestadt Lübeck

Bühnen der Hansestadt
Fischergrube 5–21
2400 Lübeck

Allgemeine Informationen: Das an dem Stagioneprinzip orientierte Musiktheater Lübecks ist beheimatet im Großen Haus der Städtischen Bühnen, das zugleich (neben den Kammerspielen und einer Studiobühne) besonders bei großen Aufführungen dem Sprechtheater dient. Die Spielzeit dauert, einschließlich eines Tarifurlaubs, von Anfang August bis Ende Juli. Das Große Haus bietet Platz für 923 Personen. Das Orchester hat 66 Mitglieder, dem Ballett gehören zwei weibliche und vier männliche Solotänzer, eine siebenköpfige Damen und eine dreiköpfige Herrengruppe (mit Soloverpflichtung) an. Der Chor besteht aus 15 Damen und 17 Herren.

Das Theater: Das städtische Theater wurde 1906–1908 durch den Dresdner Architekten Martin Dülfer als Rangtheater im Jugendstil errichtet und am 1.10.1908 mit Wagners *Meistersinger*-Vorspiel unter der Leitung von Hermann Abendroth, Goethes Einakter *Die Geschwister* und Schillers Dramenfragment *Demetrius* eröffnet. Die erste Opernvorstellung fand am 5.10.1908 statt; es wurde Wagners *Lohengrin* mit Karl Erb in der Titelrolle gegeben.

Das Bühnenportal ist 10 m breit und 6,30 m hoch; die Bühnenraumbreite beträgt 20 m und hat eine Tiefe von 16 m.

Die Intendanten:
Georg Kurtscholz (1908–1911)
Stanislaus Fuchs (1911–1918)

Das 1906–1908 durch den Dresdner Jugendstil-Architekten Martin Dülfer erbaute Lübecker Stadttheater.

Das alte »Ebbesche Theater in der Beckergrube«, 1752/53 errichtet, diente bis zu seinem Abbruch 1857 als Operntheater.

Paul von Bongardt	(1918–1923)
Georg Hartmann	(1923–1925)
Thur Himmighoffen	(1925–1929)
Otto Liebscher	(1929–1932)
Edgar Gross	(1932–1934)
Robert Bürkner	(1934–1943)
Otto Kasten	(1943/1944)
Friedrich Siems	(1945–1947)
Hans Schüler	(1947–1951)
Christian Mettin	(1951–1959)
Arno Wüstenhöfer	(1959–1964)
Walter Heidrich	(1964–1968)
Karl Vibach (Gen.-Int.)	(1968–1978)
Hans Thoenies (Gen.-Int.)	(seit 1979)

Ereignisse und Gestalten: Das erste Lübecker Theater, das »Ebbesche Theater in der Beckergrube« wurde 1752/1753 errichtet und zunächst vorwiegend durch reisende Theatertruppen bespielt. Um 1800 erfolgte erstmals die Gründung eines festen Ensembles. 1857 ging die Trägerschaft für das Theater auf die Aktiengesellschaft Casino über; das alte Haus wurde abgerissen, ein neues gebaut. 50 Jahre arbeitete die Gesellschaft mit bescheidenen finanziellen Mitteln. Als 1905 das Theater wegen Brandgefahr geschlossen und 1907 abgerissen wurde, sah sie sich zum Bau eines neuen Hauses außerstande. Somit wurde die Stadt Träger des 1908 errichteten Theaters, verpachtete es jedoch an Theaterdirektoren weiter. Bei der Errichtung des neuen Hauses war im übrigen, unter dem Eindruck des Wiener Ringtheaterbrandes und des Brandes des Iroguois-Theaters in Chicago, den Sicherheitsmaßnahmen besonders Rechnung getragen worden.

Die ersten bedeutenden Persönlichkeiten des Lübecker Musiktheaters waren der Tenor Karl Erb (1877–1958), der in der ersten Opernpremiere des gerade eröffneten Hauses 1908 den Lohengrin sang; des weiteren Wilhelm Furtwängler (1886–1954) und Hermann Abendroth (1883–1956), die beide vor 1918 in Lübeck dirigierten, sowie der Bariton Jaro Prohaska (1891–1965), der von 1923–1926 engagiert war. Es entwickelte sich ein alle Arten des Musiktheaters umfassender Spielplan, der auch die großen Werke Wagners berücksichtigte.

Nach dem Zweiten Weltkrieg, den das Theater unbeschädigt überstand, wurde das musikalische Angebot durch die Aufnahme des Musicals bereichert, dem insbesondere in der Ära des Intendanten Karl Vibach ein besonderer Aufschwung beschieden war. 1960 wirkte Kurt Horres als Oberspielleiter am Lübecker Stadttheater. Bis 1977 war Matthias Kuntzsch Generalmusikdirektor; sein Nachfolger ist Matthias Aeschbacher, der auch die städtischen Symphoniekonzerte leitet.

Der berühmte Tenor Karl Erb, der 1908 die Partie des Lohengrin *zur Eröffnung des Stadttheaters sang.*

Stadttheater Lüneburg

Stadttheater
An den Reeperbahnen 3
2120 Lüneburg

Allgemeine Informationen: Das Stadttheater Lüneburg bietet einen Repertoirespielplan, wobei die Spielzeit vom 15. August bis zum 15. Mai dauert. Es werden alljährlich eine Oper, drei Operetten, ein Musical und ein Ballett produziert. Die Programmgestaltung wird von der Pflege der klassischen Operette, seit 1979 auch des europäischen Musicals und der Spieloper geprägt.

Das Theater weist 626 Plätze auf. Das Orchester hat 25 Mitglieder; das Ballett setzt sich aus einer Solotänzerin und drei Solotänzern sowie einer neunköpfigen Damengruppe zusammen. Zum Haus-Chor zählen 21 Personen; das Solistenensemble besteht aus zwölf Mitgliedern.

Das Theater: Das zunächst 1945 für die britische Besatzungsmacht errichtete Globe-Cinema war schon damals als künftiges Stadttheater geplant worden. Der Architekt, der Lüneburger Oberregierungsbaurat Homann, konzipierte das Haus als modernen Zweckbau. Am 8.10.1961 wurde es dann mit Shakespeares *Was ihr wollt* in einer Inszenierung des Intendanten Heinz Zimmermann seinem eigentlichen Zweck als Theater übergeben.

Das Stadttheater Lüneburg. 1945 zunächst als Kino für die britischen Besatzungstruppen erbaut, konnte es 1961 seiner endgültigen Bestimmung übergeben werden.

Die Breite der Bühne beträgt 17,50 m, dazu kommt eine Hinterbühne mit 8,50 m. Das Bühnenportal weist eine Öffnung von 10 m und eine Höhe von 5 m auf. Der Orchesterraum ist 14 m breit und 4,50 m tief; er bietet Platz für 55 Musiker.

Die Intendanten (seit 1946):

Rolf Hübner	(1946–1948)
Hans Bauer	(1948/1949)
Willi Schmitt	(1949–1959)
Heinz Zimmermann	(1959–1969)
Hans Heinz Janka	(1969/1970)
Torsten Hünke von Podewils	(1970/1971)
Hannes Houska	(1971–1975)
Franz Göd	(1975–1978)
Karl Heinz Köhn	(1978/1979)
Alexander de Montléart	(seit 1979)

Das Kaulitzsche Gesellschaftshaus mit seiner charakteristischen Backsteinfassade diente von 1822 an 100 Jahre lang als Stadttheater. Albert Lortzing und Johann Strauß dirigierten hier eigene Werke.

Ereignisse und Gestalten: Nachdem schon 1739 der Schauspieler Friedrich Schönemann, ein Partner der berühmten Neuberin, eine eigene Theatergesellschaft in Lüneburg hatte, erhielt die Stadt 1822 eine ständig bespielte Bühne mit einem festen Ensemble im Kaulitzschen Gesellschaftshaus an der Apothekenstraße. Dort wurden neben Sprechstücken auch Opern und Operetten aufgeführt. Albert Lortzing dirigierte hier eigene Werke, Johann Strauß gab ein Gastspiel und der große Albert Bassermann war in seinen frühen Jahren in Lüneburg engagiert. Die profiliertesten Direktoren dieses Hauses waren Karl Grünberg und Willy Essmann.

Nachdem dieses Theater 1921 abgebrannt war, ließ der Kinobesitzer August Greune 1927 sein Etablissement »An der neuen Sülze« in ein Theater umbauen, das in Parkett und Balkon 650 Plätze bot

Szenenbild einer Aufführung von Franz Lehárs Die Lustige Witwe *in der Spielzeit 1982/83, eine der vielen Operettenproduktionen des Hauses.*

und einen verdeckbaren Orchesterraum besaß. Neben Schauspielaufführungen fanden in diesem Gebäude vor allem Gastspiele der Hamburger Oper statt. Während des NS-Regimes wurde das Theater, »Schaubühne« genannt, zum Sitz der »Landesbühne Osthannover«; nach Kriegsende zog die britische Besatzungsmacht ein. Aus diesem Grund war man für Theateraufführungen auf ein Behelfsquartier angewiesen. Am 29.9.1946 präsentierte sich in der Turnhalle des »Treubundes« ein neues Theater mit eigenem Ensemble, das sich vorwiegend mit leichter realisierbaren Schauspielen befaßte. Das Provisorium dauerte an, bis die Briten das für sie errichtete Globe-Kino räumten; die alte Schaubühne war mittlerweile unbrauchbar geworden.

Zu den Höhepunkten des Musiktheaters im neuen Stadttheater gehören die Musical-Inszenierungen von Hannes Houska (1971–1975) und Operettenaufführungen von Kalmán, Künneke, Lehár, Millöcker und Johann Strauß. Unter Leitung von Intendant Alexander de Montléart (seit 1979) wurde das Repertoire durch Donizettis *Liebestrank, Viva la Mamma,* Mozarts *Entführung aus dem Serail* und *Bastien und Bastienne* sowie mehrere andere für Gastspielreisen geeignete, leicht transportable Produktionen ergänzt.

Intendant Alexander de Montléart, seit 1979 Leiter des Stadttheaters Lüneburg, konnte 1982 den 150. Geburtstag seines Hauses feiern.

Stadttheater
Theaterstraße 2
CH-6002 Luzern

Stadttheater Luzern

Allgemeine Informationen: Das Repertoire des Stadttheaters umfaßt pro Saison fünf Opern, vier Operetten, zwei Ballettabende sowie sieben Schauspielaufführungen und ein Märchen. Die Spielzeit dauert von Anfang September bis Ende Juni.

Das Theater bietet Platz für 564 Zuschauer. Das Orchester wird von der Allgemeinen Musikgesellschaft Luzern (AML) gestellt. Dem Ballett gehören eine Solotänzerin, vier Solotänzer und eine sechsköpfige Damengruppe, teilweise mit Soloverpflichtung an. Der Chor setzt sich aus jeweils acht Damen und Herren zusammen; daneben besteht zusätzlich ein Extrachor.

Das Theater: 1839 durch den Architekten Louis Pfyffer von Wyer als Rangtheater im klassizistischen Stil erbaut, wurde es am 7.11.1839 mit Schillers *Wilhelm Tell* in der Inszenierung von Julius Edele eröffnet. Da beim Bau nur bescheidene Mittel zur Verfügung gestanden hatten, erlebte das Haus eine Reihe baulicher Veränderungen. 1867 erfolgte eine Renovierung des Innenraums, drei Jahre später erneuerte man die schmalen Treppen und Ausgänge. Nach einem umfangreichen Umbau Ende des Jahrhunderts wurde das Stadttheater am 1.10.1899 mit Goethes *Egmont* wiedereröffnet. Im Jahre 1906 kam ein Jugendstil-Anbau hinzu. Infolge Zerstörungen durch einen Brand, die im Bereich des Daches eine neue Konstruktion bedingten, konnte das Haus zwei Jahre lang, von 1924–1926, nicht bespielt werden.

Das 1839 als klassizistisches Rangtheater erbaute Stadttheater Luzern konnte nach mehreren Umbauten 1970 wiedereröffnet werden.

1907 wurde das Theater durch einen Anbau im damals herrschenden Jugendstil erweitert.

Nach der Erneuerung von Kassenhalle und Foyer (1949) und kleineren Veränderungen zu Beginn der sechziger Jahre wurde ein totaler Umbau samt räumlicher Erweiterung vorgenommen. Das Bühnenportal ist 9 m breit und 6 m hoch; die Breite des Bühnenraumes beträgt 18 m, die Tiefe 12 m. Der Orchesterraum ist 14 m breit, 6,20 m tief und bietet Platz für 50 Musiker.

Die Intendanten (seit 1931):

Gottfried Falkenhausen	(1931–1937)
Carl Schneider	(1937–1942)
Paul Eger	(1942–1947)
Albert Wiesner	(1947–1953)
Ernst Dietz	(1953–1957)
Walter Oberer	(1957–1960)
Horst Gnekow	(1960–1967)
Kraft-Alexander	(1967–1972)
Ulrich Meyer	(1972–1982)
Philippe de Bros	(seit 1982)

Ereignisse und Gestalten: Das erste Luzerner Theater existierte bereits 1740 im Westflügel des ehemaligen Jesuitenkollegs. Es wurde als »obrigkeitliches Comoedienhaus« bezeichnet und bildete den Vorläufer des Stadttheaters. Als im Jahre 1773 der Jesuitenorden durch Papst Clemens XIV. aufgelöst wurde, ging das Theater in das Eigentum des Staates über. 1807 konstituierte sich die »Theater- und Musikliebhaber-Gesellschaft«, die es sich zur Aufgabe machte, auch »Singstücke« aufzuführen. Ihr wurde das »Comoedienhaus« zur Benutzung überlassen. 1812 begannen erste Bestrebungen, anstelle des gefährlichen, unzureichenden Baus ein neues Theater zu errichten – ein Plan, der 1839 endlich

Oben: *Szenenbild aus Giuseppe Verdis früher, selten gespielter Oper* Ernani *nach einem Drama von Victor Hugo in einer Aufführung des Stadttheaters 1981.*

Unten: *Edith Mathis, deren Karriere in Luzern begann.*

realisiert wurde. Schon 1840 ging das neue Haus in die Hände der Stadt Luzern über, die aber erst 1931 auch den Spielplan in eigene Regie nahm und ihrerseits Intendanten einsetzte. Hatten bis dahin die als Pächter auftretenden Theaterdirektoren mit mancherlei finanziellen Schwierigkeiten zu kämpfen, die nicht ohne Auswirkungen auf das Programmangebot blieben, so stand künftig einer Spielplangestaltung unter künstlerischen Gesichtspunkten und einer sorgsamen Vorbereitung von Inszenierungen nichts mehr im Wege. Das Luzerner Theater – obwohl vorwiegend vom Sprechtheater beherrscht – hat im Laufe der Jahre einer großen Zahl bekannter Sänger als Sprungbrett für ihre Karriere gedient, wie z. B. Inge Borkh, Edith Mathis, Fritz Uhl, Ferry Gruber, Raimund Wolansky und Manfred Röhrl. Seit 1970 wurde auf dem Gebiet des Musiktheaters besonderes Augenmerk auf die Pflege von Mozart und Verdi gerichtet, wobei auch relativ selten gespielte Werke wie Verdis *Ernani* (Spielzeit 1981/82) in der Inszenierung von Robert Hoyem unter der musikalischen Leitung von Marbod Kaiser das Repertoire belebten. Die gegenwärtige Direktion plant eine stärkere Pflege der französischen Oper und eine größere Anzahl von Musicalaufführungen.

Städtische Bühnen Mainz

Städtische Bühnen
Gutenbergplatz 7
6500 Mainz

Allgemeine Informationen: Der Repertoire-Spielplan des Mainzer Stadttheaters umfaßt vorwiegend musikalische Aufführungen, daneben Sprechtheater nur insoweit, als dieses nicht in den Kammerspielen und im Theater in der Universität beheimatet ist. Die Spielzeit dauert von Anfang September bis Mitte oder Ende Juni. Pro Saison werden 4–5 Opern, 1–2 Operetten und ein Ballettabend produziert.

Das Theater bietet bei musikalischen Aufführungen 801 Besuchern Platz (beim Sprechtheater sind es 885 Plätze). Das Orchester besteht aus 68 Musikern; dem Tanzensemble gehören zwei Solistinnen, vier Solisten und eine achtköpfige Gruppe (je vier Damen und Herren) an. Der Chor setzt sich aus 14 Damen und 15 Herren zusammen.

Das Theater: Das alte Theater wurde 1829–1833 durch Georg Moller (1784–1852) als Rangtheater im klassizistischen Stil errichtet und am 21.9.1833 mit Carl Maria von Webers *Jubel-Ouvertüre* und Mozarts Oper *Titus* unter der Leitung von Adolph Ganz eröffnet. 1942 wurde es durch Kriegseinwirkung zerstört. Die Eröffnung des neuen Hauses (Architekt: Richard Jörg) fand am 24.11.1951 mit einer Ballettaufführung des Ensembles der Pariser Grand Opéra unter Serge Lifar statt. In der zweiten Hälfte der siebziger Jahre wurde grundlegend umgebaut.

Die Breite des Bühnenportals beträgt zwischen 9 m und 10,80 m, seine Höhe 7,45 m. Der Bühnen-

Das 1833 eröffnete alte Theater in Mainz. Aufnahme um 1910.

Das Mainzer Stadttheater heute.

raum ist 21 m breit und 25 m tief. Der Orchesterraum, 16 m breit und 5,85 m tief, faßt 75 Musiker.

Die Intendanten (seit 1946):

Hermann Dollinger	(1946–1949)
Karl Schramm	(1949–1951)
Karl-Maria Zwissler	(1951–1955)
Siegfried Nürnberger	(1955–1961)
Georg Aufenanger	(1961–1973)
Wolf-Dieter Ludwig	(1973–1978)
Dietrich Taube	(seit 1978)

Ereignisse und Gestalten: Die Geschichte des Mainzer Theaters weist so prominente Intendanten und Direktoren wie E. Th. L'Arronge (1869–1872), Rainer Simons (1894–1899), Edgar Klitsch (1927–1932) und den Dirigenten Karl Maria Zwissler auf. So

Fritz Feinhals (unten links) *und Josef Traxel* (unten Mitte), *zwei Sänger, deren Karriere am Mainzer Theater begann. – Der Jugoslawe Mladen Bašić* (unten rechts) *ist seit 1978 Generalmusikdirektor in Mainz.*

László Anderkó (Mitte) in der Titelrolle von Alban Bergs Wozzeck. *Diese Produktion war einer der Höhepunkte des Opernprogramms 1982.*

wie heute das Musiktheater im Vordergrund steht, hatte der Opernbetrieb in Mainz (mit Ausnahme der Jahre 1946–1951, als das Haus ausschließlich dem Sprechtheater vorbehalten war) seit jeher eine große Tradition. Am 23.5.1789, also noch vor der Errichtung des alten Hauses, fand in Mainz die erste Aufführung des *Don Giovanni* in deutscher Sprache (Übersetzung von Schmieder) statt. Schon 1840 und 1841 gastierte die Mainzer Oper in England, 1842 auch in Frankreich und 1844 in Belgien, um dem dortigen Publikum die deutsche romantische Oper vorzustellen. Diese Tradition von Gesamtgastspielen wird derzeit mit Auftritten in Spanien wieder aufgenommen.

Bekannte Musiker, für die Mainz eine wichtige Etappe im Verlauf ihrer Karriere darstellte, waren die Dirigenten Karl Elmendorff und Gerd Albrecht; doch auch die Komponisten Hans Pfitzner, Konradin Kreutzer und Emil Nikolaus von Reznicek waren dem Mainzer Musikleben verbunden. Sänger wie Fritz Feinhals, Gustav Neidlinger, Josef Traxel, Franz Mazura, Peter Meven und Kurt Moll begannen ihre Laufbahn am Mainzer Theater.

Die musikalische Leitung liegt derzeit bei dem schon international in Erscheinung getretenen Generalmusikdirektor Mladen Bašić, der auch die Symphoniekonzerte des städtischen Orchesters leitet. Unter den Einstudierungen der jüngsten Zeit ist Alban Bergs *Wozzeck* (1982) unter der Leitung von Mladen Bašić mit László Anderkó in der Titelrolle besonders hervorzuheben.

Nationaltheater
Am Goetheplatz
6800 Mannheim

Nationaltheater Mannheim

Allgemeine Informationen: Das Repertoire des Nationaltheaters ist mit rund 50 Opern eines der umfangreichsten in der Bundesrepublik. Die Spielzeit beginnt Anfang September und endet in der zweiten Julihälfte; das Theater ist daher nahezu ganzjährig geöffnet. Den Kern der Spielplangestaltung bilden die Werke von Verdi, Wagner, Mozart und Richard Strauss.

Das Große Haus (als Schauplatz der Opernaufführungen) verfügt über etwa 1200 Plätze. Das Orchester besteht aus 89 Musikern; dem Ballett gehören fünf Solotänzerinnen, vier Solotänzer sowie 14 Gruppentänzerinnen und -tänzer (teilweise mit Soloverpflichtung) an. Der Chor setzt sich aus 25 Damen und 27 Herren zusammen.

Das Theater: Das historische Nationaltheater wurde in den Jahren 1775–1777 als Umbau des alten Zeug- und Schütthauses durch den Architekten Lorenzo Quaglio (1730–1805) errichtet. Am 5.9.1943 fiel es den Kriegseinwirkungen zum Opfer, so daß von 1945 bis 1956 auf behelfsmäßigen Bühnen gespielt werden mußte, zunächst im »Universum«, dann in der »Schauburg«, einem ehemaligen Kino.

Das neue Nationaltheater wurde von dem Architekten Gerhard Weber als moderner Glas- und Betonbau konzipiert und am 13.1.1957 mit Webers *Freischütz* eröffnet.

Der Zuschauerraum ist als Rangtheater gestaltet. Der Bühnenraum hat eine Breite von 20 m und eine

Das neue Nationaltheater Mannheim am Goetheplatz, das von Gerhard Weber erbaut und 1957 eröffnet wurde. Das Theater faßt 1200 Besucher.

Tiefe von 21 m; durch Anhebung der Orchesterpodien vergrößert sich die Tiefe um weitere 8 m. Das Bühnenportal ist 13–17 m breit und 3–8,50 m hoch. Der Orchesterraum bietet Platz für 90 Musiker.

Die wichtigsten Intendanten:

Wolfgang Heribert von Dalberg	(1778–1802)
Graf Carl von Luxburg	(1821–1836)
Philipp Jacob Düringer	(1843–1853)
August Bassermann	(1895–1904)
Carl Hagemann	(1906–1910)
	(1915–1920)
Ferdinand Gregori	(1910–1912)
Francesco Sioli	(1924–1930)
Herbert Maisch	(1930–1933)
Friedrich Brandenburg	(1933–1945)
Carl Onno Eisenbart	(1945/1946)
Erich Kronen	(1946/1947)
Richard Dornseiff	(1947–1949)
Richard Payer	(1949/1950)
Hans Schüler	(1951–1963)
Ernst Dietz	(1963–1972)
Michael Hampe	(1972–1975)
Arnold Petersen	(seit 1975)

Ereignisse und Gestalten: Nach der Errichtung des »Comödien- und Redoutenhauses« (1777) gab es zunächst in Mannheim kein festes Ensemble; ein solches wurde erst 1778 vom ersten Intendanten, dem Reichsfreiherrn von Dalberg begründet, indem er eine Theatertruppe aus Gotha engagierte. Dieser gehörte August Wilhelm Iffland rund 20 Jahre als erster »Star« an und schrieb gleichzeitig Theaterstücke, die damals die Dramen Schillers an Beliebtheit übertrafen. Die Oper erlebte erst unter

Oben: *Wolfgang Heribert von Dalberg, von 1778–1802 erster Intendant des Mannheimer Theaters, das auf seine Initiative zustande gekommen war. Der von ihm engagierten Schauspieltruppe gehörte auch August Wilhelm Iffland an, der zwanzig Jahre lang die beherrschende Persönlichkeit in Mannheim war und als Schauspieler und Dichter größte Berühmtheit erlangte. Dalberg ist auch als Freund Friedrich Schillers in die Theatergeschichte eingegangen, dessen* Räuber *und* Fiesco *er in seinem Theater zur Uraufführung brachte.*

Das 1775–1777 erbaute Nationaltheater, das 1943 im Krieg zerstört wurde. Auf dem Vorplatz die Denkmäler der drei bedeutendsten Männer in der Geschichte des Theaters: links August Wilhelm Iffland, in der Mitte Friedrich Schiller und rechts der erste Intendant Wolfgang Heribert von Dalberg.

dem fünften Intendanten, dem Grafen Carl von Luxburg, einen Aufschwung, der sich unter Philipp Düringer fortsetzte. Marschners *Hans Heiling* wurde aufgeführt, Albert Lortzing (1801–1851) gastierte als Dirigent und brachte seine *Undine* in Mannheim zur Aufführung. 1855 erschien mit dem *Tannhäuser* die erste Wagner-Oper auf dem Spielplan, 1859 folgte *Lohengrin* und 1869 die allerdings stark gekürzten *Meistersinger von Nürnberg*. Am 20.12.1871 dirigierte Richard Wagner (1813–1883) ein Konzert mit Werken von Mozart, Beethoven und eigenen Kompositionen; der Erlös sollte Bayreuth zugute kommen. Damit waren in Mannheim die Oper im allgemeinen und Wagners Werke im besonderen durchgesetzt, dessen intensive Pflege seither nie mehr aufgehört hat.

Am 7.6.1896 wurde Hugo Wolfs *Corregidor* uraufgeführt. Bestrebungen, Richard Strauss als musikalischen Leiter für Mannheim zu gewinnen, führten zu keinem Ergebnis, da man nicht gleichzeitig seine Gattin Pauline de Ahna engagieren wollte. Unter den berühmten Sängern, die in Mannheim gastierten, ist Francesco d'Andrade (1859–1921) zu nennen, der in vielen deutschen Städten auftrat. Auf dem Schauspielsektor sind Adele Sandrock, Hedwig Bleibtreu, Josef Kainz und Albert Bassermann, Neffe des Intendanten Dr. August Bassermann (1895–1904), hervorzuheben.

Wilhelm Furtwängler. Nach Lehrjahren in Lübeck war er von 1915 bis 1920 musikalischer Leiter in Mannheim. Hier begann seine große Dirigentenkarriere.

Zeitweise gab es einen Austausch von Vorstellungen zwischen Mannheim und Karlsruhe, wobei Karlsruhe die *Trojaner* von Berlioz nach Mannheim brachte, während das Nationaltheater mit *Lakme* von Leo Delibes in Karlsruhe gastierte. Nach der Jahrhundertwende spielte der junge Max Pallenberg die Hauptrolle in Leo Falls Operette *Der fidele Bauer*. Gegen Ende des Ersten Weltkrieges gastierte das Nationaltheater Mannheim mit dem kompletten *Ring des Nibelungen* unter der Leitung von Wilhelm Furtwängler (1886–1954) in Baden-Baden. Nach seinen Anfängen in Straßburg und Lübeck war Furtwängler von 1915–1920 Leiter des Opernbetriebes in Mannheim. Anläßlich der 150-Jahr-Feier leitete er 1929 als Gastdirigent eine *Fidelio*-Aufführung mit Gertrud Bindernagel, Karl Erb und Hans Bahling in den Hauptrollen.

Hans Pfitzner (1869–1949) dirigierte innerhalb der Festwoche selbst seinen *Palestrina,* Erich Kleiber den *Rosenkavalier*. Weitere Höhepunkte des Mannheimer Opernlebens brachte die Intendanz von Herbert Maisch (1930–1933), der Verdi-, Mozart- und Wagnerzyklen einrichtete, Joseph Rosenstock als Dirigenten verpflichtete und Bergs *Wozzeck* sowie Křeneks *Leben des Orest* herausbrachte.

Szenenbild aus Werner Egks Columbus, *der 1953 auf der Behelfsbühne der »Schauburg« inszeniert wurde. Die Uraufführung der* Abstrakten Oper Nr. 1 *von Boris Blacher nach einem Text von Werner Egk im gleichen Jahr provozierte einen der großen Theaterskandale in Mannheim.*

Dem nächsten Intendanten Friedrich Brandenburg (1933–1945) gelang es 1936, den ausgezeichneten Dirigenten Karl Elmendorff (1891–1962) an das Nationaltheater zu binden, der hervorragende Verdi-, Wagner-, Strauss- und Tschaikowsky-Aufführungen leitete. 1941 gastierte das Nationaltheater in Paris mit der *Walküre*. Am 5.9.1943 gab es noch eine Neuinszenierung des *Freischütz*; wenige Stunden später wurde das Theater durch einen Bombenangriff zerstört.

Im Behelfsquartier, dem »Schauburg«-Kino in der Breiten Straße, spielte man bald nach Kriegsende den *Barbier von Sevilla* und *Fidelio*, kurze Zeit später auch *Don Giovanni*, den *Troubadour*, *Ariadne auf Naxos*, *Cavalleria rusticana*, den *Bajazzo* und Strawinskys *Geschichte vom Soldaten*. Wagnisse auf der Notbühne bildeten Aufführungen von *Elektra und Othello*, für die das beengte Theater einen eigenen sparsamen Stil entwickeln mußte. Dirigenten der folgenden Jahre waren Fritz Rieger (1910–1978) und Eugen Szenkar (1891–1977). 1953 wurde Werner Egks *Columbus* auf der Behelfsbühne in der »Schauburg« aufgeführt; im gleichen Jahr kam es bei der Premiere von Blachers und Egks *Abstrakter Oper Nummer Eins* zu einem Skandal. An modernen Werken brachten die folgenden Jahre Blachers *Preußisches Märchen*, Hindemiths *Mathis der Maler* und *Cardillac*, Frank Martins *Zaubertrank*, Orffs *Carmina burana* und *Catulli Carmina* (1955) sowie Strawinskys *Oedipus Rex* (1956). Die letzte Neuinszenierung im Ausweichquartier galt Ernst Křeneks *Pallas Athene weint*, der jedoch kein Erfolg beschieden war.

Der Neubau des Mannheimer Nationaltheaters fand auf einem neuen Platz statt und vereinigte

Oben: *Zum zweihundertjährigen Bestehen des Nationaltheaters wurde 1979/80 Wagners* Ring *aufgeführt. Hier die Todverkündigung aus dem zweiten Akt der* Walküre.

Unten: *Der Bariton Franz Mazura 1964 als Wotan.*

Großes und Kleines Haus unter einem Dach. Die schon erwähnte Eröffnungspremiere des *Freischütz* wurde von Herbert Albert dirigiert. Zahlreiche hervorragende Sängerpersönlichkeiten sind aus dem Nationaltheater hervorgegangen, unter ihnen Jean Cox, Franz Mazura, Hannelore Bode und Frederick Dalberg. Wolfgang Windgassen gastierte in seinen Wagnerrollen, Johannes Heesters trat in der *Lustigen Witwe* auf. 1957 gab es eine Neuinszenierung des *Parsifal*, 1958 *Tristan und Isolde*, Regie führte jeweils Hans Schüler.

1961 dirigierte Paul Hindemith (1895–1963) die Uraufführung seines Werkes *Das lange Weihnachtsmahl* (nach Thornton Wilder) mit Jean Cox und Eva-Maria Molnar in den Hauptrollen. Weitere Uraufführungen galten Günther Bialas' *Hero und Leander* und Giselher Klebes *Jüngstem Tag*, einem Auftragswerk anläßlich des 200jährigen Bestehens des Theaters (1980). Unter den Dirigenten der letzten Zeit sind Herbert Adler, Horst Stein, Hans Wallat und der Operndirektor und Generalmusikdirektor Wolfgang Rennert hervorzuheben. Mittelfristig besteht die Absicht, jährlich ein modernes Werk herauszubringen, die Wagner- und Mozartpflege weiterzuführen und Verdis Schiller- und Shakespeare-Opern auf den Spielplan zu setzen.

Bayerische Staatsoper München Nationaltheater

Bayerische Staatsoper
Max-Joseph-Platz 2
8000 München 2

Allgemeine Informationen: Das Repertoire der Bayerischen Staatsoper umfaßt eine Vielzahl an Opern und Balletten aller Epochen, bei der Vorklassik angefangen bis hin zur Moderne. Ein besonderer Schwerpunkt liegt, der Tradition des Hauses entsprechend, auf den Werken von Richard Strauss und Richard Wagner. Die Spielzeit dauert von Anfang September bis Anfang August, wobei im Juli die Münchener Opernfestspiele das Programm bestimmen.

Die Oper, das Nationaltheater, bietet 2100 Personen Platz. Das Bayerische Staatsorchester besteht

Das wiederaufgebaute Nationaltheater heute.

Das Münchner Nationaltheater um die Mitte des vorigen Jahrhunderts. 1811–1816 von Karl von Fischer erbaut, wurde es 1823 durch einen Brand zerstört und von Münchens Hofbaumeister Leo von Klenze neu errichtet. 1943 fiel es den Bomben des Zweiten Weltkriegs zum Opfer.

Der nach alten Plänen rekonstruierte Innenraum des Nationaltheaters bei der festlichen Eröffnung des Hauses 1963.

aus 139 Musikern. Dem Ballett gehören neben je neun weiblichen und männlichen Solisten (teils mit Gruppenverpflichtung), eine 24köpfige Damen- und eine 18köpfige Herrengruppe an. Der Chor setzt sich aus 45 Damen und 47 Herren zusammen.

Das Theater: Das erste Nationaltheater am Max-Joseph-Platz wurde in den Jahren 1811–1818 durch Karl von Fischer errichtet und am 12. 10. 1818 mit dem Festspiel *Die Weihe* von Albert Klebe und Ferdinand Fränzl eröffnet. Wenige Jahre später, am 14. 1. 1823, brannte das Haus nieder. Da sein Baumeister Karl von Fischer schon 1820 verstorben war, ging der Auftrag zum Wiederaufbau an den inzwischen allmächtig gewordenen Hofbauintendanten Leo von Klenze. Dieser mußte sich zwar nach den Plänen Fischers richten, nahm jedoch sowohl innen als auch außen einige Änderungen vor und drückte damit dem Nationaltheater auch seinen Stempel auf. 120 Jahre blieb das Theater, von einigen wenigen vorsichtigen Änderungen abgesehen, unverändert bestehen, bis es in der Nacht vom 4. 10. 1943 bei einem Bombenangriff vernichtet wurde. Vorgabe für den Wiederaufbau, für den Gerhard Graubner und Karl Fischer verantwortlich zeichnen, war es, unter weitgehendster Orientierung an den Originalplänen Karl von Fischers den Erfordernissen eines modernen Theaters gerecht zu werden. Bei seiner Neueinweihung am 21.11.1963 (mit Strauss' *Frau ohne Schatten*) präsentierte sich das klassizistische Gebäude wiederum als Rangtheater, mit fünf Geschossen, Mittelloge und Proszeniumslogen. Die dominierenden Farben sind Rot, Weiß und Gold.

Das Bühnenportal ist variabel bis zu 16 m breit und 13,50 m hoch. Die Hauptbühne verfügt über drei Podien von je 6 m Tiefe und 20 m Breite, ist 32 m hoch und 10 m tief. Die Seitenbühnen sind beide an der (linken) Seite angebracht, da die Hauptbühne rechts unmittelbar an der Maximilianstraße abschließt.

Die Intendanten:

Josef Marius Babo	(1799–1810)
Karl August Delamotte	(1811–1821)
Johann Nep. von Poißl	(1824–1833)
Theodor von Küstner	(1833–1842)
Graf Eduard Yrsch	(1842–1844)
August von Frays	(1844–1851)
	(1857–1860)
Franz von Dingelstedt	(1851–1857)
Wilhelm Schmitt	(1860–1867)
Karl von Perfall	(1867–1893)
Ernst von Possart	(1893–1905)
Albert von Speidel	(1905–1912)
Clemens von Franckenstein	(1912–1918)
	(1924–1934)
Karl Zeiß	(1920–1924)
Oskar Walleck	(1934–1937)
Clemens Krauss	(1937–1944)
Georg Hartmann	(1947–1952)
Rudolf Hartmann	(1952–1967)
Günther Rennert	(1967–1976)
August Everding	(1977–1982)
Wolfgang Sawallisch (Staatsop.-Dir.)	(seit 1982)

Ernst von Possart, von 1893 bis 1905 Idendant des Nationaltheaters. In seine Amtszeit fällt auch das Wirken von Richard Strauss als Hofkapellmeister.

Ereignisse und Gestalten: Musikalisches Theater hat es in München bereits im 15. Jh. gegeben, und zwar in Form von geistlichen und weltlichen Ratskomödien, Fasnachtsspielen, Jesuitendramen, Schulkomödien und Madrigalspielen am herzoglichen Hof, wobei Orlando di Lasso selbst als Komödiant mitwirkte. 1651 wurde im Georgssaal der Münchner Residenz *L'arpa festante* von Giovanni Battista Maccioni als erste wirkliche Oper aufgeführt. Etwa zu dieser Zeit ließ der Kurfürst den herzoglichen Kornkasten neben der Salvatorkirche durch Domenico Mauro und Francesco Santurini zu einem Operntheater umgestalten, das 1658 fertiggestellt

Münchens erstes Operntheater, 1658 am Salvatorplatz eröffnet. Trotzdem wurden Opernaufführungen noch lange Zeit bevorzugt im Herkulessaal der Residenz oder den Adelsschlössern der Umgebung veranstaltet. 1799 mußte das Haus wegen Baufälligkeit geschlossen werden.

war. Dennoch wurden Opern zunächst weiterhin vorwiegend im Herkulessaal der Residenz und in den Adelssitzen rund um München aufgeführt.

1656 kam der Komponist Johann Kaspar von Kerll (1627–1693) als Vizekapellmeister an den Münchener Hof; seine zu Ehren Kaiser Leopolds entstandene Oper *Oronte* gelangte 1657 zur Aufführung. Weitere bedeutende Vertreter der Barockmusik in München waren Ercole Bernabei (ca. 1620–1687), Agostino Steffani (1654–1728) und Pietro Torri (ca. 1665–1737), in dessen Opern *Nicomede* (1728) und *Edippo* die Gesangsstars jener Zeit, der Kastrat Farinelli (eigentlich Carlo Broschi, 1705–1782) und die Sopranistin Faustina Hasse-Bordoni (ca. 1695–1781) auftraten.

Ein wesentliches Ereignis der Münchener Operngeschichte stellte die nach einem Brand in der Resi-

Oben: *Der Kastrat Carlo Broschi, genannt Farinelli, war um die Mitte des 18. Jh.s einer der gefeiertsten Sänger in München.*

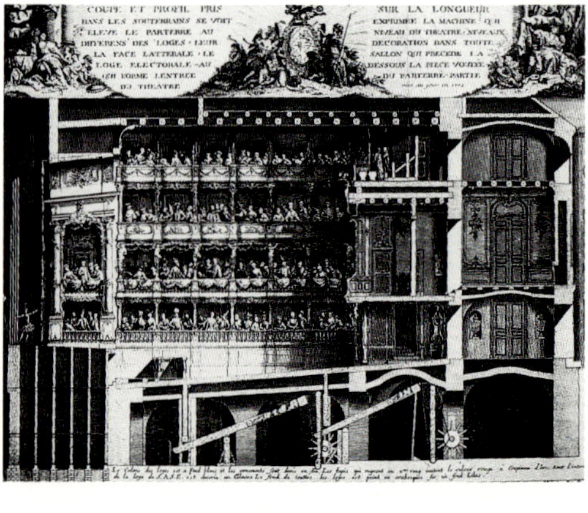

Rechts: *Querschnitt durch das 1751–1753 von François Cuvilliés erbaute Alte Residenztheater. Gut erkennbar ist die Maschinerie zur Hebung des Parterrebodens auf Bühnenhöhe.*

Das Alte Residenztheater (Cuvilliés-Theater) heute. Die Inneneinrichtung des prachtvollen Rokokotheaters überstand den Zweiten Weltkrieg ohne Schaden, so daß sie in der Residenz neu aufgebaut werden konnte.

denz beschlossene Errichtung eines neuen Theaters (»Altes Residenztheater«) dar. Die Bauarbeiten begannen 1751 unter Leitung von François Cuvilliés, die Einweihung wurde am 12.10.1753 mit der Oper *Catone in Utica* des Giovanni Battista Ferrandini (1710–1791) begangen. Hier fand u.a. am 20.1.1781 die Uraufführung von Mozarts *Idomeneo* statt. Auch dieses Theater wurde im Zweiten Weltkrieg zerstört, doch da die gesamte Inneneinrichtung gerettet werden konnte, wurden die Teile wieder zusammengefügt und im Apothekenstock der Residenz neu aufgebaut, wo das Cuvilliéstheater (ca. 500 Plätze) am 12.6.1958 mit Mozarts *Hochzeit des Figaro* wiedereröffnet wurde.

Während man im Theater in der Residenz Werke der Opera seria gab, wurden im Redoutenhaus, das seit 1759 dem Reichsgrafen von Seeau, der auch als erster Intendant zu bezeichnen ist, gehörte, Buffowerke und Komödien gespielt. Wichtige Opernereignisse jener Zeit waren 1773 Glucks *Orpheus* und auf dem Gebiet der heiteren Oper die Uraufführung von Mozarts *La finta giardiniera* am 13.1.1775.

Als 1799 am Salvatorplatz wegen Baufälligkeit die Bespielung des alten Theaters endete, wurden von nun an neben Opern auch Schauspiele im Residenztheater aufgeführt, was eine völlige Überbelastung zur Folge hatte. Ein Neubau, bereits seit 1792 im Gespräch, wurde unerläßlich. Zunächst wurden getrennte Intendanzen für Oper und Sprechtheater eingeführt; für die nächsten elf Jahre stand Josef Marius Babo dem Musiktheater vor. Um die Jahrhundertwende kam es zu heftigen Auseinandersetzungen zwischen den Anhängern der italienischen und der deutschen Oper, was einen künstlerischen

König Max I. Joseph von Bayern ließ sich mit dem 1818 eröffneten Nationaltheater ein Denkmal setzen.

Substanzverlust des Münchener Musiktheaterlebens zur Folge hatte.

Mit dem Regierungsantritt eines neuen Herrschers, Max Josephs I., wurden auch die Pläne für einen Theaterneubau wiederbelebt, doch verhinderten vorerst die Feldzüge Napoleons ihre Realisierung. Nachdem Bayern jedoch Königreich von des Franzosen Gnaden geworden war, schien ein »würdiges Denkmal« – dieses wollte sich der neue König mit einem Theater setzen – unerläßlich. Von Paris aus, wo Max Joseph sich 1810 an dem neuerbauten Odeon begeisterte, erteilte er den Auftrag für die Errichtung eines Theaters. Ein Jahr später begannen die Bauarbeiten, doch wiederum verhinderten die politischen Umstände – Ausbruch der Befreiungskriege, Niedergang Napoleons – eine rasche Fertigstellung. Sieben Jahre sollten bis zur Eröffnung des Nationaltheaters vergehen, das bis zu seiner Zerstörung im Zweiten Weltkrieg im übrigen kein reines Opernhaus war, auch wenn man zunehmend dazu überging, nur große Schauspiele dort aufzuführen. Für kleinere Sprechstücke wurde das intimere Residenztheater vorgezogen.

Bei den ersten Opern, die im neuen Haus aufgeführt wurden, handelte es sich neben Mozarts Hauptwerken um heute selten gespielte Opern von Méhul und Rossini. Nach Zerstörung durch den erwähnten Brand von 1821 und der Wiedereröffnung am 2.1.1825 wurde unter der Intendanz des Freiherrn von Poißl das Repertoire entscheidend erweitert. Eine der dafür wesentlichen Voraussetzungen war die Herstellung umfangreicher Dekorationen, bei der die Münchener Theatermalerfamilie Quaglio Großartiges leistete. Man führte viele der damals beliebten Opern von Auber, Boieldieu, Hé-

Bühnenbildentwurf des Hoftheatermalers Simon Quaglio für eine Aufführung von Mozarts Zauberflöte *im Jahr 1818.*

rold, aber auch Spontinis *Vestalin* auf, die der Komponist selbst dirigierte.

Eine neue Ära begann 1836, als Franz Lachner als Hofkapellmeister nach München kam (1852–1867 war er Generalmusikdirektor). Lachner sorgte nicht nur für eine entscheidende Hebung der Orchesterqualität, er brachte auch zahlreiche neue Werke nach München, darunter Meyerbeers *Hugenotten* und *Prophet* (1839, 1850), Verdis *Ernani* (1848), *Nabucco* (1852), *Rigoletto* (1854) und *Troubadour* (1859) sowie Gounods *Margarethe* (1862). Vor allem aber ist die Durchsetzung der Werke Richard Wagners das unbestrittene Verdienst Franz Lachners. Am 12.8.1855 wurde erstmals in München *Tannhäuser*, am 28.2.1858 *Lohengrin* und am 4.12.1864 *Der fliegende Holländer* aufgeführt; letzteren dirigierte Richard Wagner selbst. Ludwig II., Gönner Richard Wagners, holte diesen 1864, nach seinem Regierungsantritt, ganz nach München. Hier fand am 10.6.1865 die Uraufführung von *Tristan und Isolde* unter der Leitung Hans von Bülows statt; die Titelrollen wurden von dem Sängerehepaar Ludwig und Malvine Schnorr von Carolsfeld gesungen. Von 1867 bis 1869 war Bülow Hofkapellmeister; am 21.6.1868 dirigierte er die Uraufführung der *Meistersinger von Nürnberg* mit Franz Betz als Hans Sachs. Für die vom König angeordnete Aufführung des *Rheingold* verpflichtete man Hans Richter, doch weigerte sich dieser nach der Generalprobe (27.8.1869), die Aufführung zu dirigieren, weil er die Qualität als unzulänglich empfand. Unter musikalischer Leitung von Franz Wüllner und mit geänderter Besetzung kam es dann am 22.9.1869 zur Uraufführung – gegen Wagners Willen, denn dieser wünschte nur die zyklische Aufführung des ganzen *Ring des Nibelungen*. Trotzdem wurde am 26.6.1870 auch die *Walküre* uraufgeführt. Ein Jahr später wurde *Rienzi* zu einem großen Erfolg. 1878 kamen dann auch die beiden noch fehlenden Teile des *Ring*-Zyklus (*Siegfried* am 10.6., *Götterdämmerung* am 15.9.), die bei den ersten Bayreuther Festspielen 1876 uraufgeführt worden waren, auf die Bühne des Nationaltheaters. Die erste Münchener Gesamtaufführung fand im November des gleichen Jahres statt.

Von 1872 bis 1896 wirkte als Generalmusikdirektor Hermann Levi, der auch von Wagner nach Bayreuth gerufen wurde. Am 3.5.1884, 15 Monate nach Wagners Tod, wurde unter seiner Leitung der *Parsifal* als Privatvorstellung für König Ludwig II. aufgeführt. Eine öffentliche Vorstellung war wegen der 30jährigen Bindung des Werks an Bayreuth nicht möglich.

Unter Hofkapellmeister Franz Lachner erlebte München von 1836–1867 eine Blütezeit seiner Oper. Lachner brachte unter anderem Opern von Meyerbeer, Verdi, Gounod und vor allem von Richard Wagner in München heraus.

Nachfolgende Doppelseite: *Wagners Opern in München.*

Links oben: *Bühnenbild-Entwurf von Simon Quaglio zum 2. Aufzug des* Lohengrin *für die Münchner Erstaufführung 1858.*

Rechts oben: *Ein moderner* Lohengrin. *1978 inszenierte August Everding das Werk in München, Bühnenbild und Kostüme schuf der österreichische Maler Ernst Fuchs.*

Links unten: Tristan und Isolde. *Das Sängerehepaar Ludwig und Malvine Schnorr von Carolsfeld, hier in der Liebesszene des 2. Aufzugs, sang die Titelpartien der Münchner Uraufführung 1865.*

Rechts unten: *Noch einmal die Nacht der Liebe aus* Tristan und Isolde, *1980 in der Inszenierung August Everdings.*

Der junge Richard Strauss, seit 1886 als Hofkapellmeister in München tätig, das er aber 1898 verärgert verließ.

Neben den Wagner-Opern gehörte inzwischen auch Verdi zum ständigen Repertoire. So brachte das Jahr 1888 die Münchener Erstaufführung des *Othello,* und 1894 erschien Verdis *Falstaff* auf der Bühne des Nationaltheaters. In diesem Jahr wurde der aus München gebürtige Richard Strauss Erster Hofkapellmeister – eine Position, die er bis 1898 behielt. 1895 brachte er seine erste Oper *Guntram* heraus, die jedoch ein heftiger Mißerfolg wurde und sofort wieder vom Spielplan verschwand. Als man 1898 die Bezüge von Richard Strauss reduzieren wollte, legte dieser sein Amt nieder und ging nach Berlin. Am 25.12.1905 wurde in München seine Oper *Feuersnot* aufgeführt, in der Strauss sich musikalisch an den Münchnern für die schlechte Behandlung rächte und gleichzeitig deutlich für Richard Wagner eintrat. 1906 folgte die Münchener Erstaufführung der *Salome,* 1909 die der *Elektra.* Im Oktober 1910 gastierte Enrico Caruso in *La Bohème* und *Carmen* und am 1.2.1911 erklingt zum erstenmal in München der *Rosenkavalier.*

Beherrschend im Münchener Opernleben blieb weiterhin die Wagnerpflege. Schon 1901, als das in der Bauweise an Bayreuth erinnernde Prinzregententheater mit den *Meistersingern* eröffnet worden war, kam es zur Begründung der Münchener Opernfestspiele, die ab 1904 durch Mozartopern erweitert wurden. In diesem Jahr übernahm Felix Mottl die Position des Generalmusikdirektors, die er bis zu seinem Tod 1911 behielt. Als Wagner- und Mozartinterpret gleichermaßen kompetent, verhalf er den nun jährlich stattfindenden Opernfestspielen zu weltweitem Ansehen. Seine Nachfolge trat 1912 Bruno Walter an, der 1913 *Tristan und Isolde* und den *Rosenkavalier* dirigierte, die Richard-Strauss-

Das 1901 eröffnete Prinzregententheater in München, das in seinem Stil dem Bayreuther Festspielhaus nachempfunden ist.

Pflege intensivierte und das Gesamtwerk Hans Pfitzners auf die Bühne brachte. Am 12.6.1917 dirigierte er im Prinzregententheater die Uraufführung des *Palestrina* mit Karl Erb in der Titelrolle. Noch im Uraufführungsjahr 1919 kam Strauss' *Frau ohne Schatten* nach München. Am 3.10.1922 verabschiedete sich Bruno Walter mit dem *Fidelio*; seine Nachfolge trat Hans Knappertsbusch an, der bis 1935 Generalmusikdirektor blieb.

Dieser brachte am 24.3.1923 eine Rarität auf die Bühne: Richard Wagners frühe Shakespeare-Oper *Das Liebesverbot*, seit der mißglückten Magdeburger Uraufführung von 1836 nicht mehr aufgeführt. Mit der Ära Knappertsbusch verbunden sind ferner zwei Opern, die im Rahmen der in den zwanziger Jahren einsetzenden Verdi-Renaissance aufgeführt wurden: 1926 die *Macht des Schicksals* (in Franz Werfels Nachdichtung) und 1934 *Macbeth*. Im übrigen blieben Richard Strauss, Wagner und Pfitzner die dominierenden Komponisten. Die wesentlichsten Sängerpersönlichkeiten jener Zeit waren Felicie Hüni-Mihacsek, Elisabeth Ohms, Hildegard Ranczak und die junge Maria Reining im Sopranfach, ferner die Altistinnen Luise Willer und Hedwig Fichtmüller, die Tenöre Fritz Krauss, Julius Patzak und Julius Pölzer, der dramatische Bariton

Oben: *Hans Knappertsbusch, 1922–1935 Generalmusikdirektor in München.*

Unten: *Bruno Walter am Klavier bei einer Probe zur Uraufführung von Hans Pfitzners* Palestrina. *Stehend neben ihm: Karl Erb und Fritz Feinhals; rechts: Maria Ivogün.*

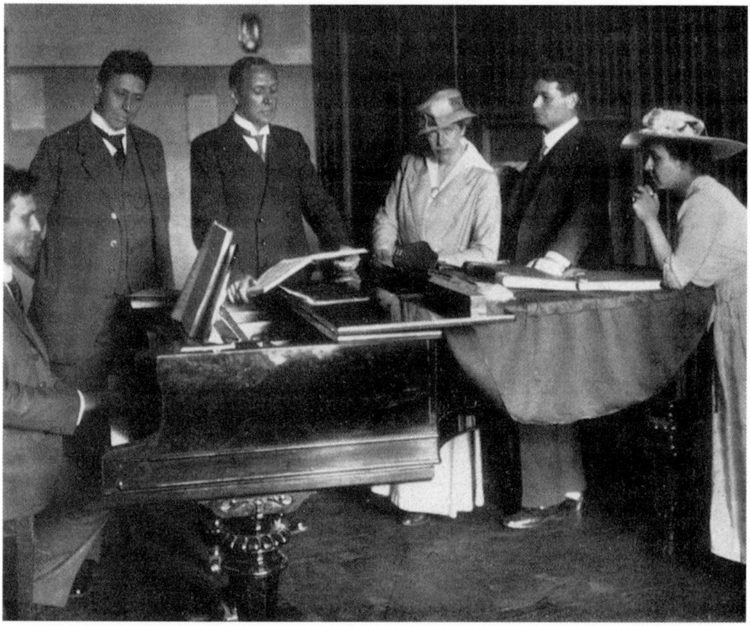

Richard Strauss in München:

Oben: *Nach der Uraufführung von* Der Friedenstag *1938. V. l. n. r.: Ludwig Weber, Ludwig Sievert, Josef Gregor, Richard Strauss, Hans Hotter, Clemens Krauss, Viorica Ursuleac, Rudolf Hartmann.*

Mitte: *Ludwig Sieverts Bühnenbild zur Münchner Erstaufführung von* Daphne *1941.*

Unten: Daphne *in einer Festspielinszenierung (1977) von Filippo Sanjust; Dirigent: Wolfgang Sawallisch.*

Gegenüberliegende Seite:

Oben: Capriccio; *Uraufführung am 28. 10. 1942 in der Inszenierung von Rudolf Hartmann. Bühnenbild: Rochus Gliese; Dirigent: Clemens Krauss.*

Unten: Capriccio *in einer ebenfalls von Rudolf Hartmann inszenierten Aufführung am Gärtnerplatz-Theater aus dem Jahr 1953. Bühnenbild: Rochus Gliese; Dirigent: Robert Heger.*

Wilhelm Rode, der lyrische Heinrich Rehkemper, der vielseitige Hans Hermann Nissen sowie die Bässe Georg Hann, Ludwig Weber und Paul Bender.

Das Ende der dreißiger Jahre stand unter dem Zeichen von Clemens Krauss, der 1937 als Dirigent ans Nationaltheater kam und ab 1938 als Intendant fungierte. Sein bevorzugter Regisseur war Rudolf Hartmann, sein ständiger Bühnenbildner Ludwig Sievert. In den verbleibenden fünf Jahren bis zur Zerstörung des Nationaltheaters schuf dieses Team eine Reihe glanzvoller Inszenierungen. Dazu gehörte am 24.7.1938 die Uraufführung von Richard Strauss' *Friedenstag*, bei der Viorica Ursuleac und der 29jährige Hans Hotter, dessen Weltkarriere in München begann, die beiden Hauptrollen sangen. Am 24.5.1941 wurde erstmals in München die 1938 in Dresden unter Karl Böhm mit Margarethe Teschemacher uraufgeführte *Daphne* durch das Team Krauss/Hartmann/Sievert realisiert, und am 28.10.1942 kam es zu einer weiteren Strauss-Uraufführung: *Capriccio* erlebte unter Krauss und Hartmann in einem Bühnenbild von Rochus Gliese sein Debüt. Clemens Krauss hat bekanntlich an der Entstehung dieses Werkes selbst weitgehend mitgewirkt.

Daneben kümmerte er sich um die Erneuerung der wichtigen Wagner-Opern, befreite Puccinis Repertoirewerke wie *Tosca* und *La Bohème* aus der Vernachlässigung durch Routine und nahm sich neben der deutschen Romantik auch der großen italienischen Oper an. Auf dem Gebiet der Moderne – die damals aus politischen Gründen nicht unproblematisch war – kam es am 5.2.1939 zur Uraufführung von Carl Orffs *Mond*, zusammen mit einer Einstudierung von Mussorgskys *Jahrmarkt von Sorotschintzy*.

Die großen Sänger der Ära Krauss – neben den schon genannten – waren die dramatischen Soprane Helena Braun und Gertrud Rünger, ferner Hilde Güden, Trude Eipperle und Adele Kern; die Mezzosopranistin Georgine von Milinkovic sowie die Tenöre Peter Anders, Alfons Fügel, Horst Taubmann und (besonders im Wagnerfach) Günther Treptow. Prominente Vertreter des Baritonfaches waren neben Hans Hotter Alexander Svéd, Carl Kronenberg und Hermann Uhde, während alle großen Baßpartien von Ludwig Weber interpretiert wurden.

Nachdem in der Nacht vom 4.10.1943 das Theater nach einem Luftangriff ausgebrannt war, begann eine Woche später im Kongreßsaal des Deutschen Museums unter Leitung von Clemens Krauss eine Serie von Opernkonzerten; auf einer Notbühne wurden sogar noch Werke von Orff, Egk und Wolf-Ferrari gespielt. Die letzten Opernaufführungen während des Krieges fanden dann bis zum Frühsommer 1944 im Prinzregententheater statt. Auch nach Kriegsende blieb dieses Theater zunächst Hauptspielstätte. Im November 1945 wurde hier der Spielbetrieb des Nationaltheaters mit einem von Günther Rennert inszenierten *Fidelio* wieder aufgenommen. Erster Chefdirigent der Nachkriegszeit wurde Georg Solti. Ihm folgten später Rudolf Kempe, Ferenc Fricsay und Joseph Keilberth; mehrmals gastierte auch Erich Kleiber im Ausweichquartier am Prinzregentenplatz mit *Freischütz* und *Rosenkavalier.*

Nun setzte auch eine intensive Pflege der Moderne ein, wobei insbesondere Hindemiths *Mathis der Maler* und *Die Harmonie der Welt,* Carl Orffs *Trionfi, Oedipus der Tyrann,* die *Bernauerin* und *Antigonae* sowie Hans Werner Henzes *Elegie für junge Liebende* hervorzuheben sind. Am 8.4.1961 feierte eine Neuinszenierung von Meyerbeers heute selten gespielter *Afrikanerin* mit Jess Thomas einen großen Erfolg.

Traditionsgemäß galten die Eröffnungsvorstellungen im wiederaufgebauten Haus Wagner und Strauss. Auf die *Frau ohne Schatten* (21.11.1963) folgten am 23.11. die *Meistersinger von Nürnberg.* Am 27.11. erlebte dann Werner Egks *Verlobung in San Domingo* in einer Inszenierung von Günther Rennert und unter musikalischer Leitung des Komponisten ihre Uraufführung. Bei Egks Oper handelte es sich um ein Auftragswerk anläßlich der Wiedereröffnung. Mit Henzes *König Hirsch* (13.5.1964) gelangte ein weiteres wichtiges Werk

Gegenüberliegende Seite:

Bedeutende Sängerpersönlichkeiten der dreißiger Jahre:

Oben: *Hildegard Ranczak als Clairon in der Uraufführung von Richard Strauss'* Capriccio.

Mitte: *Julius Patzak in der Titelrolle von Hans Pfitzners* Palestrina.

Unten: *Georg Hann.*

Nach der Eröffnungsvorstellung im neuen Münchner Nationaltheater 1963: Ingrid Bjoner, der Dirigent Joseph Keilberth, Martha Mödl, Jess Thomas und Inge Borkh (v.l.n.r.), die Interpreten von Richard Strauss' Frau ohne Schatten.

Oben: *Die Eröffnungsvorstellung im wiederaufgebauten Nationaltheater (23. 11. 1963).* Die Meistersinger *in einer Inszenierung von Rudolf Hartmann.*
Unten: *Günther Rennert* (links), *Wolfgang Sawallisch* (Mitte) und *August Everding* (rechts).

der Moderne erstmals in München zur Aufführung. 1967 erschienen Richard Strauss' *Liebe der Danae* (Hartmann/Ponnelle) und Alban Bergs *Lulu* (Rennert/Teo Otto) sowie Wagners lange nicht mehr gehörter *Rienzi* auf der Bühne des Nationaltheaters. Unter den Intendanten Günther Rennert (1967/1976) und August Everding (1977–1982) wurde die große Linie des Nationaltheaters fortge-

Peter Tschaikowsky: Der Nußknacker. *Eine Aufführung des der Bayerischen Staatsoper (1973); Choreographie und Inszenierung: John Neumeier.*

setzt, neben dem gängigen Repertoire Avantgardistisches und selten gespieltes, dazu in zunehmendem Maß auch Ballettaufführungen herauszubringen, wobei das ständige Ensemble heimischer Dirigenten und Sänger durch internationale Stars wie Carlos Kleiber, Ricardo Chailly, Adam Fischer, Placido Domingo, Mirella Freni, Anna Tomowa-Sintow, Hildegard Behrens, um nur einige zu nennen, ergänzt wird.

Wolfgang Sawallisch, der als Generalmusikdirektor seit 1971 kontinuierlich für das musikalische Niveau des Nationaltheaters sorgt, fungiert seit 1982 zugleich als Staatsoperndirektor, nachdem in der Person August Everdings eine Generalintendanz aller Bayerischen Staatstheater eingerichtet worden ist.

Rienzi *von Richard Wagner. Szenenbild aus der Eröffnungsvorstellung der Münchner Opernfestspiele am 6. Juli 1983, in der Inszenierung von Hans Lietzau.*

Staatstheater am Gärtnerplatz
Gärtnerplatz
8000 München 5

Staatstheater am Gärtnerplatz

Allgemeine Informationen: Das Repertoire des Gärtnerplatztheaters umfaßt derzeit 28 Opern, zehn Operetten, drei Musicals und fünf Ballette. Die Saison läuft (incl. eines 44tägigen Tarifurlaubs) von Anfang September bis Ende August. Einen besonderen Programmschwerpunkt bildet ein Mozartzyklus, bei dem auch die italienischen Opern in deutscher Sprache aufgeführt werden. Gepflegt wird außerdem die weniger bekannte slawische Oper (Leo Janáček, Friedrich Smetana, Anton Dvořák und Dimitri Schostakowitsch), soweit die Werke nicht auf dem Spielplan der Bayerischen Staatsoper stehen, und selten gespielte Opern des italienischen Belcanto wie Vincenzo Bellinis *Nachtwandlerin* und Rossinis *Italienerin in Algier.*

Das Theater bietet 932 Personen Platz (einschließlich knapp 80 Stehplätzen). Dem Orchester gehören 76 Musiker an. Der Chor setzt sich aus 22 Sängerinnen und Sängern, das Ballett aus fünf Solotänzerinnen und sieben -tänzern sowie aus einer 15köpfigen Damen- und einer neunköpfigen Herrengruppe zusammen.

Das Theater: Architekt des in den Jahren 1864/1865 errichteten »Actien-Volkstheaters« mit seiner einst platzbeherrschenden spätklassizistischen Fassade war Michael Reiffenstuel; die Innenausstattung besorgte Eugen Neureuther. Am 4.11.1865 fand die feierliche Eröffnung mit einem allegorischen Festspiel des ersten Direktors H. Schmid, *Was wir wollen* (Vertonung: G. Krempel-

Das 1865 eröffnete Theater am Gärtnerplatz, damals als »Actien-Volkstheater« bezeichnet, an dem zunächst vornehmlich Sprechtheater gespielt wurde.

setzer) statt. Auf eine Festouvertüre und eine Balletteinlage folgte als krönender Abschluß unter dem Titel *Eine musikalische Soirée in der Vorstadt* Offenbachs Singspiel durch zusätzliche Gesangseinlagen, u.a. aus Mozarts *Figaro* wirkungsvoll ergänzt.

In den letzten Kriegstagen wurde das Haus noch ein Opfer der Bombenangriffe; doch nach nur zweijähriger Bauzeit konnte am 19.6.1948, am Vorabend der Währungsreform, das Theater mit der Strauß-Operette *Eine Nacht in Venedig* wiedereröffnet werden. Grundlegende Renovierungen wurden in den Jahren 1968/1969 durchgeführt, die eine eineinhalbjährige Schließung erforderlich machten. Der im Stil des Biedermeier ausgestattete Zuschauerraum ist als Rangtheater konzipiert. Die Bühne wird von je zwei Logenpaaren flankiert. Das Bühnenportal weist eine Breite von 7,50 m und eine Höhe von 7 m auf. Der Bühnenraum ist 20 m breit und 20 m tief. Die bespielbare Hinterbühne hat eine Fläche von 9,50 × 7 m. Die Drehbühne mißt 14 m im Durchmesser.

Die Intendanten (seit 1946):

Curth Hurrle	(1946–1952)
Willy Duvoisin	(1955–1958)

Das Staatstheater heute. Die im Krieg entstandenen Schäden konnten recht bald beseitigt werden, bereits 1948 öffnete das Haus seine Tore wieder. Bald konnte es sich als zweite Münchner Musikbühne neben dem Nationaltheater profilieren. Der im Biedermeierstil gehaltene Zuschauerraum faßt 932 Besucher.

Arno Assmann (1959–1963)
Kurt Pscherer (1964–1983)
Hellmuth Matiasek (Staatsth.-Dir.) (seit 1983)

Ereignisse und Gestalten: In den ersten fünf Jahren seines Bestehens erlebte das zunächst vorwiegend dem Sprechtheater vorbehaltene »Actien-Volkstheater« am Gärtnerplatz acht Intendantenwechsel, bis 1870 mit dem alten und neuen Direktor H. Schmid endlich etwas Ruhe einkehrte. In seine Ägide fiel u.a. die Uraufführung von Ludwig Anzengrubers *Der Pfarrer von Kirchfeld* (1871) und des heute immer noch populären *Meineidbauer.*

Die finanziellen Probleme hielten indes an. Schon 1870 hatte Ludwig II. eine drohende Versteigerung des gesamten Inventars in letzter Minute verhindert. 1872 übernahm er das Theater in königlichen Besitz. Als »Königliches Theater am Gärtnerplatz« stand es nunmehr unter der Generalintendanz des Freiherrn von Perfall, der 1877–1879 selbst die Direktion übernahm. Unter dessen Nachfolger Georg Lang (1879–1898) brachte es Ludwig Ganghofers 1880 uraufgeführter *Herrgottschnitzer von Oberammergau* in zehn Jahren auf 150 Vorstellungen und überrundete damit so populäre Operetten wie *Der Bettelstudent* und *Die Fledermaus.* Von den Künstlern, die während der folgenden 20 Jahre das Münchener Publikum begeisterten, seien stellvertretend genannt: Adolf Brakl, Eduard Brummer, Joseph Benz und Konrad Dreher, Fritz Werner, Amalie Schönchen und Elise Bach. Ein Musikereignis besonderer Art bot sich den Besuchern des Theaters, als am 24.3.1904 Franz Lehár seinen *Rastelbinder* dirigierte. Bis 1918, dem Ende der Monarchie, blieb das Theater in königlichem Besitz. Anschließend ging es in den Ausgleichsfond der Wittelsbacher über, bis es 1936 endgültig vom Freistaat Bayern übernommen wurde, der noch heute Eigentümer und Rechtsträger ist. Das Jahr 1936 brachte jedoch auch eine weitere einschneidende Veränderung, und zwar negativer Art. War das Theater bis 1935 zweigleisig als Musik- und Sprechtheater geführt worden (mit Schwerpunkt allerdings auf ersterem), so wurde nun nicht nur durch die nationalsozialistische Zensur die Aufführung jüdischer Schriftsteller, Librettisten, Komponisten und damit die Aufführung vieler anspruchsvoller Werke verboten. Das Gärtnerplatztheater wurde zur reinen Operettenbühne, eine Hypothek, die es noch lange Jahre belastet hat.

Aufgabe aller Intendanten nach dem Krieg mußte es daher sein, das Theater wieder vom Image der billigen Unterhaltung zu befreien. Ihre

Gustaf Gründgens inszenierte 1949 Jacques Offenbachs Operette Die Banditen, *in der er auch selbst mitwirkte (rechts: Ludwig Linkmann).*

gemeinsame Zielvorstellung war die Ästhetisierung der klassischen Operette, die Belebung der komischen Oper und die Erprobung neuer Möglichkeiten musikalischen Theaters. Als erster Intendant im wiedererrichteten Theater trat 1946 Curth Hurrle an. Unter ihm machte in der Spielzeit 1949/50 der große österreichische Bühnenbildner Günther Schneider-Siemssen (Jg. 1926) erste künstlerische Gehversuche. 1949 gastierte Gustaf Gründgens (1899–1963) als Regisseur von Offenbachs *Banditen* in München. Eric Charell führte 1950 Regie bei der Premiere von Paul Burkhardts *Feuerwerk* und brachte ein Jahr später *Das Weiße Rößl* auf die Bühne. Am 9. 1. 1953 brillierte die »ungarische Nachtigall« Sari Barabas als Madame Dubarry in der gleichnamigen Operette von Millöcker/Mackeben. Im selben Jahr wohnte der französische Dichter, Filmregisseur und Graphiker Jean Cocteau (1889–1963) der Uraufführung seines Balletts *Die Dame und das Einhorn* bei.

Gemeinsam mit Intendant Willy Duvoisin kam der bedeutende schweizerische Bühnenbildner Max Bignens (geb. 1912) in die bayerische Landeshauptstadt, wo er heut noch wirkt. Im Januar 1957 ließ Hans Albers als Vater Knie in Mischa Spolianskis *Katharina Knie* (nach Zuckmayer) die Herzen hö-

Gegenüberliegende Seite:

Drei Intendanten des Staatstheaters am Gärtnerplatz: Arno Assmann (oben, *1959–1963*), *Kurt Pscherer* (Mitte, *er leitete das Theater zwanzig Jahre lang von 1964–1983 und hatte maßgeblichen Anteil am künstlerischen Niveau des Hauses*), *und Hellmuth Matiasek* (unten, *ab 1983 Pscherers Nachfolger*).

Jean Cocteau, einer der prominentesten Künstler, die am Gärtnerplatztheater zu Gast waren. 1953 betreute er die Uraufführung seines Balletts Die Dame und das Einhorn.

Peter Cornelius: Der Barbier von Bagdad. *Die Ausstattung für diese Produktion (1958) besorgte Max Bignens, der bekannte Bühnenbildner des Gärtnerplatztheaters. Die Inszenierung stammte von Willy Duvoisin.*

her schlagen; 1958 gelangte Mark Lothars Oper *Rappelkopf* nach Raimunds *Alpenkönig und Menschenfeind* zur Uraufführung. Unter der Intendanz von Arno Assmann erlebte der gleiche Komponist die Premiere seines *Schneider Wibbel.* 1963 wurde *I Commedianti* des deutschstämmigen Italieners Simon Mayr (1763–1845) dem Münchener Publikum vorgestellt. Mit der Berufung von Kurt

Pscherer (Jg. 1915) begann 1964 eine neue Intendantenära am Gärtnerplatz. Er verstand es, durch seine gekonnten Inszenierungen Publikum und Presse immer wieder zu interessieren: Mozarts *Zauberflöte,* Händels *Alcina,* Puccinis *Mädchen aus dem goldenen Westen* und das Musical *Casanova* von Bez/Degenhardt seien hier stellvertretend für viele andere genannt. Er holte junge Talente wie die Sängerinnen Zdzislawa Donat und Tamara Lund oder die Tänzerinnen Ludmilla Naranda und Gabriela Nicolescu, die sich mittlerweile längst einen Namen gemacht haben, nach München. Durch persönlichen Einsatz gelang es Pscherer auch zu vollenden, was Duvoisin und Assmann begonnen hatten: das Staatstheater am Gärtnerplatz zu einer Volksoper zu machen, die nicht nur eine Ergänzung, sondern auch eine ernsthafte Konkurrenz zur Staatsoper darstellt. Von den Höhepunkten aus Pscherers Schaffenszeit seien einige herausgegriffen: 1972 erlebte München die Uraufführung von *Lebensregeln,* einem »Katechismus mit Musik« des Wahlsalzburgers Gerhard Wimberger. Hans Werner Henze stellte 1975 *La Cubana, ein Leben für die Kunst* vor, ein Vaudeville in fünf Bildern, das er gemeinsam mit H. M. Enzensberger nach einer Vorlage M. Bunets geschrieben hatte. Im Dezember 1980 stand bei der Aufführung des Don-Quixote-Balletts von Ludwig Minkus (1826–1917) mit Alicja Mounk erstmals eine Frau am Dirigentenpult.

Das Jahr 1981 brachte ebenfalls eine Reihe von Höhepunkten, z. B. Bohumil Herlischkas Inszenierung von Mozarts *Cosi fan tutte* und Antonio Bibalos *Das Lächeln am Fuße der Leiter* nach Henry Miller. Daß auch die Moderne nicht vernachlässigt wird zeigt die Vergabe von Kompositionsaufträ-

Ein Beispiel für die Pflege modernen Musiktheaters in München: die Uraufführung der Oper Periander *des griechischen Komponisten Theodore Antoniou (1983), der hier einen antiken Stoff thematisierte.*

gen; so erschien in der Spielzeit 1982/83 Theodore Antonious *Periander*.

Für die Zukunft liegen bereits ambitionierte Pläne vor. Unter der Leitung des neuen Direktors Hellmuth Matiasek kommen u.a. auf den Spielplan Mussorgskys *Jahrmarkt*; als Münchener Erstaufführung zwei Opern von Luigi Dallapiccola (*Hiob* und *Der Gefangene*); *Die Geschöpfe des Prometheus*, ein Ballett von Beethoven und vor allem zwei Inszenierungen, denen der Erfolg schon im vorhinein sicher scheint: *My Fair Lady* mit Cornelia Froboess in der Hauptrolle und Brecht/Weills *Aufstieg und Fall der Stadt Mahagonny* in einer Neuinszenierung von Joachim Herz.

Städtische Bühnen
Neubrückenstraße 63
4400 Münster

Städtische Bühnen Münster

Allgemeine Informationen: Der Repertoirespielplan umfaßt neben dem Schauspiel alle Sparten des Musiktheaters, wobei unter etwa fünf Neuinszenierungen zumindest zwei große Opern sind (1982/83 z.B. *Nabucco* und *Der Rosenkavalier*). Im letzten Jahrzehnt hat sich Münster überdies durch eine besondere Pflege des zeitgenössischen Musiktheaters profiliert. Außerdem wird jedes Jahr ein Musical inszeniert. Die Spielzeit richtet sich nach den Schulferien des Landes Nordrhein-Westfalen und reicht von Anfang September bis Anfang Juli.

Der Zuschauerraum des Großen Hauses bietet 955 Besuchern Platz. Dem Orchester gehören derzeit 60 Musiker an; der Chor besteht aus je zwölf Damen und Herren. Das Ballett setzt sich aus sechs Solotänzerinnen und fünf Solotänzern zusammen.

Das Theater: Den von der Architektengemeinschaft Deilmann, von Hausen, Rave und Ruhnau konzipierten Bau lobte die Presse als modernstes Theater Europas. Das außen wie innen unkonventionell gestaltete Haus wurde am 4.2.1956 mit Mozarts *Zauberflöte* eröffnet. Der Zuschauerraum präsentiert sich mit stufenförmig ansteigenden Sitzreihen, die ihren organischen Abschluß in drei Rängen finden. Diese reichen, sich absatzweise senkend, bis zum Rand der Vorderbühne.

Die Breite des Portals variiert zwischen 10 und 13 m, seine Höhe beträgt 9 m. Der Bühnenraum weist eine Breite von 14 m und eine Tiefe von 10,80 m auf. Der Orchesterraum bietet 70 Musikern Platz.

Links: *Das neue Theater in Münster wurde bei seiner Eröffnung 1956 als »modernstes Theater Europas« gefeiert.*

Rechts: *Ansicht des Komödienhauses, 1775 das erste feste Theater in Münster, auf Initiative des Kölner Kurfürsten erbaut.*

Die Intendanten (seit 1947):

Eugen Wallrath	(1947–1951)
Hermann Wedekind	(1951–1954)
Bruno von Niessen	(1954–1956)
Leon Epp	(1957–1960)
Alfred Erich Sistig	(1960–1968)
Horst Gnekow	(1968–1973)
Frieder Lorenz	(1973–1983)
Karl Wesseler	(seit 1983)

Ereignisse und Gestalten: Das erste feste Theater in Münster, das am 12.10.1775 eingeweihte Komödienhaus, verdankte sein Entstehen dem hartnäckigen Drängen des Kölner Kurfürsten, der zugleich Fürstbischof von Münster und damit Landesherr war. Gegen den Willen der zaudernden Stadtväter, die schon die Gastspiele durchreisender Truppen nicht sonderlich gern subventioniert hatten, ordnete er per Erlaß die Errichtung eines Theaters an, dessen Bauherr und Eigentümer die Stadt sein sollte. Die Oberaufsicht behielt sich der Kurfürst selber vor.

Das Haus, in dem nicht nur Aufführungen, sondern auch Konzerte, Bälle, Ausstellungen und andere öffentliche Veranstaltungen stattfanden, bot Platz für maximal 500 Zuschauer, wobei eine Loge für den Kurfürsten samt Gefolge und zwei Galerien für Adel und Militär reserviert waren. Zur Absicherung des finanziellen Mindestbedarfs schloß sich das theaterfreudige Publikum aus Adel und Bürgerschaft zu einem Theaterabonnement zusammen – einem Theaterverein, der für die damalige Zeit einzigartig war. Jedoch belastete die intensive Pflege kostspieliger Opernaufführungen in den folgenden Jahren den Etat in einem Ausmaß, daß der Verein sich 1782 wieder auflöste und Münster wieder auf durchziehende Schauspielertruppen angewiesen war.

Nach Jahrzehnten, die in der Theatergeschichte keine bedeutenden Spuren hinterlassen haben, gelang es erst August Pichler und seiner Truppe, eine neue Blütezeit einzuleiten. 1819 schrieb die junge Annette von Droste-Hülshoff, daß »wir jetzt ein sehr schönes Theater in Münster haben, d.h. eine herrliche Schauspielergesellschaft und vortreffliche Chorstimmen«. Ein besonderes Ereignis in diesem Jahr war ein Gastspiel des Wiener Balletts, das auf der Durchreise nach Paris hier auftrat. 1826 kam für sieben Jahre Albert Lortzing als Schauspieler und Sänger nach Münster, wo er am 1.2.1828 die Uraufführung seiner ersten Oper *Ali Pascha* erlebte. Es folgten das lyrische Spiel *Hochfeuer* oder *Die Veteranen* sowie das Oratorium *Die Himmelfahrt Jesu Christi.*

Die wachsenden Ansprüche des Publikums, die nicht zuletzt durch die Gastspiele bedeutender Künstler genährt wurden, brachten das kleine und nicht sonderlich finanzstarke Theater immer wieder in Schwierigkeiten; die Union mit der Detmolder Bühne konnte da nur begrenzt Abhilfe schaffen. 1878 hatte die Stadt endlich ein Einsehen und er-

Oben: *August Pichler, seit 1818 Prinzipal in Münster. Sein jahrzehntelanges Wirken brachte dem Theater die große Blüte in der ersten Hälfte des 19. Jh.s.*

Rechts: *Der Romberger Hof, 1895–1941 als »Lortzing-Theater« kulturelles Zentrum.*

Unten: *Albert Lortzing, 1826–1832 in Münster engagiert. Seine erste Oper* Ali Pascha *wurde dort uraufgeführt.*

ließ die Miete für das Haus, beanspruchte dafür jedoch ein Zensurrecht.

Wie vielerorts besann man sich auch in Münster nach dem Brand des Wiener Ringtheaters auf die baulichen Mängel des eigenen Hauses. 1882 wurden Sicherheitsvorkehrungen installiert, doch schon acht Jahre später beschloß man die endgültige Schließung. Das neue Theater wurde am 29.11.1895 mit einer Aufführung des *Zar und Zimmermann* eröffnet und zu Ehren des Komponisten und eingedenk seiner Zeit in Münster Lortzing-Theater genannt. 1922 übernahm die Stadt das Theater in eigene Regie; erster Intendant wurde der bisherige Direktor Max Krüger.

Erwähnenswert aus der Zwischenkriegszeit ist die Ära des Intendanten Hanns Niedecken-Gebhard (1924–1927), der zusammen mit dem Generalmusikdirektor Rudolf Schulz-Dornburg eine Händel-Renaissance einleitete. Nicht weniger als drei Uraufführungen dramaturgisch bearbeiteter Oratorien *(Herakles, Theodora, Alexander Balus)* erlebte Münster damals. Über die Grenzen Westfalens hinaus berühmt wurde in den zwanziger Jahren ferner die »Tanzbühne« unter Leitung von Kurt Jooss mit ihren in völliges Neuland vorstoßenden Ballettaufführungen.

In der Nacht vom 9./10.7.1941 wurde das Lortzing-Theater ein Raub der Flammen. Ein Wiederaufbau scheiterte am kriegsbedingten Baustoffmangel, und so wurde provisorisch auf dem Orchesterpodest der Stadthalle gespielt, bis diese im Bombenhagel zerstört wurde.

Vorläufige Heimstatt des Nachkriegstheaters wurde der Torso des ehemaligen Empfangs- und Garderobenraumes der Stadthalle; Opernaufführungen mußten allerdings angesichts der mehr als bescheidenen Verhältnisse im ersten Jahr unterbleiben. Doch bereits 1946 wagte man sich an Ballettabende, und seit der Spielzeit 1947/48 wurden wieder Operetten und dann auch Opern geboten, für die man zunächst meist auswärtige Kräfte gastweise verpflichtete. Neben Verdi- und Mozart-Opern erlebten die Münsteraner in den folgenden Jahren u.a. Strauss' *Elektra, Die Kluge* von Carl Orff und als Uraufführung die komische Oper *Der versiegelte Bürgermeister* von Hans Brehme. Außerdem wurden, in Anknüpfung an die Tradition des Hauses, Händel-Opern aufgeführt.

1953 waren die Überlegungen für einen Theaterneubau soweit herangereift, daß ein Architektenteam mit der Ausarbeitung der endgültigen Pläne beauftragt wurde. Am 4.2.1956 konnte die Einweihung des neuen Hauses unter der Intendanz Bruno

Carl Orff: Antigonae, *1955 am Stadttheater Münster. Orffs Werke bildeten in den fünfziger Jahren einen Schwerpunkt des Musiktheaters.*

von Niessens mit Mozarts *Zauberflöte* festlich begangen werden. Anläßlich dieses Ereignisses sprach die »Frankfurter Allgemeine Zeitung« vom »modernsten Theatergebäude Europas« und einem »kommunalen Wunder«, daß es in einer konservativen Stadt wie Münster gelang, »die Öffentlichkeit von den Vorteilen dieses Projekts zu überzeugen«.

Wenn auch im Musiktheater die Moderne zunächst nicht unbedingt den Ton angab, so zeigte sich doch schon eine Aufgeschlossenheit gegenüber Neuem. Ernst Křenek, Giselher Klebe und Wolfgang Fortner machten selbst ihre Werke in Münster bekannt. Ein Schwerpunkt der fünfziger Jahre lag ferner auf den Opern Carl Orffs. 1973, als Frieder Lorenz Intendant wurde, setzte dann eine intensive Pflege des zeitgenössischen Musiktheaters ein. Bereits in der ersten Spielzeit gelangte *Der Fall van Damm,* ein Musiktheater nach der Funkoper von Hans Ulrich Engelmann zur Uraufführung. Weiterhin erwähnenswert sind die Uraufführungen des Kammerspektakels von Alessandro Scarlatti/Dieter Schönbach *Come Santo Francesco* (1979/80) und von Engelmanns dramatischer Kantate *Die Mauer* (1982/83). Neben dem zeitgenössischen Musiktheater sollen in Zukunft verstärkt Wagner, Mozart und unbekannte Verdi-Opern gepflegt werden.

Städtische Bühnen (Opernhaus) Nürnberg

Städtische Bühnen,
Musiktheater
Richard-Wagner-Platz
8500 Nürnberg

Allgemeine Informationen: Das Opernhaus Nürnberg hat einen Repertoirespielplan, in dem die Oper ca. 110, die Operette ca. 100 und das Ballett etwa 20 Spieltage einnimmt. Die Saison dauert von September bis Juli, wobei die Termine jährlich differieren. Der Spielplan umfaßt alle Bereiche des Musiktheaters, der Moderne wird besondere Beachtung geschenkt.

Der Zuschauerraum bietet Platz für 1082 Personen. Das Orchester besteht aus 87 Musikern; dem Ballett gehören eine Solotänzerin, ein Solotänzer sowie eine Gruppe von zwölf Damen und sieben Herren an. Der Chor setzt sich aus 25 Damen und 28 Herren zusammen.

Das Theater: Das Nürnberger Opernhaus wurde in den Jahren 1901–1905 durch den Berliner Architekten Heinrich Seeling (1852–1932) erbaut und am 1.9.1905 mit dem Festspiel *Im neuen Haus* von Bürgermeister von Jäger und dem letzten Bild (Festwiese) aus Richard Wagners *Meistersinger von Nürnberg* eröffnet. Das im Stil der Gründerzeit errichtete Theater wies in der Höhe des ersten Ranges Logen auf.

Ein Umbau wurde 1935 durch den Weimarer Architekten Paul Schulze-Naumburg vorgenommen. Kriegsbedingte Schäden konnten schon 1945 behoben werden. Der Bühnenraum ist 18,50 m breit und 16,50 m tief, das Bühnenportal 11,40 m breit und 7,50 m hoch.

Das Opernhaus Nürnberg heute. Seit der Eröffnung 1905 blieb das äußere Erscheinungsbild des im Stil der Gründerzeit erbauten Theaters im wesentlichen unverändert.

Die Seitenlogen des Zuschauerraums im Eröffnungsjahr 1905. 1935 fielen sie den Umbauarbeiten zum Opfer.

Die Intendanten:

Richard Balder	(1905–1914)
Alois Federler, genannt »Pennarini«	(1914–1920)
Willy Stuhlfeld	(1920–1922)
Johannes Maurach (Gen.-Int.)	(1922–1939)
Willy Hanke (Gen.-Int.)	(1939–1945)
Walter Bruno Iltz (Gen.-Int.)	(1946–1947)
Karl Pschigode (Gen.-Int.)	(1947–1971)
Hans Gierster	(seit 1971)

Der international bekannte Dirigent Robert Heger, von 1913 bis 1920 Erster Kapellmeister in Nürnberg. Er verabschiedete sich mit seiner eigenen Oper Ein Fest auf Haderslev.

Ereignisse und Gestalten: Die Errichtung des Nürnberger Opernhauses bald nach der Jahrhundertwende wurde notwendig, weil das alte Stadttheater weder der wachsenden Bevölkerung der Stadt noch den Anforderungen der neuen großen Opern von Wagner und Richard Strauss entsprach. Schon am dritten Tage nach der Eröffnung wurden die *Meistersinger von Nürnberg* aufgeführt. Der erste Intendant Richard Balder, der bis 1914 im Amt blieb, verpflichtete als erste Dirigenten Fritz Stiedry (1883–1968), der nach dem Zweiten Weltkrieg führender Kapellmeister an der Metropolitan Opera New York wurde, und Robert Heger (1886–1978), für den Nürnberg 1913 eine Station auf dem Weg zur internationalen Karriere war. Neben rund 20 Repertoire-Opern und klassischen Operetten standen damals die Neuerscheinungen von Richard Strauss, Puccini, Mascagni, Humperdinck, Kienzl und Pfitzner auf dem Spielplan. Felix Mottl dirigierte Wagners *Tristan und Isolde*. Im Jahre 1913 konnte auch der – bis zu diesem Zeitpunkt nur in Bayreuth gespielte – *Parsifal* aufgeführt werden.

Neuer Intendant wurde 1914 der bis dahin als Tenor bekannte Alois Pennarini, der eigentlich Federler hieß. Dieser engagierte im Jahre 1915 neben Robert Heger den jungen Clemens Krauss (1893–1954) als zweiten Kapellmeister. Unter den Berühmtheiten jener Zeit ist vor allem der unvergessene Bariton Heinrich Schlusnus (1888–1952) zu nennen. Weitere Höhepunkte waren damals am Nürnberger Opernhaus die Einstudierung des *Ring des Nibelungen* sowie Regiegastspiele von Max Reinhardt mit Offenbachs *Schöner Helena* und einem Ballettabend.

Heinrich Schlußnus, Bariton, der zu Beginn seiner Karriere 1915–1917 in Nürnberg engagiert war. Dann wurde er an die Berliner Staatsoper verpflichtet.

Nach dem Ersten Weltkrieg wurde das Theater in die Verwaltung der Stadt Nürnberg übernommen. Der nächste Intendant Willy Stuhlfeld scheiterte an den Auswirkungen der Inflation und mußte aus diesem Grunde im Jahre 1922 durch den Regisseur Johannes Maurach abgelöst werden, der sich mit einer Neuinszenierung der *Zauberflöte* (1923) gut einführte. Maurachs bis 1939 dauernde Ära brachte ferner Pfitzners *Palestrina* und Strauss' *Frau ohne Schatten* nach Nürnberg. 1927 wurde Rudolf Hartmann, damals 27jährig, als Oberspielleiter engagiert, der die bisher statische Opernregie geschickt zu beleben verstand. Unter den Sängern um das Jahr 1930 sind Trude Eipperle, Kerstin Thorborg, Jaro Prohaska, Georg Wieter und Carl Kronenberg hervorzuheben. Erwähnenswert ist auch eine Einstudierung von Hindemiths *Cardillac* mit Jaro Prohaska in der Titelrolle.

1930 mußte der Opernbetrieb infolge der Wirtschaftskrise, von der die Industrie- und Gewerbestadt Nürnberg besonders schwer betroffen war, etwas reduziert werden; erst nach der Machtübernahme durch die Nationalsozialisten flossen dem Opernhaus wieder die nötigen Geldmittel zu. Neuer Intendant war von 1939 bis Kriegsende Willy Hanke, der während der Reichsparteitage jeweils Opernfestspiele veranstaltete und den musikalischen Betrieb trotz zunehmender Kriegseinwirkungen bis zum Herbst 1944 weiterführte. Im Anschluß an eine Aufführung der *Götterdämmerung* mußte das Theater geschlossen werden.

Nach Kriegsende wurde das zwar teilweise beschädigte, aber alsbald wieder spielbereite Opernhaus zunächst bis zum Jahre 1951 von der amerikanischen Besatzungsmacht beschlagnahmt, doch

Paul Hindemiths Künstleroper Mathis der Maler, *in der er das Schicksal Matthias Grünewalds vertonte, wurde bereits 1949 in Nürnberg aufgeführt. Seither ist hier die Auseinandersetzung mit modernem Musiktheater Tradition geworden.*

kam es unter den Intendanten Iltz und Pschigode rasch zur Konsolidierung des Ensembles. Berühmte Sänger dieser Epoche waren der Bariton Willy Domgraf-Faßbaender (1897–1978) und der Tenor Josef Traxel (1916–1975). Schon 1949 war Hindemiths Oper *Mathis der Maler* aufgeführt worden. Im Rahmen einer sogenannten »Woche des Gegenwartstheaters« inszenierte man u.a. die Musikdramen Wagners neu, brachte Werner Egks *Peer Gynt* (1951) und Strawinskys *The Rake's Progress* (1952) und ließ schon damals die Linie erkennen, die bis heute vom gegenwärtigen Direktor des Musiktheaters und Generalmusikdirektor Hans Gierster eingehalten wird – neben einem ausgewogenen Repertoire die Konfrontation mit den wichtigsten Werken des modernen Musiktheaters zu suchen. Aufführungen von *Moses und Aron, Die Soldaten, Elegie für junge Liebende, Das Floß der Medusa, Wir erreichen den Fluß, Lear, Le Grand Macabre, Die wunderbare Schustersfrau* sowie der Klassiker der Moderne *Wozzeck, Lulu, Oedipus Rex* und *Herzog Blaubarts Burg* geben Zeugnis vom Erfolg dieser Bestrebungen bis in die jüngste Zeit.

Theater Oberhausen

Theater Oberhausen
Ebertstraße
4200 Oberhausen

Allgemeine Informationen: Das städtische Theater weist einen Repertoirespielplan mit jährlich acht bis neun Premieren auf. Die Spielzeit dauert von Ende August bis Anfang Juli (wechselnd). Von den aufgeführten Werken entfallen je ein Drittel auf Oper, Operette sowie auf Musical und Ballett. Besonderes Augenmerk wird auf die Produktion von Einaktern (zyklisch nach Herkunftsländern geordnet), auf deutsche Erstaufführungen von Musicals und auf klassische Operetten gerichtet. Zyklische Aufführungen gelten insbesondere den Werken der französischen Opéra comique, der italienischen Opera buffa und russischen Einaktern.

Das Theater verfügt über 709 Plätze. Dem Orchester gehören 43 Mitglieder, dem Ballett fünf Solisten, fünf Gruppentänzerinnen, vier Gruppentänzer und drei Elevinnen an. Der Chor setzt sich aus je zwölf Damen und Herren zusammen.

Das Theater: Das alte Theater, das im Jahre 1920 aus dem Theatersaal einer Gaststätte entstanden war, wurde noch im selben Jahr der Stadtverwaltung unterstellt. Die erste dort gespielte Oper war Webers *Freischütz* (4.12.1923). Nach der Zerstörung im Krieg (27.4.1943) wurde der Neubau 1948/49 durch den Architekten Friedrich Hetzelt vorgenommen und das Haus am 10.9.1949 mit Bizets *Carmen* in der Regie von Horst Unger unter der Leitung des Dirigenten Werner Trenkner eröffnet. Stilistisch stellt sich das Theater als Funktionsbau der frühen Nachkriegszeit mit Anklängen an

Das 1948/49 wiederaufgebaute Theater in Oberhausen.

die seinerzeitige Kinoarchitektur dar. Der Innenraum zeigt sich als hufeisenförmiges Rangtheater. Das Bühnenportal ist 8,40 m breit und 5,50 m hoch, der Bühnenraum 15 m breit und 13 m tief. Der Orchesterraum ist für 60 Musiker dimensioniert.

Die Intendanten (seit 1949):

Paul Smolny	(1949/1950)
Alfred Kruchen	(1950–1959)
Christian Mettin	(1959–1969)
Ernst Seiltgen	(1969–1973)
Direktorium Baalke/Lateika/Kreis/Schickel	(1973–1978)
Fritzdieter Gerhards	(seit 1978)

Ereignisse und Gestalten: Erste Mitteilungen über ein Theaterereignis in Oberhausen sind aus dem Jahre 1851 überliefert, als man anläßlich der Karnevalsveranstaltungen auch ein Theaterstück improvisierte. Doch erst am 25. 3. 1880 fand auf der Gasthausbühne des Theaterdirektors Müller mit Donizettis *Regimentstochter* die erste Oberhausener Opernaufführung statt, die vom Prinzipal Müller selbst dirigiert wurde. Kurze Zeit darauf, am 10. 4. 1880, wurde Webers *Preziosa* von Müllers Theatergruppe, die über ein eigenes Orchester verfügte, aufgeführt. Am 28. 4. 1881 gastierte das Düsseldorfer Stadttheater in Oberhausen mit Verdis *Troubadour* und am 9. 5. 1881 mit Rossinis *Wilhelm Tell.* Der Essener Theaterdirektor Albert Berthold rief einen regen Kulturaustausch zwischen Essen und Oberhausen ins Leben und führte am 29. 11. 1882 in Oberhausen Offenbachs *Orpheus in der Unterwelt* auf. Das Jahr 1883 brachte nach Franz von Suppés *Schöner Galathee* Offenbachs *Verlobung bei der Laterne*, das Jahr 1884 Millöckers *Bettelstudent* und Suppés *Boccaccio.* Am 12. 11. 1884 wurde erstmals in Oberhausen die Johann-Strauß-Operette *Die Fledermaus* gespielt; im übrigen pflegte man in großem Ausmaß das Sprechtheater. Am 20. 10. 1902 gab es eine konzertante Aufführung von Konradin Kreutzers *Nachtlager von Granada*.

Im Jahre 1910 gründete der ehemalige Kölner Opernsänger Louis Bauer ein Opernensemble. Am 4. 1. 1911 fand als erste Vorstellung Beethovens *Fidelio* statt. Das Orchester wurde durch die Mülheimer Militärkapelle gestellt. Die musikalische Leitung lag an diesem Abend in den Händen des jungen Hans Knappertsbusch, der in der Folge auch *Cavalleria rusticana* und *Bajazzo* dirigierte. In der ersten Hälfte des Jahres 1919 kam es dank der Initiative der Theatermanager Theodor Schloemer

Als Dirigent von Ruggiero Leoncavallos Oper Der Bajazzo *(hier eine Lithographie der Jahrhundertwende) machte 1911 der 22jährige Hans Knappertsbusch in Oberhausen auf sich aufmerksam.*

und Fredy Piel zu einer Zusammenarbeit zwischen Oberhausen und dem Düsseldorfer Opernhaus, die mit einer Aufführung von Eugen d'Alberts *Tiefland* unter der musikalischen Leitung von Karl Elmendorff begann. Eine Zusammenarbeit mit dem Theater der Stadt Gelsenkirchen scheiterte nach einem halben Jahr, so daß man sich 1920 zur Gründung eines städtischen Theaters entschloß, in dem zunächst keine Opern gespielt wurden. 1923 erfolgte die bereits erwähnte *Freischütz*-Aufführung; anschließend kam es zu einem gemischten Schauspiel- und Musiktheaterbetrieb.

Nach Zerstörung und Wiedereröffnung des Theaters nach dem Zweiten Weltkrieg sind als besondere Ereignisse die dortige Erstaufführung der Oper *Tobias Wunderlich* im Rahmen der Joseph-Haas-Festwoche (Oktober 1949), die erste Nachkriegsaufführung von Richard Strauss' *Capriccio* (April 1950), die Oberhausener Erstaufführung von Richard Wagners *Tannhäuser* (September 1953), die Aufführung von Frank Martins *Zaubertrank* (November 1953) in Gegenwart des Komponisten und eine Festaufführung der *Meistersinger von Nürnberg* mit Bayreuther Sängern (Juni 1959) zu erwähnen. Berühmte Gastsolisten jener Jahre waren u.a. Rudolf Schock in *La Bohème* und Helge Rosvaenge in *La Traviata* und *Die Zauberflöte*.

Als Beispiele für die gegenwärtige Konzeption des Opernbetriebes sind *Angélique* von Jacques Ibert, *Die Nürnberger Puppe* von Charles Adolphe Adam, *Der Musikmeister* von Domenico Cimarosa, *Il Signor Bruschino* von Gioacchino Rossini, *Arlecchino* von Feruccio Busoni, *Die Heirat* von Modest Mussorgsky und *Mavra* von Strawinsky zu nennen. Weitere Pläne betreffen Lortzings Oper *Regina* und

Peter Tschaikowskys Schwanensee *in den fünfziger Jahren. Die Choreographie besorgte damals Oberhausens bekannter Ballettmeister Waclaw Orlikowski.*

Alexander Zemlinskys *Kleider machen Leute,* die das Bestreben der Intendanz, dem Publikum wenig bekannte Werke vorzustellen, dokumentieren. Daß das Theater Oberhausen Künstler von Format hervorzubringen bzw. zu fördern vermochte, zeigen u.a. die Beispiele von Teresa Zylis-Gara, die ihre westliche Karriere dort begann, von Irene Mann sowie der Choreographen Waclaw Orlikowski und Gise Furtwängler, für deren Aufstieg Oberhausen eine wesentliche Station bildete.

Staatstheater
Theaterwall 19
2900 Oldenburg

Oldenburgisches Staatstheater

Allgemeine Informationen: Der Repertoirespielplan des Oldenburgischen Staatstheaters umfaßt zu ca. 25 Prozent Oper, ca. 15 Prozent Operette und ca. 12 Prozent Ballett; die übrigen Spieltage sind dem Sprechtheater vorbehalten. Die Saison dauert von Ende August bis Mitte Juni, wobei fast täglich Aufführungen stattfinden. Das Fassungsvermögen des Großen Hauses beträgt 861 Plätze. Das Oldenburgische Staatsorchester besteht aus 68 Mitgliedern. Das Ballett setzt sich aus einer achtköpfigen Damen-, einer vierköpfigen Herrengruppe (alle mit Soloverpflichtung) und fünf Solisten zusammen. Dem Chor gehören 15 Damen und 14 Herren an.

Das Theater: Das derzeitige Haus (ohne Anbauten) wurde in den Jahren 1892/1893 durch den Architekten P. Zimmer im spätklassizistischen Stil mit Säulenporticus und historisierendem Prunkgiebel

Das große Haus des Oldenburgischen Staatstheaters. Der im neoklassizistischen Stil gehaltene Bau wurde 1893 eröffnet und bietet 861 Zuschauern Platz.

als Rangtheater mit Stuckdecke und reichgeschmückten Brüstungen errichtet. Die Anbauten sind in modernem kubischen Stil gehalten.

Das Bühnenportal ist 9 m breit und 7 m hoch; die Bühnenraumbreite beträgt 19 m, die Tiefe 15 m. Der Orchesterraum faßt 74 Musiker.

Die Intendanten:

Renato Mordo	(1922/1923)
Richard Gsell	(1924–1927)
Helmut Götze	(1927–1932)
Rolf Roennecke	(1932–1936)
Hans Schlenck	(1936–1940)
Arthur Schmiedhammer	(1940–1944)
Otto Daue	(1945/1946)
Albert Lippert	(1946)
Jost Dahmen	(1947)
Gerd Briese	(1948–1954)
Fred Schroer	(1954–1957)
Ernst Dietz	(1957–1963)
Wilhelm List-Diehl	(1963–1968)
Harry Niemann (Gen.-Int.)	(seit 1968)

Ereignisse und Gestalten: Das erste selbständige Theater wurde in Oldenburg schon 1833 gegründet und durch das Opern- und Schauspielensemble des

Seit 1968 leitet Harry Niedermann als Generalintendant das Staatstheater in Oldenburg.

Neben dem alten, 1833 eröffneten Haus (rechts) entstand in den achtziger Jahren des vorigen Jahrhunderts ein neues Theater in Oldenburg, das allerdings schon 1891 einem Brand zum Opfer fiel.

Stadttheaters Bremen bespielt. Am 8.10.1881 konnte ein neues Theatergebäude eingeweiht werden, das aber bereits im Jahre 1891 abbrannte und (nach der kurzen Periode eines Interimstheaters) 1893 durch das gegenwärtige Haus ersetzt wurde. In den ersten knapp 100 Jahren änderte sich mehrfach die Gesellschaftsform – Subventioniertes Privattheater, Großherzogliches Hoftheater, dann wieder umgekehrt; immer mit wechselnden Direktoren, bis 1922 unter städtischer Regie der erste offizielle Intendant benannt wurde. Diesem Oberspielleiter Renato Mordo war es ein Jahr zuvor, 1921, schon gelungen, ein eigenes Opernensemble zu gründen und die Oper in den Spielplan aufzunehmen. Am 5.3.1929 fand eine denkwürdige Aufführung des *Wozzeck* unter der Leitung von Johannes Schüler in Gegenwart des Komponisten Alban Berg statt. 1936 übernahm Leopold Ludwig als Generalmusikdirektor die musikalische Oberleitung des Theaters; Dramaturg wurde Hugo Hartung. Im Jahre 1941 veranstaltete man eine Festwoche anläßlich des 20jährigen Bestehens der Oper; 1944 mußte das Theater infolge des totalen Kriegs schließen und wurde bis April 1945 für Kinovorstellungen der UFA verwendet.

Da das Gebäude von Kriegseinwirkungen verschont geblieben war, konnte es nach Ende der britischen Beschlagnahmung durch Irene de Noiret wieder eröffnet werden. Intendant wurde zunächst der Operettenbuffo Otto Daue, den in rascher Folge mehrere Nachfolger ablösten. Erste Opernerfolge der Nachkriegsjahre waren *Salome* und *Peter Grimes*; ein Star aus dem heimischen Ensemble wurde die später zu internationalen Engagements berufene Irene Dalis. Seit dem Jahre 1968 gelang-

ten unter der Intendanz von Harry Niemann auch so schwierige Werke wie Puccinis *Turandot*, Bergs *Lulu*, Einems *Prozeß*, Dessaus *Verurteilung des Lukullus*, Debussys *Pelléas et Mélisande*, Strawinskys *Nachtigall* und *Mavra* sowie die einzelnen Werke des *Ring des Nibelungen* zur Aufführung. Von 1972–1974 erfolgten umfangreiche Umbauten und Erweiterungsarbeiten. Am 1. 12. 1974 konnte das renovierte Theater mit Alban Bergs *Wozzeck* eingeweiht werden. In der Spielzeit 1982/83 wurde das 150jährige Bestehen des Oldenburger Theaters begangen.

Links: *Alban Bergs Meisterwerk* Wozzeck *brachte 1929, vier Jahre nach der Berliner Uraufführung, einen Höhepunkt in der Geschichte des Stadttheaters.*

Rechts: Pelléas et Mélisande, *von Claude Debussy nach einem Drama Maurice Maeterlincks, 1971 in Oldenburg.*

Städtische Bühnen Osnabrück

Städtische Bühnen GmbH
Domhof 10–11
4500 Osnabrück

Allgemeine Informationen: Das musikalische Repertoire des Dreispartentheaters in Osnabrück ist etwa zur Hälfte der Oper, ansonsten der Operette, dem Musical und dem Ballett gewidmet. Die Spielzeit dauert incl. Theaterferien (44 Tage) von Anfang August bis Ende Juli.

Das Große Haus faßt 780 Zuschauer. Das Osnabrücker Symphonieorchester besteht aus 58 Musikern; das Ballett setzt sich aus vier Solotänzerinnen, drei Solotänzern und einer fünfköpfigen Damengruppe zusammen. Dem Chor gehören zwölf Damen und 13 Herren an.

Das Theater: Das Gebäude am Domhof wurde in der Zeit vom Frühjahr 1908 bis September 1909 durch den Stadtbaumeister Friedrich Lehmann als

Das neue Theater in Osnabrück, nach dem Zweiten Weltkrieg im Stil des 1909 fertiggestellten alten Hauses erbaut.

Rangtheater im Jugendstil errichtet und am 29.9.1909 mit Shakespeares *Julius Caesar* in einer Inszenierung des Intendanten Carl Ulrichs mit Ludwig Anschütz in der Titelrolle eröffnet. Im Jahre 1942 wurde das Theater erstmals beschädigt, am 25.3.1945 bei einem Großangriff fast vollständig zerstört. Im Mai 1949 begann man mit dem Wiederaufbau, und am 9.9.1950 konnte das neue Theater mit Calderons *Über allem Zauber der Liebe* eingeweiht werden. Der Bühnenraum ist 14 m breit und 12 m tief; die Portalbreite beträgt 8,75 m, die Portalhöhe 5,60 m.

Die Intendanten:

Carl Ulrichs	(1909–1925)
Otto Liebscher	(1925–1929)
Erich Pabst	(1929–1931)
	(1950–1955)
Fritz Berend	(1931–1933)
Walter Storz	(1933–1937)
Curt E. Nuernberger	(1937–1945)
Hans Peter Rieschel	(1945–1948)
Heinrich Buchmann (interim.)	(1948–1950)
Günter Meincke	(1956–1959)
Peter Maßmann	(1959–1968)
Jürgen Brock	(1968–1981)
Erdmut Christian August	(seit 1981)

Ereignisse und Gestalten: Vor der Errichtung des Theaters am Domhof war Osnabrück schon seit Jahrhunderten Schauplatz von Bühnenaufführungen; bereits vor 1800 entstand das alte Theater an der Gildewart, in dem man von 1819 bis zur Errichtung des Hauses am Domhof regelmäßig jede Saison spielte. Carl Ulrichs, der erste Intendant im

Das Theater an der Gildewart diente von 1819 an 90 Jahre lang als kulturelles Zentrum Osnabrücks.

neuen Haus, war ein Verehrer Richard Wagners und setzte dessen große Werke häufig auf das Programm. In der zweiten Hälfte der zwanziger Jahre (Intendanz Otto Liebscher) war der junge Oscar Fritz Schuh (geb. 1904) als Dramaturg am Theater engagiert. In dieser Zeit wurden neben dem gängigen Opernrepertoire Raritäten wie *Das Mahl der Spötter* von Giordano, *Menandra* von Kaun oder *Der weiße Vogel* von Carter aufgeführt. Während Intendant Erich Pabst (1929–1931) mehr dem Sprechtheater zuneigte, war sein Nachfolger Fritz Berend – zuvor erster Kapellmeister der Oper – besonders auf das Niveau des Musiktheaters bedacht. Im Dritten Reich wurde die Wagnerpflege wieder intensiviert; so ließ Intendant Walter Storz allein in der Spielzeit 1936/37 die *Meistersinger von Nürnberg*, die *Walküre* und *Tannhäuser* aufführen, und Richard Schubert inszenierte 1937/38 den gesamten *Ring des Nibelungen*. Die ersten Kriegsschäden (1942) konnten den Spielbetrieb zunächst nicht behindern; erst die völlige Zerstörung 1945 machte nach Kriegsende ein Ausweichen auf verschiedene Ersatzquartiere nötig. In der Blumenhalle gelangten bald nach Wiederaufnahme des Spielbetriebes Mozarts *Entführung aus dem Serail* und Kalmáns *Gräfin Mariza* zur Aufführung. 1947 wurde die bis

Eine Aufführung von Richard Wagners Tannhäuser *im Jahr 1937, eine der zahlreichen Wagner-Produktionen der dreißiger Jahre.*

dahin bestehende Theater-GmbH aufgelöst und das Theater unter städtische Verwaltung gestellt. In dieser Zeit spielte man, den Publikumswünschen entsprechend, insbesondere Opern und Operetten. In der Folge kam es jedoch, bedingt durch die schlechten wirtschaftlichen Verhältnisse, zu einer schweren Krise. Das Publikum blieb weitgehend aus, die Kassen demzufolge leer, was 1949 zur Schließung des Theaterbetriebes führte. Erst die Währungsreform und die Wiedereröffnung des neu errichteten Theaters am Domhof (1950) beendeten die Theaterkrise. Das Opernensemble entwickelte sich erst allmählich; zunächst gastierte mit musikalischen Bühnenwerken die Oper der Stadt Münster in Osnabrück.

Zwischen 1950 und 1955 wirkten als Regisseure Kurt Pscherer und Claus Helmut Drese, letzterer

Szenenbild aus Mauricio Kagels »Lieder-Oper« Aus Deutschland, *eine um Franz Schubert kreisende Szenenfolge, in der auch einige seiner Zeitgenossen wie Goethe, Heine und Hölderlin präsent sind. Nach der Berliner Uraufführung wurde das vielbeachtete Werk 1982 in Osnabrück einstudiert.*

auch als Dramaturg. Ende der fünfziger Jahre und in den sechziger Jahren nahm die Oper unter der Intendanz Peter Maßmanns einen deutlichen Aufschwung. Die Spielzeit 1960/61 brachte bereits sechs Neuinszenierungen. 1971 wurden am Theater umfassende Renovierungen und Erweiterungen vorgenommen.

Die gegenwärtige Intendanz ist bestrebt, dem zeitgenössischen Opernschaffen mehr Raum als bisher zu widmen; in diesem Zusammenhang ist auf die Neuinszenierung von Mauricio Kagels am 9.5.1981 in Berlin uraufgeführter Lieder-Oper *Aus Deutschland* hinzuweisen, die am 26.1.1982 in Osnabrück Premiere hatte.

Stadttheater Passau

Südostbayerisches
Städtetheater
Innstraße 4
8390 Passau

Allgemeine Informationen: Das ehemals Fürstbischöfliche Opernhaus dient als Aufführungsstätte des Musiktheaters des »Südostbayerischen Städtetheaters«, in dessen Zweckverband die Stadt Passau ordentliches Mitglied ist. Die Spielzeit dauert (einschl. Tarifurlaub) von Anfang August bis Ende Juli. Der Spielplan umfaßt alle Arten und Stilrichtungen des gesungenen Musiktheaters, soweit es die Bühnengröße zuläßt.

Pro Saison werden vier Opern und zwei Operetten inszeniert. Der Zuschauerraum bietet Platz für 350 Personen. Das Orchester besteht aus 30 Musikern, der Chor aus zwölf Damen und zehn Herren (teils mit Soloverpflichtung).

Links: *Das Stadttheater am Fuße des Passauer Domberges. 1783 entstand das »Fürstbischöfliche Opernhaus« aus dem Umbau eines ehemaligen Ballhauses.*

Rechts: *Blick auf die als »Rosenpavillon« gestaltete Fürstenloge des Passauer Theaters.*

Das Theater: Das Fürstbischöfliche Opernhaus wurde im Jahre 1783 von Johann Georg Hagenauer als kombiniertes Rang- und Logentheater in frühklassizistischem Stil durch Umbau eines ehemaligen Ballhauses, das bereits zuvor als provisorisches Hoftheater gedient hatte, errichtet und am 1.11. 1783 mit der Oper *Alceste* von Anton Schweitzer (1735–1787) festlich eingeweiht.

Nach einer umfangreichen Restaurierung konnte es am 11.11.1961 mit Domenico Cimarosas Oper *Die heimliche Ehe* in einer Inszenierung von Walter Brunken unter der musikalischen Leitung Hermann von Moreaus wiedereröffnet werden. Das Bühnenportal ist 6 m breit und 4 m hoch, der Bühnenraum 8 m breit und 9 m tief. Der Orchesterraum hat eine Breite von 10 m, eine Tiefe von 4 m und faßt 32 Musiker.

Die Intendanten (seit 1946):

Peter Hauser	(1946–1948)
Richard Rückert	(1949)
Eric Wildhagen	(1949–1961)
Willy Meyer-Fürst	(1961–1967)
Ludwig Bender	(1967–1970)
Klaus Schlette	(seit 1970)

Ereignisse und Gestalten: Die erste historisch belegbare Opernaufführung fand am 12.4.1773 in dem 1645 im Auftrag des Passauer Fürstbischofs Erzherzog Leopold Wilhelm von Österreich nahe den Ufern des Inns »am Sand« errichteten alten Ballhaus (Baumeister war vermutlich Petrus Panikh) statt und galt Antonio Salieris *La fiera di Venezia.* Anfang der siebziger Jahre des 18. Jh.s ließ Kardinal-Fürstbischof Ernst Leopold von Firmian das nicht mehr benutzte Ballhaus in ein provisorisches Hofkomödien- und Opernhaus umwandeln. Sein Nachfolger Joseph Anton Graf Auersperg ordnete im Jahre 1783 den schon erwähnten Umbau durch den Architekten und Hofbaudirektor Johann Georg Hagenauer an.

Kardinal-Fürstbischof Joseph von Auersperg, der 1783 das neue Theater einrichten ließ und das Kulturleben Passaus nachhaltig förderte.

Erster Hofkapellmeister war Joseph Friebert (gest. 1799), ein angesehener Komponist und Freund Joseph Haydns. 1785 führte man in Passau – erstmals in deutscher Übersetzung – *Il Re Teodoro in Venezia* von Giovanni Paisiello auf. Die Spielzeit 1786/87 brachte u.a. Mozarts *Entführung aus dem Serail* als Aufführung von Friedrich Joseph Zöllners sog. »Batthyanyschen Theatergesellschaft«. 1788/89 gastierte die mit Mozart befreundete Sopranistin Nancy Storace als Susanne in Passau; diese Rolle hatte sie schon bei der Uraufführung der *Hochzeit des Figaro* (1.5.1786) gesungen.

Im übrigen wurde der Spielplan jener Jahre vorwiegend von den Opern Paisiellos beherrscht. In den neunziger Jahren des 18. Jh.s erschien Mozarts *Zauberflöte* in einer eigens für Passau erstellten Fassung, die auch gedruckt wurde.

Das 19. Jh. brachte für das Opernhaus schwere Zeiten. Von 1803–1883 gab es nicht weniger als 49 Direktoren, die das Haus gepachtet hatten und meist nur ums Überleben kämpften. Im Jahre 1848 kam es zur ersten Passauer *Fidelio*-Aufführung. 1853 mußte der Opernbetrieb gänzlich eingestellt werden; man spielte statt dessen die ersten Operetten von Offenbach und Suppé und versuchte auf diese Weise finanziell auszugleichen, was die Aufführungen politischer Tendenzstücke an Verlusten brachten.

Im Jahre 1883 erwarb dann die Stadt Passau das Haus und führte ein festes Ensemble ein. Zwischen 1914 und 1946 wurde das Theater dagegen wieder durch verschiedene Ensembles bespielt. Im April 1933 fand mit der *Walküre* die einzige Passauer Wagner-Aufführung statt.

1952 kam es – gemeinsam mit Landshut und Straubing – zur Gründung des »Südostbayerischen Städtetheaters«, dessen musikalische Abteilung in Passau beheimatet ist. Seit dem Bestehen dieser Organisation, aus deren Ensemble bekannte Solisten wie Karl Helm, Ingeborg Hallstein und Gertrud Freedmann hervorgegangen sind, wird in dem – 1960/61 vollständig renovierten – Opernhaus wieder regelmäßig das Musiktheater gepflegt, wobei neben Operetten und relativ aufwendigen Opern wie *Der Troubadour, Die Macht des Schicksals* und *Andrea Chénier* immer wieder auch modernes und zeitgenössisches Musiktheater wie Humphrey

Ingeborg Hallstein begann ihre Karriere Ende der fünfziger Jahre in Passau.

The Rake's Progress *von Igor Strawinsky, eine der erfolgreichsten Opern des 20. Jh.s, 1982 in Passau.*

Searles *Tagebuch eines Irren* (1971/72), Mauricio Kagels *Staatstheater* (1972/73), Bruno Madernas *Satyricon* (1977/78), Karl Amadeus Hartmanns *Simplicius Simplicissimus* (1979/80) und Strawinskys *The Rake's Progress* (1981/82) zur Aufführung gelangten.

Stadttheater
Osterfeldstraße 1
7530 Pforzheim

Stadttheater Pforzheim

Allgemeine Informationen: Der Spielplan des Stadttheaters, der sich völlig am Stagionesystem orientiert, bietet an etwa 147 Tagen Musiktheater (Oper und Operette zu gleichen Teilen, ein Ballettabend) und an 90 Tagen Sprechtheateraufführungen. Die Spielzeit mit ihrem 45tägigen Tarifurlaub richtet sich jeweils nach den Sommerferien.

Das Stadttheater bietet 373 Plätze. Das Orchester besteht aus 32 Musikern, dem Chor gehören derzeit je acht Damen und Herren an, und das Ballett setzt sich aus einer vierköpfigen Damen und einer dreiköpfigen Herrengruppe zusammen, wobei alle Tänzerinnen und Tänzer Soloverpflichtung haben.

Das Pforzheimer Theater vor seiner Zerstörung im Krieg 1945. Das Haus, zuvor Sitz eines Privattheaters, war 1935 von der Stadt übernommen worden.

Das Theater: Nach der Zerstörung des alten Theaters am 23.2.1945 wurden 1948 unter Leitung des Hochbauamts Turnhalle und Aula einer Schule (Außenfassade aus der Gründerzeit) als neues Theater umgestaltet. Die Eröffnung fand noch im gleichen Jahr unter der Intendanz von Erich Schudde mit Shakespeares *Sommernachtstraum* statt, auch wenn das Theater die erste Zeit noch nicht ganzjährig bespielbar war.

Das Bühnenportal ist 6,30 m breit und 4,20 m hoch. Der Bühnenraum hat eine Breite von 12 m und eine Tiefe von 6,50 m. Der Orchesterraum bietet 35 Musikern Platz.

Die Intendanten (seit 1948):

Erich Schudde	(1948–1951)
Franz Otto	(1951–1959)
Horst Alexander Stelter	(1959–1963)
Harry Niemann	(1963–1968)
Hans Peter Stöhr	(1968–1971)
Heiner Bruns	(1971–1975)
Manfred Berben	(seit 1975)

Ereignisse und Gestalten: Schon in Thomas Manns Roman *Doktor Faustus* ist nachzulesen, daß das Pforzheimer Theater seit jeher eine Art Durchgangsstation war. Denn der Autor läßt die Schauspielerin Clarissa Rodde erklären, sie suche von dort den Absprung zu den großen Theatern. Und kaum anders steht es heute mit dem Selbstverständnis der Pforzheimer Bühnen. Pforzheim ist die einzige deutsche Stadt, die immer noch in ihrem Provisorium der Nachkriegszeit spielt. Ein Neubau ist seit 20 Jahren im Gespräch und für 1987 in Aussicht gestellt.

Der Eingang des Stadttheaters heute.

Doch auch vor dem Krieg gab es in Pforzheim schon Ärger mit angemessenen Räumlichkeiten. Opernaufführungen, die seit 1932, seit der Gründung des Städtischen Orchesters, regelmäßig geboten wurden, mußten zunächst in einem Haus stattfinden, das eher einer Scheune als einem Theater ähnelte. 1935 besserten sich dann die Verhältnisse, als ein privates Theater von der Stadt übernommen wurde. In diesem Haus war während der Kriegsjahre der später berühmte Wolfgang Windgassen engagiert.

Der Theaterbetrieb wurde 1948 zunächst in eingeschränkter Form aufgenommen, indem man nur einige Monate spielte. Erst Mitte der fünfziger Jahre wurde die Spielzeit auf das ganze Jahr ausgedehnt. Auch heute muß sich die Planung noch an den bestehenden Verhältnissen des Provisoriums und an den verfügbaren Mitteln im finanziellen wie personellen Bereich orientieren, so daß die künstlerischen Ziele den Möglichkeiten unterworfen werden. Jedoch ist man um eine abwechslungsreiche Spielplangestaltung bemüht. U.a. standen in den letzten Jahren neben italienischen Opern und Mozart-Werken auf dem Programm Aubers *Das Glas Wasser* (1980/81), Haydns *Die Welt auf dem Monde, Die Kluge* von Carl Orff und *Angelique* von Jacques Ibert (1981/82), Humperdincks *Hänsel und Gretel,* Händels *Julius Cäsar* und Strawinskys *The Rake's Progress* (1982/83). In der Spielzeit 1983/84 werden angeboten Beethovens *Fidelio,* Verdis *Rigoletto,* Brittens *Albert Herring,* Lortzings *Undine* und *Orpheus und Eurydike* von Gluck. Neben den Operettenaufführungen sind eine Reihe von Musicalproduktionen zu verzeichnen, darunter *Der Mann von La Mancha, Gigi* und *Oklahoma.*

Georg Friedrich Händels Oper Julius Caesar *unter der Regie von Bernd H. Reutler 1982, in Pforzheim eine der interessantesten Inszenierungen der letzten Jahre.*

Stadttheater Regensburg

Städtische Bühnen
Bismarckplatz 7
8400 Regensburg

Allgemeine Informationen: Der musikalische Repertoirespielplan der Städtischen Bühnen Regensburg wird von der klassischen und neueren Opern- und Operettenliteratur beherrscht. Die Spielzeit dauert – mit Abweichungen – von Anfang Oktober bis zum 20. Juli. Pro Saison finden (an zwei Häusern) rund 90 Opern- und 80 Operettenaufführungen statt. Die übrigen Spieltage sind dem Sprechtheater gewidmet.

Das Stadttheater faßt 540 Zuschauer. Das Orchester setzt sich aus 56 Musikern, das Ballett aus einer sechsköpfigen Damengruppe mit Soloverpflichtung sowie vier Solisten zusammen. Dem Chor gehören je zwölf Damen und Herren an.

Das Theater: Nachdem das alte Theater 1849 einem Brand zum Opfer gefallen war, wurde unter Leitung von Karl Keim nach Plänen des Architekten Emanuel d'Herigoyen ein Rangtheater in neubarockem Stil errichtet, das am 12. 10. 1852 mit einem von E. Hensel verfaßten und von Intendant Eduard Gerlach gesprochenen Prolog sowie mit Meyerbeers Oper *Die Hugenotten* (nach einem Libretto von Eugène Scribe) eröffnet wurde. Im Jahre 1859 wurden die auf den Bismarckplatz hinausgehenden Fassaden umgebaut, 1882 (nach den Erfahrungen des Wiener Ringtheaterbrandes) ein eiserner Vorhang eingebaut. 1898 wurde der Zuschauerraum in den Farben Weiß, Rot und Gold neu gestaltet. 1899 erfolgte die Einführung elektrischer Beleuchtung, 1912 wurde die Bühne modernisiert. 1937 nahm

Das Stadttheater Regensburg, 1852 am heutigen Bismarckplatz erbaut.

Blick in den Zuschauerraum, nach dem Umbau 1971. Das Stadttheater bietet 540 Besuchern Platz.

man einen Umbau der Aufgänge und Nebenräume, der Kassenhalle und der Einfahrt vor. Im Jahre 1957 erhielt der Zuschauerraum neue Stühle und eine neue Heizung; die Treppenaufgänge und das Foyer wurden renoviert. 1958 gewann man durch Ausbau des 1. Ranges 26 Sitze hinzu; die Galerie wurde entfernt. 1967 erweiterte man das Foyer und verlegte die Kassen, 1969 wurde der Vorhang erneuert. 1971 erfolgte eine neuerliche Umgestaltung des Auditoriums in den Farben Weiß, Blau und Gold. Die Jahre 1975 und 1977 brachten Erneuerungen im Bereich des Schnürbodens, des Dachstuhls und der Bühne; außerdem wurde der Orchestergraben vergrößert und das Bühnenniveau gesenkt.

Der Bühnenraum ist 18 m breit und 14 m tief, das Bühnenportal 9,50 m breit und 5,20 m hoch. Der Orchesterraum bietet Platz für 65 Musiker.

Die Intendanten (seit 1945):

Herbert Decker	(1945–1953)
Wolfgang Nufer	(1953–1956)
Walter Storz	(1956–1965)
Volker von Collande	(1965–1969)
Walter Ruppel	(1969–1974)
Horst Alexander Stelter	(seit 1974)

Ereignisse und Gestalten: Schon zu Beginn des 19. Jh.s hatte der Fürstprimas Carl von Dalberg in Regensburg durch seinen Architekten Emanuel d'Herigoyen ein Theater errichten lassen, das am 18.7.1849 niederbrannte. Drei Jahre lang spielte man in einem Interimstheater, doch 1852 errichtete der fürstliche Baurat Karl Keim auf dem alten Grundriß das Theater neu. Für die Eröffnungsvorstellung am 12.10.1852 (Meyerbeers *Hugenotten*) erstellten Simon Quaglio (München) und Paul Schellhorn (Meiningen) neue Dekorationen. Bereits in der Zeit vom 20.10. bis 29.11.1852 führte man Verdis *Ernani,* Bellinis *Capuleti e Montecchi,* Lortzings *Waffenschmied,* Donizettis *Regimentstochter,* Mozarts *Hochzeit des Figaro* und Rossinis *Barbier von Sevilla* auf.

Der Intendant Martin Wihrler (1857–1873) beschäftigte ein ständiges Opernensemble von sechs Damen und neun Herren und wirkte selbst als Sänger und Schauspieler. Am 18.1.1901 stand erstmals Wagners *Walküre* auf dem Regensburger Spielplan; die Direktion Berti Eilers (1900–1905) brachte außerdem die erste vollständige Inszenierung des *Ring des Nibelungen,* wobei das Intendantenehepaar Eilers als Wotan und Sieglinde auftrat. Neben weiteren Werken Wagners wurde im Jahre

Stadt-Theater in Regensburg.

Dienstag den 12ten Oktober 1852.
Zur Feier des hohen Namensfestes
Sr. Maj. des Königs
Maximilian II. von Bayern
Eröffnung
des
neuerbauten Theaters.
PROLOG,
gedichtet von E. Hensel, gesprochen von
E. Gerlach.
Hierauf:
Die Hugenotten.
Große Oper in 5 Acten von Meyerbeer.

Die verehrlichen Abonnenten, welche ihre Plätze für diese Vorstellung beibehalten wollen, werden höflichst ersucht, am Tage der Vorstellung von 9–11 Uhr Vormittags es an der Theaterkasse anzeigen zu lassen.

Sperrsitze im Parterre sind bereits vergriffen.

Preise der Plätze:

I. Rang-Loge, ein Platz	1 fl.	— kr.
Parterre-Loge	— „	48 „
II. Rang-Loge	— „	36 „
Ein Sperrsitz im Parterre	— „	36 „
Parterre	— „	24 „
I. Gallerie	— „	18 „
II. Gallerie	— „	12 „

Freitag, den 15. Oktober 1852, findet die erste Vorstellung im I. Abonnement statt.

Der Direktor
E. Gerlach.

Oben: *Theaterzettel zur Eröffnungsvorstellung 1852. Das Haus wurde mit Giacomo Meyerbeers* Die Hugenotten *eingeweiht, einer der im 19. Jh. sehr erfolgreichen »großen Opern« dieses Komponisten.*

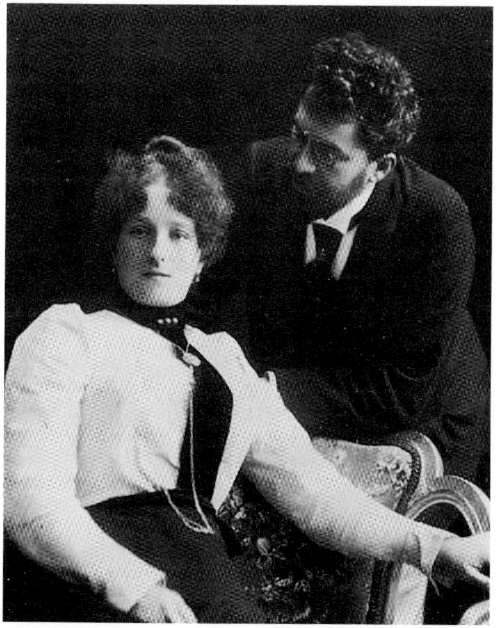

Links: *Direktor Berti Eilers, von 1900–1905 Intendant in Regensburg, mit seiner Frau. Unter seiner Leitung wurde Wagners* Ring des Nibelungen *erstmals vollständig aufgeführt, er präsentierte dem Publikum auch Puccinis* La Bohème.

1905 erstmals Puccinis *La Bohème* und 1909 Richard Strauss' *Salome* aufgeführt. 1914 schloß man das Theater und gründete erst 1917/18 wieder ein Ensemble. Obwohl die Spielzeit 1919/20 unter dem Intendanten und früheren Kapellmeister Richard L'Arronge besonders erfolgreich war, gab die Stadt Regensburg die Theaterverwaltung, die sie nach Kriegsende übernommen hatte, unter dem Druck der Inflation wieder auf. Mitte der zwanziger Jahre waren Gastspiele der Münchener Oper unter Hans Knappertsbusch herausragende musikalische Ereignisse. Nach 1933 wurde das Haus endgültig der Stadt Regensburg unterstellt; Schauspiel und Operette dominierten. Seit 1936 besteht wieder ein eigenes Opernensemble. Den Zweiten Weltkrieg überstand das Theater unbeschädigt. 1945 kam es vorübergehend unter amerikanische Verwaltung. Doch noch im selben Jahr konnte erstmals wieder für das heimische Publikum Humperdincks *Hänsel und Gretel* mit den Regensburger Domspatzen aufgeführt werden. In der Aufbauphase wurden zahlreiche, bereits erwähnte Umbauten vorgenommen.

In der Spielzeit 1981/82 standen als Neuinszenierungen Verdis *Othello,* Wagners *Rienzi,* Wolf-Ferraris *Vier Grobiane,* Alban Bergs *Wozzeck,* Donizettis *Lucia di Lammermoor* und als Wiederaufnahme Humperdincks *Hänsel und Gretel* auf dem Programm. Auf dem Gebiet der leichten Muse gelangten die Operetten *Paganini* von Lehár und *Gräfin Mariza* von Kalmán sowie das Musical *Anatevka* von Jerry Bock und als Rarität Nestroys *Tannhäuser*-Parodie zur Aufführung.

Saarländisches Staatstheater Saarbrücken

Saarländisches Staatstheater
Tbilisser Platz 1
6600 Saarbrücken

Allgemeine Informationen: Das Repertoire des Staatstheaters umfaßt zu zwei Drittel musikalische Aufführungen, wobei die Werke Mozarts, Wagners und Richard Strauss' gewisse Schwerpunkte bilden; die restlichen Spieltage sind dem Sprechtheater gewidmet. Die Saison beginnt und endet Mitte August (einschl. eines 42tägigen Tarifurlaubs).

Das Theater verfügt über 1136 Plätze. Das Saarländische Staatsorchester besteht aus 75 Musikern. Dem Ballett gehören drei Solotänzerinnen, zwei Solotänzer sowie acht Gruppentänzerinnen und sieben Gruppentänzer mit Soloverpflichtung an. Der Chor sctzt sich aus je 20 Damen und Herren zusammen.

Das Theater: Das Haus wurde in den Jahren 1936–1938 durch den Berliner Architekten Paul Baumgartner als Rangtheater errichtet und am 9.10.1938 mit Wagners *Fliegendem Holländer* in einer Inszenierung von Bruno von Niessen und unter

Das wiederaufgebaute Theater in Saarbrücken, von Paul Baumgartner in den dreißiger Jahren errichtet und im Krieg schwer beschädigt.

der musikalischen Leitung von Heinz Bongartz eröffnet. 1942 fiel das Theater einem Bombenangriff zum Opfer, wurde aus Propagandagründen noch während des Krieges prunkvoll wiedererrichtet, jedoch vor der geplanten Neueröffnung im Winter 1944/45 erneut zerstört. Nach dem Wiederaufbau durch den Saarbrückener Architekten Heinz Petrall konnte das neue Haus am 8.3.1948 mit Mozarts *Zauberflöte* eingeweiht werden. Das Bühnenportal ist 10,50 m breit und 7,15 m hoch, der Bühnenraum 56 m breit und 38 m tief. Der Orchesterraum bietet Platz für 70 Musiker.

Die Intendanten:

Bruno von Niessen	(1938–1944)
Willy Schüller	(1950–1952)
Günther Stark	(1954–1960)
Hermann Wedekind	(1961–1976)
Günther Pentzoldt/Christof Prick	(1977/1978)
Günther Pentzoldt/Matthias Kuntzsch	(1978–1980)
Matthias Kuntzsch/Lothar Trautmann	(seit 1981)

Ereignisse und Gestalten: Im 18. Jh. hatte es in der barocken Residenz Saarbrücken-Nassau ein reges Theaterleben gegeben, das durch die Zerstörungen im Zuge der Revolutionskriege völlig vernichtet wurde, so daß während des 19. Jh.s kein fester Theaterbau bestand. Erst 1897 wurde das 450 Personen fassende »Neue Theater« errichtet, das 1913 bei einer Renovierung auf 700 Plätze vergrößert und 1921 der Stadtverwaltung unterstellt wurde. Der Neubau (1936–1938), von Hitler der Saarbevölkerung »zur Erinnerung an den einzigartigen Abstimmungssieg am 13.1.1935 zum Geschenk gemacht«, wurde zunächst als »Gautheater Saarpfalz« bezeichnet, doch war dem neuen Haus, das rasch bei der Bevölkerung Anklang fand, kein guter Start beschieden. Schon im September 1939 mußte der Theaterbetrieb infolge des Krieges unterbrochen werden und konnte erst nach dem Frankreich-Feldzug wieder aufgenommen werden. 1942 kam es zur ersten Zerstörung. Man sah sich daraufhin gezwungen, einstweilen im Alten Saalbau am Neumarkt weiterzuspielen. Der aus Gründen der Propaganda besonders forcierte Neubau sollte mit Wagners *Meistersingern von Nürnberg* eingeweiht werden, doch verhinderte der »totale Krieg« im Jahre 1944 die Wiedereröffnung. Ein weiterer Luftangriff im Winter 1944/45 vernichtete erneut das noch unbenutzte Theater.

Am 9.5.1946 wurde auf der linken Seitenbühne des zerstörten Hauses ein provisorisches Theater mit knapp 400 Plätzen eingerichtet, in dem man

u. a. Händels *Orpheus und Eurydike* in sparsamer Inszenierung aufführte. Eine Hochwasserkatastrophe im Dezember 1947 fügte dem Theater neuerlich schweren Schaden, insbesondere an den technischen Einrichtungen, zu.

Nach der Wiedererrichtung des Großen Hauses war unter den Intendanten Schüller und Stark bis 1961 Philipp Wüst als Generalmusikdirektor für den musikalischen Betrieb verantwortlich. Bedeutende Impulse empfing das Theater durch den Intendanten Hermann Wedekind (1961–1976), der schon während des Zweiten Weltkrieges als Sänger erfolgreich war und später als Theaterleiter und temperamentvoller Regisseur dem Bühnenbetrieb seinen Stempel aufdrückte. Gemeinsam mit dem Dirigenten Siegfried Köhler brachte er unter anderem *Medea, Nabucco, Don Carlos, Elektra,* den *Fliegenden Holländer, Fürst Igor, Simone Boccanegra* und *Othello* heraus. Prominente Persönlichkeiten wie Birgit Nilsson und Montserrat Caballé gastierten in Saarbrücken.

1977 wirkte Christof Prick als Generalmusikdirektor am Staatstheater. Er wurde 1979 von Matthias Kuntzsch abgelöst, der seither für die musikalische Basis des Theaters verantwortlich ist. In letzter Zeit hat eine eigenwillige *Parsifal*-Inszenierung des Wagner-Urenkels Wolf-Siegfried Wagner Aufsehen erregt.

Festspielhaus Salzburg
Hofstallgasse 1
A-5010 Salzburg

Neues Festspielhaus Salzburg

Allgemeine Informationen: Das neue Festspielhaus steht während der Sommerfestspiele (Ende Juli bis Ende August) für Aufführungen von Opern und Konzerten, bei schlechten Wetterverhältnissen auch als Ausweichbühne für Vorstellungen des *Jedermann,* ferner für die Opern- und Konzertveranstaltungen im Rahmen der Osterfestspiele (Palmsamstag bis Ostermontag) und der Pfingstkonzerte (Freitag bis Pfingstmontag) sowie für die Mozartwoche (Ende Januar) zur Verfügung. Außerdem findet alljährlich in der Vorweihnachtszeit das festliche Adventsingen statt; im übrigen werden außerhalb der Festspielzeiten Veranstaltungen des Salzburger Landestheaters durchgeführt.

Orchester, Ballett und Chor sind nicht ständig engagiert, sondern werden von den jeweiligen Veranstaltern gestellt.

Bei den Sommerfestspielen bilden die Wiener Philharmoniker und der Wiener Staatsopernchor die musikalische Basis, während für Osterfestspiele und Pfingstkonzerte das Berliner Philharmonische Orchester verpflichtet ist.

Das Theater: Da das kleine, immer wieder umgebaute Festspielhaus (1924 durch Eduard Hütter, 1926 durch Clemens Holzmeister, 1939 durch Benno von Arend, 1962/1963 durch Hans Hofmann und Erich Engels) den Ansprüchen modernen Musikerlebens nicht ganz entsprach, ließ man in den Jahren 1956–1960 durch Clemens Holzmeister das neue Festspielhaus errichten, das am

Das Neue Festspielhaus in Salzburg, das sich eng an die Felsen schmiegt, 1956–1960 von Clemens Holzmeister errichtet. Im Hintergrund die Salzburg.

Innenansicht des neuen Hauses mit Blick auf den »eisernen Vorhang«. Das Theater faßt 2170 Besucher.

26.7.1960 mit einer Aufführung von Richard Strauss' *Rosenkavalier* unter der Leitung von Herbert von Karajan in einer Inszenierung von Rudolf Hartmann eröffnet werden konnte. Das Theater weist 2170 Sitzplätze (keine Stehplätze) auf und ist als modernes Arenatheater mit ansteigendem Parterre und einem großen offenen Rang konzipiert; hinter dem Parterre und an beiden Seiten des Ranges befinden sich einzelne Logen.

Die Hauptbühne ist 800m^2 groß, die Nebenbühnen haben ein Ausmaß von insgesamt 1400 m^2. Das Bühnenportal weist eine veränderliche Breite von 14–30 m auf und ist 9 m hoch. Der Orchesterraum bietet Platz für 120 Musiker und wird bei Konzertveranstaltungen bis auf Bühnenniveau angehoben.

Die Intendanz: Sämtliche Festspielstätten unterstehen dem Direktorium der Salzburger Festspiele, das sich aus Künstlern (Herbert von Karajan) und Politikern des Landes wie der Stadt Salzburg zusammensetzt.

Ereignisse und Gestalten: Die Geschichte des neuen Festspielhauses ist eng mit dem Schaffen Herbert von Karajans verbunden, der in Zusammenarbeit mit Clemens Holzmeister auf die Errichtung des

Seit 1960 sind die Salzburger Festspiele im wesentlichen sein Werk: Herbert von Karajan.

Hauses und die Akustik, wie er sie wünschte, wesentlichen Einfluß nahm. Zu den Schwerpunkten auf dem Gebiet der Oper gehörten nach dem Eröffnungs-*Rosenkavalier* (1960) die später nach Wien transferierte Inszenierung des *Troubadour* mit Leontyne Price, Giulietta Simionato, Franco Corelli und Ettore Bastianini unter Karajans Leitung (1962), die berühmte *Boris-Godunow*-Einstudierung Karajans mit Nicolai Ghiaurov, Sena Jurinac und Dimiter Usunow (1965) und die Verwirklichung der Osterfestspiele, die 1967 mit der *Walküre* erfolgte. Im Jahre 1970 vollendete Karajan mit der *Götterdämmerung* seine Inszenierung des *Ring des Nibelungen.* Zu Ostern 1971 inszenierte und dirigierte er einen stilisierten *Fidelio* mit Helga Dernesch und Jon Vickers. Im Sommer 1972 hatte – ebenfalls unter Karajans Leitung – die Jean-Pierre-Ponnelle-Inszenierung von Mozarts *Hochzeit des Figaro* mit Teresa Stratas, Teresa Berganza, Tom Krause und Walter Berry Premiere.

Das Jahr 1974 brachte zu Ostern eine stimmungsvoll-realistische Aufführung der *Meistersinger von Nürnberg* mit Karl Ridderbusch, René Kollo, Peter Schreier, Gundula Janowitz und Günther Leib. Ab 1974 war eine langfristige Zusammenarbeit Karajans mit Giorgio Strehler zur Realisierung eines Zyklus von Mozart-Opern geplant, die allerdings über eine von Publikum und Presse fast einhellig abgelehnte Aufführung der *Zauberflöte* (mit René Kollo und Hermann Prey) nicht hinauskam. Zu Ostern 1975 wurde Franco Zeffirellis berühmte Inszenierung von *La Bohème* (Mailand, München, Wien) auf die breite Salzburger Bühne transferiert. Mirella Freni und Luciano Pavarotti sangen die Hauptrollen. Der Sommer 1975 brachte Karajans erste Inszenierung von Verdis *Don Carlos* – er hatte das Werk Jahre zuvor in der Felsenreitschule unter der Regie von Gustaf Gründgens dirigiert. Die überaus erfolgreiche Aufführung blieb mehrere Jahre auf dem Festspielplan. In der Titelrolle wurde Placido Domingo von José Carreras abgelöst. Mirella Freni und Nicolai Ghiaurov sangen das Königspaar, Piero Cappuccilli blieb jahrelang der Posa. Die Partie der Eboli (zunächst Christa Ludwig) wurde dagegen mehrfach umbesetzt.

1976 gerieten die Osterfestspiele durch eine Operation Karajans in Gefahr, kamen aber dennoch (trotz kürzerer Probenzeit) zustande und brachten eine vieldiskutierte Produktion des *Lohengrin,* wobei die Bühne einem aufgeschlagenen Buch mit mittelalterlichen Darstellungen glich. Titelheld war René Kollo, der in der Folge durch Karl Walter Böhm ersetzt wurde.

Als Sensation der Sommerfestspiele 1977 galt das Debüt von Hildegard Behrens als Salome. 1978 inszenierte Günther Rennert kurz vor seinem Tod den *Rosenkavalier.* Bei den Osterfestspielen 1979 gelangte Karajans jugendstilnahe Deutung des *Parsifal* mit Peter Hofmann in der Titelrolle und Kurt Moll als Gurnemanz zur Aufführung. Im Sommer 1979 folgte eine *Aida*-Inszenierung Karajans mit Mirella Freni, José Carreras, Marilyn Horne, Piero Cappuccilli und Nicolai Ghiaurov in den Hauptrollen, und 1980 brachte im Gedenken an Jacques Offenbachs hundertsten Todestag eine Inszenierung von *Hoffmanns Erzählungen* durch Jean-Pierre Ponnelle mit Placido Domingo in der Titelrolle und James Levine am Dirigentenpult. Das Jahr 1981 stand im Zeichen von Karajans *Falstaff*-Inszenierung mit Giuseppe Taddei, die 1982 wiederholt wurde und an deren Seite ein von Lorin Maazel geleiteter *Fidelio* trat. 1983 erscheint der *Rosenkavalier* in der schon historisch gewordenen Ausstattung des Jahres 1960 wieder.

Die Pflege des zeitgenössischen Musiktheaters wurde in Salzburg vorwiegend vor der Errichtung des neuen Festspielhauses betrieben und beschränkte sich im wesentlichen auf Orffs *Antigonae,* Strauss' *Liebe der Danae,* Egks *Irische Le-*

Höhepunkte der Salzburger Festspiele:

Rechts: *Mozarts* Die Hochzeit des Figaro *(1972), Inszenierung Jean-Pierre Ponnelle.*

Mitte: *Verdis* Falstaff *(1981), Inszenierung Herbert von Karajan.*

Unten: *Verdis* Don Carlos *(1975), Inszenierung Herbert von Karajan.*

Links: *Orffs* De Temporum Fine Comoedia *(Uraufführung 1973), Inszenierung August Everding.*

Mitte: *Verdis* Der Troubadour *(1978). Inszenierung Herbert von Karajan.*

Unten: *Verdis* Aida *(1979), Inszenierung Herbert von Karajan.*

gende, Wagner-Régenys *Bergwerk von Falun* und Henzes *Bassariden,* deren Erfolg eher gering war. Im neuen Festspielhaus fand 1973 die Uraufführung von Carl Orffs *De Temporum Fine Comoedia* in der Inszenierung von August Everding unter Karajans Leitung mit einem Kölner Ensemble statt, ohne sich in der Folge behaupten zu können. Der letzte echte Salzburger Triumph der Moderne – Friedrich Cerhas *Baal* 1981 – ereignete sich im alten Festspielhaus, das im übrigen seit der Eröffnung des großen Hauses weiterhin für Konzerte und Opern intimeren Charakters im Rahmen der Festspiele Verwendung findet und zusammen mit der barocken Felsenreitschule den Salzburger Festspielbezirk bildet.

Salzburger Landestheater
Schwarzstraße 22
A-5020 Salzburg

Landestheater Salzburg

Allgemeine Informationen: Das Repertoire des Landestheaters umfaßt Oper, Operette, Musical, Ballett und Schauspiel, wobei die einzelnen Produktionen in möglichst gleichbleibender Besetzung nach Art eines Blocksystems mehrfach wiederholt werden. Die ganzjährige Saison wird dadurch unterbrochen, daß während der Sommermonate das Theater auch für Veranstaltungen der Salzburger Festspiele (vorwiegend Sprechtheater) benützt wird. Andererseits finden jährlich zwei Premieren des musikalischen Theaters im Großen Festspielhaus statt.

Der Zuschauerraum faßt 724 Personen. Das Mozarteum-Orchester besteht aus 88 Musikern. Dem

Das Salzburger Landestheater, 1892/93 durch das bewährte Architekten-Duo Ferdinand Fellner und Hermann Helmer erbaut.

Der Zuschauerraum des Landestheaters heute. Er bietet 724 Besuchern Platz.

Ballett gehören sieben Solotänzerinnen bzw. Solotänzer (davon vier mit Gruppenverpflichtung) und eine siebenköpfige Damengruppe an. Der Chor setzt sich aus 14 Damen und 13 Herren zusammen.

Das Theater: Das Landestheater wurde in der Zeit von Juni 1882 bis September 1893 nach Plänen der bekannten Theaterbaumeister Hermann Helmer und Ferdinand Fellner in neubarockem Stil als kombiniertes Rang- und Logentheater errichtet und am 1.10.1893 mit Mozarts Ouvertüre zu *Titus*, einem Festprolog von Josef Kollmann und dem dramatischen Märchen *Der Talisman* von Ludwig Fulda eröffnet, wobei der zwanzigjährige Max Reinhardt sein erstes Bühnenengagement antrat.

Das Bühnenportal ist 9 m breit und bis zu 6 m hoch, der Bühnenraum 21 m breit und 22 m tief. Der Orchesterraum hat eine Breite von 10 m und eine Tiefe von 4 m; er bietet Platz für 45 Musiker.

Als Zwanzigjähriger erhielt Max Reinhardt im Eröffnungsjahr 1893 sein erstes Engagement in Salzburg.

Die Intendanten (ab 1942):

Erwin Kerber	(1942–1943)
Peter Stanchina	(1943–1944)
	(1951–1957)
Johannes van Hamme	(1945–1946)
	(1947–1949)
Alfred Bernau	(1946–1947)
Otto Emmerich Groh	(1949–1950)
Hans Schulz-Dornburg	(1950)
Fritz Klingenbeck	(1957–1962)
Helmuth Matiasek	(1962–1964)
Fritz Herterich	(1964–1967)
Gandolf Buschbeck	(1967–1974)
Karlheinz Haberland	(1974–1981)
Federik Mirdita	(seit 1981)

Das 1775 aus einem ehemaligen Ballhaus hervorgegangene fürsterzbischöfliche Hoftheater, in dem zunächst nur Sprechtheater gespielt wurde, in das aber bald auch Opern und Singspiele ihren Einzug hielten, darunter Mozarts Entführung *und* Die Hochzeit des Figaro.

Ereignisse und Gestalten: Die frühesten Salzburger Theaterformen reichen in das 16. Jh. zurück, als durch die Dom- und die Lateinschule von St. Peter Schulkomödien in lateinischer Sprache und später auch deutschsprachige Stücke von Landesfürsten und Bürgern aufgeführt wurden. Ein ständiges Theatergebäude errichtete man erstmals 1775 im Bereich des jetzigen Makartplatzes, etwa an der Stelle des heutigen Landestheaters. Die erste Salzburger Opernaufführung soll aber schon 1614 auf der fürsterzbischöflichen Residenzbühne stattgefunden haben; aus dem Jahre 1617 ist eine Operndarbietung im Steintheater in Hellbrunn bei Salzburg überliefert. Ausführende solcher Vorstellungen waren reisende Theatergruppen, vorwiegend aus Italien. Erzbischof Hieronymus Graf Colloredo untersagte schließlich aus wirtschaftlichen Gründen Opern- und andere Theatervorstellungen, so daß 1775 die Aufführungen in der Residenz abgeschafft wurden, wo man zuletzt Luigi Gattis *Olimpiade* gespielt hatte. Im selben Jahr wurde jedoch das fürsterzbischöfliche Hoftheater eröffnet, in dem zunächst Schauspiele (Lessing, Goethe) zur Aufführung gelangten.

1773 zog die Familie Mozart in ein nahe dem Theater gelegenes Quartier, freundete sich später mit Emanuel Schikaneder an, der 1780–1781 am Theater arbeitete, und erhielt dort alsbald freien Eintritt. Am 17. 11. 1784 begann eine Serie von acht Vorstellungen der *Entführung aus dem Serail,* und 1786 nahm der Theaterprinzipal Franz Xaver Felder Mozarts *Hochzeit des Figaro* in sein Programm auf.

1797 wurde das Theater umgebaut und erhielt ein Aussehen, das es hundert Jahre lang beibehalten

sollte. Im 19. Jh. dominierten zunächst neben Mozart die Hauptwerke von Spontini, Cherubini und Boieldieu; daneben existierte ein vielseitiges Schauspielrepertoire mit Dramen der Klassiker und ihrer Zeitgenossen. 1822 wurde erstmals in Salzburg Webers *Freischütz* aufgeführt, der mit großem Jubel aufgenommen wurde. 1870–1871 erhielt hier Alexander Girardi sein erstes Engagement, das für ihn zum Sprungbrett wurde; er sang 1871 sogar in einer Festaufführung der *Zauberflöte* die Rolle des Monostatos. 1876 gab es mit dem *Fliegenden Holländer* die erste Wagner-Oper, 1877 folgte *Lohengrin*. In der Spielzeit 1881/82 war Hugo Wolf als zweiter Kapellmeister verpflichtet worden, zeigte aber nur geringe Ambitionen und erhielt eine wenig günstige Beurteilung.

Die Direktionszeit von Anton C. Lechner (1890–1902) brachte schließlich den Theaterneubau, nachdem der Gebäudekomplex am 24.5.1882 auf den Magistrat der Stadt übergegangen war.

In der Spielzeit 1902/03 gab es die wenig erfolgreiche Uraufführung der ersten Operette von Robert Stolz *(Schön-Lorchen)*, der damals als zweiter Kapellmeister engagiert war. – In den zwanziger Jahren versuchte man mit jungen Künstlern des Mozarteums und Bernhard Paumgartner eine

Oben: *Die Familie Mozart. Vater Leopold, Wolfgang Amadeus und Schwester Maria Anna konzertierend, darüber das Bildnis der Mutter Anna Maria.*

Unten: *Der berühmte Volksschauspieler Alexander Girardi, 1870/71 in Salzburg.*

Der Dirigent, Komponist und Musikwissenschaftler Bernhard Paumgartner, der in den zwanziger Jahren am Landestheater wirkte. Er blieb Salzburg ein Leben lang verbunden.

»ständige Oper« einzuführen, was aber an den hohen Kosten scheiterte, obwohl die Aufführungen selbst großen Anklang fanden.

Schon 1922 war das Theater erstmals für Festspielaufführungen herangezogen worden; Richard Strauss dirigierte *Don Giovanni* und *Cosi fan tutte,* Franz Schalk *Die Hochzeit des Figaro* und *Die Entführung aus dem Serail.* 1937 drängte Max Reinhardt auf eine umfassende Erneuerung des Theaters, konnte dieses Vorhaben jedoch wegen seiner Emigration 1938 nicht verwirklichen. 1939 kam es dennoch zu einer Umgestaltung des Hauses, das dann am 7. 8. 1939 nach kaum viermonatiger Bauzeit mit Mozarts *Entführung aus dem Serail* unter Leitung von Karl Böhm mit Maria Cebotari und Helge Rosvaenge wiedereröffnet wurde. Bis zur kriegsbedingten Schließung im Juli 1944 gab es noch zahlreiche Operninszenierungen durch prominente Gäste wie Otto Falckenberg und Joachim Kleiber. Nach dem Krieg wurde das Theater zunächst von der amerikanischen Besatzungsmacht beschlagnahmt, doch durften bald auch die Einheimischen wieder an den Vorstellungen teilhaben. 1949 entschloß man sich, infolge zu hoher Kosten trotz heftiger Publikumsproteste auf Opernvorstellungen ganz zu verzichten; als einziges Werk wurde

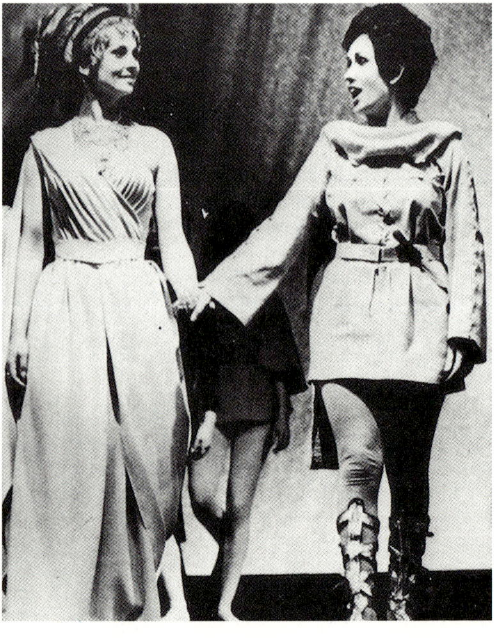

Ingrid Mayr und Ruzena Svobodova 1971 als Orpheus und Eurydike *in Christoph Willibald Glucks gleichnamiger Oper.*

Tristan und Isolde im Festspielhaus herausgebracht. Erst die Ära Peter Stanchina (1951–1957) brachte die Wiederaufnahme des Musiktheaterbetriebes und überdies das Engagement des Bühnenbildners Günther Schneider-Siemssen, der in Salzburg noch große Karriere machen sollte. 1963 wurde zum siebzigjährigen Bestehen des Theaters Monteverdis *Orfeo* in einer Bearbeitung von Carl Orff aufgeführt; Bernhard Paumgartner inszenierte aus gleichem Anlaß Mozarts *Schauspieldirektor* in einer eigenen Bearbeitung. In zunehmendem Maße erschienen auf dem Spielplan auch zeitgenössische Opern (Britten, Strawinsky, Křenek); daneben wurden immer wieder selten gespielte Werke von Gluck und Rossini aufgeführt.

Daß dem Musiktheater in Salzburg auch außerhalb der Festspiele weiterhin eine wesentliche Bedeutung eingeräumt bleiben wird, garantiert die Persönlichkeit des Intendanten Federik Mirdita, eines international erfahrenen Opernregisseurs, der in seiner ersten Spielzeit 1981/82 zehn musikalische Werke aller Sparten herausgebracht hat und eine intensive Zusammenarbeit mit dem Dirigenten Nikolaus Harnoncourt eingehen konnte.

Stadttheater Sankt Gallen

Stadttheater
Museumsstraße 24
CH-9000 St. Gallen

Allgemeine Informationen: Das Stadttheater in St. Gallen weist einen Repertoirespielplan auf, der zu etwa drei Fünftel vom Musiktheater und zu zwei Fünftel vom Schauspiel bestimmt wird. Die Saison dauert von Anfang September bis Ende Juni, was etwa 290 Spieltagen entspricht. Schwerpunkte des Musiktheaters liegen in der Pflege der italienischen Oper, wobei auch unbekanntere Werke des Belcanto aufgeführt werden, ferner der slawischen Oper und der klassischen Operette; dazu kommen Werke von Richard Strauss, Gounod und immer wieder moderne Opern. Daneben fehlen auch die Standardwerke des deutschen Repertoires nicht.

Das Theater bietet 855 Besuchern Platz, hinzu kommt eine Studiobühne mit 200 Plätzen. Das Orchester zählt 55 Mitglieder, der Chor setzt sich je nach Bedarf aus verschiedenen Gruppen zusammen. Die zehn Damen und fünf Herren des Balletts haben sämtlich Soloverpflichtung.

Das Theater: Das in moderner Betonbauweise in den Jahren 1964–1968 von Claude Paillard errich-

Das Stadttheater St. Gallen, ein eigenwilliger Betonbau des Architekten Claude Paillard, 1968 mit Beethovens Fidelio *eröffnet.*

tete Haus – der Zuschauerraum weist einen mehrfach gegliederten Rang auf – wurde am 15.3.1968 mit Beethovens *Fidelio* eröffnet.

Der Bühnenausschnitt variiert in der Breite zwischen 9 und 13 m, in der Höhe zwischen 4,50 und 8 m. Die Gesamtbühnentiefe beträgt 12,50 m und vergrößert sich bei völliger Anhebung des Orchestergrabens auf 17 m. Hinterbühne und Seitenbühne haben eine Fläche von 185 m^2 bzw. 205 m^2. Im Orchesterraum haben 64 Musiker Platz.

Die Intendanten (neues Haus):

Christoph Groszer	(1967–1972)
Ernst Dietz	(1972/1973)
Wolfgang Zörner	(1973–1980)
Glado von May	(seit 1980)

Ereignisse und Gestalten: Nachdem bis zum Ende des 18. Jh.s der Theaterbetrieb in St. Gallen als Gefährdung der Sittlichkeit betrachtet und daher die Errichtung eines Theaters abgelehnt worden war, konnte man sich 1801 einem weiteren Gesuch von 62 Bürgern an die Regierung des (damaligen) Kantons Säntis nicht länger verschließen und wies einer Theatergruppe unter dem Direktor Jacob Löhlein am Karlstor, außerhalb der Stadtgrenze, eine sechs Jahre zuvor errichtete Klosterremise als Spielort zu. 1805 kam es auf Initiative des Land-Ammanns und Bühnenautors Karl Müller-Friedberg zur Gründung einer »Theater-Actionnairs-Gesellschaft«, deren Vorsitz er bis 1831 innehatte. 1806 machte die französische Operntruppe »Célicourt« St. Gallen wohl erstmals mit der Kunstform Oper bekannt.

Während der fünfzig Jahre, die das Stadttheater am Karlstor bestand, wechselten die Direktoren

Das 1857 eingeweihte alte »Theater am Bohl«, 100 Jahre lang kultureller Mittelpunkt St. Gallens.

nicht weniger als dreißigmal. Nachdem bereits einmal der Pachtvertrag verlängert worden war, wurde ab 1850 die Frage eines Neubaus akut. Nach Plänen von Johann Christoph Kunkler entstand schließlich – im Stil des höfisch-barocken Residenztheaters – das »Theater am Bohl«, das am 5.11.1857 mit Mozarts *Don Giovanni* eröffnet wurde.

Die nächsten Jahrzehnte brachten erneut ständigen Direktionswechsel, der nicht zuletzt durch finanzielle Schwierigkeiten in Anbetracht zu geringer Subventionen bedingt war. Erst Paul von Bongardt, der 1907 aus Köln kam und bis 1914 blieb, gelang es, einen entscheidenden Umschwung herbeizuführen, indem er neue Finanzquellen erschloß. Auch künstlerisch waren die Direktionsjahre Bongardts ergiebig. So inszenierte er selbst fast alle Werke Wagners und brachte auch Richard Strauss schon früh nach St. Gallen: *Salome* war bereits in der Spielzeit 1910/11, der *Rosenkavalier* 1912/13 und *Ariadne* 1913/14 zu hören. Während des Ersten Weltkrieges fanden vereinzelte Gastspiele von Berühmtheiten wie Richard Strauss, Arthur Nikisch und anderer Stars jener Zeit statt.

1919–1923 leitete Theo Modes das Stadttheater; der nächste bedeutende Direktor wurde Karl

Wolfgang Zörner, von 1973 bis 1980 Intendant in St. Gallen.

Schmid-Bloss, der 1931 nach Zürich ging. Ihm folgte 1932 erneut Theo Modes, bis er unter dem Verdacht, den Nationalsozialisten nahezustehen, im September 1938 zurücktrat. Bis 1946 übte Ulrich Diem das Amt eines »interimistischen« Direktors aus.

Zu Beginn der sechziger Jahre wurde erneut die Frage nach einem Neubau aktuell, der zwischen 1964 und 1968 an der Museumstraße entstand. Erster Intendant des neuen Theaters wurde Christoph Groszer, unter dessen Ägide die Opern *Die Zauberflöte, Madame Butterfly, Die Hochzeit des Figaro, Die Macht des Schicksals, Albert Herring* (1968/69), *Don Giovanni, Die Kluge, Der Troubadour* (Regie Wolfgang Zörner), *Orpheus in der Unterwelt, Die lustigen Weiber von Windsor* (1969/70), *Don Carlos, Der fliegende Holländer, Carmen, Cosi fan tutte* (1970/71), *Tosca, Die vier Grobiane, Tiefland, Die spanische Stunde* und der *Barbier von Sevilla* (1971/72) aufgeführt wurden.

Nach einem kurzen Intermezzo kam 1973 Wolfgang Zörner als neuer Intendant und wurde im Verlauf seiner siebenjährigen Amtszeit vielfach als Regisseur tätig. Seine erste Inszenierung galt 1974 Brittens *Bettleroper*, und noch in der gleichen Saison brachte er eine weitgehend strichlose Inszenierung von Verdis *Attila* heraus, die ein großer Publikumserfolg wurde. Zur Saisoneröffnung 1975/76 erarbeitete er eine eigenwillige Produktion der *Aida*, deren Bühnenbilder – wie schon bei Britten – Manfred Schröter gestaltete. Zu Beginn des Jahres 1976 inszenierte Zörner Donizettis *Lucia di Lammermoor* und im Frühjahr 1977 *Simone Boccanegra*. Damals kam die Idee auf, mehrmals jährlich ein Wochenende einem bestimmten Komponisten oder Autor zu widmen, was beim Publikum gut ankam.

Im Frühjahr 1977 erschien auf dem Spielplan Gounods *Margarethe* in der Konzeption eines katholischen Mysterienspiels; die Saison 1976/77 brachte auch Strauss' *Salome* mit einem 63 Mann starken Orchester, womit die Grenze des in diesem Theater Machbaren fast erreicht war. 1978 wurden *Idomeneo* und *Fidelio* neu inszeniert; schließlich erschien 1979 Honeggers *Jeanne d'Arc* auf dem Spielplan und wurde begeistert aufgenommen.

Auf Wolfgang Zorner folgte im Juli 1980 Glado von May. Zu den bisher bedeutendsten Opernereignissen unter seiner Intendanz zählen *Hoffmanns Erzählungen* (20.9.1980) in einer Inszenierung von Vaclav Kaslik; Glucks *Orpheus und Eurydike* (29.11.1980) in der Regie von Hans Hartleb; Janáčeks *Jenufa* (21.2.1981) unter Vaclav Veznik und

Verdis *Nabucco* (10.10.1981) sowie Mussorgskys *Boris Godunow* (20.9.1982), wieder in Inszenierungen von Vaclav Kaslik, schließlich die Uraufführung von Max Langs *Der Alchimist* (15.4.1983) unter der Regie von Heinz Lukas Kindermann. Als kennzeichnend für St. Gallen ist festzuhalten, daß der Opernbetrieb des Stadttheaters insbesondere durch das Engagement eigenwilliger und interessanter Regisseure geprägt wird. Der Pflege eines kleinen eigenen Ensembles steht das Engagement einer größeren Zahl renommierter Gastsänger gegenüber, die dem Haus meist über mehrere Spielzeiten verbunden bleiben.

Salome *von Richard Strauss, 1976 in der Inszenierung Wolfgang Zörners. Die Opern von Richard Strauss sind in St. Gallen seit langem im Repertoire:* Salome *wurde hier bereits 1910 zum ersten Mal aufgeführt.*

Württembergisches
Staatstheater
Oberer Schloßgarten 6
7000 Stuttgart

Württembergisches Staatstheater Stuttgart

Allgemeine Informationen: Der Repertoirespielplan des Stuttgarter Musiktheaters umfaßt jährlich 190–200 Opern- und rund 60–70 Ballettaufführungen, wobei Schwerpunkte der Programmgestaltung bei der Pflege der Avantgarde und der Werke Richard Wagners liegen. Die ganzjährige Spielzeit (einschl. eines sechswöchigen Tarifurlaubs) geht von Anfang September bis Ende August.

Der Zuschauerraum des Großen Hauses faßt 1426 Personen. Das Orchester besteht aus 109 Musikern, der Chor aus 34 Damen und Herren. Dem Ballett gehören fünf weibliche und acht männliche Solotänzer an; die Ballettgruppe setzt sich aus 24 Damen und 13 Herren zusammen.

Das Theater: Das Große Haus des damaligen Königlichen Hoftheaters wurde in den Jahren 1909–1912 durch den Architekten Max Littmann (1862–1931) in neoklassizistischem Stil errichtet und am 15.9.1912 mit einem Festspiel eröffnet. Dieses setzte sich zusammen aus dem »Vorspiel auf dem Theater« zu Goethes *Faust,* einer Szene aus Niccolo Jommellis *Vologeso,* Schillers *Glocke* und der Festwiesenszene aus Wagners *Meistersinger von Nürnberg* mit Karl Erb als Stolzing sowie Schillers Dramenfragment *Demetrius.* 1946 wurde im dritten Stockwerk des Hauses ein Kammertheater mit 250 Plätzen eingebaut. Das Bühnenportal des Großen Hauses ist 11,20 m breit und 7,50 m hoch. Die Hauptbühne hat eine Breite von 17,50 m, eine Tiefe

Das Württembergische Staatstheater in Stuttgart, 1909–1912 von Max Littmann erbaut. Das Haus verfügt über 1426 Plätze.

von 19 m und eine Höhe von 25 m. Die beiden Seitenbühnen weisen jeweils eine Fläche von 12 × 7 m und eine Höhe von 8 m bzw. 7 m auf. Die Fläche der Hinterbühne beträgt 13 × 10 m, die des in der Höhe verstellbaren Orchesterraumes 74 m².

Die Intendanten (seit 1912):

Baron Joachim zu Putlitz	(1912–1919)
Victor Stephany	(1919–1920)
Albert Kehm	(1920–1933)
	(1945–1946)
Otto Krauß	(1933–1937)
Gustav Deharde	(1937–1945)
Bertil Wetzelsberger	(1946–1949)
Walter Erich Schäfer	(1949–1972)
Hans Peter Doll	(1972–1985)
Wolfgang Gönnenwein	(ab 1985)

Ereignisse und Gestalten: Die Stuttgarter Oper erlebte ihre erste Blütezeit (nach Anfängen im 17. Jh.) um die Mitte des 18. Jh.s, als Niccolo Jommelli, führender Komponist der neapolitanischen Schule und Reformator der italienischen Oper, hier als Hofkapellmeister tätig war (1753–1771). 1815 wurde das herzogliche Lusthaus, in dem bisher Theater gespielt worden war, zum Hoftheater umgebaut. Die bedeutendsten Hofkapellmeister dieser Epoche waren Konradin Kreutzer (1780–1849) und Peter Joseph von Lindpaintner (1791–1856), der das Niveau des Orchesters wesentlich zu heben verstand. Nachdem 1902 das Hoftheater einem Brand zum Opfer gefallen war, wurde bis zur Eröffnung des neuen Hauses in einem Interimstheater gespielt. Gleichzeitig fertiggestellt und einen Tag später, am 16. 9. 1912, eingeweiht wurde auch das sog. Kleine Haus, das jedoch im Krieg völlig zerstört und bis 1962 grundlegend neuerbaut wurde.

Nach der Jahrhundertwende, seit 1908, war Max von Schillings (1868–1933) die führende Dirigentenpersönlichkeit des Stuttgarter Musiktheaters. Bis 1918, kurz vor seinem Weggang nach Berlin, leitete er hier 45 Uraufführungen. Dazu zählen die erste Fassung von Richard Strauss' *Ariadne auf Naxos* (1912), seine eigene Oper *Mona Lisa* (1915) und Alexander Zemlinskys *Florentinische Tragödie* (1917). Auf Schillings folgte als Generalmusikdirektor Fritz Busch (1890–1951), der bis 1922 blieb. Ihm ist eine intensive Pflege der damaligen Moderne (Paul Hindemith u. a.) zu danken. Daneben wurde ein besonderes Augenmerk auf die Werke Wagners, Webers und Händels gerichtet. Eine weitere bedeutende Dirigentenpersönlichkeit der Zwischenkriegsjahre war Hans Swarowsky (1899–1975), der von

Zwei bedeutende Kapellmeister in der Geschichte der Stuttgarter Oper: die Komponisten Konradin Kreutzer (oben, *in den zwanziger Jahren des 19. Jh.s in Stuttgart*) *und Max von Schillings* (unten, *von 1908–1918, danach Intendant der Staatsoper Berlin*).

1927 bis 1932 in Stuttgart wirkte. In die Jahre vor Ausbruch des Zweiten Weltkriegs fallen die Uraufführung von Egon Wellesz' *Scherz, List und Rache* (1928), die deutschen Erstaufführungen von Arrigo Boitos Torso *Nerone* (1928), von Verdis *Sizilianischer Vesper* (1929) und Antonin Dvořáks *Rusalka* (1929), ferner die Uraufführungen von Paul Höffers *Der falsche Woldemar* (1934), der Rembrandt-Oper *Rembrandt van Rijn* des Dänen Paul August von Klenau (1937) und der Nico-Dostal-Operette *Monika* (gleichfalls 1937). 1938 folgt die deutsche Erstaufführung von Alfredo Casellas *Favola d'Orfeo*, 1940 kam wieder Nico Dostal mit *Flucht ins Glück* zu Uraufführungsehren.

Nach dem Zweiten Weltkrieg wurde das Stuttgarter Operntheater lange Zeit durch die Persönlichkeiten des Intendanten Walter Erich Schäfer (1949–1972) und des Generalmusikdirektors Ferdinand Leitner (1947–1969) entscheidend geprägt. Erwähnenswert sind insbesondere die deutsche Erstaufführung von Hindemiths *Mathis der Maler* (1946) und die Uraufführung von Carl Orffs *Bernauerin*, ferner die deutschen Debüts von Strawinskys *The Rake's Progress* (1951) und von Orffs *Trionfi* (1953). Das Jahr 1954 brachte die Uraufführung der Neufassung von Werner Egks *Zaubergeige*. 1957 wurden Orffs *Comoedia de Christi resurrectione* und Werner Egks *Revisor*, 1959 Orffs *Oedipus der Tyrann* und 1960 Francis Burts *Volpone* sowie Orffs *Ludus de nato infante mirificus* uraufgeführt. 1962 erlebte Stuttgart die deutsche Erstaufführung von Kurt Weills *Lost in the Stars*; 1964 wurde hier Jan Cikkers Tolstoi-Oper *Auferstehung* und 1965 Henzes *Junger Lord* erstmals in der Bundesrepublik aufgeführt.

Links: *Ferdinand Leitner, von 1949 an zwanzig Jahre lang als Generalmusikdirektor eine der maßgeblichen Persönlichkeiten der Stuttgarter Oper, der sich besonders auch für neue Musik einsetzte.*

Rechts: *Werner Egks komische Oper* Der Revisor *nach Gogols Satire, die 1957 im Rahmen der Schwetzinger Festspiele uraufgeführt wurde.*

In den sechziger Jahren entwickelte sich Stuttgart durch das Wirken des Choreographen John Cranko – nach dem die staatliche Ballettakademie und Ballettschule benannt ist – zum Zentrum moderner Tanzkunst. An namhaften Dirigenten aus jüngerer Zeit sind zu nennen Carlos Kleiber (1966–1975) und Vaclav Neumann (1970–1972). Silvio Varviso hatte in den Jahren 1972–1979 das Amt des Generalmusikdirektors inne, bis er 1980 von Dennis Russell Davies abgelöst wurde.

Eine der bedeutendsten Sängerpersönlichkeiten war Wolfgang Windgassen (1914–1974), der an der intensiven Stuttgarter Wagnerpflege wesentlichen Anteil hatte und von 1970 bis zu seinem Tod Operndirektor war. Seine Nachfolge trat 1975 Wolfram Schwinger, ein prominenter Musikwissenschaftler und Publizist, an.

Als bedeutendste Regisseure, die dem Stuttgarter Opernleben Profil gaben, verdienen genannt zu werden: Günther Rennert (1911–1978), der von 1943 bis zu seinem Lebensende am Staatstheater wirkte und dessen Inszenierungen von Wolfgang Fortners *Bluthochzeit* (1961) und Krzysztof Pendereckis *Teufel von Loudon* (1969) hervorzuheben sind. Ferner Wieland Wagner (1917–1966), der für die Werke seines Großvaters einen völlig neuen

Unter der Leitung von John Cranko entwickelte sich das Stuttgarter Ballett in den sechziger Jahren zu einem der führenden Ensembles Europas.

Das Ballett Onegin, *von John Cranko nach Musik von Peter Tschaikowsky choreographiert. Hauptdarsteller: Marcia Haydée und Heinz Clauss.*

Aufführungsstil entwickelte und seit 1954 in Stuttgart tätig war; Jean-Pierre Ponnelle (geb. 1932), der in der Spielzeit 1977/78 den *Ring des Nibelungen* in eigener Ausstattung inszenierte, und schließlich Götz Friedrich (geb. 1930), der 1976 den *Parsifal* unter Silvio Varviso herausbrachte.

Die jüngsten Ereignisse auf dem Gebiet der musikalischen Moderne waren die deutsche Erstaufführung von Pendereckis *Das Verlorene Paradies* (1979) und Hans Werner Henzes *Pollicino* (1981). Zuvor hatte im Kleinen Haus der Württembergischen Staatstheater die Uraufführung von Mauricio Kagels *Die Erschöpfung der Welt* (1980) und im Kammertheater Otto M. Zykans *Kunst kommt von Gönnen* (1980) stattgefunden. Seit 1980 ist Achim Freyer als Regisseur in Stuttgart tätig und erregte dort mit seiner Inszenierung von Webers *Freischütz* ebenso großes Aufsehen wie mit der deutschen Erstaufführung der Gandhi-Oper *Satyagraha* von Philip Glass.

Das sängerische Niveau des Staatstheaters haben seit jeher prominente Namen bezeugt. Der berühmte Tenor Karl Erb (1877–1958) begann seine Laufbahn in Stuttgart, wo er von 1910–1913 blieb. Der Heldentenor Karl Aagard Oestvig (1889–1968) war während des Ersten Weltkrieges als Debütant in Stuttgart engagiert, sang hier in der Uraufführung von Schillings *Mona Lisa* (1915) und ging 1919 nach Wien, wo er die Rolle des Kaisers in der Uraufführung von Richard Strauss' *Frau ohne Schatten* erhielt. Für den Bariton Theodor Scheidl (1880–1959) war Stuttgart das endgültige Sprungbrett zur internationalen Karriere, die ihn nach Bayreuth führen sollte. Von 1923 bis 1945 wirkte am Staatstheater Fritz Windgassen, der Vater des

Wolfgang Fortners »lyrische Tragödie« Die Bluthochzeit *nach einem Drama Federico Garcia Lorcas, 1961 in einer Inszenierung von Günther Rennert in Stuttgart. Ganz links Martha Mödl, rechts als Brautpaar Lore Wissmann und Gerd Seid.*

großen Wagnertenors der Nachkriegsjahre. Weitere prominente Solisten sind und waren Ludwig Suthaus, Willy Domgraf-Fassbaender, Fritz Wunderlich, Gerhard Stolze, Peter Hofmann, Margarethe Teschemacher, Martha Mödl, Anja Silja und Catarina Ligendza – zumeist Namen, die auf die intensive Pflege der Werke Richard Wagners hinweisen, die fortgeführt wird.

Theater der Stadt Trier

Theater der Stadt
Am Augustinerhof
5500 Trier

Allgemeine Informationen
Das Theater der Stadt Trier weist einen Repertoirespielplan auf, wobei von rund 300 Spieltagen 90 Tage auf Oper, 70 auf Operette und die restlichen auf Schauspielaufführungen an zwei Spielstätten entfallen. Die Spielzeit dauert im allgemeinen vom 15. August bis Anfang Juli. Der Spielplan des Musiktheaters wird vorwiegend von der italienischen (Belcanto-)Oper, der deutschen Spieloper, der klassischen und modernen Operette sowie vom Musical geprägt. Der Zuschauerraum verfügt über 622 Plätze. Das Orchester besteht aus 58 Musikern, das Ballett aus einer zehnköpfigen Kompanie und der ständige Chor aus je acht Damen und Herren.

Das Theater: Nach der vollständigen Zerstörung des alten Hauses im Dezember 1944 wurde am 12.1.1962 auf einem neuen Bauplatz der Grundstein des heutigen Stadttheaters gelegt und dieses am 27.9.1964 mit Beethovens *Fidelio* in einer Insze-

Das Stadttheater Trier, erbaut 1962–1964.

nierung des Intendanten Rudolf Meyer eröffnet. Die Architektengemeinschaft Gerhard Graubner und Hans Schneider hatte das Theater als modernen Zweckbau errichtet. Das Auditorium bildet eine ansteigende Arena. Der Bühnenraum hat einen Umfang von 400 m^2 (Hauptbühne), das Bühnenportal ist 9–11 m breit. Die Breite des Orchesterraumes beträgt 16,60 m, die Tiefe 6,15 m. Er bietet Platz für 60–65 Musiker.

Die Intendanten (neues Haus):

Rudolf Meyer	(1960–1968)
Walter Pohl	(1968–1975)
Manfred Mützel	(1975–1981)
Rudolf Stromberg	(seit 1981)

Ereignisse und Gestalten: In Trier war schon 1802 in einem aufgrund der Säkularisierung frei gewordenen Kapuzinerkloster am Viehmarkt ein Stadttheater eingerichtet worden. Im Jahre 1815 erfolgte ein erster Ausbau, und 1865 erhielt es die Gestalt, die es (abgesehen von einem Umbau in den neunziger Jahren) bis zu seiner Zerstörung durch Bombenangriffe im Dezember 1944 beibehalten sollte. Das alte Haus wies 519 Sitzplätze auf und wurde zum kulturellen Mittelpunkt der Stadt. Im Laufe

Jugendstil-Titelblatt eines Programmhefts aus der Spielzeit 1908/09. Heinz Tietjen war damals Intendant des alten Stadttheaters am Viehmarktplatz.

seiner Geschichte erlebte es einen ungewöhnlich häufigen Wechsel der Intendanten – bis zur Eröffnung des neuen Theaters mehr als sechzigmal –, deren berühmtester, Heinz Tietjen, die längste Zeit dort wirkte, von 1907–1922. Die bekanntesten Gäste waren Francisco d'Andrade (1859 bis 1921), der hier als Don Giovanni (der Rolle, in der er von Max Slevogt gemalt wurde) auftrat, sowie der Dirigent Thomas Beecham (1879–1961).

Nach dem Zweiten Weltkrieg wurde zunächst ein Theater- und Konzertbetrieb im unversehrt gebliebenen Treviris-Festsaal eingerichtet. 1950 übersiedelten Oper, Operette und Schauspiel in das Bischof-Korum-Haus, bis 1959 aufgrund der Unzulänglichkeit der bisherigen Spielstätte der Beschluß für den Neubau gefaßt wurde. Nach Beendigung aller Entwürfe ergab sich aber, daß auf dem vorgesehenen Bauplatz wertvolle Funde aus der Römerzeit sichergestellt werden mußten, so daß schließlich ein neues Areal am Augustinerhof, nur etwa 200 m vom alten Theaterplatz entfernt, zur endgültigen Stätte des neuen Hauses wurde. Neben dem regelmäßigen Spielbetrieb hat sich das Theater in Trier zur Aufgabe gesetzt, in der näheren Umgebung und in Luxemburg Gastspiele zu geben und sich der Pflege des Bühnennachwuchses zu widmen.

Max Slevogts berühmtes Gemälde des Francisco d'Andrade, das den portugiesischen Sänger in der Champagner-Arie von Mozarts Don Giovanni *zeigt. In dieser Rolle gastierte d'Andrade zu Beginn unseres Jahrhunderts in Trier.*

Ulmer Theater
Olgastraße 73
7900 Ulm

Ulmer Theater

Allgemeine Informationen: Das Theater in Ulm verfügt über einen Repertoirespielplan; eine Oper und eine Operette werden jeweils in die folgende Saison übernommen. Die Spielzeit, in deren Verlauf rund 265 Vorstellungen im Großen Haus, die übrigen als Abstecher stattfinden, dauert von Mitte August bis Anfang Juli. Im Großen Haus sind ca. 80 Aufführungstage der Oper, ca. 46 der Operette und etwa 20 dem Ballett gewidmet. Das Theater hat 815 Plätze; das Orchester besteht aus 48 Musikern; eine Erweiterung ist vorgesehen. Das Ballett setzt sich aus sechs Tänzerinnen und fünf Tänzern zusammen. Dem Chor gehören je zehn Damen und Herren an.

Das Theater: Das alte Theater wurde im Jahre 1782 errichtet und am 17.12.1944 durch Kriegseinwirkung zerstört. In der Zeit von 1966–1969 wurde das neue Theater durch den Architekten Fritz Schäfer in modernem Stil mit Parkett und einem Rang erbaut und am 3.10.1969 mit Bertolt Brechts *Leben des Galilei* eröffnet. Die erste Opernaufführung war dem *Rosenkavalier* von Richard Strauss gewidmet.

Der Bühnenraum ist 20 m breit und 18 m tief, das Portal 12 m breit und 8 m hoch. Der Orchesterraum hat eine Breite von 15,50 m, eine Tiefe von 7 m und bietet 60 Musikern Platz.

Das 1944 zerstörte Ulmer Theater, seit 1781 bespielt.

Die Intendanten (seit 1945):

Alfred Mendler	(1945–1950)
Gustav Deharde	(1950–1954)
Peter Wackernagel	(1954–1958)
Kurt Hübner	(1959–1962)
Ulrich Brecht	(1962–1966)
Detlof Krüger	(1966–1972)
Peter Borchardt	(1973–1979)
Volkmar Clauß	(seit 1979)

Ereignisse und Gestalten: Das im November 1781 eröffnete Stadttheater in Ulm, das in seiner Grundform bis zur Zerstörung 1944 erhalten blieb, brachte am 26.4.1792 als erstes Opernereignis eine Aufführung von Mozarts *Entführung aus dem Serail.* Seit Mitte des 19. Jh.s wurde das Orchester vorwiegend aus Militärmusikern der württembergischen und bayerischen Garnisonen gebildet, die der Theaterunternehmer selbst bezahlen mußte, nachdem 1863 ein Antrag auf Gründung eines thea-

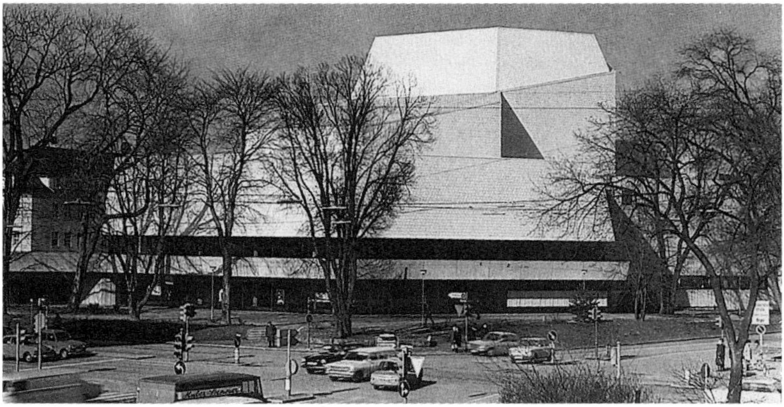

tereigenen Orchesters abgelehnt worden war. Erst im 20. Jh. gab es unter Theaterdirektor Ernst Immisch einen deutlichen Aufschwung. Robert Heger war von 1908–1909 als Theaterdirigent in Ulm engagiert. Ihm folgte 1909–1911 Hermann Stange; diesen beiden Dirigenten sind Aufführungen großer Werke wie *Tannhäuser, Walküre, Margarethe, Tiefland* und *Freischütz* zu verdanken. Nach dem Ersten Weltkrieg wurde ein eigenes Theaterorchester gegründet, da nun keine Militärmusiker mehr zur Verfügung standen.

1928 wurde das Theater, das bis dahin ein Privatunternehmen gewesen und in wechselndem Turnus an Theaterdirektoren verpachtet worden war, von der Stadt, die bislang lediglich ein Kontrollrecht gehabt hatte, übernommen. Zum ersten Intendanten wurde Erwin Dieterich bestellt, dem es im Jahre 1929 gelang, den jungen Herbert von Karajan als Opernkapellmeister zu verpflichten, der bald auch Konzerte leitete und die ersten Schritte auf dem Wege zur Weltkarriere machte. Während seines bis zum 31.3.1934 dauernden Engagements konnte Karajan das musikalische Niveau entscheidend verbessern. Auch die Altistin Margarethe Klose ist seinerzeit aus dem Ulmer Ensemble hervorgegangen, wo sie erstmals 1926 auftrat.

Nach der Zerstörung des Theaters im Jahre 1944 wurde in der Ulmer Wagner-Schule ein Provisorium eingerichtet, das naturgemäß eine Reduktion des aufwendigen Opernbetriebes zur Folge hatte; es konnten vorwiegend intime Mozart-Opern aufgeführt werden. Nach der Eröffnung des neuen Hauses gelangten dann wieder große Werke wie der *Rosenkavalier,* der *Fliegende Holländer, Aida, Othello, Salome* und viele andere Repertoire-Opern auf den

Oben: *Die »Theaterburg« in Ulm, 1966–1969 von Fritz Schäfer errichtet, mit einem Fassungsvermögen von 815 Besuchern.*
Unten: *Ankündigung der* Salome *von Richard Strauss für die Spielzeit 1976/77.*

Spielplan. An prominenten Persönlichkeiten, die vom Ulmer Theater geprägt wurden und dem Spielbetrieb selbst ihre Eigenart verliehen haben, sind vor allem die Regisseure Peter Palitzsch, Peter Zadek, Gian-Carlo del Monaco sowie der Bühnenbildner Jürgen Rose zu nennen. Die Zielrichtung des Musiktheaters in Verbindung mit der Tätigkeit des Orchesters ist auf zeitgenössische Werke eingestellt; in diesem Zusammenhang ist das im Herbst 1981 uraufgeführte Auftragswerk *Das Ende des Kreises* von Bruno Liberda und Michael Beretti zu erwähnen.

Staatsoper Wien
Opernring 2
A-1010 Wien

Staatsoper Wien

Allgemeine Informationen: Die Staatsoper spielt seit Saisonbeginn 1982/83 (Direktion Lorin Maazel) in einem Blocksystem, das pro Spielzeit mindestens 35 Opern und zehn Ballettabende bringt. Die Saison läuft vom 1. September bis zum 30. Juni, wobei mit Ausnahme einiger Feiertage und spielfreier Tage (Vorbereitung des Opernballs) allabendlich Vorstellungen stattfinden. Im Blocksystem werden bestimmte Aufführungen im Abstand von wenigen Tagen mit möglichst gleicher Hauptrollenbesetzung wiederholt. Der Spielplan umfaßt Werke der klassischen und romantischen Oper des deutschsprachigen Raums und Italiens aus dem 18. und 19. Jh., daneben Werke einiger Repräsentanten der »klassischen« Moderne (vor allem Richard Strauss und Alban Berg) sowie klassisches und modernes Bal-

Das Kärtnertortheater, bis zur Eröffnung des neuen Hofoperntheaters von 1763–1869 eine der Opernbühnen Wiens.

lett. Das Theater bietet Platz für rund 2200 Personen (ca. 1650 Sitz- und 550 Stehplätze).

Das Ballett besteht aus fünf Solisten und 27 Corpstänzern (teils mit Soloverpflichtung) sowie aus acht Solistinnen und 41 Corpstänzerinnen (teils mit Soloverpflichtung). Der Chor setzt sich aus je 52 Damen und Herren zusammen; daneben besteht ein Zusatzchor. Das ständige Orchester stellen die Wiener Philharmoniker (148 Musiker), die in dieser Funktion die Bezeichnung »Orchester der Staatsoper« führen.

Das Theater: Im Juli 1860 beschloß Kaiser Franz Joseph I. im Zuge seiner großen Stadterweiterung die Errichtung eines neuen k.k. Hofoperntheaters. Bis dahin hatte das Wiener Operntheater auf den Bühnen des 1763 wiedereröffneten Kärntnertortheaters, des Theaters bei der Hofburg von 1741 (Glucks Stammtheater) und des Hofburgtheaters stattgefunden.

Am 28.10.1861 wurden die Baupläne der kaiserlichen Akademieprofessoren August Siccard von Siccardsburg und Eduard van der Nüll angenommen; der erste Spatenstich erfolgte schon im Dezember desselben Jahres, die Grundsteinlegung feierte man am 20.5.1863. Die Wiener konnten sich indessen mit dem schon im Oktober 1865 äußerlich fertiggestellten, angeblich stillosen Bauwerk nicht anfreunden – eine Feindseligkeit, die den Architekten van der Nüll so betroffen machte, daß er im April 1868 Selbstmord beging. Zwei Monate später starb auch Siccardsburg, der den Tod seines Freundes nicht verwinden konnte. Das neue Haus wurde schließlich am 25.5.1869 mit einem von der Hofschauspielerin Charlotte Wolter vorgetragenen Prolog des Direktors Franz von Dingelstedt und mit einer Aufführung von Mozarts *Don Giovanni* festlich eröffnet. Mit der Auflösung der Monarchie im November 1918 wurde aus der k.k. Hofoper die Staatsoper. Im März 1945 trafen amerikanische Bomben das Gebäude, und es brannte völlig aus. Bis zur feierlichen Wiedereröffnung der Staatsoper am 5.11.1955 mit Beethovens *Fidelio* unter Karl Böhm in einer (umstrittenen) Inszenierung von Heinz Tietjen diente das Theater an der Wien der Oper als Ausweichquartier. Für das heute existierende, wiedererrichtete Gebäude zeichnen die Architekten Otto Prossinger und Erich Boltenstern verantwortlich.

Das in Rot-Elfenbein-Gold gehaltene Auditorium besitzt drei Logenränge (Parterre, I. und II. Rang) und darüber zwei weitere offene Ränge, Balkon und Galerie.

Die Staatsoper heute, wie sie unter Verwendung alter Pläne bis 1955 wiederaufgebaut wurde.

Die wichtigsten Pausenräume befinden sich in Höhe des ersten Logenrangs; rechts der Gobelinsaal mit Motiven aus Mozarts *Zauberflöte,* links ein moderner Marmorsaal mit Buffet. Das alte Foyer mit Fresken von Moritz von Schwind und große Teile des prächtigen Treppenhauses blieben von den Kriegszerstörungen weitgehend verschont.

Als bespielbare Bühnenfläche stehen mehr als 1500 qm zur Verfügung, der Abstand zwischen Unterbühne und Schnürboden beträgt 45 m. Das Bühnenportal ist 13 m breit und 12 m hoch, der Bühnenraum 27,50 m breit und 22,50 m tief. Der vergleichsweise hoch angelegte Orchesterraum kann bis auf Bühnenniveau angehoben werden. Nach Entfernung der Sitzreihen können auch Parkett und Parterre in gleicher Höhe abgedeckt werden. So entsteht eine riesige Tanzfläche, die sich fast bis zur Theaterrückfront erstreckt und beim jährlichen festlichen Opernball genutzt wird.

Die Intendanten:

Franz von Dingelstedt	(1869/1870)
Johann Herbeck	(1870–1875)
Franz Jauner	(1875–1880)
Wilhelm Jahn	(1881–1897)
Gustav Mahler	(1897–1907)

Blick vom Eingangsvestibül auf die »Große Treppe«, glanzvoller Rahmen für festliche Defilees, den moderne Opernhäuser nur noch selten bieten.

Felix von Weingartner	(1908–1911)
	(1934–1936)
Hans Gregor	(1911–1918)
Richard Strauss/Franz Schalk	(1919–1924)
Franz Schalk	(1924–1929)
Clemens Krauss	(1929–1934)
Erwin Kerber	(1936–1940)
Karl Heinrich Strohm	(1940/1941)
Ernst August Schneider	(1941–1943)
Karl Böhm	(1943–1945)
	(1954–1956)
Franz Salmhofer	(1945–1955, Theater an der Wien)
Hermann Juch	(1946–1955, Volksoper)
Herbert von Karajan	(1956–1964)
Egon Hilbert	(1964–1968)
Heinrich Reif-Gintl	(1968–1972)
Rudolf Gamsjäger	(1972–1976)
Egon Seefehlner	(1976–1982)
Lorin Maazel	(ab 1982)

Ereignisse und Gestalten: Der begeisterte Wagnerianer Franz Jauner (Int. 1875–1880) setzte das Werk Richard Wagners an der Wiener Oper endgültig durch (erste Aufführung des *Rings* 1877/79), wobei Hans Richter (1843–1916), dem »authentischen«

Franz von Dingelstedt, erster Intendant 1869/70, wegen seiner Arroganz »von Dünkel stets« genannt. Er war vorher Theaterdirektor in München und Weimar gewesen, wurde aber in Wien nie populär.

Gustav Mahler begann seine Laufbahn als Kapellmeister an kleinen Provinzbühnen. Im Mai 1897 debütierte er mit einem triumphalen Lohengrin *an der Wiener Oper und wurde im Oktober zum Direktor des Hauses ernannt. Sein zehnjähriges Wirken, wobei er als einer der ersten moderne Opernpraxis durchsetzte, gilt als ein absoluter Höhepunkt in der Geschichte des Hauses.*

Wagner-Dirigenten der damaligen Zeit (Bayreuther Festspiele seit 1876), ein Hauptverdienst zukam. Während Jauners Intendanz dirigierten auch die Komponisten Giuseppe Verdi (1875, *Requiem* und *Aida*) und Wagner (1876, *Lohengrin*) in Wien.

Wilhelm Jahn (Int. 1881–1897) förderte vor allem die italienische und französische Oper; einen weiteren Schwerpunkt bildete wiederum Wagner (Wiener Erstaufführung von *Tristan und Isolde* 1883 unter Hans Richter), dessen Werke mit Ausnahme des *Parsifal* (Wiener Erstaufführung 1914) 1893 als Zyklus komplett aufgeführt wurden.

Die zehn Jahre dauernde Ära des Intendanten Gustav Mahler (1897–1907), die der Komponist und Dirigent, von Hamburg kommend (wo er seit 1891 als Erster Kapellmeister am Stadttheater tätig war) als Siebenunddreißigjähriger antrat, gilt bis heute als die faszinierendste und geistig spannungsreichste Phase der Wiener Staatsoper überhaupt. Mahlers inhaltsbezogener ästhetischer Rigorismus, sein Streben nach absoluter Werktreue und seine für den damaligen Geschmack revolutionären Auffassungen von der Oper als einer eigenständigen musikalisch-dramatischen Kunstgattung führten nicht nur zum Aufbau eines brillanten Sängerensembles (Leopold Demuth, Marie Gutheil-Schoder,

Gegenüberliegende Seite:

Oben: *Die Sopranistin Maria Jeritza, hier als Elisabeth in* Tannhäuser, *eine der umschwärmtesten Primadonnen zu Beginn des Jahrhunderts.*

Mitte: *Bruno Walter wurde 1901 von Gustav Mahler als Dirigent an die Wiener Oper verpflichtet.*

Unten: *Der Bühnenbildner Alfred Roller schuf zusammen mit Mahler einen neuen Stil der Operninszenierung.*

Selma Kurz, Richard Mayr, Anna Mildenburg, Erik Schmedes, Leo Slezak, Lucie Weidt u. a.), sondern auch zur ersten eigentlich »modernen« Opernregie (Wagners *Tristan,* 1903), wobei Mahlers Zusammenarbeit mit dem farbdramaturgisch genialen Bühnenbildner Alfred Roller (1864–1935) größte Bedeutung zukam. Auch heutige Selbstverständlichkeiten wie die völlige Verdunkelung des Zuschauerraums und die Position des Dirigenten vor dem Orchester, wobei er dem Publikum den Rükken zuwendet, sind auf Mahlers Initiative zurückzuführen. 1901 engagierte er Bruno Walter, mit dem er schon in Hamburg freundschaftlich zusammengearbeitet hatte, als Operndirigenten.

Neben Wagner und Mozart wurden unter Mahlers Direktion vor allem die großen Slawen (Tschaikowsky, Smetana) gespielt, daneben pflegte er bewußt auch das Opernschaffen seiner Zeitgenossen (u. a. Ruggiero Leoncavallo, Hans Pfitzner, Richard Strauss). Mahlers Präzisionsfanatismus und seine künstlerische Unerbittlichkeit führten in den letzten Jahren seiner Direktion zu erheblichen Kontroversen und zunehmenden Intrigen, so daß er 1907 zurücktrat.

Felix von Weingartner (1908–1911 und 1934 – 1936) machte sich in seiner ersten Amtsperiode vor allem um das Werk von Richard Strauss verdient (1909 Wiener Erstaufführung von *Elektra*), wenngleich er dessen Musik persönlich nicht sehr schätzte.

Während der Intendanz von Hans Gregor (1911 –1918) fanden die Wiener Erstaufführungen des *Rosenkavalier* (1911) von Richard Strauss und des nun freigegebenen *Parsifal* (1914) von Wagner statt. Strauss, der Gregors Nachfolger wurde, hatte sich seit dieser Zeit in Wien endgültig durchgesetzt.

Die Doppeldirektion Richard Strauss/Franz Schalk (1919–1924) brachte Strauss als Komponist (*Die Frau ohne Schatten* wurde 1919 als einzige Strauss-Oper in Wien uraufgeführt) ebenso zur Geltung wie als brillanten Dirigenten.

Nach dem Bruch mit Schalk demissionierte Strauss 1924; er hatte seinen Verbleib von der Entlassung Schalks abhängig gemacht, war damit aber nicht durchgedrungen.

Die bemerkenswerteste künstlerische Entwicklung unter Franz Schalk als alleinigem Direktor (1924–1929) war die Beteiligung Wiens an der Renaissance der Werke aus Verdis mittlerer Schaffensperiode mit den neu »nachgedichteten« Libretti von Franz Werfel (1890–1945): *Die Macht des Schicksals* (Erstauff. Dresden und Wien 1926); *Simone Boccanegra* (Erstauff. Wien 1929). Der Rück-

Obere Reihe, v.l.n.r.:
Leopold Demuth als Don Giovanni
Marie Gutheil-Schoder als Esmeralda
Selma Kurz als Mignon.

Untere Reihe, v.l.n.r.:
Anna Mildenburg als Klytämnestra
Erik Schmedes als Evangelimann
Lucie Weidt als Elisabeth.

Rechts: *Gustav Mahlers unnachahmliche Art zu dirigieren hat Otto Böhler in seinen Schattenrissen festgehalten.*

tritt Schalks war auf Differenzen mit der Generalintendanz der österreichischen Staatstheater zurückzuführen.

Während der folgenden fünf Jahre (1929–1934) wurde die Oper wieder von einem großen Dirigenten betreut: Clemens Krauss, der den bereits in Wien tätigen Lothar Wallerstein als Oberspielleiter übernahm. Krauss band ein auf ihn eingeschworenes Ensemble mit langfristigen Verträgen an die Oper und dirigierte einen Großteil des Repertoires selbst; er brachte Wagners *Meistersinger* neu heraus und führte die unter Schalk begonnene Inszenierung des *Ring des Nibelungen* zu Ende. Neben hochrangigen Aufführungen des klassischen und romantischen Repertoires und der Fortführung der Verdi-Renaissance (*Don Carlos,* 1932, in Werfels neuer Nachdichtung) ist Krauss auch die Wiener Erstaufführung von Alban Bergs *Wozzeck* (März 1930) zu danken, eines der wichtigsten Werke der Wiener Schule. 1934 erfolgte Krauss' politisch umstrittener Weggang nach Berlin, wohin ihm ein großer Teil des Ensembles folgte.

Für die beiden folgenden Jahre (1935/36) übernahm wieder Felix von Weingartner die Direktion, der dann von dem Salzburger Erwin Kerber (bis 1940) abgelöst wurde.

Die Ära dieser beiden Direktoren zeichnet sich durch das Auftreten vieler berühmter Dirigenten wie Hans Knappertsbusch, Victor de Sabata und Arturo Toscanini aus. Berühmte Künstler dieser Epoche wurden die Schwestern Hilde und Anny Konetzni und der dänische Tenor Helge Rosvaenge: sie alle blieben dem Haus bis lange nach Ende des Krieges treu.

1940 wurde die Oper von dem vormaligen Hamburger Intendanten Karl Heinrich Strohm übernommen, den die Machthaber des Dritten Reiches protegiert hatten. Er versagte völlig und mußte 1941 in eine psychiatrische Anstalt eingewiesen werden, worauf Ernst August Schneider die provisorische Leitung übernahm, bis schließlich 1943 Karl Böhm erstmals zum Direktor bestellt wurde und diese Position bis Kriegsende (1945) innehatte. Richard Strauss und Wagner erlebten in diesen schweren Jahren großartige Aufführungen, bis die Oper nach einer Vorstellung der *Götterdämmerung* am 30.6.1944 wegen des totalen Krieges geschlossen werden mußte.

Nach Kriegsende wurde der Opernbetrieb teils im historischen Theater an der Wien unter der Leitung von Franz Salmhofer (1945–1955), teils in der Volksoper unter Hermann Juch (1946–1955) wieder aufgenommen.

Hans Knappertsbusch, der sich an der Wiener Oper insbesondere als Wagner-Dirigent hervortat. Er war dem Haus von Mitte der dreißiger Jahre bis nach der Wiedereröffnung 1955 verbunden.

Sena Jurinac (oben links, *als Octavian im* Rosenkavalier) *und Irmgard Seefried* (unten, *als Komponist in* Ariadne auf Naxos), *zwei führende Sängerinnen der Nachkriegszeit. – Karl Böhm* (oben rechts), *der die Wiener Oper zweimal leitete, 1943–1945 und in der Zeit der Wiedereröffnung 1954–1956.*

In diesen Jahren bildete sich das berühmte Mozart- und Richard-Strauss-Ensemble: Lisa della Casa, Anton Dermota, Sena Jurinac, Erich Kunz, Paul Schöffler, Irmgard Seefried, Ludwig Weber u.a. Einer der profiliertesten Dirigenten jener Zeit war Josef Krips, der 1950 Wien verließ und erst von Karajan zurückgeholt wurde.

Schon 1954 war Karl Böhm erneut zum Direktor des wiedererbauten Hauses am Ring bestellt worden; ihm fiel die Organisation der Eröffnungsfeierlichkeiten zu, wobei damals niemand ahnte, daß auch seine zweite Ära schon nach kurzer Zeit (1956) enden sollte.

Nach der Eröffnung (*Fidelio,* 5.11.1955) folgten innerhalb weniger Tage *Don Giovanni* und *Die Frau ohne Schatten* (beide unter Karl Böhm), *Aida* (unter Rafael Kubelik), *Die Meistersinger* (unter Fritz Reiner), *Der Rosenkavalier* (unter Hans Knappertsbusch), *Wozzeck* (wieder unter Böhm) sowie ein Ballettabend. Bruno Walter dirigierte Bruckners *Tedeum* und Beethovens *Neunte,* Karl Böhm das Mozartsche *Requiem.* Als dann Karl Böhm nach längerer – von der Presse unwillig kommentierter – Abwesenheit aus den USA heimkehrte und öffentlich erklärte, er denke nicht daran, der Wiener Oper seine Karriere zu opfern, gab es bei seinem

Wiederauftreten mehrere Skandale, die ihn zum alsbaldigen Rücktritt bewogen.

Es folgte nun die Ära Herbert von Karajan (1956–1964), die wesentliche Änderungen mit sich brachte. Innerhalb kurzer Zeit wurde die Einführung der Originalsprache bei den Aufführungen allen Widerständen zum Trotz durchgesetzt, wie sie seither allgemein üblich geworden ist. Ein Kooperationsvertrag mit der Mailänder Scala brachte zahlreiche internationale Spitzensänger nach Wien, die man bisher hier nie gehört hatte. Das übliche Repertoire- bzw. Ensembletheater wurde durch die Einführung eines stagioneähnlichen Systems aufgelockert, wobei bestimmte Werke innerhalb eines kürzeren Zeitraumes in möglichst gleichbleibender Besetzung wiederholt wurden.

Künstlerisch liegt die Bedeutung der Ära Karajan ferner in einer Aufwertung des italienischen Repertoires durch hervorragende Besetzungen sowie in Neuinszenierungen von *Tristan, Parsifal, Tannhäuser,* des *Rings* und der *Frau ohne Schatten* (Strauss). Alle diese Werke dirigierte und inszenierte Karajan selbst. Die größte sängerische Entdeckung dieser Zeit war Mirella Freni, deren Name seither mit der Rolle von Puccinis »Mimi« (in *La Bohème*) eng verbunden bleibt. Die gemäßigte Mo-

Der Rosenkavalier *von Richard Strauss, 1968 von Otto Schenk an der Wiener Staatsoper inszeniert. Das Bühnenbild schuf Rudolf Heinrich, die Leitung hatte Leonard Bernstein. Mit Gwyneth Jones, Walter Berry, Erich Kunz, Reri Grist und Emmy Loose.*

Am 1. Juni 1937 dirigierte Herbert von Karajan zum ersten Mal an der Wiener Oper: Tristan und Isolde. *Seine Ära als Direktor des Hauses begann fast zwanzig Jahre später und endete 1964 mit einer eigenen Inszenierung der* Frau ohne Schatten *von Richard Strauss.*

Leonard Bernstein gab 1966 mit Falstaff *(Inszenierung: Luchino Visconti) sein Debüt an der Wiener Staatsoper und wurde sofort zum Publikumsliebling. Seither ist er immer wieder gern gesehener Gast in Wien.*

Der Dirigent Lorin Maazel, seit 1982 als Nachfolger von Egon Seefehlner Intendant der Wiener Staatsoper.

derne war durch die Komponisten Igor Strawinsky, Paul Hindemith, Francis Poulenc, Carl Orff und Ildebrando Pizzetti repräsentiert.

Da auch Karajan seine internationalen Verpflichtungen nicht aufgeben wollte und deshalb vielfach angefeindet wurde, kam es zur Bestellung organisatorischer Mitdirektoren, zunächst des Stuttgarters Walter Erich Schäfer, später des ehemaligen Leiters der Bundestheaterverwaltung Egon Hilbert, mit dem Karajan zu keiner Übereinstimmung gelangte und der selbst nach der alleinigen Herrschaft im Opernhaus strebte. Dazu kamen Zerwürfnisse mit der Gewerkschaft, Streiks des technischen Personals und schließlich als deren Folge die legendär gewordene Absage der *Bohème*-Premiere im Spätherbst 1963 vor versammeltem Publikum. Nach längeren Auseinandersetzungen verließ Karajan die Oper im Juni 1964; er sollte erst 1977 (als Dirigent) dorthin zurückkehren.

An der Spitze blieb Karajans Mitdirektor Egon Hilbert (1964–1968), unter dessen Ära Wieland Wagner *Lohengrin, Salome* und *Elektra* inszenierte. Einen Skandal gab es nach Wieland Wagners Tod (1966), als dessen Witwe den *Fliegenden Holländer* neu inszenierte; hingegen feierte Leonard Bernstein als Dirigent des *Falstaff* unter Luchino Viscontis Regie (ebenfalls 1966) einen großen Erfolg.

Im Januar 1968 starb Egon Hilbert noch während seiner Amtszeit; seine Nachfolger waren Heinrich Reif-Gintl, der 1969 die Organisation der Hundert-Jahr-Feier des Hauses klaglos über die Bühne brachte, sowie ab 1972 der ehemalige Generalsekretär der Gesellschaft der Musikfreunde Rudolf Gamsjäger, der nur mit zwei Premieren erfolgreich war (*Don Giovanni* unter Franco Zeffirelli

Cosi fan tutte, *erster Akt. Szenenbild einer Inszenierung Otto Schenks 1975 in Bühnenbildern von Jürgen Rose. Die Leitung hatte Karl Böhm. Mit Gundula Janowitz, Brigitte Faßbaender, Renate Holm, Eberhard Wächter, Peter Schreier und Bernd Weikl.*

und *Salome* unter Boleslaw Barlog), im übrigen aber dem für ihn ungewohnten Opernbetrieb nicht gewachsen schien.

1976 wurde der Opernfachmann Egon Seefehlner, der schon in Berlin als Leiter der Deutschen Oper tätig gewesen war, zum neuen Direktor bestellt. Seine Direktionszeit zeichnete sich durch einen ausgewogenen Spielplan und die Gründung eines Opernstudios für den Nachwuchs aus; auch gelang ihm, was seinen Vorgängern versagt geblieben war: Bernstein und Karajan dirigierten an der Staatsoper. Seefehlners Nachfolger ab 1982 ist der Dirigent Lorin Maazel. Er begann seine künstlerische Tätigkeit am 16. 10. 1982 mit *Tannhäuser* (Regie Otto Schenk), dirigierte am 22. 1. 1983 eine Neuinszenierung der Ballette *Daphnis und Chloë* und *Der Feuervogel* (John Neumeier), übernahm am 2. 2. 1983 die Leitung des *Falstaff* und war am 12. 6. 1983 mit *Turandot* (Regie Harold Prince) erfolgreich. Die Spielzeit 1983/84 bringt u. a. eine Neuinszenierung von Alban Bergs *Lulu* und einen Ballettabend mit Werken dieses Komponisten.

Volksoper Wien

Volksoper
Währinger Straße 78
A-1090 Wien

Allgemeine Informationen: Wiens zweites Opernhaus weist einen von Anklängen des Blocksystems beeinflußten Repertoirespielplan auf, der von der klassischen Operette, der Spieloper wie auch von zeitgenössischen, vor allem österreichischen Werken und von Musicalproduktionen beherrscht wird. Daneben gibt es Abende für das ansonsten bei Operette und Musical stark eingesetzte hauseigene Ballett. Die Saison dauert von Anfang September bis Ende Juni.

Der Zuschauerraum bietet 1472 Sitz- und 114 Stehplätze. Das Orchester setzt sich aus 94 Musikern, der Chor aus je 35 Damen und Herren zusammen. Dem Ballett gehören je drei Solotänzerinnen und -tänzer sowie eine 19köpfige Damen- und eine 15köpfige Herrengruppe an.

Das Theater: Das zunächst als »Kaiserjubiläums-Stadttheater« bezeichnete Haus wurde nach nur zehnmonatiger Bauzeit am 14.12.1898 mit dem Festspiel *An der Währinger Linie* von Franz Wolff und mit Kleists Drama *Die Hermannsschlacht* eröffnet. Die Architekten waren Franz Freiherr von Krauss und Alexander Graf. 1938 und 1941 wurde eine umfassende Renovierung vorgenommen, wobei die Akustik durch Anhebung des Orchesterraumes verbessert wurde. 1953 wurde ein Stehparterre eingerichtet, 1963 erhielt die Volksoper neben verschiedenen Betriebszubauten vor allem eine moderne Drehbühne und Beleuchtungsanlage. Das Auditorium weist an beiden Seiten je vier Logenrei-

Die Wiener Volksoper heute, 1898 im Stil der Jahrhundertwende erbaut.

hen sowie zwei halbkreisförmige offene Ränge auf. Der Bühnenraum ist 21 m breit und 16 m tief. Das Bühnenhaus ist 23 m hoch. Die Breite des Bühnenportals beträgt 11,20 m, seine Höhe 8,10 m. Der Orchesterraum ist 15 m breit, 6 m tief und faßt 70 Musiker.

Die Intendanten:

Adam Müller-Guttenbrunn	(1898–1903)
Rainer Simons	(1903–1917)
Raoul Mader	(1917–1919)
Felix von Weingartner	(1919–1924)
August Markowsky/Fritz Stiedry	(1924)
Hugo Gruder-Guntram	(1925)
Hermann Frischler	(1925–1928)
Jakob Feldhammer/Otto L. Preminger	(1929–1931)
Leo Kraus	(1931–1933)
Karl Lustig-Prean/Jean Ernest	(1934/1935)
Jean Ernest/Alexander Kowalewsky	(1935–1938)
Anton Baumann	(1938–1941)
Oskar Jölli	(1941–1944)
Alfred Jerger	(1945/1946)
Hermann Juch	(1946–1955)
Franz Salmhofer	(1955–1963)
Albert Moser	(1963–1973)
Karl Dönch	(seit 1973)

Ereignisse und Gestalten: Anläßlich des 50jährigen Regierungsjubiläums von Kaiser Franz Joseph machte es sich der 1897 gegründete Kaiserjubiläums-Stadttheaterverein zur Aufgabe, im Bereich des ehemaligen Linienwalls, dem heutigen Währinger Gürtel, ein dem deutschen Sprechstück gewidmetes Theater zu gründen. Doch der erste Direktor, Adam Müller-Guttenbrunn, der schon zuvor mit

Oben: *Der Komponist und Dirigent Felix von Weingartner, ehemaliger Direktor der Wiener Hofoper, war von 1919–1924 Intendant der Volksoper.*

Mitte: *Hermann Juch, 1946–1955 Intendant des Hauses.*

Rechts: *Der Zuschauerraum heute, nach dem Umbau 1973, mit 586 Plätzen.*

der Leitung des Raimund-Theaters Schiffbruch erlitten hatte, verstand es auch hier nicht, ein zugkräftiges Ensemble und einen interessanten Spielplan auf die Beine zu stellen. Er verlor rasch sein Publikum und trat 1903 unter Hinterlassung eines beträchtlichen Defizits zurück. Seinem Nachfolger, dem Rheinländer Rainer Simons, einem versierten Theatermann, gelang es, das heruntergekommene Haus zu sanieren, indem er sich mit dem um 1900 gegründeten »Volksopernverein«, der zunächst ein eigenes Theater hatte bauen wollen, arrangierte. Auf diese Weise fanden erstmals Opern Eingang ins Programm, und das Theater erhielt zusätzlich seinen heutigen Namen, »Volksoper«.

Schon bevor diese Bezeichnung offiziell auftauchte, hatte Simons den Schritt in Richtung Volksoper getan und zwar am 19.9.1903 mit Webers *Preciosa.* Die erste als solche bezeichnete Opernaufführung galt dann ein Jahr später, am 15.9.1904, Webers *Freischütz.* In dieser ersten Blütezeit des Theaters, in der Rainer Simons selbst Regie führte und Alexander Zemlinsky als Dirigent verpflichtet war, wurden die Opern *Martha, Undine, Zar und Zimmermann, Fra Diavolo, Die Regimentstochter, Der Barbier von Sevilla, Margarethe, Carmen, La Traviata, Der Troubadour, Rigoletto, Ein Maskenball* und *Figaros Hochzeit* gespielt. 1906 wurde als erste Wagner-Oper *Tannhäuser* aufgeführt; 1907 entdeckte Rainer Simons die junge Maria Jeritza als Elsa in *Lohengrin.*

Viele berühmte Hofopernsänger wie Emil Schipper (1882–1957) und Josef von Manowarda (1890–1942) begannen an der Volksoper ihre Karriere, aber auch arrivierte Stars wie Leo Slezak (1873–1946), Mattia Battistini (1856–1928) und Anna Bahr-Mildenburg (1872–1947) traten als Gäste auf. Werke, die an der Hofoper nicht aufgeführt werden durften, wie der *Kuhreigen* und *Salome,* kamen hier auf die Bühne. 1907 war die Volksoper Schauplatz der Wiener Erstaufführung von Puccinis *Tosca.* Durch Vergrößerung von Chor und Orchester konnten auch die großen Werke von Richard Strauss und Wagner bewältigt werden, darunter der *Ring des Nibelungen* und *Parsifal* sowie die *Meistersinger von Nürnberg.*

1917 wurde Rainer Simons, dessen autoritärer Führungsstil bei Ensemble und Theaterverein angeeckt war, gekündigt. Sein Nachfolger Raoul Mader versuchte zunächst erfolgreich, das Konzept seines Vorgängers fortzusetzen, scheiterte aber nicht zuletzt an der ungünstigen wirtschaftlichen Lage der Kriegs- und Nachkriegsjahre. Ihm folgte der frühere Hofoperndirektor Felix von Weingartner, der

Oben: *Carl Maria von Webers* Der Freischütz *war 1904 die erste Opernaufführung an der späteren »Volksoper«.*

Unten: *Der berühmte Sänger Leo Slezak, hier als Tannhäuser, war zu Beginn des Jahrhunderts mehrfach zu Gast.*

das musikalische Niveau wieder zu heben und mit Stars wie Albin Rittersheim, Viorica Ursuleac und den Gästen Vera Schwarz, Michele Fleta und Richard Tauber das Publikum wieder ins Haus zu ziehen vermochte. Da Weingartner oft auf Gastspielreisen ging, wurden ihm vom Volksopernverein mehrfach Mitdirektoren zur Seite gestellt, mit denen es manchen Streit gab. Als im Zuge der Inflation die wirtschaftliche Lage erneut untragbar wurde, trat Weingartner 1924 zurück. Es folgten schwere Jahre. Weingartners Vizedirektor August Markowsky, der das Haus gemeinsam mit dem namhaften Dirigenten Fritz Stiedry führte, erzielte wohl künstlerische Erfolge (*Tristan und Isolde, Walküre; Cavalleria rusticana* und *Kuhreigen* unter der Leitung von Mascagni bzw. Kienzl; *Gräfin Mariza* mit Hans Moser), mußte jedoch im Dezember 1924 Vergleich anmelden.

Bis August 1925 blieb das Theater geschlossen, und auch Hugo Gruder-Guntram, Weingartners Mitdirektor, der versuchte, den Spielbetrieb mit neuen Sängern und neuen Geldquellen zu retten, ging bereits nach wenigen Wochen in Konkurs. Ebensowenig gelang es Hermann Frischler, der unter schwierigsten Bedingungen Gluck und Wagner spielte und prominente Namen wie Anny Konetzni, Ludwig Weber, Trajan Grosavescu und Emanuel List im Ensemble hatte, das Steuer herumzureißen. Aus finanziellen Gründen verlegte er bald das Schwergewicht auf billige Operetten und Singspiele, mußte aber dennoch im Juli 1928 aufgeben. 1929 wurde das Theater unter der Bezeichnung »Neues Wiener Schauspielhaus« wieder eröffnet, doch der Versuch, aus der Volksoper wie früher eine Sprechbühne zu machen, mißlang; 1931 zog der Dirigent Leo Kraus das Theater wieder als Opernhaus auf, brachte Ernstes und Leichtes, konnte große Künstler gewinnen, sogar Max Reinhardt als Regisseur verpflichten (1932), doch 1933 war er wegen Überschuldung am Ende. Auch die verschiedenen Versuche der folgenden Jahre, die Volksoper neu zu beleben, schlugen fehl.

Nach der Machtübernahme Hitlers in Österreich wurde die wirtschaftliche Verantwortung für die Volksoper der Stadt Wien übertragen, was zunächst eine umfassende Renovierung und den Einbau einer für Hitler gedachten, von ihm aber nie benützten Mittelloge zur Folge hatte. Der neue Leiter Anton Baumann, selbst Sänger, stellte ein gediegenes Repertoire zusammen, verpflichtete eine eigene Ballett-Truppe und machte das Theater wieder zum Sprungbrett für große Sänger. Sein Nachfolger Oskar Jölli engagierte begabte Künstler aus Südosteuropa und entdeckte auf diese Weise Ljuba Welitsch. Lovro von Matacic debütierte in Wien, und 1943 stand – quasi als Konkurrenzprogramm zur Staatsoper – ein Verdi-Zyklus auf dem Spielplan. 1944 mußte das Theater – wie alle Bühnen im deutschen Raum – wegen des totalen Krieges schließen, wurde vorübergehend als Kino verwendet, um eine Benutzung für Militärzwecke zu vermeiden, und blieb von Kriegsschäden weitgehend verschont, so daß es schon 1945 als Ausweichquartier für die zerstörte Staatsoper dienen konnte. Mit Mozarts *Figaros Hochzeit* (mit Irmgard Seefried, Hilde Konetzni und Sena Jurinac) fand am 1. Mai die Wiedereröffnung statt, und ab Juni wurde täglich gespielt. Die neuen Stars dieser Zeit waren Elisabeth Schwarzkopf und Wilma Lipp. 1946 übernahm Hermann Juch die Leitung der »Staatsoper in der Volksoper«, die hiermit in den Verband der Bundestheater aufgenommen wurde, mit der (auch im Theater an der Wien spielenden) Staatsoper Ballett und Sänger teilte, aber ein eigenes Orchester und den gesonderten Chor behielt. Unter der Ära Hermann Juchs gelangen glanzvolle Aufführungen klassischer Operetten unter Einbeziehung stimmbegabter Burgschauspieler wie Fred Liewehr. Kurz vor ihrem Tod sang Maria Cebotari (1910–1949) in einer Neuinszenierung des *Bettelstudent* unter Adolf Rott, die zum Dauererfolg wurde und bis heute auf dem Spielplan steht. Aus dem Opernprogramm sind *Notre-Dame, Die Liebe zu den drei Orangen,* ein Carl-Orff-Abend und das *Porgy and Bess*-Gastspiel eines amerikanischen Negerensembles mit Leontyne Price (1952) besonders hervorzuheben.

Nach Juchs Weggang an die Deutsche Oper am Rhein (1955) übernahm der Komponist Franz Salmhofer die Leitung der nach der Wiedereröffnung der Staatsoper nunmehr ganz selbständigen Volksoper, die jetzt ein eigenes Ballett (Dia Luca) erhielt. Marcel Prawy wurde als Dramaturg und Produktionsleiter eingestellt und hatte mit dem ersten hier gespielten Musical *Kiss me Kate* (1956) großen Erfolg. Jarmila Novotna und Per Grundèn sangen in *Madame Pompadour*; der letztgenannte war in einer Hubert-Marischka-Produktion von Lehars *Land des Lächelns* als Sou-Chong eine besondere Publikumsattraktion. 1956 gastierten Mario del Monaco als Don José, Virginia Zeani als Violetta und Carlo Tagliabue als Rigoletto, ferner Roland Petit mit dem Ballett de Paris und der Pantomime Marcel Marceau. 1963 wurde Verdis Jugendwerk *Die Räuber* mit Jean Cox und Marcel Cordes erfolgreich inszeniert; 1967 erfolgte die Uraufführung von Robert Stolz' *Frühjahrsparade*. Rudolf

Maria Cebotari sang 1949 in Karl Millöckers Der Bettelstudent *an der Volksoper eine ihrer letzten Rollen.*

Leoš Janáčeks Oper Aus einem Totenhaus *nach Dostojewskijs Aufzeichnungen aus einem sibirischen Strafgefangenenlager, 1981 in einer Inszenierung von Wolfgang Weber.*

Schock und Walter Slezak traten im *Zigeunerbaron* auf, der Spielplan reichte von *Westside-Story* bis *Feuersnot*. Erika Köth war als *Lucia* zu sehen, Reri Grist als Marie in der *Regimentstochter*. Marcel Prawy gelang es, *Porgy and Bess* mit einem ad hoc zusammengestellten Negerensemble fest im Spielplan zu halten, und Otto Schenk inszenierte Ravels *Spanische Stunde*. Erstmals wurden Auslandsgastspiele (Brünn und Zürich) durchgeführt.

1973 übernahm der Charakterbariton Karl Dönch die Leitung des Hauses, vollendete die Renovierung, feierte in verschiedenen Opern- und Operettenrollen persönliche Erfolge, brachte mit *My Fair Lady* (1979) einen echten Publikumsschlager und mit Janáčeks *Aus einem Totenhaus* (1981) eine dichte Inszenierung (Wolfgang Weber) dieses in jüngster Zeit allseits wieder entdeckten Werkes, und hat die Tradition des Hauses, Populäres mit Interessantem zu vereinen, in den Jahren seiner Intendanz erfolgreich fortgeführt.

Wiener Kammeroper

Kammeroper
Fleischmarkt 24
A-1010 Wien

Allgemeine Informationen: Die Kammeroper bringt im Stagionesystem in der Zeit von Anfang November bis Ende Juni an rund 150 Spieltagen vorwiegend Werke der weniger bekannten Opera buffa, Alt-Wiener Singspiele, vergessene Werke des 18., 19. und 20. Jh.s sowie klassische Operetten. Eine Sommerspielzeit (Juli, August) findet regelmäßig in dem 322 Sitzplätze und 19 Stehplätze umfassenden Schönbrunner Schloßtheater statt. Das Stammhaus weist 306 Sitzplätze auf. Die rund 45 Musiker des Orchesters sind Mitglieder des Orchesters des Österreichischen Rundfunks.

Das Theater: Während der Hauptspielzeit finden die Vorstellungen in einem um die Jahrhundertwende errichteten Jugendstilbau statt, der als Rangtheater konzipiert ist. Hier richtete sich 1961 die 1953 gegründete Kammeroper ein und nahm den Spielbetrieb mit Monteverdis *Arianna,* Orlandinis *Der Spieler* und Martinus *Die Heirat* auf. Das Bühnenportal ist 5,78 m breit; die Bühnenfläche beträgt 36 m^2. Der Orchesterraum ist 10 m breit.

Das prächtige Schönbrunner Schloßtheater während einer Vorstellung. Im Juli und August ist die Wiener Kammeroper dort zu Gast.

Eine Aufführung von Christoph Willibald Glucks Il parnasso confuso *in Schloß Schönbrunn. Unter den Mitwirkenden befanden sich auch Angehörige des Hofes, so die vier Erzherzoginnen auf der Bühne und Erzherzog Leopold als Dirigent am Klavier.*

Das Schönbrunner Schloßtheater, in dem die zweimonatige Sommerspielzeit stattfindet, wurde auf Anordnung Maria Theresias 1744–1749 durch den Architekten Ferdinand Hetzendorf von Hohenberg als barockes Rangtheater mit Logen errichtet und am 28.8.1749 eröffnet.

Die Intendanz:
Hans Gabor (seit 1953)

Ereignisse und Gestalten: Das einzige ständig bespielte musikalische Privattheater Österreichs hat es sich seit seinen Anfängen im Jahr 1953 zur Aufgabe gemacht, den musikalischen Künstlernachwuchs zu fördern und die Spielpläne der großen Bühnen durch die Aufführung weniger bekannter, meist intimerer Werke des Musiktheaters zu ergänzen. So wurden etwa auf dem Gebiet des deutschen und Alt-Wiener Singspiels Dittersdorfs *Doktor und Apotheker, Die Liebe im Narrenhaus, Betrug durch Aberglauben* und *Opera buffa,* Josef Haydns *List und Liebe,* Mendelssohn-Bartholdys *Die beiden Pädagogen,* Mozarts *Schauspieldirektor* und *Zaide* sowie Schuberts kaum gehörte *Claudine von Villabella* und *Die Zwillingsbrüder* aufgeführt. Donizettis *Rita* und *Die Nachtglocke,* Paisiellos durch Rossini

weitgehend verdrängter *Barbier von Sevilla* sowie die Komödien von Ermanno Wolf-Ferrari sind für den Spielplan ebenso typisch wie die Buffo-Opern von Cimarosa, Rossini und Mozart. Daneben sind zahlreiche der »kleinen« Bouffes von Offenbach wie *Die Verlobung bei der Laterne, Salon Pitzelberger, Fortunios Lied* und andere auf der kleinen Bühne der Kammeroper zum Leben erweckt worden, aber auch seltene Werke gängiger Komponisten wie Puccinis *Schwalbe* erschienen im Programm. Daß die Moderne ebenfalls berücksichtigt wird, zeigen die Aufführungen von Blachers Kammeroper *Die Flut,* Brittens *Turn of the Screw,* Liebermanns *Schule der Frauen,* Menottis *Telefon* und *Amelia geht zum Ball* sowie Egon Wellesz' *Scherz, List und Rache.* Etliche der älteren Werke wurden aus handschriftlichen Partituren rekonstruiert, darunter Solers *Una cosa rara,* Paisiellos *La serva padrona* und Vivaldis *Olympiade.*

Unter den Sängern, die aus dem ständigen Ensemble der Kammeroper hervorgingen, sind zu nennen Werner Hollweg, Waldemar Kmentt, Herbert Prikopa, Norman Bailey, Walter Berry, Hans Kraemmer, Janet Perry und Marjon Lambriks. Da es sich um ein Theater zur Pflege des musikalischen Nachwuchses handelt, kommt der Regie naturge-

Opera buffa, *ein Werk des Haydn-Zeitgenossen Karls Ditters von Dittersdorf. Die Pflege des Alt-Wiener Singspiels gehört seit der Gründung des Hauses 1953 zu den Schwerpunkten im Programm der Wiener Kammeroper.*

mäß besondere Bedeutung zu; hier wurden Persönlichkeiten verschiedenster Stilrichtungen, darunter der avantgardistische Hans Hollmann, der italienische Baßbuffo Renato Capecchi und der komödiantische Schauspieler Fritz Muliar damit betraut, das jugendliche Ensemble zu führen. Innerhalb des dreiköpfigen Direktoriums trägt Hans Gabor, der schon zu den Gründern gehörte, seit nunmehr 30 Jahren die Verantwortung für die künstlerische und musikalische Gestaltung.

Hessisches Staatstheater
Christian-Zeis-Straße
6200 Wiesbaden

Hessisches Staatstheater Wiesbaden

Allgemeine Informationen: Das Repertoire des Musiktheaters im Rahmen des Hessischen Staatstheaters Wiesbaden umfaßt im wesentlichen das klassische und romantische Opernschaffen des 19. Jh.s aus Deutschland, Italien und Frankreich. Daneben pflegt es die Moderne und bringt klassische Operetten und Ballette aller Epochen. Die Spielzeit beginnt und endet Mitte August (inklusive eines 44tägigen Tarifurlaubs).

Das Große Haus faßt 1041 Zuschauer. Das Orchester besteht aus 79 Musikern, das Ballett setzt sich aus vier Solotänzerinnen, fünf Solotänzern, einer zwölfköpfigen Damen- und einer neunköpfigen Herrengruppe zusammen. Dem Chor gehören je 23 Damen und Herren an.

Das Theater: Das Theatergebäude wurde 1892 bis 1894 durch die Architekten Ferdinand Fellner und

Das große Haus des Hessischen Staatstheaters, das 1894 eröffnet wurde.

Hermann Helmer in neobarockem Stil in einer Kombination von Rang- und Logentheater errichtet und am 16.10.1894 mit Beethovens Ouvertüre *Die Weihe des Hauses,* einem allegorischen Festspiel des Intendanten Georg von Hülsen und des damaligen Modedichters Joseph Lauff sowie der Ouvertüre und dem 2. Akt von Wagners *Tannhäuser* eröffnet. Am 18.3.1923 wurde es durch einen Brand beschädigt und nach Wiederherstellung am 20.12.1923 mit Wagners *Lohengrin* in Betrieb genommen. Im Februar und März 1945 teilweise zerstört wurde es nach dem Krieg von Rudolf Dörr wiederaufgebaut. Ein umstrittenes Deckengemälde stammt von Joseph K. Huber.

Am 17.9.1947 wurde das Theater mit Mozarts *Zauberflöte* neu eröffnet. Das 1902 von Emil Maul nach einem Entwurf von Felix Genzmer hinzugebaute festliche Foyer diente von 1949–1956 als Spielbank. 1950 wurde ein Kleines Haus, 1963 zusätzlich eine Studiobühne errichtet. In den Jahren 1975 bis 1978 erfolgte dann ein durchgreifender und umfangreicher Umbau des Hauses. Am 13.5.1978 konnte das gänzlich renovierte Theater dann mit Wagners *Meistersingern von Nürnberg* eingeweiht werden.

Das Bühnenportal ist 12 m breit und 8 m hoch, die Portalbrücke zwischen 1,20 m und 8,50 m fahrbar. Es bestehen fünf Bühnenpodien von je 51 m^2 Größe. Die Hauptbühne ist 25 m breit, 19,45 m tief und 23,20 m hoch, die Seitenbühne 21,30 m breit, 17,60 m tief und 7,95 m hoch. Die Hinterbühne hat eine Breite von 18,50 m, eine Tiefe von 17,45 m und eine Höhe von 8,50 m. Der größte Abstand von der Vorbühne bis zur Rückwand beträgt 43,60 m.

Das Hessische Staatstheater heute. Trotz Beschädigungen im Zweiten Weltkrieg konnte das Haus 1947 weitgehend wiederhergestellt werden.

Die Intendanten:

Georg von Hülsen	(1894–1903)
Kurt von Mutzenbecher	(1903–1918)
Ernst Legal	(1918–1920)
Carl Hagemann	(1920–1926)
Paul Bekker	(1926–1932)
Max Berg-Ehlert	(1932/1933)
Carl von Schirach	(1933–1943)
Max Spilcker	(1943/1944)
Otto Henning	(1946–1949)
Heinrich Köhler-Helffrich	(1949–1953)
Friedrich Schramm	(1953–1962)
Claus Helmut Drese	(1962–1968)
Alfred Erich Sistig	(1968–1975)
Peter Ebert	(1975–1977)
Werner Böntgen/Gerd Nienstedt	(1977/1978)
Christoph Groszer	(seit 1978)

Ereignisse und Gestalten: Die Geschichte der Opernaufführungen in Wiesbaden geht bis in die zweite Hälfte des 18. Jh.s zurück, als Direktor Berner im Komödienhaus von 1765–1795 einen Spielplan mit 32 französischen und italienischen Opern, 20 »Operetten mit deutscher Musik« und 37 ernsten und komischen Balletten anbot, von denen wohl kaum alle aufgeführt worden sein dürften. Unter den tatsächlich gespielten Werken sind Mozarts *Bastien und Bastienne*, Pergolesis *Magd als Herrin* und Dittersdorfs *Doktor und Apotheker* zu nennen. Im Jahre 1801 bestimmte man den »Schützenhof« als Schauplatz der Theateraufführungen; am 11.6.1810 wurde ein neues Theater (am Ort des späteren Schwurgerichtssaales) eingeweiht. 1811 erschien Mozarts *Entführung aus dem Serail*, 1812 *Titus* und *Die Zauberflöte*, 1813 *Don Giovanni* in ei-

Das 1827 eröffnete alte Theater in Wiesbaden, im 19. Jh. kultureller Mittelpunkt der Stadt.

ner Ausstattung von Giorgio Fuentes. 1827 entstand wiederum ein neues Theatergebäude; zu dieser Zeit wurde auch eine Theatergemeinschaft Wiesbaden-Mainz geschaffen. Am 26.6.1827 eröffnete man das neue Haus mit Webers *Jubelouvertüre,* einem Prolog und Spontinis Oper *Die Vestalin.* 67 Jahre blieb das Gebäude Wiesbadens Opern- und Sprechtheaterstätte; hier gelangten alle großen Werke des 19. Jh.s zur Aufführung, unter ihnen die von Donizetti, Halévy, Meyerbeer und Auber, dessen *Stumme von Portici* in den Jahren 1838, 1848 und zuletzt wieder 1982 auf dem Spielplan stand. Am 12.5.1854 führte das Wiesbadener Theater in Mainz Wagners *Tannhäuser* auf, der am 13.11.1852 in Wiesbaden selbst erstmals gespielt worden war. Am 2.7.1853 dirigierte Ludwig Schindelmeisser in Wiesbaden zum ersten Mal den *Lohengrin.* 1854 folgten der *Fliegende Holländer* und *Rienzi* unter der Leitung von Johann Baptist Hagen. Von 1865 an wirkte Wilhelm Jahn 15 Jahre als Musikdirektor in Wiesbaden, bevor er für die Zeit von 1881–1897 als Operndirektor nach Wien ging. Das musikalische Niveau wurde nicht zuletzt auch durch das Wiesbadener Symphonieorchester bestimmt, das von Hans von Bülow (1873, 1879), Johannes Brahms (1884), Richard Strauss (1889), Felix Mottl (1894–1907), Arthur Nikisch (1898, 1911), Felix von Weingartner (1899) und Gustav Mahler (1903, 1907) geleitet wurde. Zu den berühmten Gesangssolisten jener Zeit gehörten Lilli Lehmann (1873/74), Theodor Wachtel (1868, 1875), Franz Betz (1876), Emil Scaria (1876 und 1884), Pauline Lucca (1875 und 1889), Theodor Reichmann (1885) und Francesco d'Andrade (1889–1893).

Zwei Jahre nach der Eröffnung des neuen Theaters gab es 1896 erstmals die seither zur festen Institution gewordenen – auf Wunsch Kaiser Wilhelms II. eingeführten – Maifestspiele, die mit wenigen Unterbrechungen bis 1914 und von 1928 bis 1939 sowie nach dem Zweiten Weltkrieg seit 1950 fortgeführt wurden. Im ersten Jahr dirigierte Hans Richter die *Meistersinger von Nürnberg,* Ernst von Schuch *Tannhäuser* und *Die Zauberflöte.* Im Jahre 1897 erfolgte ebenfalls im Rahmen der Maifestspiele die Wiesbadener Erstaufführung von *Tristan und Isolde* unter der Leitung von Ernst von Schuch mit Lilli Lehmann und deren Ehemann Paul Kalisch in den Hauptrollen. Einen der dauerhaftesten Wiesbadener Festspielerfolge brachte 1900 die von Georg von Hülsen und Joseph Lauff vorgenommene Einrichtung von Carl Maria von Webers *Oberon,* bereits 1914 fand die 200. Vorstellung dieser Oper statt.

Lilli Lehmann *(oben) und* Pauline Lucca *(unten), zwei der berühmtesten Sängerinnen des 19. Jh.s, waren zeitweise in Wiesbaden engagiert.*

Berühmte Persönlichkeiten in der Geschichte des Theaters:

Der Komponist und Pianist Eugène d'Albert (links) *gastierte nach dem Ersten Weltkrieg in Wiesbaden.*

Otto Klemperer (Mitte) *war 1924–1927 Chef des Opernorchesters.*

In den dreißiger Jahren war, neben Erna Sack und Helena Braun, auch Karl Schmitt-Walter (rechts) *in Wiesbaden engagiert.*

Gegen Ende der Ära Hülsen und in der folgenden Ägide Mutzenbecher nahm man auch klassische Operetten in den Spielplan auf, die bisher vorwiegend in dem kurz vor der Jahrhundertwende errichteten Walhalla-Theater zur Aufführung gelangt waren, das später bei Wiederaufbau und Umbauten zum Ausweichquartier der Oper werden sollte. Im übrigen brachte Mutzenbecher vor allem die Neuheiten von Puccini und Richard Strauss auf den Spielplan. Am 8.3.1914 erlebte Wagners *Parsifal* seine erste vollständige Wiesbadener Aufführung. Im Jahre 1916 dirigierte Max von Schillings seine Oper *Mona Lisa*, in der seine Ehefrau Barbara Kemp die Titelrolle verkörperte. Schon 1906 war Arthur Rother als Korrepetitor und Bühnenkapellmeister nach Wiesbaden berufen worden, wo er bald darauf zum Chordirektor und ersten Kapellmeister avancierte. Zu den berühmtesten Gaststars der Ära Mutzenbecher gehörten Enrico Caruso (*Rigoletto*, 1908), Leo Slezak (*Tannhäuser* und *Aida*, 1913, *Die Jüdin*, 1915) sowie Tino Pattiera (*Aida* und *Carmen*, 1917). 1916 dirigierte Richard Strauss eine Aufführung der *Salome*.

In der Zwischenkriegszeit gastierten immer wieder Max von Schillings, Eugen d'Albert, Hans Pfitzner, Erich Wolfgang Korngold und Richard Strauss als Dirigenten; dem Ensemble der Oper gehörte fünf Jahre lang der später in aller Welt gefeierte Bassist Alexander Kipnis (1891–1978) an. Der neue Intendant Carl Hagemann (1920–1926) war bestrebt, das Übergewicht der Oper im Spielplan (fünf Opern, zwei Sprechstücke pro Woche) zu mildern, indem er 1922 als zweites Haus das verwahrloste Residenztheater für das Schauspiel einrichten ließ. Hagemann hatte es sich zur Aufgabe gesetzt, das ganze Repertoire neu zu erarbeiten und die »Avantgarde« jener Zeit auf die Bühne zu bringen. So gab es Aufführungen von Franz Schrekers *Schatzgräber,* Busonis *Arlecchino* und Ravels *Spanischer Stunde.* Vor allem aber engagierte er als Operndirigenten Otto Klemperer (1885–1973), der das musikalische Niveau entscheidend beeinflußte. Im Jahre 1924 brachte Hagemann in eigener Inszenierung unter Klemperers Leitung und mit Bühnenbildern von Ewald Dülberg Beethovens *Fidelio* in kubistischem Stil heraus; die Aufführung wurde 1927 ebenfalls an der experimentierfreudigen Berliner Kroll-Oper gezeigt.

Hagemanns Nachfolger war Paul Bekker (1926–1932); ihm ist die Wiedereinführung der Maifestspiele ab 1928 zu verdanken. 1927 verließen Otto Klemperer und Arthur Rother das Wiesbadener Theater. Als Gäste standen u.a. Sir Thomas Beecham, Leo Blech, Fritz Busch und Richard Strauss am Dirigentenpult, der am 8.5.1929 während der Maifestspiele im Rahmen eines Gastspiels der Berliner Staatsoper seine *Ägyptische Helena* mit den Solisten Max Lorenz, Maria Müller, Gitta Alpar, Theodor Scheidl und Karin Branzell leitete. Im letzten Jahr der Intendanz Bekkers (1932) dirigierte Leo Blech Bizets *Carmen* und Georges Baklanoff sang den *Boris Godunow.* Während der nur einjährigen Ära Max Berg-Ehlert kam als neuer musikalischer Chef Karl Elmendorff nach Wiesbaden, dem es gelang, Helena Braun und Erna Sack an das Theater zu verpflichten. Auch Karl Schmitt-Walter gehörte dem Ensemble an. Bedeutende Gastsolisten dieser kurzen Epoche waren Helge Rosvaenge, Willy Domgraf-Fassbaender und Jaro Prohaska.

Für die nächsten zehn Jahre (1933–1943) wurde Carl von Schirach, der Vater des künftigen Reichsjugendführers, von Hermann Göring als Intendant an das – vorübergehend als »Preußisches Staatstheater« bezeichnete – Haus berufen, das 1935 in »Deutsches Theater Wiesbaden« umbenannt wurde. Schirach hielt sich nicht sonderlich streng an die Anordnungen der NS-Machthaber zur »Reinigung« des Spielplans und setzte sogar Janáčeks *Jenufa* (17.4.1940) auf das Programm. 1943 legte man ihm den Rücktritt nahe. Seinem linientreuen Nachfolger Max Spilcker, dem Schwiegersohn des Reichsministers Robert Ley, blieb nur noch kurze Zeit bis zur Schließung aller Theater am 1.9.1944 im Rahmen des »totalen Krieges«.

Da die Kriegszerstörungen nicht so schwerwiegend waren wie an den meisten anderen deutschen Theaterbauten, wurde das Große Haus schon ab

Dezember 1945 von der Besatzungsmacht als »Wiesbaden Opera House« für die Truppenbetreuung verwendet. Am 17.9.1947 konnte das Staatstheater unter dem Intendanten Otto Henning in das renovierte Haus einziehen. Die neue Intendanz brachte in der Folgezeit viele zeitgenössische Opernwerke von Hindemith, Menotti, Blacher und Strawinsky. Die Frankfurter Oper gastierte mit Honeggers *Johanna auf dem Scheiterhaufen,* und auch Gastspiele namhafter Künstler – wie Helena Braun (Isolde), Helge Rosvaenge (Radames) und Willi Domgraf-Fassbaender (Figaro) – konnten wieder stattfinden.

Unter der Intendanz Heinrich Köhler-Helffrichs, der weitere Publikumsschichten zu gewinnen suchte, entstand das Kleine Haus auf den Ruinen des früheren Malersaals; für die Eröffnung (28.12.1950) komponierte Hans Werner Henze, der für zwei Spielzeiten als Repetitor und Kapellmeister in Wiesbaden engagiert war, *Symphonische Variationen.* Der neue Intendant brachte neben Modernem vor allen Dingen Werke von Offenbach, Verdi und Wagner.

Anläßlich der Maifestspiele 1951 gastierte die Römische Oper mit *Aida.* 1952 dirigierte Karl Elmendorff die Deutsche Erstaufführung von Brittens *Billy Budd,* und Clemens Krauss leitete den *Rosenkavalier* mit Viorica Ursuleac. In den folgenden Jahren – unter der Intendanz von Friedrich Schramm – fanden bei den Maifestspielen Gastspiele der Wiener Oper mit Mozart, von Covent Garden mit Britten und eines italienischen Ensembles mit Verdi und Donizetti statt. Karl Elmendorff wurde Generalmusikdirektor. Sein Nachfolger Wolfgang Sawallisch verließ Wiesbaden bereits

Wagners Rheingold *im Rahmen einer* Ring-*Inszenierung von Alfred Erich Sistig 1970/71.*

nach kurzer Zeit wegen Unstimmigkeiten mit der Intendanz, doch bleibt es seiner Initiative zu verdanken, daß die beiden Wiesbadener Orchester (das Städtische Kur- und Sinfonie-Orchester und das Orchester des Hessischen Staatstheaters) zu einem großen, leistungsfähigen Orchester vereinigt werden konnte.

Von 1962 bis 1969 hatte das Theater in Claus Helmut Drese einen bewährten Intendanten, der mit einer überaus erfolgreichen *Carmen*-Inszenierung debütierte, bald darauf Anja Silja als Salome präsentierte, als Ergänzung zum festen Ensemble Gala-Abende mit Gästen einführte, besonders viele Werke von Verdi, Puccini, Mozart, Richard Strauss und Wagner aufführen ließ, an Zeitgenossen Strawinsky, Martinu und von Einem in den Spielplan aufnahm und ab 1965 die Maifestspiele zu reformieren trachtete. Alljährlich wurden Gastspiele slawischer Ensembles durchgeführt.

Der folgende Intendant Alfred Erich Sistig (1968–1975) brachte eine Inszenierung des *Ring des Nibelungen* unter der musikalischen Leitung von Generalmusikdirektor Heinz Wallberg heraus, zeigte sich aber auch wagemutig auf dem Gebiet der Avantgarde: sein Kompositionsauftrag an Volker David Kirchner (Jahrgang 1942) für die Oper

Das nach aufwendigen Renovierungsarbeiten wiederhergestellte Foyer in Wiesbaden, ursprünglich 1902 von Felix Genzmer gestaltet.

Die Trauung (nach Gombrowicz) wurde im April 1975 zum beachtlichen Erfolg.

Schon 1973 hatte Peter Ebert, Sohn des legendären Carl Ebert, mit dem *Rosenkavalier* seine Visitenkarte abgegeben; nach der Pensionierung des Intendanten Sistig wurde er zum neuen Leiter des Staatstheaters ernannt. In seine Ära fiel der große Umbau des Theatergebäudes, der einen neuerlichen Umzug der Oper in das Walhallatheater zur Folge hatte. Aufwendige Opern wurden konzertant im großen Kurhaussaal aufgeführt. Besonders zu erwähnen ist ein Monteverdi-Zyklus mit *Ulisse, Orfeo* und der *Krönung der Poppea*. Von 1976 an häuften sich jedoch Mißstimmigkeiten; die Maifestspiele wurden infolge der unzulänglichen Spielstätten zum Mißerfolg und so ersuchte Peter Ebert um vorzeitige Entlassung aus seinem Vertrag, um an die Schottische Oper in Glasgow zu gehen.

Nach kurzer interimistischer Leitung wurde im Dezember 1977 Christoph Groszer aus Braunschweig zum neuen Intendanten berufen, der einen ausgeglichenen Spielplan unter maßvoller Einbeziehung der Moderne anstrebt und allein in der Saison 1981/82 sechs Opernpremieren angesetzt hat.

Wuppertaler Bühnen
Spinnstraße 4
5600 Wuppertal

Wuppertaler Bühnen – Opernhaus

Allgemeine Informationen: Der nach dem Stagionesystem konzipierte Spielplan des Wuppertaler Opernhauses umfaßt Werke aller Sparten des Musiktheaters. Die Spielzeit beginnt und endet (einschl. Tarifurlaub) jeweils im August.

Das Opernhaus verfügt über 843 Plätze. Das Orchester besteht aus 87 Musikern, der Chor aus 17 Damen und 22 Herren. Dem Tanzensemble Pina Bausch gehören 25 Mitglieder an.

Das Theater: Das alte Opernhaus wurde in Barmen von C. Moritz in Anklängen an altbergische Bauformen in Verbindung mit modernem Stil errichtet und am 30. September 1905 mit Wagners *Tannhäuser* eröffnet. Nach kriegsbedingter Zerstörung im Jahre 1943 wurde das Theater auf den alten Grundmauern neu erbaut und am 14.10.1956 mit *Mathis der Maler* von Paul Hindemith wiedereröffnet.

Das veränderliche Bühnenportal ist 9–11,50 m breit und 5–8 m hoch, der Bühnenraum 16 m breit und 13,50 m tief. Die Größe der Hinterbühne beträgt 144 m^2.

Das im Jugendstil erbaute, 1905 eröffnete Barmer Theater, das 1943 dem Krieg zum Opfer fiel.

Die wichtigsten Intendanten (neues Haus):

Grischa Barfuß	(1958–1964)
Arno Wüstenhöfer	(1964–1975)
Hanno Lunin	(1975–1978)
Hellmuth Matiasek (Gen.-Int.)	(1979–1983)
Jürgen Fabritius	(seit 1983)

Ereignisse und Gestalten: Während des 19. Jh.s gab es in den selbständigen Städten Barmen und Elberfeld, die erst 1929 zusammen mit vier anderen Gemeinden zur Stadt Wuppertal zusammengefaßt wurden, jeweils einen eigenen Theaterbetrieb, der auch das Musiktheater einschloß. Nach den Zerstörungen des Zweiten Weltkrieges spielte man vorübergehend in der Stadthalle, bis im Jahre 1956 das neue Opernhaus eingeweiht wurde, dessen Intendanten seither bestrebt sind, einen modernen Spiel-

Das neue Theater in Wuppertal, auf den Grundmauern des alten Hauses erbaut. Es konnte 1956 mit Paul Hindemiths Mathis der Maler *eröffnet werden.*

Das Wuppertaler Tanztheater unter Leitung von Pina Bausch ist inzwischen weltweit zum Begriff geworden. Aus einer Symbiose von Elementen des Balletts, der Pantomime und des Theaters werden neue Darstellungsformen erprobt. Hier Marlies Alt bei einer Szenenfolge nach Béla Bartóks Oper Herzog Blaubarts Burg.

plan zu erstellen. Derzeit bespielt das Wuppertaler Ensemble nicht weniger als zwölf Gastspielorte. Als herausragende Persönlichkeiten des Wuppertaler Musiktheaters gelten u.a. der Regisseur Georg Reinhardt (geb. 1919), der während der Intendanz von Grischa Barfuß die Operndirektion innehatte, der Bühnenbildner Heinrich Wendel (geb. 1923), der schon während des Zweiten Weltkrieges (1941 bis1943) und 1951–1964 Ausstattungsleiter war, ferner der Dirigent Janos Kulka (geb. 1929), der 1964 Generalmusikdirektor wurde, und der Regisseur Kurt Horres (geb. 1932), der bereits 1958 in Wuppertal tätig war, von 1964–1975 die Operndirektion innehatte und sich für die Aufführung zeitgenössischen Musiktheaters aus West und Ost einsetzte. Zur Zeit liegt die musikalische Oberleitung des Opernhauses bei Generalmusikdirektor Hanns-Martin Schneidt, der in den letzten Spielzeiten jeweils eine in Vergessenheit geratene Barockoper zur Aufführung brachte.

Von besonderer Bedeutung ist die Wuppertaler Ballettkunst, die durch Pina Bausch als Direktrice, Choreographin und Trainingsleiterin Weltgeltung erlangt hat.

Stadttheater Würzburg

Stadttheater
Theaterstraße 21
8700 Würzburg

Allgemeine Informationen: Das Repertoire des Stadttheaters umfaßt vorwiegend Werke der italienischen Belcanto-Oper und der deutschen romantischen Oper, ferner klassische und moderne Operetten sowie zumindest jedes zweite Jahr ein Musical. Im Rahmen eines jährlich veranstalteten Mozart-Festes wird auch das Werk dieses Komponisten regelmäßig gepflegt. Die Spielzeit dauert von Anfang September bis Mitte Juli (wechselnd). Im Durchschnitt finden pro Saison ca. 86 Opern-, ca. 54 Operetten- und ca. neun Ballettaufführungen statt.

Das Stadttheater verfügt über 744 Plätze. Das Städtische Philharmonische Orchester besteht aus 54 Musikern. Dem Ballett gehören vier Solisten und acht Gruppentänzerinnen an; der Chor setzt sich aus 12 Damen und 12 Herren zusammen.

Das Theater: Das neue Stadttheater wurde zwischen 1962 und 1966 durch den Dortmunder Architekten Hans Joachim Budeit als moderner Zweckbau in einer Kombination aus Rang- und Logentheater errichtet (6 Logen, 17 Parkett-Reihen, 4 Reihen im Rang) und am 4.12.1966 mit Richard Wagners Oper *Die Meistersinger von Nürnberg* in einer Inszenierung des Intendanten Herbert Decker unter der musikalischen Leitung von Generalmusikdirektor Erich Riede eröffnet.

Der Bühnenraum ist 18,5 m breit und 15,5 m tief (mit Hinterbühne 28,5 m). Die Portalbreite beträgt 9–12 m, die Portalhöhe bis zu 6,5 m. Der Orchesterraum bietet Platz für 65 Musiker.

Das neue Stadttheater Würzburg, 1966 mit Wagners Die Meistersinger von Nürnberg *eröffnet.*

Die wichtigsten Intendanten:

Julius Reichsgraf von Soden	(1804/1805)
Friedrich Freiherr von Münchhausen	(1805–1812)
Franz Holbein von Holbeinsberg	(1812–1814)
Oswald Bürchl	(1830–1849)
Eduard Reimann	(1870–1898)
Heinrich Adolphi	(1899–1903)
Heinrich Hagin	(1904–1906)
Otto Reimann	(1906–1914)
	(1936–1941)
Willy Stuhlfeld	(1914–1920)
Rudolf Bertram	(1920–1925)
Heinrich K. Strohm	(1925–1927)
Paul Smolny	(1927–1930)
Eugen Keller	(1930–1936)
Helmut Ebbs	(1941–1944)
Hans Scherer	(1946–1965)
Herbert Decker	(1965–1970)
Joachim von Groeling	(seit 1970)

Ereignisse und Gestalten: Das erste Würzburger Theater wurde von Juli 1803 bis August 1804 durch den Hofbaudirektor Johannes Andreas Gärtner durch Umbau eines ehemaligen Damenstiftes errichtet und am 3. 8. 1804 mit der englischen Komödie *Stille Wasser sind tief* eröffnet. Bald führte man auch Opern auf, wobei insbesondere Mozarts *Don Giovanni* und *Die Entführung aus dem Serail* großen Erfolg hatten.

Die Hoftheater-Epoche dauerte jedoch nicht lange: Im Jahre 1814 fiel Würzburg an Bayern. Aus der »Hofbühne« wurde eine »Provinzbühne«, die mit wirtschaftlichen Problemen zu kämpfen hatte, da die staatlichen Unterstützungen wegfielen. Erst Direktor Oswald Bürchl (1830–1849) gelang es, von

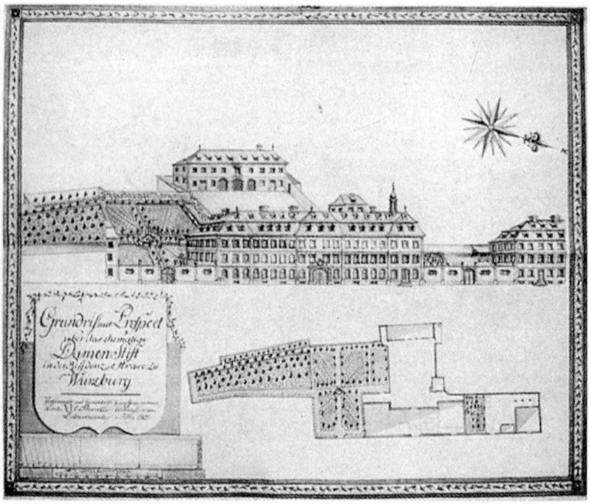

Balthasar Neumann erbaute 1750 das adelige Damenstift zur Heiligen Anna, das 1803 von Würzburgs erstem Theaterdirektor, Julius Reichsgraf von Soden, erworben und zum Theater umgebaut wurde.

der Stadt einen regelmäßigen Zuschuß zu erhalten. 1833 wirkte Richard Wagner als Chordirektor am Würzburger Theater, an dem sein Bruder Albert seit 1830 als Tenor engagiert war. Wagner beendete in Würzburg die Arbeit an seiner Jugendoper *Die Feen* und brachte Teile daraus in einem Konzert zu Gehör. 1843 erhielt das Theater die offizielle Bezeichnung »Stadttheater«, obwohl es zunächst weiterhin ein Privatunternehmen blieb. In dieser Epoche trat die französische Grand Opéra (insbesondere Meyerbeer) neben das italienische und deutsche Repertoire; auch *Hans Heiling* von Marschner und Beethovens *Fidelio* wurden erstmals gespielt.

1846 erwarb die Stadt Würzburg das Theater definitiv für 60500 Gulden. Unmittelbar vor der Jahrhundertwende wurde elektrisches Licht eingeführt. Von besonderem künstlerischem Wert war die Ära Otto Reimanns (1906–1914), der als umsichtiger Spielplangestalter galt und dessen Vater bereits erfolgreich als Intendant in Würzburg gewirkt hatte (1870–1898). Während der Intendanz von Rudolf Bertram fand im Jahre 1921 erstmals das Würzburger Mozart-Fest statt, in dessen Rahmen man eine Inszenierung der *Gärtnerin aus Liebe* brachte und das fortan zur ständigen Institution werden sollte. Eine der wesentlichsten Intendantenpersönlichkeiten der Vorkriegszeit war Heinrich K. Strohm (1925–1927), in dessen Ägide der Regisseur Arthur Maria Rabenalt und der Bühnenbildner Wilhelm Reinking den Theaterbetrieb prägten und ihrerseits Impulse für ihre eigene Karriere empfingen. Am 15.4.1926 dirigierte Richard Strauss in Würzburg eine Aufführung seiner Oper *Ariadne auf Naxos*.

1936 wurde Otto Reimann erneut mit der Leitung des Theaters betraut; sein Nachfolger Helmut Ebbs

Das alte Theater vor der Jahrhundertwende. 1945 fiel es den Bomben des Zweiten Weltkriegs zum Opfer.

Mozarts Singspiel Die Gärtnerin aus Liebe *stand 1921 auf dem Programm des ersten Würzburger Mozartfestes, das seither aus dem Kulturleben der Stadt nicht mehr wegzudenken ist. 1975 wurde* Die Gärtnerin aus Liebe *erneut einstudiert. Die beiden Abbildungen zeigen Bühnenbilder von Wolfgang Lenz, die Inszenierung besorgte Intendant Joachim von Groeling.*

(1941) blieb bis zur Schließung aller deutschen Bühnen im Herbst 1944. Am 15.3.1945 wurde das Theater bei einem Großangriff völlig zerstört. Nach Kriegsende fanden Aufführungen vorwiegend in der Aula der Pädagogischen Hochschule am Wittelsbacherplatz statt. Im Jahre 1950 übernahm die Stadt Würzburg die Bühne wieder in ihre Regie.

Nach der Eröffnung des neuen Theaters wurden auch Werke der gemäßigten Moderne in den Spielplan aufgenommen, so Strawinskys *The Rake's Progress*, Hindemiths *Mathis der Maler*, Egks *Revisor* sowie Henzes *Junger Lord* und *Elegie für junge Liebende*. 1979/80 gelangte Janáčeks *Jenufa* zur Aufführung; die an allen Bühnen fortschreitende Renaissance dieses Komponisten fand in der Spielzeit 1982/83 mit *Katja Kabanowa* ihre Fortsetzung. Im März 1981 gab es eine Besonderheit auf dem Gebiet der leichten Muse: Man brachte als Uraufführung das im Nachlaß des Kabarettisten und Komponisten Friedrich Hollaender entdeckte Musical *Adam und Eva*. Für die Zukunft ist ferner die Pflege der deutschen Spieloper, insbesondere der Werke von Albert Lortzing vorgesehen.

Opernhaus Zürich

Opernhaus
Schillerstraße 1
CH-8001 Zürich

Allgemeine Informationen: Das Repertoire des Zürcher Opernhauses umfaßt sämtliche Sparten des musikalischen Theaters, wobei Schwerpunkte auf dem Gebiet der französischen Oper und der Barockoper liegen. Die Spielzeit des Opernhauses Zürich dauert von Anfang September bis Anfang Juli jeden Jahres.

Das Opernhaus bietet 1200 Personen Platz. Dem Orchester – Tonhalle- und Theaterorchester – gehören 169 Musiker an, dem Chor 23 Damen und 27 Herren. Das Ballett setzt sich aus fünf Solotänzerinnen, acht Solotänzern (beide teils mit Gruppenverpflichtung) sowie einer 14köpfigen Damen- und einer neunköpfigen Herrengruppe (beide teils mit Soloverpflichtung) zusammen. Daneben besteht eine eigene Ballettschule.

Das Theater: Das heutige Opernhaus (früher Stadttheater) wurde 1890/91 durch das Architektenteam Ferdinand Fellner und Hermann Helmer in neoklassizistischem Stil als kombiniertes Rang- und Logentheater errichtet und am 1.10.1891 unter der Direktion Paul Schroetters mit Richard Wagners *Lohengrin* eröffnet.

Seit 1921 dient das Haus ausschließlich dem Musiktheater, und unter der Intendanz von Hermann Juch erhielt es auch offiziell den Namen »Opernhaus«.

Das Bühnenportal ist 10,35 m breit und 6,70 m hoch; der Bühnenraum ist 20 m breit und 14 m tief. Der Orchesterraum faßt 80 Musiker.

Das Zürcher Opernhaus, 1890/91 von Ferdinand Fellner und Hermann Helmer errichtet und mit Wagners Lohengrin *eröffnet. Das Theater verfügt über 1200 Plätze.*

Die Intendanten:

Paul Schroetter	(1891–1896)
Ludwig Treutler	(1896–1898)
Karl Skraup	(1898–1901)
Alfred Reucker	(1901–1921)
Paul Trede	(1921–1932)
Karl Schmid-Bloss	(1932–1947)
Hans Zimmermann	(1947–1956)
Karl-Heinz Krahl	(1956–1960)
Herbert Graf	(1960–1962)
Emil Jucker/Werner Meyer/ Christian Vöchting	(1962–1964)
Hermann Juch	(1964–1975)
Claus Helmut Drese	(seit 1975)

Ereignisse und Gestalten: Frühe Ansätze zu einem Zürcher Theaterleben gab es schon im 16. Jh., als auf dem traditionellen Münsterplatz geistliche und politische Spiele aufgeführt wurden. 1599 erschien ein von dem Pfarrer Johannes Haller verfaßtes *Eydnossisch Spyll,* doch 1624 wurden, nicht zuletzt wegen einer Streitschrift »Bedenken gegen Comedien oder Spielen«, die beliebten Theateraufführungen gänzlich abgeschafft.

Zu Beginn des 19. Jh.s kam der Plan zur Gründung einer Theater-Bau-Gesellschaft auf – ein Vorhaben, das zunächst durch die politischen Ereignisse des Herbstes 1830 vereitelt wurde, doch entstand kurze Zeit später ein Theaterverein, der am 24. 10. 1832 die Regierung um Überlassung eines geeigneten Bauwerks ersuchte und am 7. 1. 1833 die alte Barfüßer-Kirche ersteigern konnte, die alsbald zum Theater umgebaut wurde.

Am 10. 11. 1834 wurde dieses sog. Aktientheater, das sowohl ein musikalisches Repertoire als auch

Links: *Charlotte Birch-Pfeiffer, Schauspielerin und zu ihrer Zeit auch eine sehr erfolgreiche Schriftstellerin, übernahm 1837 die Leitung des Zürcher Theaters.*

Rechts: *Das alte »Aktientheater«, 1833 durch Umbau aus einer alten Barfüßer-Kirche hervorgegangen. In der Neujahrsnacht 1889/90 fiel das Haus einem Brand zum Opfer.*

Sprechstücke pflegte, mit einem Prolog und mit Mozarts *Zauberflöte* eröffnet. Doch schon 1837 kam es zu einem ersten finanziellen Eklat, der die Flucht des damaligen Direktors Carl Beurer zur Folge hatte. Der Bühnenbetrieb konnte allerdings fortgesetzt werden, und im Herbst 1837 übernahm die Münchner Schauspielerin Charlotte Birch-Pfeiffer die Theaterleitung.

Ein bemerkenswertes Opernereignis jener Zeit war die Aufführung von Konradin Kreutzers *Nachtlager von Granada* unter der Leitung des Komponisten (22.7.1839). Vom 18.8. bis zum 13.9.1843 gastierte die berühmte Sopranistin Wilhelmine Schroeder-Devrient (Beethovens erste Leonore und Wagners bevorzugte dramatische Sängerin). 1849 flüchtete der nach dem Maiaufstand dieses Jahres steckbrieflich gesuchte Richard Wagner nach Zürich, lernte den Theaterdirektor Kramer kennen und wurde alsbald als Dirigent eingesetzt. In der Zeit vom 4.10.1850 bis zum 31.3.1851 dirigierte er den *Freischütz,* die *Weiße Dame, Norma,* die *Zauberflöte, Fidelio* und *Don Giovanni,* dessen Text er selbst neu bearbeitete. Am 25.4.1852 kam es zur ersten Zürcher Aufführung des *Fliegenden Holländer,* den Wagner gleichfalls selbst dirigierte, wobei er durch Veränderungen der Partitur die Orchesterdynamik den räumlichen Verhältnissen des Hauses anpaßte. Im Mai 1853 leitete Wagner drei Konzerte, die Ausschnitte seines Opernschaffens enthielten. 1854 zerschlug sich ein Plan, ihm die Leitung des Theaters zu übertragen. 1855 dirigierte er eine Aufführung des *Tannhäuser.* Wagner blieb bis 1858 in Zürich.

Anläßlich der 50-Jahr-Feier des Aktientheaters im Jahr 1884 wurde Wagners *Lohengrin* mit dem Münchner Tenor Heinrich Vogl in der Titelrolle auf die Bühne gebracht. In der Neujahrsnacht 1889/90 brach während der Aufführung einer volkstümlichen Komödie ein Brand aus, der zwar keine Menschenleben forderte, das Haus jedoch zur Gänze vernichtete.

Sofort wurde mit dem Bau des neuen Hauses begonnen, das am 30.9.1891 mit einem Festspiel und am 1.10.1891 mit *Lohengrin* eröffnet wurde.

Wagners Werke bildeten weiterhin Schwerpunkte des musikalischen Programms. Im April 1900 wurde der vollständige *Ring des Nibelungen* unter Lothar Kempter aufgeführt. 1906/1907 war Wilhelm Furtwängler als zweiter Kapellmeister und Chordirektor engagiert, der hier sogar die *Lustige Witwe* dirigierte. Am 13.4.1913 (kurz nach Ablauf der von Wagner bestimmten 30jährigen Schutzfrist) fand in Zürich die erste Aufführung des *Parsifal*

Richard Wagner, 1853 während seiner Zürcher Zeit von Clementine Stockar-Escher protrătiert. Wagner war von 1849–1858 als Dirigent in Zürich tätig und leitete dort u. a. auch Aufführungen von Der fliegende Holländer *und* Tannhäuser.

Der junge Wilhelm Furtwängler, 1906/07 als zweiter Kapellmeister am Stadttheater Zürich engagiert.

Parsifal *von Richard Wagner 1913 in Zürich, einer der ersten Aufführungen nach der Freigabe des Werkes, das bis dahin nur in Bayreuth gespielt werden durfte.*

statt. 1917 fand neben der Uraufführung von Busonis *Turandot* ein Dirigentengastspiel von Arthur Nikisch mit *Tristan und Isolde* und *Walküre* statt. Im gleichen Jahr gastierte Richard Strauss mit *Don Giovanni, Zauberflöte* und *Elektra*. Am 24. und 25.9.1917 dirigierte Bruno Walter Pfitzners *Palestrina* in einer Inszenierung des Komponisten. 1918 wiederholte Richard Strauss sein Gastspiel, diesmal mit *Rosenkavalier, Salome* und Wagners *Fliegendem Holländer*. Eine französische Operntruppe machte das Zürcher Publikum mit Debussys *Pelléas et Mélisande* und Massenets *Werther* bekannt; letzterer hat sich bis heute seinen festen Platz im Zürcher Repertoire bewahrt.

Lisa della Casa in der Titelrolle der Arabella *von Richard Strauss 1950 in Zürich, wo die Weltkarriere der Sängerin begann.*

Am 2.6.1937 wurde Alban Bergs *Lulu* in Zürich uraufgeführt; Robert F. Denzler war der Dirigent, Nuri Hadzic sang die Titelrolle und der bekannte Tenor Peter Baxevanos verkörperte den jungen Alwa. Schon das folgende Jahr brachte wiederum ein Ereignis von überregionaler Bedeutung. Am 28.5.1938 fand die Uraufführung von Hindemiths *Mathis der Maler* statt (Leitung: Robert F. Denzler), mit der das Stadttheater 1939 in Amsterdam gastierte. Seit 1940 finden überdies regelmäßig Gastspiele in anderen Städten der Schweiz statt. In die Zeit nach Kriegsende fielen Gastspiele internationaler Sänger wie Mariano Stabile und Benjamino Gigli (Juni 1946) sowie Kirsten Flagstad (Juni 1947). Bei den Wiesbadener Maifestspielen 1951 gastierte das Stadttheater Zürich mit *Arabella* von Richard Strauss. In diesem Zusammenhang ist die Schweizer Sopranistin Lisa della Casa zu erwähnen, die nach ihrem Debüt in Solothurn von 1943 bis 1950 dem Zürcher Ensemble angehörte, bevor ihre internationale Karriere begann.

Am 6.6.1957 fand die szenische Uraufführung von Schönbergs *Moses und Aron* im Stadttheater statt. Die Spielzeit 1958/59 brachte eine Neuinszenierung des *Ring des Nibelungen.* Weitere Uraufführungen galten Bohuslav Martinus *Griechischer Passion* (9.6.1961), *Barbasuk* von Paul Burkhard (3.12.1961), *Blackwood & Co.* von Armin Schibler (3.6.1962), *Die Errettung Thebens* von Rudolf Kelterborn (23.6.1963), *Madame Bovary* von Heinrich Sutermeister (26.5.1967), *Ein wahrer Held* von Giselher Klebe (18.1.1975) und *Ein Engel kommt nach Babylon* von Rudolf Kelterborn (5.6.1977). Am 8.9.1979 wurde die dreiaktige Fassung von Alban Bergs *Lulu* erstmals in Zürich aufgeführt.

Ein Ereignis von internationaler Bedeutung bildete der Monteverdi-Zyklus, den das Opernhaus Zürich 1975–1977 mit Jean-Pierre Ponnelle als Regisseur, Pet Halmen als Bühnenbildner und Nikolaus Harnoncourt als Dirigent herausbrachte (*L'Orfeo* am 20.12.1975, *L'incoronazione di Poppea* am 8.1.1977, *Il ritorno d'Ulisse in patria* am 25.11.1977) und mit dem das Ensemble in Hamburg, München, Berlin, Wien, Edinburgh und Wiesbaden gastierte. Das gleiche Team realisierte am 1.3.1980 Mozarts *Idomeneo* und am 28.2.1981 *Lucio Silla*.

Eines der großen Theaterereignisse der siebziger Jahre war der von Jean-Pierre Ponelle inszenierte Monteverdi-Zyklus, mit Pet Halmen als Bühnenbildner und Nikolaus Harnoncourt als musikalischem Leiter. Auf dem Programm standen u. a. die Opern L'incoronazione di Poppea (links, *mit Rachel Yakar und Eric Tappy) und* Il ritorno d'Ulisse in patria (rechts).

Bibliographie

I. Allgemeine Bibliographie zur Operngeschichte und zur Geschichte des Musiktheaters

Becker, H. (Hg.), *Beiträge zur Geschichte der Oper.* Regensburg 1969.

Blaukopf, K., *Große Opern, große Sänger* (2. erw. und erg. Aufl.). Teufen 1959.

Borris, S., *Die Oper im 20. Jahrhundert.* Wolfenbüttel/Zürich 1962.

Brandl, W., *Der Weg der Oper.* Stg. 1949.

Graf, H., *Aus der Welt der Oper. Textbuch und Musik, Regie, Ausbildung, Opernbauten, Television.* Zürich o. J.

Gregor, J., *Geschichte des österreichischen Theaters. Von seinen Ursprüngen bis zum Ende der ersten Republik.* Wien 1948.

– *Kulturgeschichte der Oper. Ihre Verbindung mit dem Leben, den Werken des Geistes und der Politik.* Wien 1941. Zürich 1950.

Herzfeld, Fr., *Magie der Oper. Die Welt der Musik, der Bühne und der großen Komponisten.* Ffm./Bln./Wien 1970.

Kapp, J., *Aus dem Reiche der Oper. Ein Blick hinter die Kulissen.* Bln./Wiesbaden 1949.

Konold, W., *Deutsche Oper – einst und jetzt. Überlegungen und Untersuchungen zu Geschichte und Gegenwart des deutschen Musiktheaters.* Kassel/Basel/Ldn. 1980.

Kosch, W., *Deutsches Theaterlexikon. Biographisches und bibliographisches Handbuch.* Klagenfurt/Wien 1953–60.

Kranz, D., *Gespräche mit Felsenstein. Aus der Werkstatt des Musiktheaters.* Bln. 1977.

Liebermann, R., *Opernjahre. Erlebnisse und Erfahrungen vor, auf und hinter der Bühne großer Musiktheater.* Bern/Mchn. 1977.

Mayer, H., *Versuche über die Oper.* Ffm. 1981.

Niessen, C. (Hg.), *Die deutsche Oper der Gegenwart.* Regensburg 1944.

Panofsky, W., *Protest in der Oper. Das provokative Musiktheater der zwanziger Jahre.* Mchn. 1966.

Pauli, Fr. W., *Der goldene Vorhang. 16 Wege zur Oper. Geschichte und Geschichten berühmter Opernhäuser.* Bln. 1962.

Rennert, G., *Opernarbeit. Inszenierungen 1963–1973. Werkstattbericht – Interpretation – Bilddokumente.* Kassel/Basel/Tours/Ldn./Mchn. 1974.

Schibler, A., *Zur Oper der Gegenwart.* Amriswil 1956.

Schmidt-Garre, H., *Oper. Eine Kulturgeschichte.* Köln 1963.

Schöne, G., *1000 Jahre deutsches Theater* (Bibl. d. Germ. Nat. Museums z. Dt. Kunst- und Kulturgeschichte, Bd. 20/21). Mchn. 1962.

Seeger, H. (Hg.), *Oper heute. Ein Almanach der Musikbühne.* Bln.-Ost 1979.

Skraup, S., *Die Oper als lebendiges Theater.* Emsdetten 1951 (2. erw. Aufl.).

Stompor, St., *Texte zur Ästhetik, Dramaturgie und Aufführungspraxis der Oper von ihrem Entstehen bis zur Gegenwart. Äußerungen ausländischer Komponisten, Wissenschaftler und Regisseure.* Bln.-Ost 1977.

Stuckenschmidt, H. H., *Oper in dieser Zeit. Europäische Opernereignisse aus vier Jahrzehnten.* Hannover 1964.

Weddigen, O., *Geschichte der Theater Deutschlands,* 2 Bde., Bln. o. J.

Westerman, G. von/Schumann, K., *Knaurs Opernführer. Eine Geschichte der Oper.* Mit einem Geleitwort von Hans Knappertsbusch. Mchn./Zürich 1975 (29. Aufl.).

Worbs, H. Chr., *Welterfolge der modernen Oper.* Bln. 1967.

II. Monographien einzelner Opernhäuser

BASEL

Völker, K. (Red.), *Theaterarbeit in Basel. Inszenierungen von Hans Hollmann 1968 bis 1978.* – Zeitung der Basler Theater 1975 bis1978. Basel 1978.

BAYREUTH

Mack, D., *Bayreuther Festspiele. Die Idee. Der Bau. Die Aufführungen.* Bayreuth 1983 (15. Aufl.).

– *Der Bayreuther Inszenierungsstil 1876 bis 1976.* Mnch. 1976.

BERLIN

Bollert, W., *50 Jahre Deutsche Oper Berlin. 7. Nov. 1912 bis 7. Nov. 1962.* Bln. 1962.

Friedrich, Chr., *Staatsoper Berlin. Ein Streifzug durch die Vergangenheit.* Bln.-Ost 1953.

Goerges, H., *Deutsche Oper Berlin.* Bln. 1964.

Lepel, F. von, *Die Städtische Oper in Berlin-Charlottenburg als Weltkulturstätte. Kleines Berliner Theater-Tagebuch nebst Rückblick auf die Jahre 1948–1954.* Bln.-Charlottenburg 1954.

Otto, W., *Die Lindenoper. Ein Streifzug durch ihre Geschichte.* Bln.-Ost 1977 (1. Aufl.), 1980 (Neuaufl.).

– *Geschichte der Deutschen Staatsoper Berlin. Von der Gründung der Kapelle bis zur Gegenwart.* Bln.-Ost 1980 (5. erw. Aufl.).
– /Rimkus, G. (Hg.), *Deutsche Staatsoper Berlin (1955–1960).* Hrsg. im Auftrag der Intendanz der Deutschen Staatsoper. Leipzig 1961.
– /Jerzak, W./Schöne, M., *Deutsche Staatsoper Berlin.* Hrsg. von der Intendanz zum 25. Jahrestag der Wiedereröffnung des Hauses Unter den Linden im September 1955. Bln.-Ost 1980.
Sellner, G. R. (Hg.), *Deutsche Oper Berlin. Zur festlichen Eröffnung des Hauses, September 1961.* Bln. 1961.

BIELEFELD

Schütze, Dr. P. (Red.), *75 Jahre Stadttheater Bielefeld. 1904–1979.* Bielefeld 1979.

BONN

Detering, W./Fuhrmann, Ch./Steinbeck, D./ Stuckmann, H., *Theater für eine Stadt. Die siebziger Jahre im Theater der Stadt Bonn.* Köln 1981.

BREMERHAVEN

Ernst, F., *Das Bremerhavener Theater. Ein Beitrag zu seiner Geschichte von den Anfängen bis zur Wiedererrichtung nach dem Zweiten Weltkrieg.* Bremerhaven 1981.

COBURG

Bachmann, H./Erdmann, J. (Hg.), *150 Jahre Coburger Landestheater. Festschrift.* Coburg 1977.

DETMOLD

Wiesener, B./Röhler, O. (Red.), *150 Jahre Theater in Detmold. Zum Jubiläum des Landestheaters.* Detmold 1975.

DORTMUND

Elschner, E. (Red.), *75 Jahre Städtisches Theater in Dortmund 1904–1979.* Dortmund 1979.
Mämpel, A., *Das Dortmunder Theater, 1. Teil.* Dortmund 1935.
– *Das Dortmunder Theater, 2. Teil.* Dortmund 1936.

DRESDEN

Höntsch, W./Püschel, U. (Red.), *300 Jahre Staatstheater Dresden 1667–1967.* Bln.-Ost 1967.
Lepel, F. von, *Die Dresdner Staatsoper in der Gegenwart. Ein Abriss.* Dresden 1950.
– *Die Dresdner Oper als Weltkulturstätte. Eine Studie.* Dresden 1942 (2. Aufl.).
Schnoor, H., *Dresden. Vierhundert Jahre deutsche Musikkultur. Zum Jubiläum der Staatskapelle und zur Geschichte der Dresdner Oper.* Dresden 1948.
– *Die Stunde des Rosenkavaliers. 300 Jahre Dresdner Oper.* Mnch. 1968.
Steindorf, E./Uhrig, D. (Hg.), *Staatskapelle Dresden.* Bln.-Ost 1973.

DÜSSELDORF-DUISBURG

Barfuss, G. (Hg.), *Deutsche Oper am Rhein. Almanach für Theaterfreunde.* Spielzeit 1970/71. Düsseldorf 1970.
Schaffner, H./Redottée, H., *Duisburger Theatergeschichte. 1. Teil 1848–1921,* in: Duisburger Forschungen Bd. 7. Duisburg 1963.

ESSEN

Feldens, F., *75 Jahre Städtische Bühnen Essen. Geschichte des Essener Theaters 1892–1967.* Essen 1967.
Wissig, H., *Essener Theater von 1892–1944. Diss.,* Köln 1955.

FRANKFURT/MAIN

Mohr, A. R., *Das Frankfurter Opernhaus 1880–1980. Ein Beitrag zur Frankfurter Theatergeschichte.* Ffm. 1980.
– *Die Frankfurter Oper 1924–1944. Ein Beitrag zur Theatergeschichte mit zeitgenössischen Berichten und Bildern.* Ffm. 1971.

FREIBURG

Müller, H.-R., *Ein Deutsches Stadttheater. Freiburg 1866–1966.* Freiburg 1966.

GELSENKIRCHEN

Jahn, H./Loskill, J. (Hg.), *Musiktheater. Bühnen in Gelsenkirchen.* Gelsenkirchen 1979.

GRAZ

List, R., *Oper und Operette in Graz. Von den Anfängen bis zur Gegenwart. 75 Jahre Grazer Opernhaus.* Ried im Innkreis 1966, Neuausg. 1974.

HAMBURG

Jaacks, G. (Red.), *300 Jahre Oper in Hamburg.* Hbg. 1977.
Rennert, G., *Rückblick auf den Neubeginn. Die Hamburgische Staatsoper in den ersten 10 Jahren nach dem 2. Weltkrieg.* Hbg. 1978.
Scharberth, I., *Musiktheater mit Rolf Liebermann. Der Komponist als Intendant. 14 Jahre Hamburgische Staatsoper. Ein Bericht.* Hbg. 1975.
Stephenson, K., *Hamburgische Oper zwischen Barock und Romantik.* Hbg. 1948.
Wenzel, J. E., *Geschichte der Hamburger Oper 1678–1978. Musik-, Bau- und Stadtgeschichte, Daten, Werke, Komponisten.* Hbg. 1978 (1. Hauptwerk). 1980 (Ergänzungen).
Wolff, H. Chr., *Die Barockoper in Hamburg (1678–1738).* Wolfenbüttel 1957.

HANNOVER

Ehrhardt, K. / Weber, W. / Wiechert, K., *Opernhaus Hannover. Zur Eröffnung nach dem Wiederaufbau im Jahre 1950.* Hannover 1950.
Streibing, K., *Landestheater Hannover. 100 Jahre Opernhaus 1852–1952. Festschrift.* Hannover 1952.

INNSBRUCK

Hölbing, Dr. F. (Red.), *Theater in Innsbruck. Überblick über drei Jahrhunderte. Festschrift.* Innsbruck 1967.

KARLSRUHE

Rudolph, H.-G. (Hg.), *Badisches Staatstheater Karlsruhe. Festschrift zur Eröffnung des Neuen Hauses am Ettlinger Tor 1975.* Karlsruhe 1975.

KASSEL

Schaefer, H. J., *475 Jahre Orchester in Kassel. Abriß einer Entwicklung.* Kassel 1977.

KIEL

Meyer, Dr. R./Niederauer, H., *Festschrift zum 50jährigen Bestehen des Hauses am Kleinen Kiel.* Kiel 1957.

KOBLENZ

Werkhäuser, F. R. (Hg.), *150 Jahre Theater der Stadt Koblenz.* Koblenz 1937.

KÖLN

Simchowitz, S., *25 Jahre Kölner Opernhaus 1902–1927. Eine Festschrift.* Köln 1927.

LEIPZIG

Kayser, K./Michael, H., *Leipziger Theater 1965. Hrsg. aus Anlaß des 800jährigen Bestehens der Stadt Leipzig.* Leipzig 1965.

MANNHEIM

Heinz, K./Schönfeldt, H., *200 Jahre Nationaltheater Mannheim. Geschichte und Jubiläum.* Mannheim 1980.

MÜNCHEN

Friess, H., *300 Jahre Münchner Oper.* Mchn. o. J. (um 1953).

Hartmann, R., *Das geliebte Haus. Mein Leben mit der Oper.* Mchn./Zürich 1975.

Heinzelmann, J. (Red.), *100 Jahre Theater am Gärtnerplatz 1865–1965.* Mchn. 1965.

Panofsky, W., *Musiker, Mimen und Merkwürdigkeiten im Hof- und Nationaltheater. Eine Chronik der berühmten Münchner Oper.* Mchn. 1963.

Schallweg, P. (Red.), *Festliche Oper. Geschichte und Wiederaufbau des Nationaltheaters in München.* Mchn. 1964.

NÜRNBERG

Bröger, F. (Red.), *50 Jahre Opernhaus. Städtische Bühnen Nürnberg–Fürth.* Nürnberg 1955.

OBERHAUSEN

Loskill, H.-J., *Vom Konzessions- zum Subventionstheater 1851–1920. Oberhausens Theatergeschichte.* Oberhausen 1973.

OLDENBURG

Schmidt, H. (Hg.), *Hoftheater, Landestheater, Staatstheater. Beiträge zur Geschichte des oldenburgischen Theaters 1833–1983.* Oldenburg 1983.

PASSAU

Schäffer, G., *Fürstbischöfliches Opernhaus zu Passau.* Mchn./Zürich 1971.

SALZBURG

Kaut, J., *Die Salzburger Festspiele. Bilder eines Welttheaters.* Salzburg 1973.

Kutschera, H./Kutschera, Dr. V. (Red.), *200 Jahre Landestheater Salzburg 1775–1975. Festschrift.* Salzburg 1975.

STUTTGART

Schäfer, W. E., *Die Stuttgarter Staatsoper 1950–1972.* Pfullingen 1972.

WIEN

Klein, R., *Die Wiener Staatsoper. Ein Führer durch das Haus und seine hundertjährige Geschichte.* Wien 1967.

Kralik, H., *Die Wiener Oper.* Wien 1962.

Prawy, M., *Die Wiener Oper. Geschichte und Geschichten.* Wien/Zürich/Mchn. 1969. 2. Aufl. 1973, 3. Aufl. 1978.

Scanzoni, S., *Wiener Oper. Wege und Irrwege. Ein Bericht.* Stg. 1957.

Unterer, V., *Die Oper in Wien. Ein Überblick.* Wien 1970.

Willnauer, F., *Gustav Mahler und die Wiener Oper.* Wien/Mchn. 1979.

Witeschnik, A., *Wiener Staatsoper. Gebäude, Geschichte (Opernführer).* Wien 1977.

WIESBADEN

Cyperrek, R./Laux, O./Scholz, H.-P., *Geschichte eines Theatergebäudes 1860–1978. Hessisches Staatstheater Wiesbaden.* Wiesbaden 1978.

Hildebrand, A./Vollmer, E. Ch./Roland, K. H., *Theater in Wiesbaden 1765–1978.* Wiesbaden 1978.

ZÜRICH

Hürlimann, M., *Vom Stadttheater zum Opernhaus. Zürcher Theatergeschichten.* Zürich/Stg. 1980.

Register

G

H

Bildnachweis

Emanuel Ammon, Luzern: S. 210 oben. Archiv für Kunst und Geschichte, Berlin: S. 24 Mitte, 29 rechts, 31 links, 40, 41, 42 oben, 60, 72 oben links, 92 oben und Mitte, 93 oben und unten rechts, 98, 100, 137, 144 oben Mitte und rechts, 149 unten, 150, 168, 170 links, 172, 180, 187, 197 oben rechts und unten links, 212 unten links, 219 unten, 224 unten, 228 oben, 244 unten links, 281 unten, 283 oben, 291, 292 rechts, 314 oben, 325 oben, 326 links, 340 oben. Archiv des Staatstheaters Kassel: S. 169 (Foto: Gerd Scheuermann). Bayer. Verwaltung der Staatl. Schlösser, Gärten und Seen: S. 78 Mitte. Bildarchiv Bayreuther Festspiele: S. 26 oben (Foto: S. Lauterwasser), Mitte (Foto: J. Schulze) und unten, 31 links (Foto: S. Lauterwasser), 32 unten (Foto: W. Rauh), 308 rechts. Rudolf Brass, Krefeld: S. 191. dpa, Frankfurt/M.: S. 50, 59, 67 oben, 86, 107, 113, 125, 136, 214, 247, 290, 295, 323. Detering, Bonn: S. 61. Deutsche Grammophon Gesellschaft, Hamburg: S. 276. Gert Eggenberger, Klagenfurt: S. 178. Mara Eggert, Frankfurt/M.: S. 117. Rudolf Eimke, Düsseldorf: S. 96. Lucia Elser, Luzern: S. 208. Kurt Enger, Sonnefeld: S. 77 unten. Foto Fayer, Wien: S. 302, 303 oben, 309, 312, 313, 314 unten sowie Schutzumschlag Rückseite rechts. Joachim Flügel, Hamburg: S. 145 oben. Klaus Fröhlich, Essen: S. 109. Heinrich Fürtinger, Augsburg: S. 17, 19, 20. Rolf Giesen, Krefeld: S. 193. Foto Giessner, München: S. 238 oben. R. M. Gillessen, Aachen: S. 16. Hamburgische Staatsoper: S. 138, 144 unten, 145 unten, 146 oben rechts und unten (Fotos: Fritz Peyer). Sabine Haymann, Stuttgart: S. 265, 266. Christel Heermann, Bielefeld: S. 54, 57, 58. Elfi Hess, Düsseldorf: S. 99. Hessische Landes- und Hochschulbibliothek, Darmstadt: S. 81, 82. Hessisches Staatstheater Wiesbaden: S. 328 (Foto: Peter Seng), 329 (Foto: Helmut Scheiter). Robert Hetz, Ottobrunn: S. 220, 221, 223, 225, 227, 230 unten, 231 unten, 234 oben, 235 sowie Schutzumschlag Vorderseite. Walter Hohn, Wuppertal: S. 238 unten, 331. Gerald Hudovernik, St. Gallen: S. 289. Eckhard Jordens, Hildesheim: S. 155. Hannes Kilian, Wäschenbeuren: S. 293 unten, 294. Helga Kirchberger, Dortmund: S. 90. Dietmar Kirchner, Innsbruck: S. 161. Kranich-Photo, Berlin: S. 35 unten, 37, 39. Markus Krestin, Passau: S. 263 unten. Kunstsammlungen der Veste Coburg: S. 76. Siegfried Lauterwasser, Überlingen: S. 32 oben rechts, 278 Mitte und unten, 279 Mitte und unten, 310 oben. Paul Leclaire, Köln: S. 186, 188. Egon Lohr, Graz: S. 130 rechts. Majer-Finkes, Gelsenkirchen: S. 124 Mitte. Pressefoto Makovec, Lüneburg: S. 207 oben. Victor Mory, Wien: S. 319. Museum für Hamburgische Geschichte: S. 139, 140, 142, 143 Mitte und unten. Nationalarchiv der Richard-Wagner-Stiftung/Richard-Wagner-Gedenkstätte, Bayreuth: S. 24 oben rechts, 27 rechts, 28. Werner Neumeister, München: S. 30, 32 oben links, 36 rechts, 77 oben, 95 rechts, 101, 210 unten, 234 unten, 248 unten, 263 oben, 284 oben, 292 links, 307, 310 unten, 311. Walter Nordmann, Osnabrück: S. 258, 260 unten. Österreichische Nationalbibliothek, Wien: S. 232 Mitte, 305, 306, 308 oben links und unten, 315 unten, 317, 325 unten. Oldenburger Stadtmuseum: S. 255, 257 links. Anita Pinggera, Freiburg: S. 120. Hans Pizka, München: S. 304. Studio Popp, Mainz: S. 212 unten rechts. RCA Schallplatten, Hamburg: S. 29 links. Hertha Ramme, Zürich: S. 341 rechts. Margarete Redl von Peinen, Bremen: S. 72 unten. Foto Remmer, Flensburg: S. 112. Schimert-Ramme, Zürich: S. 341 links. Christel Schmidt, Gießen: S. 126. Peter Schnetz, Basel: S. 23. Marion Schöne, Berlin (Ost): S. 49. Kurt Schwabe, Detmold: S. 85. K.-H. Sedlak, Hof: S. 157. Kaspar Seiffert, Hildesheim: S. 156. Sandra Sibiglia, Bern: S. 53. A. Sommer, Detmold: S. 84 oben. Stadt Hof/Stadtarchiv: S. 158 oben. Stadt Krefeld/Archiv: S. 192. Stadt Nürnberg/Bildstelle und Denkmalsarchiv: S. 248 oben. Stadt Oberhausen: S. 251. Stadtarchiv Kiel: S. 175, 176 oben (Fotos: U. Dagge). Stadtarchiv Mainz: S. 211, 212 unten Mitte. Stadtarchiv Pforzheim: S. 264. Stadtverkehrsbüro Salzburg: S. 280. Johannes Steiner, München: S. 261. Hildegard Steinmetz, Gräfelfing: S. 219 oben, 237, 241, 274, 275, 278 oben, 279 oben, 281 oben. M. Stiebel, Koblenz: S. 184. Walter Swistelnicki, Wien: S. 321. Theatermuseum Hannover: S. 149 Mitte. Theatermuseum München: S. 27 links. Joachim Thode, Mönkeberg: S. 176 unten. Unitel, Unterföhring b. München: Schutzumschlag Rückseite links: Foto Veit, Graz: S. 129. Verkehrsverein der Stadt Bern: S. 51. Friedrich Wagner, Linz: S. 200. Bernd Weisbrod, Mainz: S. 213. Gerd Weiss, Karlsruhe: S. 165. Elisabeth von Winterfeld, Mainz: S. 212 oben. Peter Wurst, Linz: S. 202.

Alle oben nicht angeführten Photos stammen aus dem Verlagsarchiv oder wurden dem Verlag von den einzelnen Theaterhäusern zur Verfügung gestellt. Allen Mitarbeitern sei an dieser Stelle für ihre Mühe herzlich gedankt.

Das Wagner-Lexikon: Ein Handbuch über das umstrittene Genie.

Der Band *Richard Wagner,* der in über 400 Stichworten die Zeitgenossen Wagners und die Mitglieder seiner Familie präsentiert, enthält darüber hinaus ausführliche inhaltsbezogene und analytische Beiträge zu seinen musikalischen und theoretischen Werken und informiert über Nachwirkungen und Einflüsse. Mit zahlreichen Abbildungen und Dokumenten.

288 Seiten
Mehr als 260 Abbildungen und Dokumente
Zeittafel und Bibliographie
Durchgehend farbig
Broschur DM 18,80
ETB 10007

Das Autoren-Lexikon der deutschen Klassik: Informationen, Dokumente, Bilder.

Die Klassiker der deutschen Literatur werden in knappen analytischen Essays dargestellt; ausführliche Zeittafeln informieren über Leben und Werk; die Nachwirkung ist in einer Sammlung wichtiger Zitate dokumentiert. Zahlreiche Abbildungen vermitteln einen anschaulichen Eindruck vom Umkreis dieser bedeutenden Schriftsteller.

448 Seiten
Mehr als 500 Bilder und Dokumente
Bibliographie
Durchgehend farbig
Broschur DM 26,80
ETB 10006

Die neuartige Übersicht zur europäischen Kunstgeschichte.

Die *Synchronopse der europäischen Malerei* gruppiert die wichtigsten Werke und Künstler aller Epochen nach geographisch-kunstgeschichtlichen Zusammenhängen in zeitlich paralleler Anordnung. Zahlreiche Bildbeispiele verdeutlichen diesen neuartigen Überblick. Mit elf Kurzessays zu den stilgeschichtlichen Hauptepochen, einer Bibliographie der wichtigsten Nachschlagewerke und Register.

352 Seiten
Mehr als 300 Abbildungen
Durchgehend farbig
Broschur DM 24,80
ETB 10004

Das Epochenlexikon: Kulturgeschichte zum Nachschlagen.

Der Band *Das Biedermeier* ist ein Epochenlexikon. Wohnkultur, Handwerk, Mode, die Schönen Künste sind ebenso berücksichtigt wie die kulturellen Zentren, Erscheinungen des öffentlichen Lebens und die prägenden Persönlichkeiten des Zeitalters zwischen 1814 und 1848. Mit zahlreichen Bildern und Dokumenten, einer Zeittafel und einer Bibliographie.

288 Seiten
Mehr als 240 Bilder
und Dokumente
Durchgehend farbig
Broschur DM 18,80
ETB 10010

Schauplätze und Ereignisse deutscher Geschichte im 19. und 20. Jahrhundert.

Der Band *Historische Stätten,* der einen alternativen Zugang zur Geschichte ermöglicht, stellt als die Schauplätze historischer und politischer Ereignisse vom Zeitalter Napoleons bis zur Gegenwart vor und rückt sie in den Zusammenhang der politischen Ereignisgeschichte. Zahlreiche Abbildungen und Dokumente verlebendigen die jeweiligen Begebenheiten.

336 Seiten
Mehr als 330 Abbildungen und Dokumente
Bibliographie und Register
Durchgehend farbig
Broschur DM 24,80
ETB 10015

Das historische Nachschlagewerk zur raschen Orientierung.

Der Band *Daten der Geschichte* ist ein Datenwerk, das unmittelbaren Zugriff zur historischen Information bietet. Der dargestellte Zeitraum reicht von den alten Hochkulturen und den Großreichen der Antike über das europäische Mittelalter und die frühe Neuzeit bis zu den Hauptereignissen der unmittelbaren Gegenwart.

384 Seiten
Mehr als 320 Abbildungen und Karten
Bibliographie, Register
Durchgehend farbig
Broschur DM 24,80
ETB 10002

Zum 500. Geburtstag des Reformators: Das umfassende Luther-Lexikon.

Ein Lexikon *Luther und die Reformation* als plausible Alternative zur vorliegenden Luther-Literatur: Luther, Calvin, Zwingli und die bestimmenden Persönlichkeiten des Reformationszeitalters werden in zentralen Beiträgen gewürdigt. Sachstichwörter erläutern die Hauptbegriffe des evangelischen Glaubens sowie die entscheidenden politischen Ereignisse.

256 Seiten
Etwa 220 Abbildungen
Zeittafel, Bibliographie
Durchgehend farbig
Broschur DM 19,80
ETB 10014

Kirchengeschichte und Papstgeschichte: Von Petrus bis Johannes Paul II.

Der Band *Päpste und Konzilien* ist ein Papstlexikon und zugleich ein Lexikon der Kirchengeschichte. Es informiert über Leben, historische und theologische Bedeutung aller Päpste und Gegenpäpste. Daneben wird Verlauf und Nachwirkung der großen allgemeinen Konzilien dargestellt. Eigene Stichwortbeiträge erläutern die kirchlichen Institutionen.

384 Seiten
Mehr als 500 meist farbige Abbildungen
Zeittafel, Bibliographie
Broschur DM 26,80
ETB 10013

Hermes Handlexikon

Abgeschlossene Wissensgebiete in Einzelbänden.

Bisher sind erschienen:

ETB 10001: **Wer kannte wen?** DM 16,80
ETB 10002: **Daten der Geschichte** DM 24,80
ETB 10003: **Synchronopse der Weltliteratur** DM 18,80
ETB 10004: **Synchronopse der europäischen Malerei** DM 24,80
ETB 10005: **Synchronopse des Zweiten Weltkriegs** DM 18,80
ETB 10006: **Die Klassiker der deutschen Literatur** DM 26,80
ETB 10007: **Richard Wagner** DM 18,80
ETB 10008: **Große Entdecker und Forschungsreisende** DM 16,80
ETB 10009: **Universitäten und Hochschulen** DM 26,80
ETB 10010: **Das Biedermeier** DM 18,80
ETB 10011: **Die Staaten der Erde, Band 1** DM 18,80
ETB 10012: **Die Staaten der Erde, Band 2** DM 18,80
ETB 10013: **Päpste und Konzilien** DM 26,80
ETB 10014: **Martin Luther und die Reformation** DM 19,80
ETB 10015: **Historische Stätten in Deutschland und Österreich** DM 24,80
ETB 10016: **Geschichte der Technik** DM 16,80
ETB 10017: **Die Literatur-Nobelpreisträger** DM 26,80
ETB 10018: **Charles Darwin** DM 19,80
ETB 10019: **Die graphischen Künste** DM 22,80
ETB 10021: **Opern auf Schallplatten, Band 1** DM 24,80
ETB 10035: **Opern auf Schallplatten, Band 2** DM 24,80
ETB 10023: **Opernhäuser in Deutschland, Österreich und der Schweiz** DM 26,80

Demnächst erscheinen:

ETB 10022: **Johann Wolfgang von Goethe**
ETB 10024: **Die Friedensbewegung**
ETB 10025: **Geschichte der Emanzipation**
ETB 10026: **Die großen Psychologen**
ETB 10027: **Systematik der bildenden Kunst**
ETB 10028: **Schatzkammern in Deutschland, Österreich und der Schweiz**
ETB 10029: **Bewaffnete Konflikte seit 1945**
ETB 10030: **Die Klassiker der römischen Literatur**
ETB 10031: **Daten zur deutschen Gegenwartsliteratur**
ETB 10032: **Große Städte der Welt, Band 1**
ETB 10034: **Große Städte der Welt, Band 2**
ETB 10033: **Sigmund Freud**

Änderungen vorbehalten